연민은
어떻게 삶을
고통에서
구하는가

STANDING AT THE EDGE
Copyright ⓒ 2018 by Joan Halifax
Foreword copyright ⓒ 2018 by Rebecca Solnit
Published by arrangement with Flatiron Books. All rights reserved.
Korean translation copyright ⓒ 2022 by BULKWANG MEDIA CO.
Korean translation rights arranged with Flatiron Books
through EYA (Eric Yang Agency)

이 책의 한국어판 저작권은 EYA (Eric Yang Agency)를 통해
Flatiron Books와 독점계약한 주식회사 불광미디어에 있습니다.
저작권법에 의하여 한국 내에서 보호를 받는 저작물이므로
무단전재 및 복제를 금합니다.

# 연민은
# 어떻게 삶을
# 고통에서
# 구하는가

조안 할리팩스 지음 ― 김정숙 · 진우기 옮김

이타심에서 참여까지,
선한 마음의
이면에 대한 연구

불광출판사

## 이 책에 대한 찬사

조안 할리팩스 선사의 새 책에는 선사의 커다란 용기, 연민, 지혜가 담겨 있다. 선사는 거대한 미지의 영역에 기꺼이 다가가서 두려움을 경이로 바꾸어 준다. 그러나 무엇보다도 이 훌륭한 책은 페이지마다 선사의 큰 사랑이 빛나고, 아름다운 삶으로 가는 명확한 길을 제시해 준다.
람 다스(Ram Dass)


이 책을 읽은 후 조안 할리팩스 선사의 진솔함과 고난을 통해 어렵게 얻은 겸손함에 놀랐다. 독특하고 용기로 가득하며 영감을 주는 이 책은 불안정하고 위험한 시대를 살아가는 우리에게 참된 길잡이가 된다.
마크 엡스타인(Mark Epstein)
의학 박사, 『진료실에서 만난 붓다(Advice Not Given)』 저자


조안 할리팩스는 자신이 하는 말을 잘 알고 있다. 이 책은 강력하고 정직하고 슬기로운 책이며, 또한 개인적 경험을 담은 사적인 책이기도 하다
샤론 샐즈버그(Sharon Salzberg)
『하루 20분 나를 멈추는 시간(Real Happiness)』, 『참사랑(Real Love)』 저자

열정적인 보살핌으로 삶을 포용하는 일에 대한 이 감동적이고도 시의적절한 성찰에서, 조안 선사는 선 불교, 사회 참여, 신경 과학의 지혜를 나눈다. 그리고 무엇보다도 두려움 없이 살아온 반세기의 삶에서 얻은 통찰력을 공유한다.

스티븐 배철러(Stephen Batchelor)
『불교 이후에(After Buddhism)』 저자


자신이나 주변인들이 느끼는 스트레스와 고통 속에서도 건강을 유지하는 방법에 대해 접근 가능한 교육이 지금까지는 없었다. 할리팩스는 모두가 경험하는 어려움을 성장으로 전환하는 방법을 담은 명확한 지도를 제시한다. 그리하여 우리 모두에게 절실히 필요한 스트레스로부터의 회복력과 연민을 키우는 능력의 기반을 구축한다. 추상적인 것은 아무것도 없다. 과학과 명상적 지혜를 통해서, 용기 있는 삶을 산 사람들의 사례를 통해서, 그리고 특히 할리팩스 자신의 삶이 구현하는 강력한 모범과 인도주의적 대의에 대한 위대한 봉사를 통해서, 한 사람의 용기가 어떻게 두려움을 극복하게 하고 가능한 한 최고의 삶을 살 수 있게 하는지 알게 될 것이다.

엘리사 에펠(Elissa Epel)
Ph.D., 캘리포니아대학 샌프란시스코 캠퍼스 교수,
『뉴욕타임스』 베스트셀러 『늙지 않는 비밀(The Telomere Effect)』 공동 저자


이 책은 우리가 더 나은 인간이 되도록 영감을 주고 이를 위한 도구 또한 제공한다.

제인 폰다(Jane Fonda)

아름답게 쓰여진 이 책을 통해 조안 할리팩스 선사는 영적 스승의 깊이, 심리학자의 통찰력, 선지자의 비전을 통합한다. 그리고 자신의 몸과 마음, 영혼에 대한 존중과 보살핌을 유지하면서 타인에 대한 인간적인 의무를 다할 수 있도록 도와준다.

게이버 메이트(Gabor Maté)
의학 박사, 『굶주린 아귀의 영역에서(In the Realm of Hungry Ghosts)』 저자


조안 할리팩스 선사가 암 환자, 의료인, 지도자, 응급 재난 구조자, CEO 및 선 불교 제자들과 함께했던 작업을 통해 응축된 지혜가 이 책에 담겨, 지금 우리가 살아갈 길에 대한 안내자로 재탄생했다. 그렇게 탄생한 삶의 길은 시급히 필요하고, 원칙에 기반하며, 실용적이고 솜씨 좋은 심리적 기술을 갖추고 있다. 참으로 놀라운 선물이다.

앤서니 백(Anthony Back)
의학 박사, 워싱턴대학 교수, '캄비아 완화 의료 센터',
'프레드 허친슨 암 연구 센터', '바이탈토크(VitalTalk)' 창립자


이타심, 공감, 진정성, 존중, 참여라는 단어를 나는 알고 있다고 생각했다. 나는 이 책을 읽고 나서야 내가 그 말의 의미를 완전히 이해하지 못했다는 것을 깨달았다. 이 책은 다년간에 걸친 저자의 영적 수행과 봉사의 결과로 탄생했다. 이것은 실제 현실이라는 거친 바다에서 살아남기 위해 우리가 닻을 내리고 머물러야 할 그런 책이다.

담마난다(Dhammananda)
태국 최초의 테라바다 비구니, 송담마칼리야니 사원 주지

나는 이 책을 사랑한다. 이 책은 조안 선사를 페마 쵸드론, 틱낫한, 간디, 도로시 데이, 토마스 머튼, 마틴 루터 킹 박사 등 최고의 스승 및 수행자와 어깨를 나란히 하게 한다. 이 책을 읽으면서 나는 '무언가를 하지 말고 거기 서라!'는 옛 격언을 떠올렸다. 이타심, 공감, 진정성, 존중, 참여, 연민이라는 큰 주제에 대한 탐구를 통해, 조안 선사는 이 위기의 시대 한가운데서 우리가 어떤 태도를 취하는 것을, 어디에 서 있는지 아는 것을, 충만한 지혜와 연민을 지니고 서 있는 것을 도와준다. 폭력적이고 비인간적인 지금의 세상에서, 이 시의적절한 책은 우리를 더 비폭력적이고 더 인간적인 사람이 되게 할 것이다. 그리고 좀 더 비폭력적인 세상을 위해 우리 몫의 일을 하도록 해 줄 것이다. 조안 선사를 안내자로 삼아 우리도 '벼랑 끝'에 서서 인류의 새로운 비전을 보는 방법을 배우고 보편적인 연민, 비폭력 및 평화로 들어갈 수 있다. 이 얼마나 위대한 선물인가!

존 디어(John Dear) 신부
『비폭력적 삶(The Nonviolent Life)』, 『삶의 여덟 가지 행복(The Beatitudes of Peace)』 저자



이 책은 모든 의료인뿐만 아니라 고통 속에 있는 사람들을 돌보는 모든 사람에게 필독서다. 조안 선사는 모든 사람이 다른 사람에게 연민을 표현할 수 있도록 복잡한 과학, 신학, 철학 이론을 실용적인 모델로 변환시키는 재능을 가지고 있다. 선사는 우리가 다른 사람의 고통 한가운데로 들어가 우리의 현존과 사랑을 줄 수 있게 한다.

크리스티나 푸찰스키(Christina Puchalski)
의학 박사, OCDS, 조지워싱턴대학 의학 교수, '영성과 건강 연구소' 소장

조안 선사는 이 책에서 커다란 인간 공동체에 봉사하면서도 만족스러운 삶을 사는 데 필수적인 자질, 즉 진정성, 존중, 이타심, 공감, 연민 및 참여를 정의하고 탐구했다. 선사는 이들 각각을 '벼랑 끝 상태'라고 부르는데, 그 이유는 이들이 영적 여정의 함정을 나타내는 어두운 측면 또는 '가까운 적'의 잠재성을 가지고 있기 때문이다. 그것들을 식별하는 구체적인 방법을 제시하며, 선사는 수십 년에 걸친 명상 수행 경험과 그녀 자신의 풍요로운 삶의 이야기와 샤먼, 선사, 티베트 라마, 아메리카 원주민 원로들과 함께했던 개인적인 공부에 의지한다. 명확하고도 관심을 사로잡는 방식으로 쓰였고, 수많은 감동적인 이야기가 덧붙여진 이 책은 영적 구도자들에게 귀중한 정보의 원천이 될 것이다.

스타니슬라프 그로프(Stanislav Grof)
의학 박사, 『미래의 심리학(The Psychology of the Future)』, 『코스믹 게임(The Cosmic Game)』, 『초월의식(When the Impossible Happens)』 저자

조안 할리팩스는 평생 '벼랑 끝'의 모험가였다. 단순히 호기심과 사랑을 따라가는 것만으로 여러 분야와 많은 곳에서 선사가 이루어 낸 성취에 나는 놀라곤 한다. 하지만 더욱 놀라운 것은 자신이 보고 실천한 것을 소화하고 개념화하는 선사의 능력이다. 독자인 우리는 이 책을 읽고 삶에 나타나는 위태로운 '벼랑 끝'에 직면할 때 용기와 지혜를 키우는 법을 배울 수 있다. 개인적 체험과 다양한 연구 및 기술을 결합한 이 책은 눈과 마음을 더 넓게 열고 기꺼이 도움의 손길을 뻗어 이 험한 세상에 대처하려는 모든 사람에게 귀중한 자료집이 된다.

노먼 피셔(Norman Fischer)
시인, 선사(禪師), 『선이란 무엇인가(What Is Zen)』 저자

이 절묘한 작품에서 조안 선사는 가지각색의 연민이 어우러진 풍경으로 우리를 안내한다. 그리고 연민행의 성공에 기여하는 '벼랑 끝 상태'라는 귀중한 자질을 예리한 심리적 통찰력으로 밝힌다. 동시에 선사는 좌절과 소진을 유발할 수 있는 '벼랑 끝 상태'의 어둡고 취약한 측면도 밝히고 있다. 특히 돌봄 제공자들과 남을 돕는 직업 종사자들에게 유용한 이 책은 세상을 더 나은 곳으로 만들고자 하는 모든 사람들에게 필수적인 안내자가 될 것이다.

빅쿠 보디(Bhikkhu Bodhi)
'불교도 지구촌 구제회(Buddhist Global Relief)' 설립자


우리 모두의 삶에서 결정적인 순간은 가장 기대하지 않을 때 발생한다. 이런 순간은 우리가 내리는 결정과 우리가 취하는 행동이 자신은 물론 가까이 또는 멀리 있는 사람들에게 큰 영향을 미칠 수 있는 순간이다. 종종 이런 때에 우리는 '벼랑 끝에 서서' 압도감과 공포를 느끼고, 방어적이 되며, 자기 방어적 동기로 행동하기도 한다. 하지만 그와 반대로 우리는 타인을 돌보고 연민과 인내심 및 너그러움을 가질 수 있는 능력을 자기 안에서 발견할 수도 있다. 이 감동적이고 영감을 주는 책에서 조안 할리팩스 선사는 이러한 '벼랑 끝 상태'를 깊이 탐구하고, 이러한 결정적 순간에 개방성과 고귀함으로 우리를 지원해 줄 로드맵과 경험을 제공한다. 지혜가 절실히 필요한 이 시대에 풍성한 지혜가 바로 여기 있다.

마크 T. 그린버그(Mark T. Greenberg)
Ph.D., 펜실베이니아주립대학
'에드나 베넷 피어스 예방 연구 센터' 예방 연구 석좌 교수

숙련된 등산가의 노련함으로 조안 할리팩스 선사는 친절과 지혜의 높은 봉우리로 이끌어 주는 날카로운 산등성이로 독자를 능숙하게 안내한다. 이 책은 영적 균형에 대한 심오하고 미묘하며 탁월한 교육적 명상이다.

피르 지아 이나야트-칸(Pir Zia Inayat-Khan)
『혼합된 물(Mingled Waters)』 저자

이 책에서 조안 할리팩스는 삶에 깊은 의미를 부여하는 인간 자질에 대한 개관적인 동시에 상세한 지도를 창조했다. 선사의 명쾌하고 성찰적인 산문은 수십 년간 다양한 형태의 고통에 참여한 경험에 기반한다. 그래서 선사의 글은 우리의 염원과 의도가 우리의 통제 범위를 능가할 때 치유로 나아갈 수 있는 지혜와 정직성 및 자기 회복력에 대한 희망을 불러일으킨다. 선사는 세상을 더 나은 곳으로 만들기 위해 '벼랑 끝'으로 가거나, 때로는 우리 전망의 한계를 넘어가서 얻을 수 있는 가치에 대한 뚜렷한 감각을 독자들에게 남겨 준다.

클리포드 새론(Clifford Saron)
Ph.D., 캘리포니아대학 데이비스캠퍼스 '마음과 뇌 센터' 연구 과학자

조안 할리팩스 선사에겐 단순하지만 벅찬 도전 과제가 있다. 그것은 온전한 삶을 위해서는 '벼랑 끝'에서 살아야 한다는 것이다. 어떤 사람들은 그것이 우리가 겪는 고통을 어떻게든 해결하기 위해 더욱 부지런한 행동으로 나아가는 것을 의미한다고 생각할 수 있다. 하지만 선사는 다른 렌즈를 제공한다. 연민은 숨겨진 선물을 알아차릴 것을 요구한다. '벼랑 끝'에 서 있으면 커다란 빛의 전망을 포용할 수 있을 뿐 아니

라, 자신의 깊은 어둠이라는 절벽이 단지 한 발짝 앞에 있다는 사실도 깨닫게 된다. 선사의 삶의 경험과 지혜로운 글은 우리의 분열된 세상을 위해, 그리고 건강하고 자비로운 삶을 구현하는 방법을 찾는 사람에게 시의적절하게 찾아왔다.

존 폴 레더라크(John Paul Lederach)
노트르담대학 명예교수, '휴머니티 유나이티드(Humanity United)' 선임 연구원

의미 있는 삶을 향한 우리의 여정은 이타심, 공감, 진정성, 존중, 참여와 같은 긍정적인 특성에 의해 인도된다. 그러나 조안 할리팩스가 명확하게 설명했듯, 이러한 특성의 이면에는 우리 삶을 혼란에 빠트릴 수 있는 그림자가 존재한다. 그럼에도 불구하고 우리는 고통에서 많은 것을 배울 수 있고, 무한한 가능성을 찾을 수 있다. 이 책은 고통을 능숙하게 맞이하고 대응할 때 새로운 삶을 살 수 있으며, 연민이 있을 때 우리 삶이 충만의 길에 굳건히 자리 잡게 될 것임을 상기시켜 준다. 나는 이 책이 매우 고무적이고, 희망을 주며, 마음에 연민을 심어 준다는 것을 발견했다.

프라 파이살 비살로(Phra Paisal Visalo)
태국 왓 파수카토 사원 주지, '세키야담마' 공동 설립자,
일본재단 아시아 펠로우십 수상자

세상의 변화로 인한 문제와 혼란에 직면할 때, 이 책은 이러한 삶의 도전에 대응할 수 있는 용기와 창의성을 길러 준다. 조안 할리팩스는 이타심, 공감, 진정성, 존중, 참여, 연민이라는 '벼랑 끝 상태'들을 이해할 수 있게 하고, 그것들의 중요한 장점과 단점을 탐구하도록 도와주는 독

특하고 강력한 틀을 제공한다. 이를 통해 그녀는 우리 내면의 삶과 우리가 공유하는 이 장엄한 세계에 명료한 안식처를 마련해 줄 필독 안내서를 만들었다. 뛰어난 스승이자 사랑으로 가득한 안내자인 조안 할리팩스는 자신이 어렵게 터득한 지혜로 이 책을 가득 채워 놓았다. 직업인으로서 혹은 개인으로서 당신이 젊은이인지 아니면 연장자인지는 중요하지 않다. 이 책에 담긴 그녀의 지혜는 삶을 변화시키는 통찰력, 첨단 과학의 발견, 삶의 충만함을 수용하는 포괄적이고 심층적인 방법을 당신에게 제공할 것이다. 이를 통해 우리는 내면 세계에 회복력을 불어넣고, 주변 사람들을 돕게 될 것이다. 삶을 긍정하고 변화시키는 작품인 이 책은 우리 모두를 위한 선물이다.

댄 시겔(Dan Siegel)
의학 박사, 캘리포니아대학 로스앤젤레스캠퍼스
의과 대학 정신 의학 임상 교수


'벼랑 끝 상태'의 복잡성을 이해하면 오늘날의 불확실하고 위험한 세상에 참여하는 용감한 접근법을 발견할 수 있다. 그것은 연민과 지혜와 통찰력으로 우리의 강점과 고통을 포용하라는 권유다. 이 책은 혼란과 복잡함과 갈등 속에서도 진정성을 유지하기 위한 지침서다.

신다 러쉬턴(Cynda Rushton)
Ph.D., RN, FAAN, 존스홉킨스대학 임상 윤리 교수

조안 할리팩스의 저서

*Being with Dying: Cultivating Compassion and Fearlessness in the Presence of Death*•
*The Fruitful Darkness: A Journey Through Buddhist Practice and Tribal Wisdom*
*Shamanic Voices: A Survey of Visionary Narratives*
*Shaman: The Wounded Healer*
*A Buddhist Life in America: Simplicity in the Complex*
*Seeing Inside*

•한국어판 : 『죽음을 명상하다』 (민족사, 2019)

무한한 감사와 함께 네 분께 이 책을 올립니다.
이브 마르코, 버니 글래스맨,
마유미 오다, 카즈아키 타나하시.

## 차례

이 책에 대한 찬사 … 4

한국어판 서문 … 25

들어가는 글 … 29


### 산마루 벼랑 끝에서 본 풍경 … 34
벼랑 끝 상태 … 37
진흙이 없다면 연꽃도 없다 … 39
광활한 시야 … 42
상호 의존성 … 44
공허감과 용기 … 46

# 1 이타심

1. 이타심이라는 높은 벼랑 끝에서 … 56
   자아, 이기적, 혹은 이타적? … 58
   자신을 잊어버리기 … 62

2. 이타심이라는 벼랑 끝에서 떨어진다는 것 - 병적 이타심 … 65
   해로운 도움 … 67
   건강한가, 아닌가? … 71
   불 연꽃 … 72
   이타심 편향 … 76

3. 이타심과 그 외 벼랑 끝 상태들 … 83

4. 이타심을 지원하는 수행 … 87
   모름 … 92
   지켜보기 … 93
   연민행 … 96

5. 이타심이라는 벼랑 끝에서의 발견 … 98
   나무 인형과 상처 입은 치유자 … 102
   사랑 … 104


# 2 공감

1. 공감이라는 높은 벼랑 끝에서 … 116
   신체적 공감 … 117
   정서적 공감 … 120
   인지적 공감 … 123
   한쪽 무릎을 꿇다 … 125
   온몸이 그대로 손과 눈 … 128

2  공감이라는 벼랑 끝에서 떨어진다는 것 - 공감 스트레스 … 131
   공감은 연민이 아니다 … 135
   공감적 각성 … 138
   감정 둔화와 정서 불감증 … 140
   기여와 침해 사이 … 141

3  공감과 그 외 벼랑 끝 상태들 … 146

4  공감을 지원하는 수행 … 148
   깊이 듣기 … 149
   공감 관리하기 … 150
   재인간화 수행 … 151

5  공감이라는 벼랑 끝에서의 발견 … 154

# 3 진정성

1  진정성이라는 높은 벼랑 끝에서 … 166
   도덕적 용기와 급진적 현실주의 … 167
   서약에 따라 살아가기 … 170

2  진정성이라는 벼랑 끝에서 떨어진다는 것 - 도덕적 고통 … 176
   도덕적 괴로움 … 179
   도덕적 상처의 아픔 … 182
   도덕적 분노, 그리고 화와 혐오의 경직성 … 187
   도덕적 무관심과 마음의 죽음 … 193

3  진정성과 그 외 벼랑 끝 상태들 … 199

4  진정성을 지원하는 수행 ⋯ 205
   질문의 범위 확장하기 ⋯ 205
   서원에 따라 살기 ⋯ 207
   감사 수행하기 ⋯ 209

5  진정성이라는 벼랑 끝에서의 발견 ⋯ 213

# 4 존중

1  존중이라는 높은 벼랑 끝에서 ⋯ 222
   타인과 원칙과 자신에 대한 존중 ⋯ 223
   손 모아 합장 ⋯ 225
   타인의 발 씻기 ⋯ 227
   물은 생명이다 ⋯ 229

2  존중이라는 벼랑 끝에서 떨어진다는 것 - 무시 ⋯ 234
   괴롭힘 ⋯ 235
   수평적 적대감 ⋯ 237
   내면화된 억압 ⋯ 241
   수직적 폭력 ⋯ 243
   함께하는 권력과 군림하는 권력 ⋯ 246
   존엄성을 박탈당하다 ⋯ 248
   앙굴리말라 ⋯ 251
   원인과 결과 ⋯ 255

3  존중과 그 외 벼랑 끝 상태들 ⋯ 257

4  존중을 지원하는 수행 ⋯ 263
        드라마 삼각 구도 ⋯ 263
        말의 다섯 문지기 ⋯ 265
        자신을 타인과 교환하기 ⋯ 267

    5  존중이라는 벼랑 끝에서의 발견 ⋯ 269

# 5 참여

    1  참여라는 높은 벼랑 끝에서 ⋯ 278
        에너지, 관여, 효능 ⋯ 278
        분주함의 선물 ⋯ 282

    2  참여라는 벼랑 끝에서 떨어진다는 것 - 소진 ⋯ 286
        누가 소진될까? ⋯ 288
        분주함에 중독되다 ⋯ 290
        업무 스트레스라는 독을 마시다 ⋯ 293

    3  참여와 그 외 벼랑 끝 상태들 ⋯ 296

    4  참여를 지원하는 수행 ⋯ 301
        일 수행 ⋯ 302
        정명(正命) 수행 ⋯ 304
        일 밖의 수행 ⋯ 305

    5  참여라는 벼랑 끝에서의 발견 ⋯ 309
        놀이 ⋯ 312
        연결 ⋯ 313

# 6 벼랑 끝에서의 연민

1  친절한 자의 생존 … 324
   과학과 연민 … 326

2  연민의 세 가지 얼굴 … 332
   관계적 연민 … 332
   통찰에 기반한 연민 … 335
   비관계적 연민 … 337
   이상가와 붉은 개 … 340

3  육바라밀 … 344

4  연민의 적 … 352
   연민의 산술 … 356
   연민에 빠지기, 연민에서 빠져나오기 … 358

5  연민의 지도 그리기 … 361
   연민은 연민이 아닌 요소로 이루어져 있다 … 363

6  연민 수행 … 366
   GRACE 수행하기 … 367

7  천장터에서의 연민 … 371
   지옥으로 내려가서 중생을 구제하기 … 374
   마법의 거울 … 376


감사의 말 … 378

미주 … 384

**일러두기**

본문에서 언급되는 책 제목 가운데 국내에 번역된 책은 한국어판 제목을 쓴 후 원서 제목을 병기했고, 국내에 번역되지 않은 책은 원제목을 한국어로 풀어서 쓴 후 원서 제목을 병기했다.

인명에 대한 원문 표기, 개념에 대한 원문 표기, 용어에 대한 한문 표기, 어떤 사항에 대한 간단한 부연 설명 등은 괄호를 치고 해당 내용을 병기했다.

미주에 나오는 문헌 참조 관련 페이지 표기는 원저자가 참조한 책을 기준으로 한다.

**한국어판 서문**

나는 생명이라고 불리는 모든 것 앞에서 경건한 존중 외에 할 수 있는 것이 없다.
나는 생명이라고 여겨지는 모든 것에 대해 연민하는 것 외에 할 수 있는 것이 없다.

– 알베르트 슈바이처 박사

이 책을 번역한 저의 좋은 친구 김정숙 박사에게 진정 어린 감사를 보냅니다. 수년 동안 나의 제자로서 연민 수행을 해 온 그녀가 이 소중한 책의 가치를 발견하고 그것을 한국 독자들과 나누게 된 것을 영광스럽게 생각합니다. 저는 또한 한국과 저의 뿌리 깊은 인연을 언급하고 싶습니다. 1970년대에 저는 한국의 선 스승인 숭산 스님의 제자였습니다.

이 책은 죽음을 앞둔 사람들과 함께한 여러 해 동안의 제 경험, 그리고 교도소의 사형수 수감 건물에서 자원봉사자로서 일한 6년 동안의 제 경험을 다루고 있습니다. 또한, 이 책은 인권 단체, 교육, 법률, 정치 및 고통 완화와 연관된 기관에 종사하는 사람들과 제가 나눈 수백 건의 교류를 반영합니다. 이러한 만남과 개인적인 경험에서 저는 타인을 돕고자 하는 열망과 관련된 선행이 종종 그림자를 가지고 있음을 배우기 시작했습니다. 저는 이런 고통스러운 자질들을 '벼랑 끝 상태(edge states)'라고 부릅니다. 예를 들어, 이타심은 병적 이타심으로 변할 수 있고, 공감은 공감 스트레스로 나타날 수 있습니다. 진정성은 우리의 삶에 도덕적 고통을 가져올 수 있고, 존중은 무시로 이어질 수 있습니다. 그리고 참여에는 소진이 결과로서 따라올 수 있습니다.

누군가를 돌보는 사람들에게 고통을 줄 수 있는 이러한 논제들을 연구하면서 저는 연민이 '벼랑 끝 상태'를 긍정적으로 변화시키는 방법이라는 것을 발견했습니다. 이 책을 통해 저는 연민이 왜 그리고 어떻게 이런 상태들을 변화시키는지를 설명하고자 합니다.

제가 참석했던 인도 다람살라에서 열린 한 회의에서 달라이 라마 성하께서는 이렇게 말씀하셨습니다. "연민은 종교 사업이 아니라 인간 사업입니다. 사치가 아니라 우리의 평화와 정신적 안정을 위해 반드시 필요한 것입니다. 연민은 인간 생존에 필수적인 것입니다."

이 말을 통해 달라이 라마 성하께서는 연민의 능력을 키우는 것이야말로 온전한 인간이 되고 도덕적 성품을 갖추는 가장 중요하고도 강력한 과정 중 하나라는 메시지를 많은 사람들의 가슴에 심어 주셨습니다. 그럼에도 불구하고 오늘날 우리가 살아가는 세상에는 날이 갈수록 연민이 부족해지고 있는 것으로 보입니다. 이러한 결핍은 여러 가지 요인에 의해 촉발되는 것 같습니다. 그러한 요인 중에는 돌봄의 의미에 대해 우리가 갖고 있는 생각, 그리고 기술적으로 점점 더 고도화되어 가는 세상에서 타인의 고통을 감지하는 우리의 능력이 약화되었다는 것이 포함됩니다.

전자현미경이 원자의 표피 너머를 보는 것처럼, 우리도 연민의 표피 너머 그 기저에 있는 것들을 보고 싶어 할 수 있습니다. 고통을 풀어 주는 이 얽히고설킨 과정은 무엇일까요? 두 개의 수소 원자와 하나의 산소 원자가 결합하여 물이 되는 것처럼, 연민도 여러 과정으로 구성된 것이라고 생각합니다. 연민에 대해 연구하면서 저는 자문해 보았습니다. "만일 연민이 단일한 어떤 것이 아니라면, 연민의 특징으로서 중요한 요소는 무엇일까?" 이 책에서 저는 연민이 갖는 네 가지 중요한 속성을 제시합니다. 그것은 타인의 경험에 주의를 기울이는 능력, 타인에게 관심을 갖는 것, 타인에게 무엇이 도움이 될지 감지하는 것, 잠재적으로 타인에게 도움이 되는 것입니다. 달리 말하면 연민은 연민이 아닌 요소들로 이루어져 있습니다. 하지만 이 요소들은 고정된 것들이 아닙니다. 이 네 가지 요소들은 역동적인 과정들입니다. 그것들은 서로가 서로에 대해 작용하면서 역시 역동적인 어떤 맥락 안에서 펼쳐집니다.

베네딕토회 수사인 토마스 머튼은 "연민의 전체 개념은 살아 있는 모든 존재가 서로의 일부가 되고 서로에게 관여하는 상호 의존성에 관한 민감한 알아차림에 바탕을 두고 있다."라고 말했습니다. 머튼의 심오한 관점은 모든 생명을 상호 의존적이고 서로 얽혀 있으며 서로를 내포하는 것으로 보는 통찰력을 암시합니다. 이러한 통찰력은 근본적으로 이기적이지 않고 사심 없는 행동을 하도록 우리를 이끕니다. 이것이 "원칙에 입각한 연민"

입니다. 이 연민은 용기, 사랑 그리고 모든 존재와 사물에 대한 긍정적인 관심과 존중에 바탕을 둔 명확한 도덕적 토대를 가집니다. 이것이 지금 세상이 필요로 하는 것입니다. 오늘날 왜 연민이 필요한지에 대한 더 큰 이해를 이 책이 줄 수 있기를 바랍니다.

조안 할리팩스

### 들어가는 글

나는 조안 할리팩스 선사(禪師)와 함께 세계의 여러 길을 걸었다. 티베트 고원을 가로질러 옛 상인들이 오가던 길을 걷기도 했고, 맑은 시냇물이 흐르고 여름 천둥이 치는 고지대를 향해 뉴멕시코의 길도 없는 산등성이를 함께 등반하기도 했다. 선사가 성스러운 카일라스산에 여러 차례 가서 탑돌이 하듯 산을 돌았고, 북아프리카와 북멕시코의 사막을 홀로 유랑했으며, 맨해튼 구석구석을 거닐었고, 자신이 설립한 우파야 선원에서 걷기 명상을 했으며, 북아메리카와 아시아의 수많은 사원에서 걷기 명상을 했다는 것을 나는 알고 있다. 의료 인류학자, 불교 지도자, 사회 운동가로서의 인생 여정에서 선사는 유리 천장[01]을 부수었다. 많은 사람이 함께했던 그 여정에서 선사는 명석하고 두려움 없는 여행자였다. 이 책에서 선사는 그녀가 어떤 영역을 여행하면서 배운 것들에 대해 이야기한다. 그 영역은 우리들 대부분이 개인적·사회적 변화의 지평선에서 이제 막 발견하고 알아차리고 감탄하기 시작한 영역이다.

우리는 지난 수십 년 동안 인간 본성에 대한 이해에 있어서 혁명을 겪었다. 이 혁명은 다양한 분야에서 인간 존재가 본질적으로 이기적이라는 가정을 뒤엎었고, 물질적 재화, 성적 쾌락, 가족 관계에 대한 인간의 욕구가 본질적으로 사적이라는 가정을 뒤엎었다. 경제학, 사회학, 신경 과학 그리고 심리학과 같은 다양한 학문 분야의 최신 연구는 인간이 타인의 욕구와 고통에 조율되어 있는 존재, 연민을 가진 존재로 태어났음을 밝혀냈다. 1960년대에 대두된 '공유지의 비극'[02] 이론에 따르면 인간은 제도, 토지, 공유 재산을 관리하기에는 너무 이기적이다. 하지만 이러한 가설과는 반대로, 미국 내 목축 사회의 방목권 제도에서 사회 보장 제도에 이르기까지 변형된 제도들이 여러 곳에서 효과적으로 적용되었고 매우 잘 실행되고 있다(성공적인 경제 협력을 탐구한 엘리너 오스트롬은 노벨 경제학상 수상자 중 유일한 여성이다).

재난 사회학자들은 지진이나 태풍과 같은 갑작스러운 재난이 발생하면 평범한 사람들이 용감해지고, 즉시 상황에 맞는 행동을 하며, 깊이 이타적이게 되고, 의기충천하여 자발적으로 조직된 봉사자로 나서서 다른 사람을 구조하거나 마을을 재건하는 작업에서 기쁨과 의미를 찾는다는 것을 입증했다. 또 다른 자료는 군인들에게 살상을 훈련시키기가 어려움을 보여 준다. 그들 가운데 많은 이들이 미묘하거나 공공연한 방법으로 저항하고, 그 경험으로 인해 깊은 상처를 입는다. 인간 본성에 대해 이전의 인간 혐오적인(그리고 여성 혐오적인) 개념을 버리고 전면적으로 새로운 관점을 취해야 한다는 근거들이 진화 생물학, 사회학, 신경 과학 등 다양한 분야에서 제시되고 있다.

우리가 진정으로 누구인지를 달리 이해할 수 있게 하는 사례들이 만들어지고 축적되어 왔다. 이것이 갖는 의미는 엄청나며, 우리의 용기를 크게 북돋운다. 우리가 누구인지 그리고 무엇이 될 수 있는지에 대해 이렇게 기존과 다른 가정들에 근거하여, 우리는 자신과 사회 그리고 지구를 위해 좀 더 관대한 계획을 세울 수 있다. 이것은 마치 인간 본성의 새로운 지도를 만드는 것과 같다. 혹은 살아 있는 경험과 영적 가르침을 통해 이미 알려져 있긴 했지만, 인간 본성을 냉담하고 이기적이며 비협조적인 것으로 보고 생존의 문제를 협력이 아닌 경쟁으로 보는 서구적 관념이 지워 냈던 부분을 다시금 지도로 그리는 것과 같다고 할 수 있다. 새롭게 떠오르는 이 지도는 그 자체로 비범하다. 이 지도는 자신과 자신의 가능성을 새롭고 희망적인 눈으로 볼 수 있는 토대를 제공한다. 그리고 우리의 무절제와 불행한 상태가 외부에서 주입된 것일 뿐, 본래 그러하거나 불가피한 것이 아님을 암시한다. 하지만 지금까지 이 지도는 대부분 예비 스케치나 개요에 불과했을 뿐 단계적인 여행자 안내서가 아니었다.

다시 말해서 이 작업의 대부분은 더 향상되고, 더 이상적이며, 더 관대하고, 더 연민적이며, 더 용감한 자아를 위한 약속된 땅을 가리킨다. 그러나 이렇게 더 나은 사람이 되는 것만으로 충분하다는 희망은 어쩌면 너무 순진한 것일지도 모른다. 최고의 자아 상태, 최고의 날이라고 믿는 그 순간에도 우리는 조안 할리팩스가 이 책에서 매우 전문적으로 설명하고 있는 공감 스트레스, 도덕적 상처 그리고 다른 많은 정신적인 도전을 포함하는 장애물들과 부딪힌다. 선사는 좋은 사람이 되는 것은 행복이 넘치는 상태가 되는 것이 아니라, 그보다 훨씬 복잡한 프로젝트라는 것을 보여 준다. 이 프로젝트는 우리의 의견 차이와 실패를 포함하여 삶의 모든 영역을 포괄한다.

선사는 우리에게 범상치 않은 가치를 안겨 준다. 이 영역들을 직접 겪은 자신의 체험에서, 그리고 고통받는 사람과 그들의 고통을 완화시키기 위해 분투하는 사람들의 경험에서 깊이 배우고 성찰하면서, 선사는 고통을 완화시키려는 시도가 어떻게 아픔을 야기하는지 알게 되었다. 또한 그런 고통과 활력이 고갈된 상황을 어떻게 헤쳐 나갈 수 있는지도 깨닫게 되었다. 이렇듯 복잡한 인간의 풍경 속으로 선사는 멀리 그리고 깊이 여행했고, 그것이 그저 멀리서 빛나고 있는 미덕의 땅에 그치지 않음을 알았다. 선사는 많은 사람이 그저 멀리서 손으로 가리키기만 했던 것을 직접 보았다. 위험, 함정, 절망의 수렁과 함께 산봉우리와 가능성도 보았다. 그리고 이 책에서 선사는 우리와 세상 모든 존재의 이익을 위해 용감하고 유익하게 그곳을 여행하는 법을 담은 지도를 선물한다.

레베카 솔닛(Rebecca Solnit)  
작가, 환경 운동가, 인권 운동가

## 산마루 벼랑 끝에서 본 풍경

시간이 날 때마다 나는 뉴멕시코의 산속에 있는 작은 오두막을 찾아 머물곤 한다. 오두막은 상그레데크리스토산맥 한가운데 깊은 계곡 속에 자리하고 있다. 오두막에서 해발 3,700미터 고지에 위치한 산마루까지 오르려면 험난한 산길을 올라야 한다. 산마루에 오르면 계곡을 깊게 파고 흐르는 리오그란데강과, 고대에 형성된 바예스 칼데라 화산 분화구의 둥그런 가장자리와, 독특한 형태를 지닌 페더날 메사를 내려다볼 수 있다. 꼭대기가 평평하고 주위가 수직으로 떨어지는 벼랑인 이 메사에서 인류 최초의 남자와 여자가 태어났다고 나바호 원주민들은 말한다.

    능선을 걸을 때마다 나는 가장자리, 즉 벼랑 끝을 생각하곤 한다. 능선을 따라가다 보면 특히 조심스레 발을 디뎌야 하는 곳들이 있다. 서쪽으로는 돌무더기가 흘러내린 깎아지른 벼랑이 산레오나르도강의 좁지만 풍성한 분수령으로 이어지고, 동쪽으로는 가파른 바위 아래로 트램파스강을 따라 울창한 숲이 이어지고 있다. 산마루에서 발을 한번 잘못 디디면 삶이 바뀔 수도 있음을 나는 잘 알고 있다. 이 산마루에서 아래쪽으로 그리고 저 멀리로 산불이 휩쓸고 간 풍경이 보이고, 숲의 이곳저곳에서 햇빛을 받지 못해 죽어 가는 나무들도 보인다. 이렇게 훼손된 서식지가 이윽고 건강한 숲을 만나는데, 그 경계선은 때로는 날카롭게 구부러지고 때로는 길고 완만하게 펼쳐져 있다. 가장자리에서 초목이 자란다고 나는 들었다. 다시 말해서 서식지의 경계선에서 생태계가 확장되어 더욱 다양한 생명을 길러내는 것이다.

내 오두막은 겨울에 깊게 쌓인 눈이 수분을 공급해 주는 습지와 최근 백 년 동안에는 산불이 일어나지 않은 우거진 전나무 숲의 경계선에 위치해 있다. 이 경계선을 따라 풍성한 생명의 향연이 펼쳐지는데, 거기엔 껍질이 흰 사시나무, 야생 제비꽃, 보라색 매발톱꽃을 비롯하여 용감한 스텔라 까마귀, 북방 올빼미, 뇌조와 야생 칠면조도 있다. 여름 습지의 키 큰 풀과 왕골은 맹금류와 붉은 스라소니의 먹이가 되는 들쥐, 산림 쥐, 눈먼 쥐의 은신처가 된다. 그리고 그 풀은 새벽과 황혼녘에 목초지로 풀을 뜯으러 오는 엘크 사슴의 먹이가 된다. 즙이 많은 산딸기, 작은 야생 딸기, 맛있는 보라색 산앵두나무 열매가 계곡 경사면을 풍성히 덮어, 7월 말이 되면 나와 곰들은 염치불구하고 그 열매들을 배불리 먹곤 한다.

나는 정신 상태 역시 생태계임을 알게 되었다. 때론 우호적이고 때론 위험천만한 이 정신적 지형들은 우리의 성격이라는 더 커다란 시스템 안에 내장되어 있는 자연환경이다. 나는 인간의 내면 생태계를 연구하는 것이 중요하다고 믿는다. 그래야 우리는 건강한 상태에서 병적 상태로 떨어질지도 모르는, 벼랑 끝에 있는 순간을 알아차릴 수 있기 때문이다. 그리고 바람직하지 않은 마음 상태에 빠지게 된다면, 우리는 이 위험한 상태에서 배움을 얻을 수도 있다. 벼랑 끝은 양극단이 만나는 곳이다. 두려움이 용기를 만나고 고통이 자유를 만나는 곳이고, 단단한 땅이 끝나고 절벽 면이 시작되는 곳이며, 우리의 세계를 더 넓고 커다란 시야로 품을 수 있는 곳이고, 발을 헛디디거나 떨어지지 않도록 커다란 깨어 있음을 유지할 필요가 있는 곳이다.

우리 삶의 여정은 때론 위험으로 때론 가능성으로 이루어지고, 때론 위험과 가능성이 동시에 존재하기도 한다. 고통과 자유의 문턱에 서 있을 때 어떻게 하면 이 두 세계 모두에서 배울 수 있을까? 이분법을 매우 좋아하는 인간은 자신을 고통이라는 끔찍한 진실하고만 동일시하거나, 아니면 고통으로부터 벗어나는 자유하고만 동일시하는 경향이 있다. 하지만 나는 삶의 이런 거대한 풍경에서 한 부분이라도 배제한다면 우리의 이해 영역이 줄어들 것이라고 믿는다.

삶은 나를 지리적으로, 정서적으로, 사회적으로 복잡한 상황 속으로 이끌어 왔다. 나는 60년대에 인권 운동과 반전 운동을 조직했고, 대형 지역 병원에서 의료 인류학자로 일했으며, 두 개의 수행 공동체와 교육 공동체를 설립하여 지도했고, 호스피스 환자들의 곁을 지켰다. 또한 최고 보안 교도소에서 자원봉사를 했고, 개인적으로 장기간 명상을 했으며, 연민에 기반한 프로젝트에서 신경 과학자 및 사회 심리학자와 공동연구를 했고, 히말라야의 가장 깊은 오지에서 진료소를 운영했다. 그 과정에서 나는 복잡한 문제들을 만났고, 간간이 그 무게에 압도되기도 했다. 하지만 이 경험들, 특히 나를 힘들게 한 일과 실패를 통해, 나는 그것들이 전혀 예기치 못한 새로운 시각을 열어 주었다는 것을 배웠다. 주어진 것을 거부하거나 부정하지 않고 삶의 온전한 전체 풍경을 받아들일 때, 거기에 담긴 심오한 가치를 깨닫게 되었다. 또한 우리의 고집스러움, 난관과 위기가 치명적인 장애물이 아닐 수도 있음을 알게 되었다. 그것들은 실은 더 넓고 풍요한 내적 풍경과 외적 풍경으로 가는 관문이 될 수 있었다. 어려움을 기꺼이 살펴볼 때, 우리는 좀 더 용감하고 포용적이며 창의적이고 현명한 현실 인식 속으로 그 어려움을 받아들일 수 있다. 벼랑 끝에서 추락했던 많은 사람들이 이미 그리했던 것처럼 말이다.

## 벼랑 끝 상태

여러 해에 걸쳐 나는 내면적이면서 인간관계와 관련되는 다섯 가지 자질을 서서히 알게 되었다. 이 자질은 연민적이고 용감한 삶으로 가는 열쇠이며, 이것이 없다면 우리는 어떤 역할을 할 수도 생존할 수도 없다. 하지만 이 귀중한 내적 자산이 변질되면 유해하고 위험한 풍경으로 나타날 수 있다. 나는 이 양가(兩價)적인 다섯 가지 자질을 '벼랑 끝 상태(edge states)'라고 부른다.

　벼랑 끝 상태는 이타심, 공감, 진정성, 존중, 참여로 구성되어 있다. 이는 보살핌, 연결, 미덕, 강인함을 삶에서 구현하게 해 주는 마음의 자산이다. 하지만 이런 유익한 측면을 구현하는 자질들이라는 높은 벼랑 끝에서 단단히 딛고 있던 발을 헛디딜 경우, 우리는 고통의 수렁으로 떨어져 벼랑 끝 상태의 유해한 측면인 해롭고도 혼란스러운 물속에 빠져버릴 수도 있다.

　'이타심'은 '병적 이타심'으로 바뀔 수 있다. 타인을 위해 봉사하는 사심 없는 행동은 사회와 자연계의 행복에 필수적이다. 그러나 때로 겉으로는 이타적으로 보이는 행동이 자신을 해하거나, 봉사하려는 사람들을 해하거나, 봉사하는 기관을 해할 수도 있다.

　'공감'은 '공감 스트레스'로 변할 수 있다. 타인의 고통을 감지할 수 있을 때, 그 공감을 통해 우리는 타인과 좀 더 가까워질 수 있고, 그들에게 봉사하고자 하는 영감을 얻을 수 있으며, 나아가 세상에 대한 이해를 넓힐 수도 있다. 하지만 타인의 고통에 지나치게 감정 이입되어 자신을 그것과 너무 강하게 동일시한다면, 우리 자신이 피해를 입고 아무런 행동도 할 수 없게 된다.

'진정성'은 강한 도덕적 원칙이 있음을 말한다. 하지만 자신이 알고 있는 진정성, 정의, 선행에 대한 감각을 위반하는 행동에 관여되거나 그런 행동을 목격하게 되면, '도덕적 고통'이 뒤따르게 된다.

'존중'은 우리가 존재와 사물을 받드는 방법이다. 우리가 가치관과 예의의 원칙을 어기고 자신과 타인을 경시할 때, 존중은 '무시'라는 해로운 늪에 빠져 사라져 버릴 수 있다.

우리 일에서의 '참여'는 삶에 목적과 의미를 부여할 수 있으며, 이는 그 일이 다른 사람들을 위한 것일 때 특히 그러하다. 하지만 과로, 유해한 직장 환경, 효율성 부족이 계속되면 '소진'으로 이어질 수 있고, 이것은 물리적이고 정신적인 붕괴를 일으킬 수 있다.

의사는 치료 방법을 권유하기 전에 먼저 병을 바르게 진단해야 한다. 마찬가지로 나 역시 인간의 다섯 가지 도덕적 자질을 권유하기 전에 그 파괴적 측면을 먼저 탐구해야 한다는 강박감을 느꼈다. 이 과정에서 나는 벼랑 끝 상태가 그것을 구성하는 다섯 가지 도덕적 자질이 변질된 상태에서도 우리에게 가르침을 주고 우리를 더 강인하게 해 줄 수 있다는 것을 알고 놀라움을 금치 못했다. 마치 뼈와 근육이 스트레스에 노출되거나 또는 부러지거나 찢어졌을 때 적절한 상황이 주어지면 치유될 뿐만 아니라, 부상의 경험으로 인해 오히려 더 강인해지는 것처럼 말이다.

다시 말해서 우리가 발을 헛디뎌 위험한 산비탈 아래로 떨어진다 해도 꼭 치명적 재앙이 되지는 않는다는 것이다. 가장 큰 어려움으로부터 우리는 겸손, 사물을 보는 눈, 지혜를 얻을 수 있다. 아이리스 머독은 저서 『선의 군림(The Sovereignty of Good)』[03]에서 겸손을 "현실에 대한 사심 없는 존중"으로 정의했다. 그녀는 "우리가 그리는 우리 자신의 모습이 너무 거창해졌다."고 말했다. 호스피스 환자들 곁에 앉아서, 그리고 간병인들과 함께하면서 나도 그 점을 발견했다. 죽어 가는 사람들과 그리고 그들을 돌보는 사람들과 긴밀히 일하면서, 고통의 대가가 환자와 간병인에게 얼마나 심각한지 알게 되었다. 그 이후로 나는 교사, 변호사, CEO, 인권 운동가, 부모들도 똑같은 경험을 하고 있다는 것을 알게 되었다. 그때 나는 매우 중요하지만 또한 너무나도 자명한 무언가를 상기했다. 바로 고통의 폭풍과 진흙탕에서 벗어나는 길, 힘과 용기라는 높은 벼랑 끝에 놓인 자유로 되돌아가는 길은 연민의 힘을 통해서라는 것이다. 그런 이유로 나는 벼랑 끝 상태가 무엇인지, 그리고 그 상태가 어떻게 우리 삶과 세상의 삶을 형성할 수 있는지를 이해하기 위한 작업에 뛰어들었다.

### 진흙이 없다면 연꽃도 없다

벼랑 끝의 파괴적인 측면에 대해 생각하면서 나는 '긍정적 해체(positive disintegration)'라고 불리는 성격 발달 이론을 제시했던 폴란드의 정신과 의사이자 심리학자인 카지미에슈 동브로프스키(Kazimierz Dąbrowski)의 작업을 떠올린다. 그는 개인이 성숙하는 데에는 위기가 중요하다는 발상에 기반하여, 심리 성장에 대한 전환적 접근법을 발전시켰다. 동브로프스키의 개념은 시스템 이론의 핵심과 유사하다. 살아 있는 시스템은 해체를 통해 더 수준 높고 튼튼하게 재구성될 수 있다. 만약 그 시스템이 해체의 경험에서 배우는 것이 있다면 말이다.

아프리카의 말리와 멕시코에서 인류학자로 일하는 동안, 나 역시 긍정적 해체가 통과 의례의 핵심적 동력임을 목격했다. 통과 의례는 삶의 중요한 전환점을 축하하는 입문식이며, 개인이 성숙하는 과정을 심화하고 강화하기 위한 것이다. 이 긍정적 해체 개념은 정신과 의사인 스타니슬라프 그로프와 내가 공동 치료사로서 말기 암 환자를 위한 심리 치료 보조제로 LSD를 사용했던 작업에도 반영되었다. 이 현대판 통과 의례 과정에서 나는 심리적 변화를 위한 수단으로서 자신의 고통을 직접 만나는 것이 얼마나 중요한지를 많이 배웠다.

그로부터 몇 년 후, 나는 베트남의 틱낫한 스님, 그의 제자들이 부르는 호칭을 따른다면 타이(Thầy) 또한 이 지혜에 대해 말하는 것을 들었다. 스님은 베트남전의 포화 한가운데서, 그리고 그 이후에 난민으로 외국에서 살아가는 동안 겪은 고통에 대해 이야기하다가 조용히 말했다. "진흙이 없다면 연꽃도 없습니다."

우리가 다른 사람들에게 봉사할 때 경험할 수 있는, 병적 이타심에서 소진에 이르는 다양한 어려움에 대해 깊이 생각해 보면, 벼랑 끝 상태의 해로운 측면을 긍정적 해체의 관점에서 볼 수 있다. 오래된 연못 바닥에서 썩고 있는 진흙도 연꽃에겐 자양분이 된다. 동브로프스키, 그로프, 타이는 고통이라는 양식을 먹고 발달한 이해가 우리에게 지혜와 연민의 큰 자원이 될 수 있음을 상기시켜 준다.

긍정적 해체에 대한 다른 은유는 폭풍과 관련이 있다. 나는 플로리다

남부에서 자랐다. 어린 시절 허리케인은 해마다 우리 동네를 완전히 뒤집어 놓았다. 떨어진 전선이 젖은 거리에서 지직거렸고, 바니안나무 고목들은 단단한 땅에서 뿌리가 뽑혔다. 스페인 스타일의 치장 벽토 집에서는 테라코타 기와를 얹은 지붕이 완전히 날아가 버렸다. 때로 부모님은 여동생과 나를 해변으로 데리고 가서 밀려오는 허리케인을 함께 보곤 했다. 해변가에 서서 우리는 바람의 세기와 얼굴을 때리는 빗줄기를 느꼈다. 그런 후에는 서둘러 집으로 돌아가 집안의 모든 창문과 문을 다 열어젖히고 태풍이 그 사이로 통과해서 지나가도록 했다.

언젠가 해변을 전문적으로 연구하는 지질학자에 관해 읽은 적이 있다. 허리케인이 노스캐롤라이나의 아우터뱅크스를 강타하는 동안 학자는 기자의 질문을 받고 있었다. 학자는 기자에게 "어서 빨리 그 해변으로 가 보고 싶어요."라고 말했다.

잠시 정적이 흐른 후 기자가 물었다. "거기 가면 무엇을 보실 것 같습니까?"

이 부분을 읽으면서 나의 주의력은 예리해졌다. 나는 지질학자가 완전히 파괴된 해변을 말할 것이라고 생각했다. 하지만 그의 대답은 단순했다. "아마도 새로운 해변이 있을 겁니다."

새로운 바다와 새로운 해안선은 태풍이 가져다주는 선물이다. 이곳 벼랑 끝에는 파괴와 고통의 가능성이 있지만 동시에 무한한 희망도 있다.

벼랑 끝 상태는 커다란 잠재력이 있는 곳이며, 만약 이런 상태 속에서 능숙하게 작업할 수 있다면 이해는 빠르게 성장할 수 있을 것이다. 그러나 벼랑 끝 상태는 급변하는 영역이며, 사태는 어느 방향으로도 진행될 수 있다. 안전장치 없이 추락할 수도 있고 단단한 땅을 딛고 서 있을 수도 있다.

물속에 있을 수도 있고 모래 위에 있을 수도 있다. 진흙이 될 수도 있고 연꽃이 될 수도 있다. 해변이나 높은 산등성이에서 강한 바람에 휩싸여 있으면서도 우리는 꿋꿋하게 서서 경치를 즐기려고 노력할 수 있다. 하지만 이해의 벼랑 끝에서 떨어지면 그 추락으로 인해 삶의 균형을 유지하는 것이 얼마나 중요한지를 배울 수도 있다. 고통이라는 진흙 속에 있다면 썩은 물질이 연꽃에게 자양분이 된다는 사실을 기억할 수도 있다. 만약 바다로 떠밀려 간다면 바다 한가운데에서, 심지어 폭풍 속에서도 수영하는 법을 배울 수도 있다. 그리고 바다에 있는 동안 아마도 자비로운 관세음보살과 함께 생사의 거친 파도를 타는 법을 발견할 수도 있을 것이다.

## 광활한 시야

때로 나는 벼랑 끝 상태가 붉은 바위로 이루어진 메사라고 상상한다. 그 꼭대기는 단단하고 우리에게 광활한 시야를 제공하지만, 그 가장자리는 깎아지른 벼랑으로서 우리가 추락할 때 속도를 늦추어 줄 바위도 나무도 없다. 벼랑 끝 자체는 한시라도 집중을 놓치면 발을 헛디딜 수 있는 노출된 장소다. 바닥에는 현실이라는 단단한 땅이 있기 때문에 추락하면 부상을 입을 수 있다. 때로 나는 오랫동안 벗어나지 못할 수도 있는 암흑의 늪에 빠져 버리는 상상을 한다. 그곳에서 빠져나오려고 몸부림을 칠수록 우리는 점점 더 고통의 진흙 속으로 깊이 빨려 들어간다. 그러나 우리가 단단한 바위에 떨어지든, 더러운 오물 구덩이에 떨어지든, 그것은 우리가 최선의 자기 자신으로부터 멀어지는 것이다. 그래서 벼랑 아래로 떨어져 땅에 부딪히는 것은 큰 타격을 준다.

절벽에 서 있는 자신, 즉 이타심, 공감, 진정성, 존중, 참여라는 높은 곳에 서 있는 자신을 발견할 때 우리는 그 자리에 굳건히 서 있을 수도 있다. 특히 발을 헛디딜 때 일어날 수 있는 위험을 알고 있다면 더욱 그러하다. 이러한 인식으로 인해 가치에 따라 행동하겠다는 결심에 불이 붙을 수도 있고, 너무 쉽게 실수할 수도 있다는 것을 알아차리면서 겸손을 키울 수도 있다. 그리고 만약 발을 헛디뎌 추락하거나 발밑의 땅이 무너진다면 우리는 어떻게든 높은 벼랑 끝으로 되돌아오는 법을 배워야만 한다. 그곳에서 균형감을 가지고 단단히 땅을 딛고 서면 풍경 전체가 시야에 들어오게 된다. 이상적으로 말한다면, 대부분의 경우에 우리는 벼랑 끝에서 떨어지지 않는 방법을 배울 수 있다. 그러나 여행 일정은 현실의 지배를 받고, 우리들 대부분은 조만간 벼랑 끝에서 추락하게 될 것이다. 중요한 것은 판단하지 않는 것이다. 진정 중요한 것은 그 경험으로 우리가 무엇을 하는가, 어떻게 그 추락을 변화의 지점으로 활용하는가다.

더 넓은 범위의 인간 경험을 위해 우리는 벼랑 끝을 활용하고, 그 한계선을 확장하며, 벼랑 끝 상태의 다양한 생태계 사이에서 균형이라는 선물을 찾아야만 한다. 벼랑 끝은 용기와 자유를 발견할 수 있는 자리다. 타인의 고뇌와 고통에 직면하든, 자신의 어려움에 직면하든, 우리는 고통을 정면으로 만나도록 초대받는다. 그 만남에서 배우고, 사물을 보는 눈과 회복력을 기르며, 또한 연민이라는 큰 선물을 열어보리라는 희망을 품을 수도 있다.

어떤 의미에서 벼랑 끝 상태는 우리가 사물을 보는 방식에 관한 것이다. 이타심, 공감, 진정성, 존중, 참여의 빛과 그림자에 대한 우리의 경험을 새로운 방식으로 보고 해석하는 것이다. 이처럼 강력하고 풍요로운 인간의 자질에 대해 더 넓고 포용적이며 상호 연결된 관점을 키우는 것을 통해 우리는 벼랑 끝에 서 있을 때, 벼랑 끝을 넘어갈 위험에 처했을 때, 벼랑 끝을 넘어갔을 때를 알아차릴 수 있도록 훈련할 수 있다. 또한 최선의 자기 자신이라는 높은 벼랑 끝으로 돌아갈 수 있는 방법도 배울 수 있다.

거기서부터 우리는 포용적인 관점을 가꿀 방법을 발견할 수 있다. 우리는 마음과 정신이 삶의 큰 고난 속에서 작동하는 방식을 깊이 인식함으로써, 그리고 무상(無常)과 상호 연결(相互連結)과 무실체성(無實體性)이라는 진리를 봄으로써 그러한 관점을 우리 안에서 개발한다.

죽음을 향해 가는 사람이 소원을 이야기할 때, 감옥 문이 철커덩하고 닫히는 소리를 들을 때, 자녀들의 말에 깊이 귀 기울일 때 광활한 시야가 열릴 수 있다. 노숙자와 거리에서 마음이 연결될 때, 그리스에 갇힌 시리아 난민의 축축한 천막을 방문할 때, 그리고 고문 피해자와 마주앉을 때도 광활한 시야가 열릴 수 있다. 우리 자신의 고뇌를 경험할 때도 열릴 수 있다. 그런 시야는 거의 어디서나 열릴 수 있다. 그런 시야가 없다면 우리 앞에 놓인 벼랑 끝을 볼 수 없고, 발아래 늪도 볼 수 없으며, 우리 내면과 외면을 감싸는 공간도 볼 수 없다. 그런 시야는 또 고통이 가장 위대한 스승이 될 수 있음을 상기시켜 준다.

### 상호 의존성

나의 세계관과 벼랑 끝 상태에 대한 관점은 여러 가지 경험에 의해 형성되었다. 60년대에 나는 이상주의를 믿는 젊은이였고, 그 시대는 대부분의 내

또래에게 어려우면서도 흥미진진한 시간이었다. 우리는 인종 차별, 성차별, 계급 차별, 연령 차별 등 우리 사회의 제도적 억압에 분노했다. 우리는 이러한 억압이 어떻게 전쟁의 폭력, 경제적 소외, 소비주의, 환경 파괴를 초래했는지 알 수 있었다.

우리는 세상을 바꾸고 싶었다. 그리고 그런 선한 열망을 놓치지 않기 위해, 또한 열망에 빠져 길을 잃지도 않기 위해, 열망과 함께 일할 수 있는 방법을 원했다. 이런 사회적·정치적 갈등의 분위기 속에서 나는 불교에 관한 책을 읽기 시작했고, 혼자서 명상법도 익히기 시작했다. 60년대 중반에 베트남의 젊은 선사(禪師)인 틱낫한을 만났는데, 그분이 보여 준 본보기로 인해 나는 불교에 매료되고 있었다. 불교가 개인적·사회적 고통의 원인을 직접적으로 해결하기 때문에, 그리고 그 핵심 가르침은 괴로움을 변화시키는 것이 세상의 자유와 웰빙에 이르는 길임을 말하고 있기 때문이었다. 또 붓다가 질문, 호기심, 조사(調査)를 수행 여정의 도구로 강조한 것도 좋았고, 고통을 피하거나 부정하거나 타당하게 여기라고 하지 않는 점도 좋았다.

'상호 의존적 발생(緣起)'이라는 불교 개념은 또한 내게 세상을 보는 새로운 방법을 가져다주었다. 그것은 분리된 것처럼 보이는 것들 사이의 복잡한 연결을 보는 것이다. 붓다는 이 개념을 이렇게 설명했다. "이것이 있으므로 저것이 있고, 이것이 생기므로 저것이 생긴다. 이것이 없으므로 저것이 없고, 이것이 멸하므로 저것이 멸한다." 밥 한 그릇을 들여다보면서 나는 햇빛과 빗물을 보고, 농부와 트럭이 길을 달리는 것을 볼 수 있다.

어떤 의미에서는 밥 한 그릇도 시스템이다. 불교를 공부하기 시작한 지 얼마 되지 않아 나는 세계를 상호 연관된 시스템의 집합체로 보는 방식인 시스템 이론을 탐구하기 시작했다. 각 시스템에는 목적이 있다. 예를 들어, 인체는 가장 기본적인 수준에서의 목적이 생존인 시스템이다. 시스템이 최적으로 기능하려면 모든 부분이 존재해야 하며, 심장이나 뇌 또는 폐가 작동하지 않으면 우리는 죽을 것이다. 부분들이 배열되는 순서도 중요해서, 각 장기가 있는 자리를 바꿀 수는 없다.

시스템은 미시적인 것부터 거시적인 것까지, 단순한 것부터 복잡한 것까지 다양하다. 예를 들면 순환계와 같은 생물 시스템, 자전거와 같은 기계 시스템, 산호초와 같은 생태 시스템, 우정이나 가족 혹은 사회와 같은 사회 시스템, 직장이나 종교 단체 혹은 정부와 같은 제도 시스템, 태양계와 같은 천문 시스템 등이 있다. 복잡한 시스템은 일반적으로 수많은 하위 시스템으로 구성된다. 시스템이 정점에 이르면 쇠퇴하고 마침내 붕괴하면서 다른 시스템이 출현할 여지를 남긴다.

내가 이것을 언급하는 이유는 다섯 가지 벼랑 끝 상태가 상호 의존적인 시스템으로서 서로에게 영향을 미치면서 우리의 성격을 형성하기 때문이다. 그리고 시스템은 벼랑 끝 상태가 발전하는 기반이 되는데, 그런 시스템의 예로는 대인 관계, 직장, 기관, 사회가 있고, 우리의 몸과 마음도 포함한다. 시스템이 쇠퇴함에 따라 우리도 파멸에 직면할 수 있다. 하지만 종종 붕괴로부터 새롭고 더욱 생명력 있는 현실관이 출현할 수도 있다.

### 공허감과 용기

헌신적이고 숙련된 심리 치료사인 내 친구는 수년간의 업무 끝에 공허감에 굴복하고 말았다. 나와의 대화에서 그는 "이제 더 이상 환자의 말을 듣는 것을 견딜 수 없어."라고 고백했다. 그는 어느 시점부터 환자가 겪고 있는 모든 감정을 느끼기 시작했고, 고통의 경험에 완전히 압도당했다고 설명했다. 이런 환경에 지속적으로 노출되면서 그의 에너지는 고갈되었다. 어떤 날은 잠을 잘 수가 없어서 스트레스를 해소하려고 과식을 하기도 했다. 점차 그는 무기력과 감정적 폐쇄 상태에 빠져들었다. "이젠 다 상관없어." 그가 말했다. "아무것도 하고 싶지 않고 우울해." 무엇보다 최악은 그가 내담자를 원망하기 시작했다는 것이었다. 이것이 의미하는 바는 일을 그만두어야 한다는 것이었는데, 그도 이 사실을 알고 있었다.

그의 이야기는 모든 벼랑 끝 상태가 합쳐졌을 때 초래되는 부정적 결과를 단적으로 보여 준다. 즉, 이타심이 해롭게 되고, 공감이 공감 스트레스로 이어지고, 예민함과 공허감의 무게로 인해 무너져 버린 존중이 무시로 변하고, 그에 따라 진정성도 상실되고, 참여는 소진으로 변할 때 일어나는 일이다. 고통이 그 심리 치료사를 서서히 장악했고, 그는 내면에서 죽어 가기 시작했다. 그는 더 이상 자신 일과 세계에서 의미를 찾기 위해 고통을 흡수하고 변화시킬 수 없었다.

내 친구의 고통은 예외적인 것이 아니다. 많은 간병인, 부모, 교사들이 내게 비슷한 감정을 털어놓았다. 내가 그동안 해 온 일 중에는 공허감이라는 엄청난 전염병을 해결하는 작업도 있다. 그런 공허감으로 인해 돌보는 일을 하는 사람들의 연민이 바닥나는 것이다.

또 다른 친구는 네팔의 젊은 여성으로 모든 어려움을 이기고 역경을 장점으로 바꾼 사람이다. 2015년 4월 강도 7.8의 지진이 발생한 에베레스트산 베이스캠프에서 도보로 1시간 거리에 네팔 최고의 여성 등산가인 파상 라무 셰르파 아키타가 있었다. 그녀는 베이스캠프에 있던 많은 사람들을 죽게 만든 산사태의 굉음을 들었다. 그녀는 도움을 주기 위해 즉시 출발했지만 여진이 닥쳤을 때 어쩔 수 없이 돌아서야 했다.

카트만두에 있던 파상의 집도 지진으로 파괴되었다. 하지만 파상과 남편 토라는 많은 네팔인들이 당면한 인명 피해와 주택 파괴와 생계 곤란에 대응하는 것이 더 급하다는 것을 깨달았다. 파상은 말했다. "저는 에베레스트 베이스캠프에서 죽을 수도 있었어요. 하지만 안전했습니다. 저는 살아남았어요. 그렇게 살아남은 데는 이유가 있을 겁니다. 그래서 남편에게 말했어요 '피해를 입은 사람들을 위해 뭔가를 해야 해요.'"

카트만두에서 파상과 토라는 젊은이들을 조직하기 시작했다. 그리고 트럭을 임대해 진원지인 신두팔촉에 사는 주민들에게 쌀, 렌즈콩, 기름, 소금, 방수포를 실어 날랐다. 그녀는 매주 고르카 지역으로 가서 여러 마을에 흩어져 있는 살아남은 생존자들을 위해 지붕을 덮을 양철, 텐트, 약품, 방수포를 전달했다. 또한 지역 주민들을 고용해서 산사태로 파괴된 원래의 길을 가로질러 새로운 길을 건설했다. 그녀는 수백 명의 마을 사람들을 고용하여, 지진으로 완전히 고립되어 식량도 쉴 곳도 없이 장마철을 견디고 있는 사람들에게 식량과 보급품을 공급했다.

파상은, 유해한 쪽으로 쉽사리 기울어질 수도 있는 벼랑 끝 상태인 이 타심에서 행동하고 있었다. 하지만 지진 후 파상이 집중적 봉사를 펼친 몇 달 동안 간간이 있었던 그녀와의 대화 중에 나는 오직 무한한 선의, 활기 그리고 헌신만을 발견했다. 또한 그녀는 자신과 남편이 도울 수 있었다는 사실에 엄청난 안도감을 보였다.

내 심리 치료사 친구는 벼랑 끝을 넘어가서 다시는 돌아올 길을 찾지 못했다. 반면 내 네팔인 친구는 인류애라는 최고의 벼랑 끝에 서 있었다. 어떤 사람들은 세상으로 인해 망가지지 않고, 봉사하겠다는 깊은 욕구로 오히려 활기가 솟는다. 무엇이 그렇게 만드는 것일까?

나는 연민이 핵심이라고 생각한다. 심리 치료사 연민의 마음을 잃어 버렸고, 소진으로 인해 감정이 다 죽어 버렸다. 냉소주의가 깊게 뿌리내린 것이다. 하지만 파상은 연민에 기반하여 그러한 마음이 행동을 이끌도록 할 수 있었다. 나는 연민을 절벽에 굳게 서서 그 너머로 추락하지 않게 하는 방법으로 보기 시작했다. 그리고 우리가 실제로 벼랑 끝에서 추락하더라도 연민은 늪에서 빠져나올 수 있는 길이 된다.

삶에서 벼랑 끝 상태를 인지하는 법을 배울 때, 우리는 변화의 문턱에 서서 지혜와 온유함, 인간의 기본적 친절이 풍성한 풍경을 바라볼 수 있다. 동시에 우리는 폭력, 실패, 공허감이라는 황량한 지역도 바라볼 수 있다. 벼랑 끝에 설 수 있는 강인함을 가진다면 우리는 난민 캠프, 지진으로 파괴된 지역, 교도소, 암 병동, 노숙자 야영장, 전쟁 지역 등 '천장(天葬)터' 와 같이 완전히 황폐한 곳에서도 교훈을 얻을 수 있다. 그와 동시에 나와 다른 이들의 기본적인 선량함으로부터 자원을 얻을 수 있다. 이것이 바로 벼랑 끝 상태를 깊이 알게 되는 전제다. 즉, 벼랑 끝에 설 수 있는 강인함을 어떻게 개발하고 삶이라는 방정식의 모든 측면을 포괄하는 보다 넓은 관점을 어떻게 가질 것인지, 대립하는 힘들 사이에서 생명을 주는 균형을 어떻게 찾을 것인지, 벼랑 끝에서 어떻게 자유를 찾을 것인지, 그리고 고통과 연민의 연금술이 우리의 인격과 마음이라는 황금을 낳는다는 것을 어떻게 발견할 것인지를 알게 되는 전제가 된다.

# 1

# 이타심

# 선을 행함을 모르는 채
# 선을 많이 행하게 하소서[04]

―

월버 윌슨 토번
(Wilbur Wilson Thoburn)

70년대 초 나는 생물학과 바다에 대한 열정으로 바하마에 있는 '러너 해양 연구소'에서 자원봉사자로 일하게 되었다. 나는 브랜다이스대학 출신인 한 생물학자의 연구를 도왔다. 그는 보통 문어라고 부르는, 하지만 똑똑하고 멋진 참문어의 극히 짧은 수명 주기를 연구하는 사람이었다.

작업을 하면서 나는 수조에 있는 암컷 문어가 수정된 알을 낳는 진귀한 광경을 볼 기회가 있었다. 쌀알만 한 크기의 알들 수십만 개가 반투명한 눈물방울 모양을 하고 있었는데, 암컷 문어의 외투막에서 나와서는 긴 레이스 같은 가닥들로 수조 안 물속에 매달려 있었다. 몇 주가 지나는 동안, 암컷은 먹지도 않고 사냥도 하지 않은 채 알들 위로 구름처럼 떠 있으면서 천천히 성숙해 가는 알이 연결된 매듭 주위로 부드럽게 물을 움직여 주고 있었다. 알 위를 맴돌며 계속 산소를 공급하면서 암컷은 한 치도 물러나지 않았다. 이윽고 암컷의 몸은 서서히 분해되기 시작했고, 종국에는 부화된 새끼들의 먹이가 되었다. 어미 문어는 죽어서 새끼들을 먹였고, 어미의 살은 새끼들을 위한 성찬식이 되었다.

이 아름다운 생명체가 사라져 가는 기이한 광경을 바로 눈앞에서 목격하며 나는 어리둥절하면서도 가슴이 뭉클해졌다. 어미의 희생은 이타심 자체라기보다는 그 생물 종의 자연스러운 생명 주기에 속했다. 그래도 어미 문어는 내게 인간 행동에 관한 많은 의문을 불러일으켰다.

이타심, 자기희생 그리고 위해(危害)에 대한 의문 말이다. 인간의 이타심은 언제 건강한 것일까? 우리는 언제 자신에게 위해가 될 정도로 타인을 위해 자신을 많이 나누어 주는가? 자신의 이타심이 자기중심적이고 건강하지 않을 때를 어떻게 알아볼 수 있을까? 서두르고 상관없다는 태도가 너무도 당연한 지금 세상에서 우리는 어떻게 건강한 이타심의 씨앗을 키울 수 있을까? 이타심은 어떻게 궤도를 벗어나서 벼랑 끝 너머로 추락하는 것일까?

그 후로, 죽어 가는 환자들 및 교도소 수감자들과 함께 일하는 과정에서, 그리고 불교 지도자 자격으로 부모, 교사, 변호사, 간병인들의 이야기를 듣는 과정에서, 나는 이타심을 벼랑 끝 상태로 이해하기 시작했다. 그것은 높은 절벽의 좁다란 벼랑 끝으로서, 우리에게 광활한 시야를 안겨 주지만 동시에 발밑에서 붕괴될 수도 있다.

이타적으로 행동한다는 것은, 대체로 자신의 웰빙에 어떤 대가를 치르거나 위협이 되더라도, 타인의 안녕을 향상시키기 위해 사심 없이 행동하는 것을 말한다. 이타심에 굳건히 서 있을 수 있다면, 우리는 인간과 인간 사이에 도사리고 있는 기대와 욕구의 그림자 없이 서로를 만나게 된다. 친절을 받은 사람은 인간의 선량함을 신뢰할 수 있게 되고, 친절을 베푼 사람 자신은 베풂이라는 선량함으로 인해 풍요로워진다.

그러나 우리의 신체적 혹은 정서적 안전이 위협받을 때는 발을 단단히 땅에 고정시키는 것이 매우 어려울 수 있다. 너무나 쉽게 발을 헛디뎌 해로운 형태로 봉사하는 상황에 처할 수 있다. 우리는 자신의 본원적 욕구를 손상시키는 방식으로 타인을 도우려 할 수 있다. 우리가 돕고자 하는 사람들을 무력화시키고 그들의 주체성을 빼앗음으로써, 의도치 않게 그들에게 상처를 줄 수도 있다. 그리고 우리가 '겉으로는' 이타적으로 보일 수 있지만, 우리의 동기는 선에 기반하고 있지 않을 수도 있다. 이것이 우리가 탐구할 병적 이타심의 유형들이다.

이타심이라는 벼랑 끝에 서면 인간의 친절과 지혜라는 광대한 지평선을 볼 수 있다. 물론 이기주의와 욕구의 수렁에 빠지지 않는 한 그렇다. 그리고 만약 수렁에 빠진다 해도 우리의 발버둥은 헛되지 않다. 우리가 어려움을 밀어내지 않고 함께 작업할 수 있다면, 어떻게 해서 그 늪에 이르렀는지를 그리고 어떻게 하면 다시 벼랑 끝에서 추락하는 것을 피할 수 있는지를 생각해내지 않을 수 없다. 또한 겸손에 관한 훌륭한 교훈을 얻을 수도 있다. 이것은 힘든 일이지만 다른 한편으로는 우리의 덕성을 길러 주고, 또한 우리가 보다 현명하고 겸허하며 회복력 강한 사람이 되는 것을 도와주는 좋은 일이다.

## 이타심이라는 높은 벼랑 끝에서

# 1

'이타심(altruism)'이라는 말은 1830년 프랑스 철학자 오귀스트 꽁뜨(Auguste Comte)가 만든 신조어로서 '타인을 위해 살다.'라는 뜻을 가진 프랑스어 'vivre pour autrui'에서 유래된 것이다. 자신을 위해서 삶을 사는 이기심의 해독제인 이타심은 종교가 아닌 인본주의를 바탕으로 한 새로운 사회적 원칙이 되었다. 종교를 믿지 않는 사람들에게 이타심은 독단적 신조에서 벗어난 윤리 규범이었다.

 가장 순수한 형태의 이타심으로 행동하는 사람은 사회적 승인이나 인정을 구하지 않고, 또한 자신이 더 나은 사람이 되었다고 느끼는 것을 추구하지도 않는다. 어떤 여성이 낯선 아이가 차도로 걸어 들어가는 것을 본다고 하자. 이 여성은 "이 아이를 살리면 내가 좋은 사람이 될 거야."라는 생각 없이, 자신의 생명을 위태롭게 하면서도 그저 서둘러 차도로 들어가서 아이를 구해 올 것이다. 그 후에도 그녀는 자신을 별로 칭찬하지 않고 다만 생각할 것이다. "나는 해야 할 일을 했어. 누구라도 똑같이 행동했을 거야." 아이가 살아 있고 다치지 않았기 때문에 그녀는 안도감을 느낄 것이다. 이 예가 보여 주듯, 이타심은 평범한 친절에서 한 걸음 더 나아가 자기회생과 신체적 위험을 수반한다는 것을 알 수 있다.

2007년, 건설 노동자이자 '타인'을 의미하는 프랑스어 'autrui'와 그다지 다르지 않은 성(姓)을 가진 웨슬리 오트리는 맨해튼 지하철 선로에 떨어져 발작을 일으키고 있던 영화과 학생 캐머론 홀로피터를 목숨을 걸고 구해 냈다. 진입하는 기차를 본 오트리는 홀로피터를 끌어내기 위해 선로로 뛰어내렸다. 하지만 기차는 너무 빨리 오고 있었고, 그래서 오트리는 선로 사이에 놓인 30센티 깊이의 배수구에 홀로피터를 끌어넣고 그 위로 자기 몸을 던졌다. 오트리가 발작을 일으키는 학생을 감싸 안고 있는 동안 기차는 오트리가 쓴 털모자 위를 할퀴며 지나갔다. 자신에 대한 어떤 생각도 없이, 단지 동료 인간의 생명을 구하려는 계산되지 않은 충동이었다.

나중에 오트리는 그가 받은 관심과 칭찬에 당황한 듯 보였다. 그는 『뉴욕타임스』에 말했다. "제가 뭐 대단한 일을 한 건 아닙니다. 그냥 도움이 필요한 사람을 보았고, 옳다고 느꼈던 일을 했을 뿐입니다."[05]

나는 오트리의 이야기가 순수한 이타심의 실례라고 본다. 누구나 이타적인 충동을 가지고 있지만 항상 그 충동에 따라 행동하지는 않는다. 그 지하철 플랫폼에 있던 사람들도 의심할 여지없이 홀로피터가 발작을 일으킨 것을 보았고 도움이 필요하다는 것을 인지했지만, 그를 구하는 과정에서 자신들이 죽을 수 있다는 것 또한 알고 있었다. 이타심은 타인을 도우려는 충동이 공포와 자기 보호 본능을 차단할 때 일어난다. 고맙게도 오트리는 한 생명을 구하고 자신도 살아남을 수 있을 만큼 내적 자원이 풍부한 사람이었다.

매일 매일 사람들은 지구촌 전체에서 꾸밈없는 이타심으로 서로를 돕고 있다. 천안문 광장으로 향하는 탱크 앞을 단호히 가로막은 익명의 중국인 시위자처럼, 에볼라 전염병 환자를 용감하게 치료했던 아프리카 의사들처럼, 2015년 파리 테러 공격에서 탈출한 사람들에게 자기 집 문을 열어 준 파리 주민들처럼, 폭탄이 민간인 동네에 떨어지자 생존자를 구출하기 위해 먼저 나섰던 3,000명의 용감한 시리아 자원봉사자들처럼,06 2015년 파리 테러 공격이 있기 전날에 사람들이 가득한 베이루트의 모스크로 향하는 자살 폭탄 테러범 중 한 명을 제압했던 아델 테르모스처럼 말이다. 테르모스는 폭탄이 군중들로부터 멀리 떨어진 곳에서 폭발하게 함으로써 셀 수 없이 많은 타인의 목숨을 구하고 자신의 목숨은 잃었다.07 2017년 5월 포틀랜드에서 MAX 경전철 기차를 탄 두 십대 소녀에 대한 인종 차별적 공격에 용감하게 개입한 릭키 베스트, 탈리신 남카이-메체 그리고 미카 플레쳐도 그랬다. 릭키와 탈리신은 목숨을 잃었고 미카는 생존했다.08 죽기 전 탈리신은 피를 흘리며 이런 말을 남겼다. "이 기차에 있는 모든 사람들에게 사랑한다고 전해 주세요." 이 험난한 세상에서 이런 이야기를 듣는 것이 나는 중요하다고 느낀다. 인간의 마음이 가진 힘과 아름다움에 대한 믿음을 지키고, 이타심이 얼마나 자연스러운 것인지 잊지 않으려면 말이다.

### 자아, 이기적, 혹은 이타적?

아이를 차도에서 끌어낸 여성에게로 잠시 돌아가 보자. 만약 그녀가 나중에 "나는 이런 일을 했으니 좋은 사람이다."라고 생각한다면, 이런 자기만족감은 그녀의 행동에 담긴 이타심을 부정하는 것일까? 이타심의 가장 엄중한 정의는 행동 전과 후에 자아의 개입을 허용하지 않는다. 이타심의 특성은 사심 없는 행동으로서, 타인을 유익하게 하고, 감사나 대가 같은 외적 보상을 기대하지 않으며, 높은 자부심이나 더 나은 정서적 건강과 같은 내적 보상도 없는 것이다. 스즈키 순류(鈴木俊隆) 선사의 말을 인용하자면 순수한 이타심을 가진 자에게는 "얻는다는 생각이 없다(無所得)." 즉, 자신들의 이로운 행동에서 얻는 것이 없다. 그들은 근본적으로 이기심이 없다.

위대한 명상 수행자와 일부 타고난 연민적인 사람들은 모든 상황에서 도움과 봉사에 열려 있는 무한한 사랑을 지니고 있다. 그들에게는 자아도 없고 타아도 없으며, 그저 모든 사람을 향한 편향 없는 선의가 있을 뿐이다. 하지만 우리들 대부분은 그저 인간일 뿐이며, 타인을 도울 때 만족감을 느끼는 것은 매우 인간적인 일이다.

순수한 이타심이 존재하는지 여부는 심리학자와 철학자들 사이에서 논쟁의 주제로 남아 있다. '심리적 이기주의(psychological egoism)' 이론에 따르면, 어떤 봉사나 희생의 행위도 순수하게 이타적이라 할 수 없다. 그 이유는 우리가 아주 작은 개인적 만족감만으로도 동기가 부여되고, 남들을 도운 후에는 약간의 자아 고양감을 느끼기 때문이다. 이 이론은 인간의 심리와 행동이 이루어지는 현실 세계에서 순수한 이타심 같은 것은 없다고 주장하는 것인지도 모른다.

불교는 좀 더 극단적 입장을 취한다. 즉, 이타심과 이타심의 자매인 연민은 에고(ego), 즉 작은 자아에서 완전히 자유로울 수 있다고 말한다. 이타심은 오트리의 사례처럼 타인의 고통에 대응하여 자연 발생적이고 무조건적으로 일어날 수 있다. 불교는 또한 타인의 복지에 대한 사심 없는 염려가 인간의 진정한 본성에 속한다고 말한다. 명상 수행과 윤리적 생활을 통해 우리는 이기심의 유혹에 저항하고, 모든 존재를 사랑하고 평등하게 여기는 내면의 장소로 돌아갈 수 있다. 두려움 없이 고통을 끝내기를 염원하고 편견으로부터 자유로운 바로 그곳으로 말이다.

틱낫한은 이렇게 썼다. "왼손을 다쳤을 때 오른손이 즉시 돌본다. 오른손은 '내가 너를 돌보고 있다. 넌 나의 연민의 혜택을 보고 있는 거야.'라고 말하지 않는다. 오른손은 왼손도 오른손이라는 것을 잘 알고 있다. 둘 사이에 구별은 없다."[09] 이런 이타심을 '대상 없는' 이타심이라고 하는데, 이타심이 가족, 친구나 내집단(內集團) 관계에만 편향되지 않는다는 의미다.

조셉 브루채크가 쓴 시 한 편은 모든 존재를 동일하게 돌보는 깊고 겸손한 감성을 잘 전달하고 있다.

### 버드풋 할아버지

할아버지는 우리가 탄 차를
스무 번도 넘게 세웠을 것이다
어렵사리 노구를 차에서 내려서는
전조등 불빛에 눈이 부셔
살아 있는 빗방울처럼 뛰어오르는
작은 두꺼비들을 두 손에 모았다
비는 계속 내려
노인의 흰 머리를 안개가 감싸고
나는 계속 말하고 있었다
두꺼비를 다 살릴 순 없어요

받아들이시고 얼른 타세요
우린 가야 할 곳이 있잖아요
하지만 가죽처럼 거친 두 손은
비에 젖은 갈색 생명들로 가득했고
무릎을 적시며
길가 여름 풀섶에 들어선
할아버지는 씩 웃으며 말했다
이 아이들도 가야 할 곳이 있단다[10]

여기서 할아버지는 불교의 살아 있는 '보살', 아낌없이 모든 존재를 고통에서 구하는 보살의 좋은 예다. 할아버지는 계속 차를 멈추고 두꺼비를 구하려 한다. 그로 인해 비 내리는 어두운 길바닥을 기어 다녀야만 해도 말이다. 미소를 지으며 그는 불자들이 "이타적 기쁨"이라 부르는 것, 타인들의 행운을 기뻐하는 환희를 경험하고 있는 것 같다.

이타적 기쁨은 진정으로 자양분을 주는 마음의 자질로 간주된다. 이렇게 불교는 타인의 행운에 기쁨을 느끼는 것이 자기 자신에게도 좋다는 서양 심리학과 뜻을 같이한다. 비록 기분이 좋아지기 위해서 하는 것은 아니지만, 타인을 위해 좋은 일을 할 때 정신적으로나 육체적으로나 좋아지는 것을 나는 알고 있다. 최근의 사회 심리학 연구에 따르면, 남에게 주는 사람이 느끼는 행복과 만족의 원천에는 줄어든 자기중심성과 늘어난 너그러움이 있다고 한다. 한 연구에 따르면, 아주 어린 아이들, 심지어 2세 미만의 아이들도 맛있는 간식을 받을 때보다 줄 때 더 큰 행복감을 느낀다고 한다.[11] 또 다른 연구에서는 타인에게 돈을 쓴 성인 참가자들이 자신에

돈을 쓴 참가자들보다 더 큰 만족감을 경험한다는 사실을 발견했다.[12] 그리고 신경 과학자 타니아 싱어는 이타심의 가까운 친구인 연민이 뇌의 보상 회로 혹은 쾌락 중추(中樞)를 작동시킨다는 사실을 발견했다. 그녀는 인간이 생래적으로 친절하게 되어 있다고 믿는다.[13] 친절하게 행동할 때 우리는 깊은 인간적 가치와 동조되어 있다고 느낀다. 자신의 행동에 기쁨을 느끼며 삶이 더욱 의미 있게 다가온다.

반면 자신의 행동이 남에게 해를 끼치면 기분이 좋지 않다. 그래서 종종 잠들지 못하고, 짜증을 내고, 그리곤 기분이 더욱 안 좋아진다. 면역 반응 향상이나 수명 증가와 같이,[14] 타인을 돕는 사람들이 경험하는 긍정적인 건강상의 결과를 보고하는 연구가 점점 증가함에 따라, 그저 오랫동안 건강하게 살기 위해서 남들을 돕는 사이비 이타주의자들이 대거 등장할 수도 있다. 물론 이것이 나쁜 문제만은 아닐 것이다.

## 자신을 잊어버리기

내게 가장 감동적이었던 이타심의 사례 중 하나는 작고한 영국인 니콜라스 윈튼의 이야기다. 1938년 나치가 체코슬로바키아를 점령하는 와중에 윈튼은 대부분이 유대인인 669명의 어린이를 체코슬로바키아에서 영국으로 수송하도록 준비하고 실행했다. 아이들을 태운 기차가 유럽을 안전하게 지나도록 만반의 준비를 하고, 개개인 모두에게 영국에서 살아갈 수 있는 가정을 찾아 주었다. 이것은 엄청나게 위험하고 이타적인 행동이었다. 심지어 이후 50년 동안 아내에게도 이 사실을 말하지 않았다. 그는 명성에 관심이 없었다. 하지만 1988년 다락방을 청소하다가 스크랩북을 발견한 아내가 BBC 방송국에 이 엄청난 사건을 알리면서 결국에는 유명해지게 되었다.

그해 BBC는 윈튼을 「이것이 삶이다(That's life)」라는 토크쇼에 초대했다. 윈튼은 몰랐지만 그가 구했던 어린이들이 이제는 50~60대 중년의 모습으로 스튜디오에 초대되어 있었다. 진행자가 말했다. "오늘 밤 청중석에 니콜라스 윈튼에게 생명을 빚진 사람이 혹시 있습니까? 만약 그렇다면 일어나 주시겠습니까?" 스튜디오 안의 청중 모두가 일어섰다. 윈튼은 옆자리에 있던 여성을 안으며 흐르는 눈물을 닦아냈다.[15]

우리는 윈튼의 정확한 동기가 정말로 무엇인지, 그리고 그의 행동이 어떤 식으로든 그의 자아감을 키웠는지 물어볼 수도 있다. 2001년 『뉴욕타임스』 기자가 윈튼에게 왜 그런 일을 했는지 이유를 물었을 때, 그는 겸손하게 대답했다. "거기에 있는 문제를 보았습니다. 많은 아이들이 위험에 처해 있었고, 이들을 안전한 피난처로 데려가야 했는데 그 일을 할 만한 단체가 없었습니다. 왜 그렇게 했냐고요? 사람들은 왜 저마다 다른 일을 할까요? 어떤 사람은 즐거이 위험을 감수하고, 어떤 사람은 아무런 위험도 감수하지 않고 평생을 살아가지요."[16] 자신의 범상치 않은 용기에 대한 흥미로운 개인적 평가였다.

윈튼은 도움의 필요성을 보았고, 자신이 도울 수 있다는 것을 알았으며, 긍정적 위험을 감수하겠다는 욕구가 있었다. 그가 자신의 행동에서 어떤 성취감을 느꼈다면 우리가 그를 바라보는 방식이 바뀔까? 나는 그렇게 생각하지 않는다. 669명의 어린 생명을 구한 일은 우리의 깊은 감사를 얻었다. 그의 행동은 여러 세대에 걸쳐 강력하고 원대한 효과를 가져왔기 때문에, 우리는 그저 이런 일이 일어났다는 경이와 많은 사람들이 혜택을 얻었다는 경이를 믿을 뿐이다. 윈튼은 장수했고, 2015년 106세의 나이로 세상을 떠났다.

아우슈비츠 학살의 생존자이자 정신과 의사인 빅터 프랭클(Viktor Frankl)은 말했다. "인간으로 산다는 것은 언제나 자기 자신이 아닌 어떤 것이나 어떤 사람을 가리키고 그쪽으로 향한다. 자신을 더 많이 잊을수록, 즉 추진할 대의에 전념하고 사랑하는 사람에게 자신을 내줄수록 더욱 인간다운 사람이 된다."[17]

## 이타심이라는 벼랑 끝에서 떨어진다는 것
### - 병적 이타심 -

# 2

건강한 이타심을 유지한다는 것은 때론 매우 어렵다. 이타심이라는 절벽의 벼랑 끝에 서 있을 때, 우리는 해로운 상황에 쉽게 빠져들기 때문이다. 과도하게 타인을 돕느라 자신의 욕구를 무시할 때, 우리는 도움받는 대상을 원망하고 자신이 처한 상황 전반에 분개하기 시작한다. 암에 걸린 어머니를 24시간 돌보는 여성이 있었다. 그녀는 어머니의 통증을 완화시키기 위해 자신이 할 수 있는 게 없다는 사실에 지치고 절망했으며, 또 자신이 그렇게 좌절했다는 사실에도 죄책감을 느꼈다. 결국 그녀의 분노는 어머니에게로 향했고, 시간이 지난 후에는 자신에게도 분노하게 되었다. 그녀는 자신감을 잃었고, 어머니의 기대와 자신의 기대를 모두 저버렸다고 느끼게 되었다.

　이타심이 사심 없는 선의에서 의무나 책임 또는 두려움으로 변할 때, 또는 계속 주기만 하는 행위로 인해 자신이 소진되었다고 느낄 때, 부정적인 감정이 내면에서 소용돌이치기 시작한다. 어려운 학생을 도와주느라 너무 많은 시간을 허비했다고 자기 자신에게 화가 난 교사의 이야기를 듣던 일이 생각난다. 그리고 자신의 환자를 원망하게 되고, 그런 다음에는 한때 즐거운 마음으로 도와주었던 사람들에 대해 부정적 감정을 느끼는 자신이 수치스러웠다는 어느 간호사의 이야기도 기억한다.

환자나 학생 또는 친지들을 도와줄 때, 우리는 흔히 요청받지 않은 조언을 해도 되고 그의 행동을 통제해도 된다는 허락을 받았다고 믿을 수 있다. 언젠가 나는 패혈증이 심해서 병원에 입원했다가 너무나 많은 친절을 받은 나머지 기진맥진해졌던 적이 있다. 보다 못한 우파야 선원의 슬기로운 성직자가 병실 앞에 "문병 금지"라는 표지를 붙이라고 조언했다. 나는 고열과 오한에 시달리면서도 건강 회복에 필요한 방대한 조언을 쏟아 내는 압도적인 숫자의 문병객을 계속 받고 있었다. 이 친절한 사람들은 바쁜 시간을 쪼개서 나를 방문했고 도움을 주고자 했다. 하지만 내가 회복되기 위해서는 분명 그들의 에너지가 아닌 나 자신의 에너지가 필요했다. 게다가 고열 때문에 그들이 뭐라고 하는지 제대로 알아들을 만한 정신도 아니었다. 돕겠다는 그들의 욕구가 나의 상황을 간접적으로나마 이해할 능력을 압도했고, 내가 도움을 수용할 수 없는 상태임을 깨달을 능력마저 압도해 버렸던 것이다. 걱정과 고쳐 주고 싶다는 욕구가 앞서는 이런 상황에서 이타심이라는 벼랑 끝은 쉽사리 허물어진다.

이타심을 벼랑 끝으로 보는 것을 배울 수 있다면, 이 지형의 위험과 해로움을 좀 더 알아차리게 되고 무엇이 위태로운지도 깨달을 수 있다. 즉, 타인과 우리 자신, 심지어는 우리가 봉사하는 기관에도 해를 끼칠 수 있는 위험이 있는 것이다. 자신이 불안정한 상황에 처해 있다는 사실을 알아차린다면, 자신의 행동으로 인해 벼랑 끝 너머로 추락할 것 같은 때를 감지하는 법을 배울 수 있다. 최선의 상황이 받쳐 준다면, 위태로운 상황에서 빠져나와 단단한 땅으로 되돌아갈 수도 있다.

## 해로운 도움

이타심이 벼랑 끝을 넘어 심연으로 떨어지면, 사회 심리학에서 말하는 '병적 이타심'이 된다. 두려움에서, 사회적 인정에 대한 무의식적 욕구에서, 타인을 바로잡고 싶은 충동에서, 또는 해로운 역학 관계에서 비롯된 이타심은 쉽게 선을 넘어 위해가 될 수 있다. 그리고 개인적 소진에서부터 나라 전체의 영향력 상실에 이르기까지 엄청난 파장을 불러일으킬 수 있다. 부모든 배우자든 의사든 교육자든 정치인이든 구호 작업자든 또는 자기 자신이든, 이들의 삶에서 병적 이타심이 작용하는 상황을 제대로 밝혀내는 것은 매우 중요하다. 이런 상황을 인식하고 그렇게 명명했을 때, 자신의 좋은 의도와는 달리 위태로운 산비탈 아래로 떨어지고 있는 자신을 발견한 많은 사람들이 마침내 눈을 뜨게 되었다.

바바라 오클리 박사와 동료들은 저서 『병적 이타심(*Pathological Altruism*)』에서 해로운 도움을 살펴보았다. 그들은 '병적 이타심'을 '타인의 복지를 증진하려는 시도가 결과적으로는 외부 관찰자가 합리적으로 예측 가능한 위해로 귀결되는 행동'으로 정의한다.[18]

병적 이타심의 친숙한 예는 동반 의존으로서, 자신의 욕구를 해칠 정도로 타인의 욕구에 집중한 나머지 종종 그 과정에서 중독성 있는 행동을 하는 것을 말한다. 알코올 중독자이며 실업자인 25세 아들을 잠시 그들의 집 지하실에서 살게 한 부부를 알고 있다. 부부는 직장도 집도 없는 아들을 거리로 내쫓고 싶진 않았다. 하지만 그로 인해 가계에 부담이 왔고, 아들에 대한 원망이 커지면서 결혼 생활에도 시련이 왔다. 부부는 아들을 알코올 중독자 모임과 알코올 중독 재활 치료원으로 보내려고 노력해 보았고, 아르바이트 자리도 찾아 주었다. 하지만 아들의 행동을 통제하고 중독을 규제하려는 시도는 번번이 역효과를 냈다. 무료 거처는 아들에게도 도움이 되지 않았다. 그에게는 자신의 상황을 바꾸려고 할 심리적 유인이 없었기 때문이다.

동반 의존 외에도 오클리 박사는 동물 집착과 치맛바람과 같은 병적 이타심의 징후를 언급했다. 길고양이 한 마리만 더 입양하는 것을 거절할 수 없는 '고양이 아줌마'와, 아들을 '돕기' 위해 화학 수업에서 정당하게 받은 C 학점을 문제 삼아 학교 행정관에게 온갖 소란을 피운 아빠의 경우를 우리는 알고 있다.

나도 일을 하던 중 병적 이타심에 사로잡힌 사람들을 다수 관찰했다. 죽어 가는 환자를 돌보느라 너무 오랫동안 밥도 안 먹고 잠도 자지 않은 간호사, 하루 24시간 연중무휴로 대기하기 위해 사무실에서 야영을 한 사회 운동가, 전 세계를 비행기로 날아다니면서 만성적 시차 증후군에 걸린 구호 단체 대표, 그리스에서 난민을 돕다가 자신이 목격한 모든 고통으로 인해 공감 스트레스를 경험한 자원봉사자 등등.

타인의 고통에 노출된 결과 병적 이타심에 빠질 위험성이 특히 높은 직업군은 부모, 교사, 의료 전문가, 사법 분야 근로자, 재난 위기 관련 활동가 등이다. 병적 이타심의 폐해는 억울함, 수치심, 죄책감으로 나타날 수 있고, 또한 벼랑 끝 상태의 해로운 측면인 공감 스트레스, 도덕적 고통, 무시, 소진 등으로 나타난다.

또한 타인을 '구해 준다', '고쳐 준다', '도와준다'는 생각은 권력과 자만심과 자기도취의 잠재적 성향을 키우고, 심지어 자신과 타인을 기만하는 성향으로 발전하기도 한다. 병적 이타심이 특히 심각한 경우는 아시아와 아프리카에서 보건 사업과 인도적 구호 활동을 하고 있다고 주장하는 한 단체에서 볼 수 있다. 이들은 자금 기부자들에게 단체의 활동 영역을 잘못 전달했을 뿐만 아니라, 여러 나라에서 현지 직원들에게 급여를 지급하지 않았다. 이런 윤리적 위반은 자기기만에서 비롯된다. 내 직감으로는 아마 처음에는 그들도 봉사를 하고 싶었지만, 결국에는 모금을 위해 자신들의 단체가 좋은 일을 하고 있는 것으로 묘사해야 할 필요성에 걸려들었던 것 같다. 물론 기부자들이 마침내 실제 상황을 깨닫게 되면서 자금의 흐름이 중단되었지만, 그동안 곳곳에 많은 피해가 있었다.

제도적 차원의 병적 이타심은, 외국의 원조가 잘못 집행되는 상황에서 보듯이, 도움을 받아야만 하는 단체나 사람들이 도움 대신 피해를 받을 때 발생한다. 이런 사례는 아주 많고, 내가 경험한 것들도 있다. 예를 들어, 난민 캠프에서 의료인들이 의료 서비스를 한 후에 현지인들에게 후속 치료를 제공하도록 독려하거나 훈련하지 않아, 난민들이 외부 의료 서비스에 의존하게 되는 경우가 있었다. 비정부단체(NGO)가 현지 사업가들에게 자금이나 교육 지원을 함으로써 현지에서 수요를 충족할 수 있게 하지 않고, 서구 제품이나 서비스를 들여오는 경우도 있었다. 기술 개발 기회를 주지 않고 돈만 제공하여, 외부 지원에 더욱 의존하게 만드는 '해로운 자선 단체' 또한 있었다.

서양인들이 그들이야말로 세상을 구할 수 있다고 생각하는 것은 선의에서 그런 것일 뿐만 아니라, 자만심에서 그러는 것일 수도 있다. 작가 코트니 마틴은 멀리서 보면 타인들의 문제가 이국적이고 쉽게 해결되는 것처럼 보인다고 말한다. 그녀는 이러한 성향이 대개 악의적인 것은 아니지만 문제가 있다며 덧붙였다. "무모한 시도일 수 있다. 선의를 가진 사람들이 복잡한 저변 상황을 인정하지 않고 문제를 해결하려고 시도할 때, 심각한 부작용이 일어난다."

그 대신 마틴은 다음과 같이 할 것을 촉구한다. "집에 머물면서 제도적 복잡성을 똑바로 대면하는 장기적 고찰에 재미를 들여 봐라. 하지만 꼭 가야 한다면 그곳에 충분히 오래 머물고 충분히 열심히 귀를 기울여, '타인들'이 실존하는 사람들임을 깨닫도록 하라. 하지만 경고하건대, 그들을 '구하는' 일이 그리 녹록하진 않을 것이다."[19] 다른 문화권의 문제점을 지켜보고 진실하게 귀 기울여 듣는 것이 아마도 이타심의 건강한 측면에 머무는 유일한 방법일 것이다.

타인을 돕는 일에 너무도 집착하여 자신의 웰빙을 손상시키는 사람들이 있다. 라리사 맥파쿠하는 『익사하는 낯선 사람들(Strangers Drowning)』에서 남들을 돕는 일을 인생의 사명으로 여기는 미국의 '공상적 박애주의자'를 그리고 있다. 그녀의 연구 대상자들은 레스토랑에서의 식사 그리고 콘서트 티켓과 같은 일상적 사치를 포기한다. 대신 그들은 그 돈을 개발 도상국 가정에 보내고, 그런 절약을 통해 자신이 얼마나 많은 생명을 구하고 있는지를 집계한다. 맥파쿠하는 이 현상을 사견을 배제하고 검토하여, 기부를 하는 고양된 순간과 자부심 및 죄책감을 느끼는 불편한 순간을 모두 기록했다.[20] 몇몇 대상자는 '효과적 이타심(EA : effective altruism)' 운동의 일원인데, 이 운동은 어느 곳에 기부할 때 도움이 필요한 사람들에게 가장 큰 효과가 있을지를 데이터 분석을 통해 예측한다. 효과적 이타심 운동은 '감상적인 마음'이 재정적 효율성에 방해가 된다고 주장하면서 회원들에게 기부를 감정과 분리할 것을 촉구한다.[21]

오클리 박사 역시 『병적 이타심』에서 감정을 섞는 것에 대해 경고했다. "중요한 것은 선한 의도라는 진심 어린 정서적 기반이 오히려 무엇이 타인에게 진정 도움이 되는 것인지를 오해하게 할 수도 있다는 것이다." 오클리는 지하실에 사는 아들을 쫓아낸 부모가 사용한 '엄한 사랑' 접근법이 진정으로 더 이타적일 수 있다는 것을 넌지시 내비친다.

나는 상황에 따라 다르다고 생각한다. 불교적 관점에서 보면 돌봄, 사랑, 친절, 연민 그리고 이타적 기쁨은 매우 가치 있는 덕목이다. 그럼에도 불구하고 때론 도와주는 것이 오히려 해가 된다. 그래서 지혜가 꼭 필요한 것이다. 불자들은 연민과 지혜를 분리하지 않는다. 연민과 지혜는 기본적 인간성이라는 동전의 양면이다.

## 건강한가, 아닌가?

『본생담(本生譚, Jātaka)』에 나오는 배고픈 암호랑이의 이야기는 일반적으로 불교에서 관대함과 이타심과 연민으로서 발현되는 사심 없는 태도에 대한 전형적인 표현으로 간주된다. 그러나 달리 해석하면 병적 이타심에 대한 이야기가 될 수도 있다.

울창한 숲에서, 훗날 고타마 싯다르타로 태어나게 될 한 보살과 그의 두 형제는 새끼에게 줄 먹잇감을 찾는 굶주린 어미 호랑이를 만났다. 두 형제는 어미 호랑이를 위해 먹이를 찾아 나섰지만, 보살은 순수하고 조건 없는 이타적인 행동으로 배고픈 어미 호랑이 앞에 제 몸을 던졌다. 그리고 호랑이와 새끼들이 더 쉽게 먹을 수 있도록 대나무 조각으로 목을 찔렀다.

이 이야기는 극단적 친절을 행하도록 영감을 주는 이야기로 볼 수도 있지만, 설화의 성격상 문자 그대로 받아들여서는 안 된다. 그러나 다른 관점에서 보면 자신을 포함한 생명을 해쳐서는 안 된다는 불교의 첫 번째 계율에 위배되는 행동을 정당화하는 근거로 볼 수도 있다. 또한 이 이야기는 순교를 독려할 수도 있다. 글자 그대로 해석하자면 이 이야기의 보살은 목숨을 내주고 위험한 선을 넘는 것으로 보인다.

불교 경전에는 순교에 관한 많은 이야기들이 있다. 5~6세기 초 기록에 따르면 중국의 존경받던 승려들이 저항과 공양의 의미로 자신의 몸을 불태웠다고 나와 있다. 내가 이 글을 쓰고 있는 순간에도 티베트의 젊은 남녀들이 중국의 압제에 저항하여 소신공양(燒身供養)을 하고 있다. 한번은 다람살라에서 달라이 라마가 이끄는 대규모 의식에 참가한 적이 있다. 스스로 순교자가 된 사람들을 위한 의식을 진행하는 달라이 라마의 눈에는 눈물이 가득했다. 곁에 있던 젊은 걀왕 까르마파 라마도 티베트인들에게 이런 극단적이고 치명적인 행위를 멈추라고 강력히 촉구했다. 나는 자기 몸을 태우는 것이 비폭력과 무해(無害)를 삶에서 구현하는 불교와 무슨 관련이 있는 것인지 스스로 묻고 또 물었다. 그때 틱광득 스님의 기억이 떠올랐다.

## 불 연꽃

베트남 전쟁이 시작되고 몇 년이 지난 1963년, 신문에서 본 사진 한 장이 내 마음속에 낙화(烙畵)처럼 각인되어 버렸다. 그것은 베트남 정부가 스님들을 박해하는 것에 저항하여, 사이공의 한 번화가에서 자신의 몸을 인간

횃불로 만든 틱광득(釋廣德) 스님의 사진이었다. 도로 위 좌복에 가부좌를 틀고 앉아, 휘발유 통을 등 뒤에 놓은 채 지극히 고요한 모습으로 앉은 이 금욕적 수도승은 불길이 그의 몸을 집어삼키는 동안 미동도 없이 조용히 앉아 있었다.

나는 정신이 아득해지고 섬뜩해졌다. 스님이 자기 자신을 불태운 동기가 무엇인지 궁금했다. 불길이 자신의 몸을 집어삼킬 때 똑바로 앉아 있을 수 있는 인품과 마음을 그는 어떻게 키웠을까? 나는 "이 전쟁은 반드시 끝나야 해."라고 다짐했던 것을 기억한다. 그 사진으로 인해 나는 전쟁에 반대한다는 의사를 거리낌 없이 말하게 되었다. 그 이후로 내가 평화로 가는 유일한 길로서 비폭력을 계속 지지하게 만든 심적 도화선이 된 것도 그 사진이었다. 내가 피스메이커[22]로 일하게 된 것에 도화선으로 작용한 것이, 아니 영감으로 작용한 것이 극단적인 자기 학대 행위였다는 것은 아이러니한 일이다.

API 사진작가인 맬컴 브라운에게 퓰리처상을 안겨 준 불타는 틱광득의 사진은 베트남전을 가장 잘 상징하는 이미지 중 하나가 되었다. 그 이미지는 고통과 초월의 완벽한 전형이 되는 것으로, 궁극에 도달한 이타심의 실천을 많은 사람들에게 보여 주는 것이기도 했다. 그 후 달이 가고 해가 가면서 다른 스님들도 광득 스님의 뒤를 이었고, 나의 스승 틱낫한 스님의 비구니 제자인 낫치마이 스님도 소신공양에 동참했다. 틱낫한 스님은 낫치마이 스님에 대한 이야기를 자주 하면서 그녀의 말을 그대로 들려주었다. "어둠을 없애기 위해 내 몸을 횃불로 바칩니다."

틱광득 스님의 소신공양이 있은 지 몇 년 후, 나는 그 장면을 현장에서 목격한 몇 안 되는 기자인 데이비드 핼버스텀을 만났다. 그날 자기 눈으로 직접 목격했던 것을 자세하게 이야기하던 젊은 핼버스텀은 그 사건의 거의 모든 측면을 매우 불편해 하는 기색이 역력했다. 그날 저녁 그가 했던 말은 정확하게 기억나지 않지만, 그의 공허하고 지친 눈빛은 또렷하게 기억한다. 자신이 목격한 모든 것 때문에 그는 심리적으로 침체되고 무감각해진 것 같았다. 나중에 그는 이렇게 썼다.

> 나는 눈을 돌려 그 장면을 다시 봐야 했지만, 한 번이면 족했다. 사람의 몸에서 불꽃이 일어나고 있었다. 그의 몸은 서서히 움츠러들며 뒤틀리고 있었고, 머리는 검게 숯덩이로 변하고 있었다. 인육 타는 냄새가 그득했다. 사람의 몸은 놀라울 정도로 빨리 타 버렸다. 뒤에서는 점점 모여들고 있는 베트남 사람들의 흐느끼는 소리가 들렸다. 나는 너무나 충격을 받아 울지도 못했고, 너무나 혼란스러워 노트를 쓰지도 질문을 하지도 못했으며, 너무나 정신이 나가서 아무런 생각도 할 수 없었다. …… 불에 타는 동안 그는 전혀 움직이지 않았고, 아무 소리도 내지 않았다. 그의 평온한 모습은 주변 사람들의 울부짖음과 날카로운 대조를 이루었다.[23]

틱광득의 자기희생은 '타인을 이롭게 하기 위한 자살'의 윤리성에 대해 불자와 비불자 모두에게 많은 논란을 불러일으켰다. 낫치마이 스님의 순교에도 동일한 질문이 제기되었다. 예를 들면 유익함과 유해함을 구분하는 경계는 어디에 있는가? 그 경계를 정하는 자는 누구인가? 그들이 자기 몸에 행한 큰 위해는 이 전쟁에 대한 세계적 관심을 불러일으킨 그들의 선행을 무효화하는가? 그들은 어떤 동기에서 그러한 행동을 했는가? 그들의 행동이 궁극적으로는 타인의 목숨을 구할 것이라는 확신이 동기였던 것인가 아니면 타인이 고통을 경험하는 것에 대한 극단적인 불관용이 동기였던 것인가? 사회를 변화시키는 데에 순교는 가치 있는 것인가 아니면 현혹된 것이고 유해한 것인가?

불교는 자신과 타인의 연결을 탐구한다. 나는 틱광득 스님이나 낫치 마이 스님이 나와 남이 따로 없는 세계에서 그런 행동을 했다고 느낀다. 그들은 불의와 고통을 인식했고, 자신에게 그것을 바꿀 수 있는 힘이 있다고 느꼈으며, 자기희생적인 행동을 취했다. 그 세계에는 타인을 위해 하는 일과 자신을 위해 하는 일의 구분이 없다.

내 생각에 마이 스님과 틱광득 스님의 행동은 어떤 면에서 도움과 위해의 범주를 초월하는 것 같다. 그들은 부당한 전쟁에 대한 항의를 촉발시켰으며, 그로 인해 많은 생명을 구했을 가능성이 있다. 하지만 두 사람은 몹시 고통스럽고 충격적인 방식으로 죽었다. 거의 50년 동안 그들의 소신공양에 대해 깊이 생각한 끝에 내가 내린 결론은 그들이 보여 준 최고의 희생에 대해 우리는 영웅적 측면과 위해적 측면을, 혜택과 손실을 동시에 인정해야 한다는 것이다. 나는 또한 이타심의 심오한 가치를 사심 없는 행동으로 이해하게 되었고, 동시에 그 그림자에 대한 통찰도 얻었다. 이 두 가지 관점을 함께 지니게 되자 나는 이타심을 벼랑 끝 상태로 볼 수밖에 없게 되었다. 그리고 의도만이 아니라 결과 역시 어떤 행동을 병적이라고 판단할지 말지에 영향을 미친다는 것을 알게 되었다. 만약 오트리가 지하철 선로에서 홀로피터를 구하려다 죽었다면 우리는 그가 병적 행동을 했거나 어리석은 행동을 했다고 할 수도 있다.

우리가 할 일은 두 가지 관점을 모두 유지하여, 상황을 뚜렷하고 확실하게 파악하는 것이다. 왜냐하면 우리는 어떤 순간에도 큰 그림을 보기가 힘들기 때문이다. 우리의 시야는 우리가 어디에 서 있는지에 따라 다르다. 그렇기 때문에 이타심처럼 보이는 행동을 하기에 앞서 깊은 질문을 하고 마음을 열어야 한다. 최선의 경우라면 이타심과 이타심에 대한 우리의 인식은 사리사욕을 초월할 수 있는 능력, 상황을 파악할 수 있는 능력, 모호성과 극단적 불확실성 속에서도 편안할 수 있는 능력에 기반하고 있다.

## 이타심 편향

틱광득 스님과 낫치마이 스님의 행동이 보여 주듯, 순교는 극단적 형태의 이타심으로 간주될 수도 있지만 어떤 경우에는 병적 현상이라고 불릴 수도 있다. 일상생활에서 보는 일반적 형태의 병적 이타심은 그리 복잡하진 않지만 그래도 역시 위험하다.

    타인에게 선의를 베풀 때, 그것이 자신의 감정적 이득을 얻기 위한 것이 아닌지 조심해야 한다. 여러 종교에서 이러한 동기에 대해 경종을 울렸다. 젊은 시절 내 영감의 원천이었던 산상 수훈에서 예수님은 인정받기 위해 하는 선행을 단죄했다. 불교 용어를 사용해 보면, 우리가 사회적 인정을 얻기 위해 타인에게 봉사하는 것은 우리의 아상(我相)을 키워 '좋은 사람'이라는 정체성에 대한 집착을 부추길 수 있다.

    나의 첫 번째 선(禪) 스승이었던 숭산(崇山) 선사가 언젠가 그동안 어떻게 지냈느냐고 가볍게 물어봤던 것을 기억한다. 나는 최근에 행한 모든 '선한' 일들을 나열했다. 내 말이 끝난 후 잠시 생각하던 선사는 고함을 쳤다. "너는 나쁜 보살이야!" 마치 벼락을 맞은 것 같았다. 한 치의 부끄러움도 없이, 나는 사회 정의라는 명분으로 지치도록 일함으로써 나 자신을 소진시키고 있었고, 다른 이들의 주체성을 빼앗음으로써 그들을 무능력에 빠트리고 있음을 알아차렸다. 게다가 나는 아마도 스승과 타인들로부터 인정받으려고 노력했을 것이다. 섭섭한 느낌도 있었지만 그분이 준 엄중한 가르침에 감사했다.

반면에 사람들을 도우면서 기분이 좋아지는 것은 정말로 나쁜 것인가? 어쩌면 타인에게 봉사하면서 기쁨을 느끼는 것은 중요할 수 있다. 많은 것이 우리의 가치관, 동기 및 의도에 달려 있다. 만약 동기가 자신의 기분을 좋게 하기 위해서이거나 또는 타인의 존경이나 찬사를 얻기 위해서라면, 우리의 행동은 자아의 욕구에 의해 손상될 것이다. '이 행동은 내가 좋은 사람임을 증명할 것인가?' 또는 '이것을 하면 내 기분이 좋아질까?' 등의 질문을 하지 말고 이렇게 물어야 한다. '이것이 어떻게 도움이 되는가?'

작고한 티베트 불교 지도자인 초감 트룽파 린포체는 '영적 물질주의(spiritual materialism)'라는 용어를 만들었다. 이것은 구도자들이 자신의 영적 정체성을 향상시키기 위해 '이타적'으로 보이는 것을 포함하여, 다양한 수단을 통해 '영적' 증명서를 축적하는 것을 의미한다. 타인을 유익하게 하려는 열망은 영적 생활의 중요한 측면으로, 삶의 우선순위를 조정하고 수행을 심화시킬 수 있다. 그러나 자의식을 높이기 위한 방법으로 이타심을 활용하기 시작하면 그것은 함정이 된다. 현실에 근거한 약간의 겸손은 인정과 감사의 욕구를 누그러트리는 데 도움이 된다.

병적 이타심의 어떤 측면은 성별과 연관성이 있다. 내가 어렸을 때 어머니는 마이애미의 육군 병원에서 적십자사 자원봉사자로 일했다. 돌아가시는 날에도 노스캐롤라이나의 노인 입원 환자들에게 잡지와 책을 배포하는 자원봉사자로 일했다. 어머니는 평생을 타인에게 봉사했다. 어머니는 이타주의자였다. 동시에 어머니의 이타심은 자신이 좋은 사람이라는 사회적 인정에 대한 미묘한 욕구로부터 영향을 받았다. 어머니의 동기에 이런 작은 뒤틀림이 생긴 것은 여성이라는 정체성 때문이라고 나는 믿는다. 나 역시 그런 뒤틀림을 가지고 있음을 첫 번째 선 스승의 엄한 가르침을 통해 배웠다.

여성은 주로 아내와 어머니, 혹은 돌보는 사람으로서의 역할에 수반되는 이타심을 발현함으로써 사회에서 입지를 다지고 힘을 얻는다. 많은 여성은 또한 가족적 압박, 사회적 압박, 문화적 압박을 받은 이력을 가지고 있기도 하고, 또한 자기희생을 조장하는 종교적 가치에 예속되어 있기도 하다. 의사, 사회 복지사, 교사, 변호사, 경영자로 일하는 여성들이 자신의 업무 수행 과정에서 겪는 어려움을 말하는 것을 들으면서, 나는 성 역할 정체성이 이타심이 삶에서 실현되는 방식과 그것이 너무 과해지면서 오히려 위해가 되는 방식에 기여한다는 것을 이해하게 되었다. 물론 남성들 역시 소위 '봉사 순교'를 통해 사회적 인정을 받고자 하는 동일한 문제를 안고 있지만, 여성들은 종종 자신과 타인에게 종국에는 피해를 주는 추가 부담을 떠안게 된다는 사실을 관찰할 수 있었다.

오클리는 이것을 '이타심 편향(altruism bias)'이라고 부른다. 이것은 공감하고 배려하기를 바라는 사회적이고 문화적이며 영성적인 기대를 말한다. 우리들 대부분은 적합한 상황이 아닐 때조차도 이타적 행동 쪽으로 편향한다. 사랑하는 사람이 중독을 극복하도록 돕는 것이 자신이 할 일이라고 믿기 때문에, 도와 봤자 소용없다는 신호를 무시하고 중독이라는 감옥에서 다시 한 번 배우자를 꺼내 주려고 할 수 있다. 또는 독선에 빠질 수도 있고, 보살피고자 하는 시도에 대한 사회적 인정을 무의식적으로 추구하는 구조자로서의 역할에 몰두할 수도 있다.

그럼에도 불구하고 이타심 편향이 나쁜 것은 아니다. 갑자기 발작을 일으킨 젊은이를 기차에 치여 죽을 위기에서 구하거나, 히말라야의 가난한 마을 사람들에게 의료 서비스를 제공하거나, 인종 차별적 공격을 당하는 소녀들을 지키거나, 죽음의 나치 수용소에서 아이들을 구하는 것은 위험하고 어렵다 해도 당연히 해야 할 일이다. 이런 경험에서 알 수 있듯이 이타심 편향은 필요하다. 만약 부모님이 어느 정도 이타심 쪽으로 기울지 않았다면 우리는 유아기를 넘기지 못했을 것이다. 그리고 이타심 편향이 없었다면 우리들 개개인은 지금보다 더 하찮은 사람이 되었을 것이다.

그러나 이타심 편향에는 다른 흥미로운 고려 사항도 있다. 이타심 자체의 인본주의적 개념을 비롯하여 영적이고 종교적인 전통에서 발견되는 윤리적 체계는 이타심 편향을 강화한다. 우리의 개인적 가치관 및 이력과 결합된 이런 인지적이고 문화적인 체계는 우리로 하여금 진정 도움이 되는 것을 보지 못하게 하는 무의식적 성향을 조장할 수 있다. 이런 체계의 영향 때문에 자신의 직감, 자신의 양심, 자신의 몸과 자신의 마음이 보내는 신호를 무시하는 어리석음을 범할 수도 있다. 친구나 동료 등 제3의 관찰자에게 피드백을 받아도, 이기심에 기반한 이타심을 계속 밀어붙이다가 모두에게 큰 피해를 입힐 수도 있다. 그리고 이런 무의식적 편향과 자기기만의 과정은 또한 실패로 끝난 행동을 합리화시키도록 부추긴다. 뒤돌아보며 우리는 말한다. "나는 그것이 옳은 일이라고 생각했어." "그 일을 하면서 내가 좋은 사람인 것 같았어."

내가 네팔, 티베트, 멕시코, 아프리카 등에서 일하면서 배운 것은 이타심 편향이 개인만이 아니라 시스템에도 부정적인 영향을 미치고, 제도적이고 조직적인 폭력까지 조장할 수 있다는 것이었다. 국제 구호 단체는 그들이 시행하려는 프로그램이 가져올 영향에 대한 평가를 제대로 하지 않는 경우가 더러 있다. 그래서 자신들이 돕고 치유하려는 상황에 내재하는 고통이 얼마나 복잡한 것인지를 이해하지 못하는 경우가 허다하다.

우파야 선원은 2015년 봄에 일어난 네팔의 대지진 구호에 임하면서 종래와는 다른 방식으로 대응해야겠다고 결정했다. 여러 해 동안 네팔에서 의료 프로젝트를 수행한 경험이 있었기 때문에, 현명하고 의욕 넘치는 젊은 네팔인들이 이미 현장에 나가 있고 지진 생존자들을 도울 준비가 되어 있음을 알고 있었다. 그들은 그 지역을 잘 알았고, SNS를 통해 서로 간에 또 우리와도 소통할 수 있었으며, 도우려는 활기와 영감으로 넘쳤다. 우리가 보기에 대형 국제 NGO를 통하여 네팔을 지원하는 통상적인 방식보다는 이미 구조 작업을 벌이고 있던 현지의 젊은 지도자 집단을 활용하는 방식이 지진의 진원지이며 멀리 떨어진 지역인 고르카까지 도움을 전달하기에 보다 효과적이었다. 2010년 아이티 지진 당시, 세계 곳곳에서 구호품이 쇄도했지만 정작 아이티인들 자신이 그것을 관리하지는 못했던 것을 기억한다. 어떤 이는 그러한 아이티를 아이티인들의 회복력과 자율성을 간과하는 'NGO 공화국'이라고 묘사했다. 자금은 잘못 관리되었고, 설상가상으로 UN 평화유지군에 의해 상수원에 콜레라균이 퍼졌다. 우리는 이런 외국 원조의 실패 사례를 반복하고 싶지 않았고, 그래서 젊고 믿음직한 네팔인 현지 동료들에게 도움을 청했다.

네팔에서 실시한 수년간의 의료 서비스를 통해 우리는 이미 히말라야의 외딴 지역에 있는 많은 헌신적인 사람들과 협력 관계를 구축해 놓았다. 그들은 굳세고 효율적이었으며, 일의 요령도 잘 알고 있었다. 그들은 돈을 거의 혹은 전혀 쓰지 않았고, 지역 사람들과 친밀한 관계를 맺고 있었으며, 무엇이 도움이 될지 잘 알고 있었다. 우리는 또한 구호 활동 참여가 그들이 지도력을 개발할 좋은 기회라고 생각했고, 이 비극적인 지진이 차세대 네팔 지도자를 양성하는 관문이 될 수도 있다고 생각했다.

우리의 예상대로 수백만 달러의 인도적 지원금은 정부 금고로 쏟아져 들어갔고, 이 글을 쓰는 동안에도 상당한 지원금이 정치적 다툼으로 인해 여전히 금고에 남아 있다.

다른 외국 구호품들이 공항에 묶여 있거나 인도 국경에 압류되어 있는 동안에도, 등산가 파상과 남편 토라를 비롯한 많은 네팔 젊은이들로 구성된 우파야 구호팀은 몇 톤에 달하는 식량과 의약품, 건축 자재를 피해 지역으로 즉시 나를 수 있었다. 우리의 지원과 다른 저명한 등산가들의 협조에 힘입어, 파상은 실직한 짐꾼들을 고용하여 지진 지역에 길을 냈다. 이로써 사람들은 일자리를 찾을 수 있었고, 보급품은 피해를 입은 마을까지 도보로 운반될 수 있었다. 우파야가 모금한 자금으로 그녀는 헬리콥터를 임대하여 로 사원에 피신 중이던 아이들을 구출했다. 아이들은 몇 주 동안이나 변변한 음식도 먹지 못한 채 갇혀 있었다.

남편 토라와 그의 팀은 수천 장의 방수포, 담요, 음식 및 의복을 마련하여 전달했다. 시간이 흐르면서 그들은 학교, 비구니 사원, 수도원, 여성 센터와 양로원을 재건했다. 마을 전체가 더 안전한 건축 자재로 지붕을 다시 덮었다. 의료 서비스는 지진 생존자뿐만 아니라 미얀마에서 온 로힝야 난민들에게도 지속적으로 제공되었다. 이 일은 지금도 네팔에서 현지 젊은이들의 주도 아래 계속되고 있다.

그러나 미국의 구호 프로그램이 현지인을 고용하는 대신 미국 하청업자와 계약해 아이티, 남수단, 네팔에 주택을 건설한 것은 현명한 이타심이라기보다는 식민주의와 가부장주의의 사례, 가르치려는 태도의 사례가 될 수 있다. 나는 앤 리치(Anne Isabella Thackeray Ritchie)가 19세기에 썼던 소설 『다이몬드 부인(Mrs. Dymond)』에 나왔던 유명한 말을 기억한다. "누군가에게 물고기를 준다면 그는 곧 다시 배가 고파질 것이다. 그러나 물고기 잡는 방법을 가르친다면 진정 돕는 일이 된다." 진정한 이타심은 물고기를 잡는 방법을 가르치는 것이라고 나는 믿는다. 우리의 네팔 청소년 네트워크는 물고기를 잡을 줄 알았고, 타인에게 가르쳐 주기도 했다. 나는 항상 나 자신에게 질문을 던진다. "어떻게 하면 운동가, 교육자, 의료인, 부모 그리고 정치인으로서 사람들에게 물고기 잡는 방법을 가르칠 수 있을까?" 나는 이 질문이 벼랑 끝 상태로서 이타심을 이해하는 데 아주 중요하다고 믿는다. 타인을 돕는 이유가 자기중심적이거나 잘못된 정보에 기반할 때, 우리의 도움이 바람직하지 못한 상황을 만들 때, 우리는 벼랑 끝을 넘어가 병적 이타심으로 추락한다.

# 이타심과 그 외 벼랑 끝 상태들

# 3

 벼랑 끝 상태들은 서로 직간접적으로 영향을 미치고 서로 반향을 일으킴으로써 우리를 돕기도 하고 방해하기도 한다. 고통받는 사람들을 향한 건강한 공감은 친절, 관심, 이타심을 불러일으킬 수 있다. 괴롭힘을 당하거나 제도적인 폭력과 직접적인 학대에 시달리는 사람을 만났을 때, 우리는 이타심과 진정성에서 그 상황에 개입하게 된다. 이타심은 또한 헌신적 참여의 강력한 발판이 된다. 하지만 공감을 통제하지 못한다면, 개인적 고통에 시달려 봉사를 할 수 없게 되거나 방어적이고 미숙하게 반응하여 자신과 타인 모두에게 피해를 줄 수 있다.

 이타적 행동이 자신의 도덕 감성과 일치하지 않으면 도덕적 고통에 빠지게 된다. 병적 이타심에 사로잡히면 원래는 도와주려고 했던 사람들을 경멸하거나 무시하게 되는 경우가 종종 발생한다. 건강하지 못한 이타심이 소진으로 귀착되는 일은 드물지 않다. 하지만 캐시 무어가 '도와주기라는 망상의 고속도로'라고 불렀던 잘못된 이타심을 용기 있게 통찰한다면 한 사람의 인생은 선의와 연민이라는 방향으로 바뀔 수 있다.

 2016년 초겨울에 우파야 공동체는 산타페의 노숙자 쉼터를 방문하여

200명의 노숙자에게 음식을 만들어 대접했다. 다음날 캐시는 이타심에 대해 배운 것을 글로 쓰도록 영감을 준 어떤 경험을 하게 되었다.

> 쉼터에서의 식사 다음 날, 마시 거리에서 나는 한 노숙자를 보게 되었다. 횡단보도 중간에서 우리는 눈길이 마주쳤다. 우리의 마음도 교차하며 만났다. 그때 내가 그를 얼마나 두려워하지 않는지를 깨달았다. 그것은 내게 새로운 느낌이었다. 그렇다고 앞뒤 가리지 않고 무조건 두렵지 않다는 것은 아니었다. 키가 160센티 정도인 여자의 몸으로 세상과 소통하기 위해서는 현명한 분별력이 필요하다는 것을 알고 있다. 그는 미소를 지었다. 그의 긴 산타 수염이 미소와 함께 움직였고, 나도 마치 절하듯이 그에게 목례를 했다. 이것이 정상이고 인간적으로 느껴졌다. 전혀 마법은 아니었지만 심오했다. 걸음을 걸으며 갑자기 뱃속에서 차가운 죄책감이 올라오는 것을 느꼈다. 안녕, 수치심! 한 노숙자의 얼굴에서 나 자신의 얼굴을 볼 수 있는 능력이 이렇게 새롭게 느껴지는 것은 무엇을 의미하는 것일까? 이 수치심이 정당하게 느껴졌다. 나는 '집이 없다는 것'을 무시했던 것이 아니다. 전혀 아니다. 나는 '그것'을 타자화했다. 그것 안에서 나 자신을 본 적이 없기 때문이다. 나는 자신을 '고쳐 주는 자'로 여겼고, 그래서 구조자의 마음으로 그것을 만나게 되었던 것이다.
> 갑자기 이것은 내게 비열함의 낙인으로 느껴졌고, 고통에 대한 깊은 불편함을 감추기 위해 행했던 도와주기를 교활하고 그럴듯하게 포장하는 이야기로 느껴졌다. 그 뿌리에는 도움이 필요한 사람들보다 내가 더 높은 지위에 있다는 근본적인 믿음이 있었다. 나는 고통을 고쳐

줄 수 있다는 믿음으로 고통에 거리를 두어 왔다. 이것은 적지 않은 방식으로 나의 속을 매스껍게 만들었다. '고쳐주기'는 나를 '문제 해결 완료'라는 망상의 나라로 데려다줄 내 망상의 고속도로였던 것이다. 무엇보다도, 이것은 나 자신과 거리에 살고 있는 노숙자들 사이에 차이점 외에는 아무것도 보지 못하게 했다.[24]

캐시가 노숙자와 눈이 마주쳤을 때, 그들은 연결의 순간을 공유했다. 그로 인해 캐시에게 통찰의 문이 열렸다. 그녀는 도와주고, 고쳐 주고, 구조하는 것이 건강치 못한 이타심임을 인지했다. 노숙자를 '타자화'했다는 것을 깨달았을 때, 그녀는 수치심이라는 형태로 도덕적 고통을 경험했다. '타자화' 성향은 또 다른 벼랑 끝 상태인 무시를 어느 정도 수반한다. 캐시만이 아니다. 노숙자는 사회 대부분에 의해 '타자화'된다. 이 억압 시스템의 작은 부분에 자신이 기여했음을 알아차리면서 캐시는 과거의 병적 이타심에서 연민으로 이동했다.

캐시의 이야기는 레이첼 레멘 박사의 중요한 가르침을 떠올리게 한다. "도와주고, 고쳐 주고, 봉사하는 것은 인생을 보는 세 가지 다른 방식이다. 도움을 줄 때, 당신은 삶을 약한 것으로 본다. 고쳐 줄 때, 당신은 삶을 망가진 것으로 본다. 봉사할 때, 당신은 삶을 온전한 것으로 본다." 레멘은 도와주기가 불평등에 기반한다고 설명한다. "도와줄 때, 우리는 줄 수 있는 것보다 더 많은 것을 무심코 빼앗을 수 있다. 우리는 그들의 자존감과 자아 존중감과 진정성과 전체성을 감소시킬 수 있다. 도와줄 때, 우리는 자신의 힘을 매우 잘 알고 있다. 그러나 봉사는 힘으로 하는 것이 아니라, 자신의 존재로 하는 것이다. 우리는 그간의 모든 경험을 다 활용한다. 우리의 한계도 봉사에 참여하고, 우리의 상처도 봉사에 참여하며, 심지어 우리의 어둠까지도 봉사에 참여한다. 우리 안의 전체성이 타인 안의 전체성과 삶의 전체성에 봉사한다."[25]

최선의 이타심은 연결과 관심과 포용성에 대한 근본적 표현이고, 타인의 행복에 대한 책임감이다. 그것은 '도와주기'나 '고쳐 주기'로 그들의 자율성을 의식적으로 빼앗지 '않는' 것이다. 그것은 우리 자신의 생존이 타인의 생존과 분리되어 있지 않다는 것을 깨닫는 것이다. 제이 차 세계 대전 때 많은 어린이를 구한 니콜라스 윈튼의 용기처럼, 이타심은 사심 없음, 용기, 베푸는 마음, 상호 관계에 대한 감각, 모든 생명에 대한 깊은 존중으로 이루어져 있다.

깊은 차원에서 우리가 할 일은 인격의 튼튼한 기초 구조를 내면에 구축하고, 선의로 가장한 위험을 알아차리며, 위험에 포위되기 전에 함정에서 빠져나올 수 있는 수단을 가지는 것이라고 믿는다. 그러나 우리는 자기기만과 잘못된 동기와 칭찬의 욕구로 인해 간간이 희생물이 될 수도 있다. 그리고 이런 일이 일어났을 때 그것을 알아차린다면, 바로 그곳이 실패에서 얻은 겸손이라는 위대한 선물을 열어 보는 곳이 된다.

# 이타심을 지원하는 수행

# 4

1994년 버니 글래스맨(Bernie Glassman) 선사의 55번째 생일날, 그는 아내 지슈 홈즈와 친구들과 함께 한겨울의 미국 의회 의사당 계단에 앉아서 AIDS 위기를 해결하기 위한 다음 단계를 숙고하고 있었다. 그들은 뉴욕 용커즈에 그레이스톤 만달라(Greystone Mandala)를 성공적으로 설립했는데, 그것은 그레이스톤 제과점, HIV 병원, 보육원, 방과 후 프로그램, 저소득자 주택, 지역 사회 텃밭 등을 포함하는 대규모 사회 복지 단지였다. 하지만 버니 선사를 아는 사람은 그가 항상 새롭고 극단적인 무언가로 나아가게 하는 활동적이고 혁명적인 종류의 이타심에 사로잡혀 있음을 안다.

얼어붙은 의사당 계단에 앉아 버니 선사와 지슈는 사회적 참여 불교인들의 단체인 '젠 피스메이커(Zen Peacemakr Order)'를 마음속으로 구상하기 시작했다. 그들은 젠 피스메이커의 기반을 마련했고, '모름(not-knowing)'과 '지켜보기(bearing-witness)'와 가장 용감한 이타심을 키우는 길인 '연민행(憐憫行, compassionate action)'이라는 삼대 교의의 수행을 규정했다. '모름'은 자신과 우주에 대한 선입견을 놓아 버리는 수행이다. '지켜보기'는 이 세상의 고통과 기쁨에 현존하는 수행이다. '연민행'은 '모름'과 '지켜보기'에서 일어나는 행동이며, 세계와 우리 자신의 치유를 촉진한다.

젠 피스메이커는 용기 있는 프로그램을 계속 만들었고, 오늘날까지도 이어지고 있다. 젠 피스메이커의 길거리 수련회에서는 참가자들이 거리에서 며칠 동안 노숙하면서 노숙자로 산다는 것이 어떤 것인지를 지켜본다. 11월 맹추위 속에 개최되는 '아우슈비츠 지켜보기 안거'에서는 세상의 역사적 고통과 지금 이 순간의 고통을 만나는 방법으로 수백 명이 아우슈비츠에 모여서 '모름'과 '지켜보기'와 '연민행'을 수행한다.

나는 1990년대 중반에 공동 설립자로서 젠 피스메이커에 합류했다. 버니 선사와 지슈, 나 그리고 다수의 선 수행자들이 이 삼대 교의를 우리 삶의 핵심으로 만들고, 이런 가능성을 제자들에게 제공하기 위해 집중적으로 노력했다. 몇 년 후 나는 이 삼대 교의를 우파야 불교 성직자 수련 프로그램에도 포함시켰다. 이제 그것은 관점과 명상 그리고 실천에 있어서 성직자들을 훈련시키는 방법의 토대로서 기능하고 있다.

삼대 교의를 기준으로 삼아 우리는 묻는다. 지금 겪는 고통이 압도적인 것에 가까울 때, 어떻게 '모름'과 함께 명상할 수 있을까? '지켜보기'가 방관자의 태도와 비슷해지는 것은 언제인가? '연민행'이 요구될 때, 어떻게 해야 '도와주기'와 '고쳐 주기'로 기울어지는 것을 막으면서 이타심을 조화롭고 건강하게 유지하여, 우리가 벼랑 끝에서 추락하지 않게 할 수 있을까? 그리고 만약 우리가 병적 이타심을 향하여 비틀비틀 걸어가는 자신을 발견하게 되면, 어떻게 해야 건강한 이타심의 단단한 땅으로 되돌아와 우리가 내리막으로 미끄러지면서 기진맥진하게 되는 것을 피할 수 있을까?

나의 이타심은 최고 보안 교도소에서 자원봉사자로 일하던 여러 해 동안 되풀이 시험되었다. 수감자들에게 명상을 가르치기 위해 뉴멕시코 교도소에 간 첫 날, 나는 첫 번째 교의인 '모름' 수행이 진정 무엇인지를 이해했다. 보안이 삼엄한 교도소 안에 있다는 사실이 문자 그대로 두려웠다. 여러 번 살인을 저지른 갱단 조직원들과 함께 일한다는 것도 걱정스러웠다. 설상가상으로 자원봉사자 예비 교육에서 만약 우리가 수감자에게 인질로 잡힌다 해도 교도소 관계자는 우리를 구할 책임이 없다는 말까지 들었다.

이 모든 상황에도 불구하고, 나는 오랫동안 이 특별한 '천장(天葬)터'에서 봉사하고 싶은 마음을 품어 왔다. 죽어 가는 사람들과 수십 년 동안 일하면서 나는 내게 익숙하지 않은 세계로부터 배워야 할 필요가 있음을 깨달았다. 나는 또한 우리의 경제 체제, 인종 차별 그리고 문화적 배타성이 교정 산업 시스템이라는 제도적 억압을 키웠다는 것을 절실히 인식하고 있었다. 나는 우리나라의 정의·불의와 관련된 심리적 고통 속으로 한 걸음 더 깊게 들어가서, 참담한 사회적 병폐의 피해자가 된 사람들을 돕고 싶었다.

나의 '학생' 그룹과의 첫 만남은 '모름'에 대한 큰 교훈이 되었다. 수감자들을 회의실로 인솔해 온 교도관은 바로 나가 버리고, 함께 간 여성 동료와 나는 험상궂은 모습을 하고 몸에는 문신을 새긴 십여 명의 남자들 속에 덩그러니 남겨졌다. 대부분의 수감자들은 검은 안경을 쓰고 짧게 삭발한 머리에 이마까지 내려오는 머리망을 쓰고 있었다. 모두들 심각한 얼굴을 하고 낮고 구부정한 자세로 플라스틱 의자에 앉아서는 다리를 과하게 쩍 벌리고 있었다.

선승으로서, 나도 삭발은 했지만 머리망은 쓰지 않았다. 그리고 나는 단정한 가부좌 자세로 앉았다!

그들 가운데 불편하게 앉은 나는 침묵 속에 나를 쩌려보며 앉아 있는 이 사람들과 소통하는 데 내 두려움이 얼마나 방해가 되는지를 발견하고 놀랐다. 나는 '내부'가 어떤 것이었는지에 대한 선입견을 빨리 버려야만 했다. 그렇지 않으면 앞으로의 시간이 매우 쉽지 않을 것이었다. 나는 우선 그들의 근황에 대해 함께 이야기해 보아도 괜찮을지 물었고, 그들 중 한 사람이 으르렁거리듯 긍정적인 대답을 했다. 나는 지금 이 순간으로 돌아오기 위해 주의를 호흡으로 가져갔고, 그러고 나서 시작했다.

첫 번째 남자는 그저 나를 노려보기만 했다. 불안했다. 두 번째 남자는 검은 안경을 끼고 있어서 눈을 볼 수가 없었다. 그에게 정중하게 선글라스를 벗어 줄 수 있겠느냐고 물었다. 그가 하도 빨리 안경을 위로 휙 올렸다 내리는 바람에 나는 그의 충혈된 눈만 아주 잠깐 볼 수 있었다. 나는 웃을 수밖에 없었고 무리의 몇몇 사람들도 그랬다.

다음 사람은 선글라스를 벗고 몇 마디 말을 했고, 분위기가 훈훈해지기 시작했다. 한 사람 한 사람씩 몇 마디 말을 더했고, 마지막 사람은 셔츠 주머니에서 작은 봉투를 꺼내서 내게 건네줬다. 머리망이었다. 나는 작은 봉투를 열어 머리망을 꺼내서 천천히 머리에 썼다. 방안은 웃음소리로 가득 찼고, 그렇게 미국의 가장 험한 감옥 중 하나에서 나의 6년간의 '모름' 수행이 시작되었다.

나는 소위 '전문가'라는 정체성이 나를 이들로부터 쉽사리 분리시킬 수도 있다는 것을 그때 보았고 지금도 알고 있다. 우리는 너무나 자주 두려움 때문에 전문성이라는 벽을 만든다. 이 경험을 통해 나의 편견과 개인적인 경험을 명확히 보는 것의 가치를 알게 되었고, 나의 편견과 개인적인 경험이 매 순간을 어떤 개입도 없이 직접 만나는 데 장애물이 되는 것도 알게 되었다. 결국 나는 '모름' 수행이 이타심의 토대임을 알게 되었다. 모른다는 자세가 선입견보다 훨씬 더 넓은 지평을 열어 주고, 연결과 온유함을 허용하기 때문이다.

두 번째 교의인 '지켜보기'는 어떤 상황에 전적으로 현존하는 수행이다. 완전한 재앙인지 중립적인 것인지 혹은 기쁜 것인지의 여부에 상관없이, 무엇이든 지금 일어나는 상황에 우리의 온 존재로서 연결되는 수행이다. 더 깊은 차원에서 '지켜보기' 수행은 우리 자신뿐만 아니라 타인 그리고 우리를 둘러싼 세계와 여과되지 않은 관계를 맺은 상태로 존재하는 것이고, 열린 가슴 및 나누고자 하는 마음과 함께하는 것이다.

네팔의 우파야 노마드 클리닉(Upaya Nomads Clinic)에서 봉사할 때면, 나는 물질적으로 빈곤하고, 부상을 입었거나 아픈 사람들을 지켜본다. 또한 부패한 정부, 환경 파괴, 티베트인들이 겪는 사회적 소외의 결과도 지켜보지 않으면 안 된다. 나는 티베트인들을 소중히 여기기에, 무엇이 그들의 공동체에 도움이 될지 알아내고자 그들이 처한 실제 상황을 가슴에 담고 명상의 자리에 앉고 또 앉았다. 지켜보기 수행이 없었다면 그리할 수 없었다.

'모름'과 '지켜보기'로부터 세 번째 교의인 '연민행'이 또는 운문 문언(雲門文偃) 선사가 말한 '적절한 대응'[26]이 일어난다. 이것은 타인을 이롭게 하려는 분명한 의도를 가지고 어떤 행동을 취하거나 또는 취하지 않는 것을 말한다. 철학자 크리슈나무르티는 이렇게 썼다. "행동은 관계에서만 의미가 있고, 관계를 이해하지 않으면 행동은 어떤 수준에서도 갈등만 불러올 것이다. 관계를 이해하는 것은 행동 계획을 모색하는 것보다 한없이 더 중요하다."[27] 수십 년 동안 네팔을 여행하고 우파야 진료소를 지원하면서 나는 '모름'과 '지켜보기'의 토대 위에서 일했고, 우리 팀원들과 내가 발전시킨 히말라야 사람들과의 관계에 기반하여 일했다.

삼대 교의를 실천하는 것은 우리들 대부분이 편하게 걷는 길과 상반된다. 돌보는 이들은 일을 끝내기를 원할 수도 있다. 교육자, 변호사, 운동가 그리고 부모들 또한 그럴지도 모른다. 나도 그렇다. 또한 우리는 우리의 전문성, 우리의 지식 기반, 우리가 남을 도왔던 과거 경험에 의지하는 경향이 있다. 하지만 지금 이 순간을 온전히 만나고 싶다면 이 삼대 교의가 귀중한 안내자가 될 수 있다. 내게 삼대 교의는 벼랑 끝 상태의 에너지로 작업할 때 사용할 가장 강력한 '우파야(upaya)', 즉 지혜로운 방편이다. 이 책에서 나는 각 벼랑 끝 상태와 그것을 지원하는 수행들을 탐구하면서 삼대 교의로 되돌아올 것이다. 지혜로운 방편으로서의, 나의 고통과 타인의 고통을 마주하기 위한 수행으로서의, 그리고 지혜와 연민을 키우고 자유를 찾는 길로서의 삼대 교의로 말이다.

## 모름

그렇다면 우리는 실제로 어떻게 이 삼대 교의를 수행할 수 있을까? 여기서는 '모름(not-knowing)'을 시작으로 각 교의의 몇 가지 수행 요점을 제시할 것이다.

고통받는 사람을 도와야 할 필요성을 알아차리면, 나는 대체로 지금 이 순간으로 돌아오기 위해 숨을 들이마시고, 숨을 내쉬면서 몸을 안정시킨다. 그 후 나는 이 사람의 고통을 마주하면서 나 자신에게 물어본다. "어떻게 하면 성급한 결론이나 행동을 하지 않고 열린 마음을 유지할 수 있을까?" 또한 나는 묻는다. "내가 이 상황에서 진정 돕고 싶은 이유는 무엇인가? 나는 병적 이타심의 함정에 빠진 것인가? 나는 이 순간에 피해가 아니라 도움을 줄 수 있는 능력을 가지고 있는가?" 만약 내가 고통에 대해 두려움이나 판단이나 혐오감을 경험한다면, 이상적으로는 이것을 알아차리고 놓아 버리면서 열린 마음으로 들어간다. 그 방법은 나의 주의를 다시 호흡에 가져오고, 지금 이 순간으로 돌아오며, 그리고 어떤 일이 일어나든 그 상황에 현존하는 것이다.

최근 나는 죽어 가는 친구 곁에 앉아 있었는데, 갑자기 그의 아내가 침대에 올라가서 그의 머리가 놓여 있던 베개를 다소 격렬하게 치며 불룩하게 만들었다. 그런 다음 그의 팔을 툭툭 두드리면서 "당신은 괜찮다."라고 되풀이해서 말했다. 그 순간 내가 아는 한 그 누구도 괜찮지 않았다. 나는 '모름'으로 내려가 두 사람을 위한 사랑의 공간을 유지했다. 그녀는 겁에 질려 있었다. 그는 정신적인 그리고 육체적인 고통에 시달리고 있었다. 잠시 후엔 두 사람 모두 잠잠해졌지만, 그녀를 그의 곁에서 끌어내고 싶은 충동을 제어하는 것이 내겐 쉽지 않았다. 일단 멈추고 지금 이 순간으로 돌아오면 구조하기와 충고하기를 삼가는 데 도움이 되고, 그저 그 상황에 현존하기만 하는 데도 도움이 된다.

## 지켜보기

'모름'은 나의 '지켜보기(bearing-witness)' 수행을 도와준다. 내가 타인의 고통과 함께할 때, 그리고 그들의 고통을 마주하는 나의 반응을 알아차릴 때, 평정과 연민을 체현하는 것이 중요하다. 지금 이 순간으로 반복해서 되돌아오는 것은 도움이 된다. 마음이 상황에 대해 때로는 옹호론을 펴고 때로는 반대론을 펴는 모습을 지켜보는 것도 중요하다. '지켜보기'는 구경꾼이 되는 것이 아니라 오히려 관계를 맺는 것이고, 총체적 재난을 직면하는 용기에 관한 것이다. 이것이 항상 쉬운 것은 아니지만 수행으로 그런 역량을 강화시킬 수 있다.

예전에 나는 리타라는 이를 만났던 적이 있다. 어느 비 오는 날 샌프란시스코 시내에서 나는 호텔을 나와 택시를 타려고 줄을 섰다. 그때 몸집이 아주 작은 한 아프리카계 미국인 노숙자 여성이 맨다리에 허벅지까지 내려오는 긴 맨투맨을 입고 내게 다가와서는 줄을 서 있느냐고 물었다. 그렇다고 대답하자 그녀는 말했다. "이제 당신은 내가 좋은 사람인 걸 알아요." 그 후에 그녀는 보살계를 받은 선 불교도가 입는 의복인 나의 가사를 가리키며 "스님이에요?"라고 물었다. 나는 잠시 멈춘 뒤 고개를 천천히 끄덕이며 그녀의 눈을 바라보았다. 그 순간 나는 그녀에게서 눈길을 돌리지 않고, 그녀를 서둘러 지나치거나 대상화하지 않으면서, 그녀와 함께 있을 수 있는 능력이 내 안에 있는 것처럼 느꼈다. 나는 그저 그녀와 연결되고 싶었고 단지 그녀와 함께 있기를 원했다. 이런 것을 다 생각하고 있었던 것은 아니다. 그냥 그렇게 되었고 우리 머리 위로는 비가 내리고 있었다.

이윽고 그녀는 내게 돈을 구걸했다. 나는 돈을 가지고 있지 않아서 그녀에게 현금이 없다고 부드럽게 말했다. 다시 한 번 나는 눈길을 돌리지 않았고 그녀의 주변을 떠나지도 않았다. 단지 잠시 동안 그녀와 함께 부드럽게 현존하려고 했다. 그때 갑자기 그녀는 괴로움에 허물어지고, 울음을 터트리며 고함을 질렀다. 그리고 그녀는 내게 덤벼들었고, 호텔 경비가 달려와서 말했다. "리타, 괜찮아. 이제 가도 돼." 그러나 리타는 아무 데도 가지 않았다. 나 역시 가지 않았다. 그녀는 나를 궁지로 몰았고, 나 역시 나를 궁지로 몰았음을 깨달았다. 그 순간의 친밀감은 우리 사이의 벽을 무너트렸을 뿐만 아니라, 그녀가 자신에게서 스스로를 보호하는 벽도 무너트렸던 것이다.

나는 진정으로 '모름' 속에 서 있었고, 그녀의 고통뿐 아니라 나 자신의 당황스러움도 목격해야 했다. 그녀의 고통은 분명했고, 그것을 해결할 나의 능력은 전무했다. 내가 할 일은 능숙하든 아니든 지금 이 순간으로 돌아와서, 숨을 들이쉬고, 나를 잡고 있는 그녀의 혼란스러운 에너지를 지켜보는 것이었다.

그날 리타로부터 하나의 교훈을 얻었다. 처리할 시간이 충분치 않은 친밀감은 고통을 야기할 수 있음을 말이다. 나는 할 수 있는 한, 만남에 현존하는 방법으로 삼대 교의를 실천했다. 그 후 나는 스승 버니 선사의 말을 기억했다. "우리가 …… 거리에서 삶을 지켜볼 때, 우리는 자기 자신을 바치는 것이다. 담요도 음식도 옷도 아닌 자기 자신을 말이다."[28] 그것은 자신의 온전한 전체를 의미하고 거기엔 혼란도 포함된다. 사랑과 존중도 포함해서 말이다. 리타를 만났을 때 나는 결과를 통제할 수 없었고 예상할 수도 없었다. 단지 그녀의 고통을 외면할 수 없다는 것만을 알았을 뿐이다.

나는 진정으로 리타를 도우려면 어떤 '연민행'을 했으면 좋았을지 자문해 보았다. 적절한 답은 없다. 어쩌면 우리는 서로 도움을 주고받았을지도 모른다. 우리의 부족한 상호 작용을 되돌아보고, 어떻게 하면 더 능숙할 수 있었을까 자문하는 것이 우리 수행의 한 부분이라고 나는 생각한다.

어떻게 하면 해로움을 줄이고 유용하기까지 한 방식으로, 직감과 통찰력과 경험을 조합할 수 있을까? 그리고 확실하게 긍정적 결과를 필요로 하는 것 역시 어쩌면 부차적인 문제다. '지켜보기'는 있는 그대로의 상황 전체와 현존하는 것을 의미한다.

## 연민행

지금 이 순간으로 돌아오고, 몸으로 돌아오는 것은 삼대 교의 수행에 중요하다. 리타의 고통을 만났을 때 내가 했던 것도 그것이다. '연민행(憐憫行, compassionate action)'의 시간이 오면, 그 상황에서 어떤 행동이 최선의 도움이 되는지 또는 아무것도 하지 않는 것이 가장 연민적인 대응인지를 알아야 한다. 이때 지금 이 순간으로 돌아오는 것이 도움이 된다. 여러 번 나는 무조건 도와주거나 고쳐 주려는 충동에 휩싸였다. 하지만 몇 초 시간을 들여 숨을 들이쉬고 내쉬면서 몸으로 내려가면 그 순간의 요구 사항에 더 부합하는 선택을 할 수 있었다. 멈추고 지금 이 순간으로 돌아감으로써 자신을 놓아 버릴 수 있는 시간을 주는 것이다.

몸은 보통 우리가 하고 싶은 것과 그것을 하고 싶은 이유가 서로 맞지 않으면 신호를 보낸다. 또는 우리가 하는 행동이 우리의 도덕과 윤리를 훼손할 때도 신호를 보낸다. 또는 아무것도 하지 않는 것이 아마도 낫다는 신호도 보낸다. 혹은 타인에게 필요한 사람이 되려는 욕구를 만족시키기 위해 도울 때도 신호를 보낸다.

몸의 감각을 감지하면 벼랑 끝을 넘어가는 것이 신체적으로 어떤 느낌인지도 배울 수 있다. 배나 가슴에 마비가 오는 듯한 조임도 있고, 심장이나 목구멍이나 눈 또는 머리 주변에 긴장감도 있으며, 초조함이나 따끔거림 혹은 통증도 있고, 차가운 손에 땀이 나거나 발이 도망치고 싶은 사람처럼 움직이기도 하며, 또는 원치 않는 일을 하는 자신을 보면서 몸과 분리된 느낌이 들기도 한다. 마음속으로는 자신의 행동을 합리화할 수 있을지 모르지만, 가라앉는 느낌이나 몸의 긴장감은 진실을 보여 준다. 이런 때 만약 주의를 호흡과 몸으로 가져간다면, 몸이 말해 주는 것을 지켜볼 수 있다. 그러면 벼랑 끝에서 병적 이타심의 진흙탕으로 떨어지는 것을 피할 수 있다.

삼대 교의를 실천하면 자신의 영적 물질주의, 자기기만, 인정받고 싶은 욕구를 볼 수 있게 된다. 그때 이타심의 그림자가 표면으로 올라올 수 있다. 만약 속도를 늦추어 자신의 동기를 재검토한다면, 인정과 감사의 욕구에서 행동하는 것을 알아차릴 수 있다. 자만심이나 충족되지 않은 감정적 욕구를 알아차린다면 작은 자아에게 약간의 비공격성을 담아 인사를 할 수도 있고, 좋은 교훈을 얻었다고 생각할 수도 있다. 남을 돕고자 하는 동기는 적어도 어느 정도는 사심이 없어야 한다. 생각을 행동으로 옮기기 전에 삼대 교의를 숙고한다면, 자신이 봉사하고 있는지 아니면 도와주고 고쳐 주고 있는지를 분별할 수 있게 된다.

## 이타심이라는 벼랑 끝에서의 발견

# 5

불교 철학의 핵심에는 무집착(無執着)이 있고, 이는 이타심과 관련하여 기억해야 할 중요한 원칙이다. 누구든 간에 타자의 고통을 볼 때는, 우리가 봉사할 수 있도록 그 고통을 정직하고 친밀하게 만나는 것이 바람직하다. 또한 우리는 자신이 정말로 안전장치 없이 추락하고 있다는 것을 인지함으로써 '모름'을 실천에 옮긴다. 우리가 발견하게 되는 것은 우리가 마침내 안정을 되찾을 수 있고, 추락하고 있는 우리 주변 사람들까지도 받아낼 수 있는 어떤 도덕적으로 우월한 위치가 아니다. 그보다는 삶의 무한한 실존적 불안 위로 추락하고 있는 와중에도 안정을 되찾는 방법과, 닻을 내리고 정박하지 못한다는 느낌에서 발생하는 두려움에서 벗어나도록 타인을 돕는 방법을 배우는 것이라 할 수 있다. 마지막 안식처는 전혀 땅이 아니며, 오히려 그런 땅은 절대 없으리라는 사실을 이해하는 데서 얻는 자유다. 그럼에도 불구하고 우리는 여기서 함께 무한한 삶의 공간을 항해하고 있다. 집착은 없지만 친밀하게 말이다.

　무집착은 상관하지 않는다는 뜻이 아니다. 사실 그것은 관심을 보여주는 방법이 될 수 있다. '사랑과 함께 거리 두기(detach with love)'는 많은 지혜를 담은 12단계 프로그램의 슬로건이다. 사랑과 함께 거리를 두면 기대감의 굴레에서 해방될 수 있다. 타인을 도우려는 시도가 실패로 끝나 버리면, 좌절감이나 죄책감 혹은 수치심이 일어날 수 있다. '좋은 죽음'을 맞이하라고 빌었던 사람이 오히려 지저분하고 힘들게 죽었다. 기껏 조기 석방 되도록 도와줬더니 쇼핑센터에서 비싼 시계를 훔쳐서 다시 투옥되었다. 수단의 어린이 교육을 위해 5년 동안 열심히 기금을 모았더니 교장이 교사들에게 월급을 지불하지 않아 프로젝트 자체가 무산되어 버렸다. 이런 사례는 끝이 없다. 삼대 교의를 수행하면 마음에 중심이 잡히고, 그래서 결과에 대한 애착이 우리를 선량함이라는 높은 벼랑 끝에서 끌어내리려고 할 때 버틸 수 있다.

이타심의 또 다른 부분은 우리의 문화, 인종, 성별, 성적 성향, 교육, 계층, 이력이 어떻게 우리의 행동을 형성하는 편견과 가치관을 창출하는지 탐구하고, 또한 타인에 관한 우리의 특권과 권력이 어떻게 봉사에 대해 품고 있는 기대에 영향을 미치는지 탐구하는 것이다. '모름'은 자신의 편견에서 고개를 돌린다는 의미가 아니다. 그보다 '모름'은 자신의 사회적 길들이기가 더 잘 보이는 그런 열린 공간을 제공한다. 무의식적으로 타인을 대상화하는 것은 그 타인을 동정이나 권력의 대상으로 만들고, 또한 건강하지 못한 이타심을 키운다는 사실을 우리는 알고 있다.

또 다른 중요한 인간관계의 기술은 경계를 설정하는 것이다. 이것은 이기적인 행동이 아니며, 사람들을 밀어내거나 또는 대개 자신의 계층보다 하위인 다른 계층에 속한다고 생각되는 사람들을 '타자화'하는 것을 의미하지 않는다. 좋은 경계는 우리를 공감 스트레스로부터 지켜 준다. 즉, 어떤 관점에서 본다면 고통받는 사람은 우리가 아님을 기억하는 것이다.

고통받고 있는 사람과 과도하게 동일시하기 시작한다면, 삼대 교의라는 강력한 방법을 사용하여 벼랑 끝에서 미끄러지고 있음을 알아차리도록 한다. 그리고 공감을 연민으로 변화시키도록 한다. 즉, 열린 마음('모름')을 유지하고, 고통의 곁으로 가며('지켜보기'), 관심을 가지고 대응('연민행')하는 것을 통해서 말이다.

공동체의 일원이 되는 것은 안정되고 현실적인 마음을 유지하는 좋은 수단이다. 오클리 박사는 겉보기에 이타적인 행동이 피해를 초래하기 전에 또는 그 후에 우리를 지켜봐 주고 노선을 수정할 수 있도록 도와주는 외부 관찰자가 필요하다고 말한다. 외부 관찰자는 가족이 될 수도 있고, 동료 집단이 될 수도 있으며, 영적 공동체가 될 수도 있고, 심지어 우리가 봉사하는 공동체가 될 수도 있다. 또한 삼대 교의의 힘을 상기시켜 주고, 우리와 타인들을 많은 곤경에서 구해 줄 수 있는 슬기로운 스승과의 관계가 있다면 심오한 혜택을 얻을 수 있다.

만약 이러한 수행과 견지를 활용한다면, 어느 순간부터 타인의 고통에 대한 우리의 대응은 이타적이고 단순하게 될 것이다. 그 시간 또는 그 순간이 오기까지 우리는 계속 타인을 돕고, 삼대 교의를 실천하며, 자신의 경험을 통해 배워야 한다. 자신에게 정직하고 방심하지 않으면 이타심의 건강한 측면을 유지할 수 있다.

자기비판에 말려들지 않고, 자신에게 친절하고 호기심을 갖는 것은 중요하다. 명나라 시대 철학자 홍자성은 『채근담(菜根譚)』에서 이렇게 썼다. "더러운 땅에는 초목이 많이 자라고, 맑은 물에는 물고기가 없다. 그러므로 군자는 마땅히 더러운 것을 받아들이고 함께해야 한다."[29] 누구도 완벽한 이타주의자는 아니기에 이것은 현명한 말이다. 이타심은 우리를 벼랑 끝으로 몰 수 있다. 벼랑 끝에 서는 것은, 그리고 실제로 벼랑 끝에서 떨어지는 것은, 궁극적으로 우리의 겸손과 기본적 인간성을 키울 수 있다. 다음 구절은 이타심의 본질을 담고 있다. "선을 행함을 모르는 채 선을 많이 행하게 하소서."[30] 진실로 우리가 '모름'과 '지켜보기'와 '연민행'을 온전하고 열려 있으며 겸손한 마음으로 실천하게 하소서.

이타심의 이름으로 내가 일으켰던 작은 사고들에서, 그리고 도와주기와 고쳐 주기라는 하등 영역으로 추락한 경험에서 나는 꽤 많은 것을 배웠다. 또한 과로로 인한 실패, 과도한 공감, 도덕적 갈등과 도덕적 고통, 직접 경험한 권력 투쟁에서 살아남은 경험에서도 더 많은 지혜를 얻어 봉사에 활용할 수 있었다.

물론 일부러 벼랑 끝에서 떨어지려고 해서는 안 된다. 하지만 만약 떨어질 수밖에 없다면, 우리의 투쟁은 고통뿐만 아니라 선물도 같이 가지고 올 것이다. 그리고 벼랑 끝에서 떨어진 사람들, 그리고 그 여정에서 배움을 얻은 사람들의 이야기는 단단한 땅에 계속 서 있었던 사람들의 이야기와 마찬가지로 영감을 준다. 이 장의 초반에서 알코올 중독자인 아들을 그들의 집 지하실에 살게 한 부부 이야기를 한 적이 있다. 부모는 둘 다 벼랑 끝에서 추락했고, 동반 의존의 수렁에 빠졌다. 그들은 아들과도 싸우고 부부간에도 싸웠다. 하지만 종국에는 그 수렁에서 빠져나올 수 있었다.

명상 안거에서 어머니는 자신과 남편이 수년 동안 아들의 행동을 사실상 허용해 왔음을 깨달았다. 그녀는 남편과 함께 상황을 바꾸기로 하고 계획을 세웠다. 아들에게 돈을 주는 것을 중단했고, 이사를 요청했으며, 자물쇠도 바꿨다. 이것은 어떤 면에서 사랑의 행위였다. 그 아들은 친구들 집을 전전하며 살았지만 종국에는 그 친구들과도 돌이킬 수 없는 관계가 되었다. 이후 몇 달 동안 노숙자로 살기도 하고, 교도소도 들락거리며 내리막길을 걸었다. 어머니는 이런 소식을 듣고 진심으로 걱정이 되었지만 무너지지 않았다. 이 시점에서 도움을 준다면 자신과 남편은 물론 아들에게도 해가 됨을 알았기 때문이다. 결국 청년은 바닥을 찍고 절박해져서 도움을 청했다.

이제 그녀의 아들은 18개월째 금주를 계속하고 있다. 자신의 아파트가 있고 회복 센터에서 일도 하고 있다. 어머니는 아들의 금주도 너무 감사하지만, 많은 배움을 안겨 준 동반 의존에서 건강한 상태로 간 자신의 여정에도 너무 감사하다며 이렇게 말했다. "저는 엄마로서 아들이 술을 끊도록 가능한 모든 일을 다 하는 것이 제 일이라고 생각했어요. 아들에게 확실하게 먹을 것과 쉴 곳이 있는지 확인하는 것이 제 일이라고 생각했어요. 그러나 '사랑과 함께 거리 두기'가 제 일임을 깨달았을 때, 모든 것이 바뀌었어요. 저는 그 교훈을 결코 잊지 않을 겁니다. 저는 중독에 대해 전혀 아는 것이 없었어요. 이제는 많이 압니다. 중독자들과 그들을 사랑하는 사람들에게 더 큰 연민이 생겼습니다." 그녀가 벼랑 끝에서 배운 것은 공감과 지혜다.

## 나무 인형과 상처 입은 치유자

이타심은 삶에 목적과 깊이를 가져다준다. 타인에게 봉사하려는 우리의 깊은 염원은 어려운 시기에도 꾸준하고 헌신적일 수 있게 해 준다. 모든 중생을 고통에서 구하겠다는 보살의 서원은 우리를 자기중심성에서 멀어지게 이끌어 준다. 작은 자아에서 한 걸음 물러나 타인과의 무한한 상호 연결성을 깨닫게 해 준다.

궁극적으로 자아도 타아도 없고, 도움 주는 사람도 받는 사람도 없다는 것을 알게 된다. 우리는 팔다리가 세상의 고통에 연결된 끈으로 움직여지는 나무 인형처럼 세상에 대응하며 살 수 있다. 이타심을 향한 우리의 성향도 봄이 오면 눈이 녹아 물이 되듯 자연스럽게 변할 수 있다. 친절이라는 수분이 할 일을 잘하여 조건 없는 이타심의 씨앗이 싹트기 시작한다. 우리의 염원이 자신을 포함한 '모든' 존재의 복지에 전념할 때, 기존의 분주한 정신적 투사(投射)는 멈추게 된다. 그리고 이를 통해 우리는 자아 또는 타아라는 생각 없이, 결과에 대한 기대나 집착도 없이 현재에 머물 수 있게 된다.

그리스 신화에는 헤라클레스에게 독화살을 맞고 상처 입은 반인반마의 괴물 케이론의 이야기가 있다. 부상으로 인해 케이론은 치료법을 찾아야만 했고, 그 여정에서 케이론은 불우한 사람들에게 봉사하겠다는 영감을 얻었다. 그에게 상처는 변화의 관문이 되었다. 융은 상처 입은 치유자의 원형에 대한 글을 쓸 때 이 신화를 인용했다. 상처 입은 치유자는 고통에 뿌리를 둔 이타심이 무한한 연민으로 변하는 경험을 전형적으로 보여 준다.

상처 입은 치유자는 자신의 마음에서 아무것도 배제하지 않으려고 노력한다. 그러려면 벼랑 끝에서 똑바로 서 있는 동안 노력과 여유가 함께해야 한다. 죽어 가는 아이의 곁이나, 겁에 질린 난민들의 텐트 속에서 아무것도 하지 않고 몇 시간씩 시간을 보내려면 노력과 여유가 둘 다 필요하다. 타인에게 봉사하고 아무런 보답도 기대하지 않는 마음이 필요하다. 우리의 마음을 수행으로 돌리고, 결과가 비참하게 보일 때에도 계속 돕고 지지하는 것이 필요하다. 노력과 여유는, 우치야마 코쇼(內山興正) 선사의 말을 인용하자면 두려움을 떨쳐 내고 "생각의 손을 펼치는 것"이다. 이 두 자질이 함께할 때, 뼛속까지 발가벗겨진 채로 있으면서도 있는 그대로를 직면할 수 있는 용기와 힘이 생긴다. 노력과 여유는 고통의 단단한 응어리 가운데서 우리가 온 마음과 전체성을 표출하도록 돕는다.

## 사랑

최근 이타심과 연민에 관한 강연을 한 후에 한 나이 지긋한 여성이 이야기를 할 수 있는지 물어 왔다. 사라는 결혼 37년 차인 남편이 알츠하이머병에 걸렸다고 했다. 매일 밤 자신을 침대에 눕히는 그녀가 누군지도 알아보지 못한 채 그는 그녀를 바라보며 느릿느릿 순수하게 말한다. "당신은 아주 좋은 여자야."

이렇게 말하는 사라의 눈에는 자기 동정, 슬픔 또는 집착이 전혀 없어 보였다. 우리는 둘 다 잠시 멈추었고, 이윽고 조용한 목소리로 그녀가 말을 이었다. "저는 결혼 생활 내내 그 말을 듣기를 기다렸어요."

나는 사라가 남편을 돌본 것이 그런 반응을 이끌어 내기 위해서였다고는 생각하지 않는다. 그의 말은 그녀의 특별한 친절을 정확히 표현한 것 같다. 나중에 그녀는 남편을 돌보는 것이 삶에서 제일 행복한 시간이었다고 털어놓았다.

우리의 가장 깊은 가치관은 남들을 돕도록 이끄는 경향이 있다. 자만심이나 대가를 바라는 욕망에서가 아니라, 사랑으로 그리하는 것이다. 아가사 크리스티(Agatha Christie)의 『스타일즈 저택의 죽음(*The Mysterious Affair at*

Styles)』에 나오는 구절이 생각난다. "사실 …… 에밀리는 그녀만의 방식으로 이기적인 늙은이였다. 그녀는 아주 너그러웠지만 항상 대가를 기대했다. 자신이 해 준 것을 사람들이 절대 잊지 못하게 했고, 그렇게 그녀는 사랑을 놓쳤다."31

사라는 사랑을 놓치지 않았다. 뉴햄프셔대학의 운동선수였던 캐머론 라일도 그랬다. 전국 골수 이식 프로그램에 참여하여 표본 채취를 한 2년 후에 그는 생명을 살리기 위해 그의 골수가 즉시 필요하다는 전화를 받았다. 챔피언십 결승전 한 달 전에 그는 골수를 추출하기 위해 수술실로 들어갔다. 대학 4학년이었던 그에게 이 경기는 경쟁할 수 있는 마지막 기회였다. 라일에게는 의문의 여지가 없었다. 누구라도 금메달을 쫓기보다는 이런 일을 하지 않을까? 그는 물었다. 그가 가장 염려했던 것은 코치의 실망이었다. 알고 보니 코치와 동료들도 그에게 전폭적인 지지를 보냈다. 나중에 그는 자신의 이타적인 행동에 대한 관심을 오히려 당황스러워 했다. 캐머론 라일은 경기는 놓쳤을지 몰라도 사랑을 놓치진 않았다고 나는 믿는다.

웨슬리 오트리, 니콜라스 윈튼, 사라와 캐머론 라일은 사랑을 놓치지 않았다. 마찬가지로 버스에서 백인 승객에게 자리를 양보하지 않았던 로자 파크스, 파키스탄 어린이의 교육권을 위해 투쟁했던 말랄라 유사프자이, 중남미 인디오의 참상을 힘써 알린 리고베르타 멘추 등의 위대한 이타주의자들도 사랑을 놓치지 않았다. 이 여성들은 세상을 용감하고 사심 없이 도왔고, 고통을 직시하겠다는 굳건한 결심에서 대담하게 죽음에 맞섰다.

어쩌면 당신과 내가 살아온 삶의 이야기는 그리 극적이지도 위태롭지도 않았을 수 있다. 그리고 그것이 나쁜 것도 아니다. 그러나 우리는 사랑을 놓치고 타인에게 혜택을 줄 값진 기회에서 뒷걸음치고 싶지는 않다.

작년에 시인 제인 허쉬필드는 10세기 일본 시인 이즈미 시키부(和泉式部)가 지은 단가를 처음 읽고 자신의 삶이 갑자기 부서졌다고 말해 주었다. 이 아름다운 단가는 위험, 고통, 투과성, 온유와 용기에 대해 말하는데, 이러한 것들은 이타심을 지지하는 보이지 않는 수족이다.

비록 바람은
여기서 지독하게 불지만
달빛 또한 새어 나온다
이 폐허가 된 집의
지붕 판자 사이로[32]

제인은 2016년 강연에서 이 시를 언급하면서 "집의 벽을 너무 잘 쌓으면 빗물은 새지 않겠지만 달빛 역시 없을 것이다."라고 말했다.[33] 우리의 삶에 생명을 들여놓고, 타인을 들여놓고, 세상을 들여놓고, 사랑을 들여놓고, 밤도 들여놓아야 한다고 나는 믿는다. 더하여 우리의 머리 위 지붕, 즉 우리의 앎과 두려움이 달빛을 가로막게 하지는 말아야 한다고 믿는다. 이타심은 바로 이 투과성이고, 이 벽 없는 황야이며, 우리의 폐허가 된 집과 고통받는 세상에 달빛을 들여놓는 부서진 지붕인 것이다.

중요한 것은 우리가 벼랑 끝 너머 이기주의로 추락할 위험에 처했다는 것을 인지하는 능력이고, 삶의 철저한 취약성과 신비로움으로부터 배울 수 있는 능력이라고 나는 믿는다. 우리의 이타심이 도덕에 기반하고 지혜로우면서 비이기적이라면, 이것은 우리가 연민과 지혜와 사랑을 동반하는 '모름'의 자리라는 벼랑 끝에 서 있을 수 있기 때문이다. 이타심의 이런 동반자들과 함께, 우리는 폐허가 된 집의 지붕 사이로 새어 들어오는 달빛처럼 인간의 마음속에 자리한 선의 깊은 끌림에 자발적으로 반응하는 힘을 구축할 수 있다.

# 2

공감

공감은 항상 기여와 침해 사이에
위태롭게 걸터앉아 있다[34]

–

레슬리 제이미슨
(Leslie Jamison)

몇 년 전 나는 우파야 진료소 가운데 하나인 네팔 시미콧의 작은 의료 시설에서 일을 돕고 있었다. 어느 이른 아침, 누더기 차림에 지쳐 보이는 한 남자가 더럽고 악취 풍기는 꾸러미를 팔에 안고 이 히말라야 시골 병원으로 걸어 들어왔다. 우리 팀의 선임 의사가 다가가자 남자는 말없이 지저분한 누더기의 매듭을 풀었다. 안에는 머리와 팔, 등과 가슴에 심한 화상을 입은 여아가 있었다. 이름은 돌마였다.

돌마를 진찰해 보니 화상을 입은 상처 몇 곳에는 구더기가 득실거렸고, 붉은 생살이 드러난 상처와 심하게 감염된 상처도 있었다. 말을 잊어버린 아버지의 두 눈에는 견디기 힘든 슬픔과 완전한 체념이 어려 있었다. 네팔인과 서양인으로 이루어진 우리의 다문화 의료팀은 즉시 행동을 개시했다. 아이를 나무로 만든 작은 방으로 옮기고, 현지 간호사들이 상처를 소독하기 시작했다.

힘든 작업을 하는 우리 팀을 지원하기 위해 나도 방으로 들어가 간호사들 뒤에 섰다. 우리에게는 소아 마취제가 없었기 때문에 돌마를 마취시킬 수 없었다. 돌마의 날카로운 비명 소리가 진료소 전체에 울려 퍼졌다. 네팔인과 서양인 간호사, 의사들이 조밀하게 모여 서서 이 위태로운 상황을 처리하고 있는 동안 나는 그 가장자리에 서 있었다. 치료는 아주 오랫동안 계속되는 듯 느껴졌다.

처음부터 나는 의료진과 아이를 관찰하고 있었을 뿐만 아니라, 나 자신의 몸과 마음 상태도 관찰하고 있었다. 나는 70년대에 마이애미 대학 의과 대학 화상 분과에서 자문 위원으로 일한 적이 있었기 때문에, 괴사 조직 제거가 얼마나 고통스러운지 알고 있었다. 어린 소녀에 대한 치료는 감염되거나 죽은 세포 조직을 상처 부위에서 제거하는 것도 포함하고 있었다. 우리 의료진은 방대한 작업을 능숙한 솜씨로 진행했다.

시술 과정 내내 울부짖던 돌마로 인해 내 가슴은 타들어 갔고, 아이의 눈물은 고통스러워하는 아버지의 눈빛에도 반영되었다. 그 자리에 서 있는 동안 나의 심장 박동은 빨라졌다. 피부는 차가워졌고 식은 땀이 흘렀으며, 숨은 가쁘고 빨라졌다. 나는 금방이라도 기절할 것만 같아서 방을 나가려고도 생각했다. 하지만 이 어려운 시술을 하고 있던 사람들을 위해 그 공간을 지켜야 한다는 책임감도 느꼈다. 몇 초 사이에 나의 내면은 작은 주먹으로 꽉 쥐어짜는 듯한 고통으로 가득 찼다. 나는 금방이라도 기절할 것만 같았다. 돌마가 내 안으로 들어온 것처럼 느껴졌고, 눈앞에 보이는 그녀의 고통에 의해 압도되었다.

어떤 면에서 본다면 이 고통의 경험도 하나의 경종이었다. 나는 별로 낯설지 않은 위험한 벼랑 끝에 있음을 알았다. 그 순간을 이겨 내기 위해서 내가 해야 할 일은 내 눈앞에서 펼쳐지는 상황을 피해 버리는 것이 아니었다. 마음을 닫아 버리는 것도, 방에서 나가는 것도, 그냥 기절해 버리고 마는 것도 아니었다. 나는 아이의 경험에 대한 나의 동일시가 통제 불능 상태에 빠졌음을 깨달았다. 그 방에 계속 머무르려면 나는 아이의 고통에 너무 예민하게 조율된 상태에서 빠져나와야 했다. 즉, 나는 공감에서 연민으로 전환해야 했다.

나는 공감 스트레스, 즉 타인의 고통과 아픔을 느낄 때 오는 대리(代理) 고통의 한 형태를 경험하고 있었다. 이것을 깨달았을 때 나는 스트레스에서 벗어나 연민으로 옮겨가기 위한 접근법인 GRACE의 초기 형식을 사용했다. 6장에서 그 과정을 자세히 설명하겠지만, GRACE는 다음과 같은 실천들의 앞 글자들을 모은 것이다.

주의를 모으기(Gathering our attention)

의도를 상기하기(Recalling our intention)

자신에게 조율한 후 타인에게 조율하기
(Attuning to self and then other)

무엇이 도움이 될지 숙고하기(Considering what will serve)

참여한 후 상호 작용 끝내기(Engaging and then ending the interaction)

시미콧 진료소의 비좁은 방에 서서, 나는 GRACE 접근법을 사용하여 공감 스트레스에 대한 내 반응을 조절하고, 자신을 연민에 개방했다. 난처하고 연약한 그 순간의 나를 알아차리고, 마음챙김의 숨을 들이쉰 후, 나의 주의를 발로, 바닥을 딛고 있는 발의 압력에 대한 단순한 감각으로 가져갔다. 그렇게 지금 이 순간으로 돌아올 수 있도록 내게 몇 초를 할애했다. 그리고 나는 내가 봉사하기 위해 거기 있으며, 아이와 함께 일하고 있는 모든 사람들 역시 그러하다는 것을 상기했다. 내 몸에 주의를 계속 두면서 땅에 뿌리를 단단히 내리고 머물렀다. 내 심장 박동 수가 바뀌고 머리가 맑아지기 시작했을 때, 나는 주의를 다시 돌마에게 돌렸다. 그때 나는 이 어린아이가 얼마나 회복력이 있는지를 감지할 수 있었다. 이 모든 것이 1분여 만에 이루어졌다.

나는 또한 이 시술이 어린 돌마가 겪기에는(또한 의료인들이 겪기에도) 엄청나게 힘든 것이기는 하지만, 의사와 간호사와 보조원들이 지금 아이의 목숨을 살리고 있음을 인지했다. 그런 생각이 들자마자 아버지가 아이를 진료소로 데려왔다는 것, 그리고 연민 어린 네팔인 간호사들을 포함한 우리 팀이 거기에 있어 소녀를 죽음으로부터 지킬 수 있다는 것에 마음이 따스해지고 깊은 감사의 마음이 밀려왔다. 나는 방 전체를 마음에 담고 거기에 있던 모든 이들과 특히 돌마에게 사랑과 힘을 보냈다.

몇 시간 후 돌마의 아버지가 어린 딸을 품에 안고 병원을 떠날 때 나는 두 사람을 배웅했다. 돌마의 얼굴은 밝고 편안했으며, 눈은 아버지의 눈과 마찬가지로 빛났다. 몇 년은 젊어진 것처럼 보이는 아버지의 얼굴에 나는 존경심을 느꼈다. 그는 딸을 안고 우리에게 데려오기 위해 아주 먼 길을 걸어왔다. 두 사람을 가볍게 안고, 고개 숙여 인사할 때 나는 아버지의 손에 들려 있는 딸의 약 봉투를 보았다.

오후 햇빛을 등지고 진료소로 돌아온 나는 죽어 가는 할머니 곁에 앉았다. 숨쉬기도 힘들어 하는 노인의 이마에 오른손을 올려놓았다. 다음에는 만성 폐쇄성 폐 질환을 앓고 있는 여성 곁에 앉았다. 그녀 역시 살날이 얼마 남지 않았다. 그렇게 진료소의 하루가 저물어 가며, 찰나의 해변에는 생사의 파도가 오가고 있었다.

마침내 밤이 오자 진료소는 문을 닫았고, 나는 게스트하우스 마당에 있는 나의 텐트로 돌아왔다. 나의 삶은 뭍 생명 곁에 있는 작은 배처럼 느껴졌다. 그 생명들은 배움을 주기 위해 우리 곁에 왔다. 히말라야의 어둠과 침묵 속에서 나는 잠이 들었다.

공감, 즉 타인의 경험을 우리의 경험으로 들여오는 능력은 인간의 근본적인 재능이다. 그것은 우정과 가족 구조가 건강하게 작용하고, 사회와 우리 지구가 건강하게 작용하는 데 중요한 역할을 한다. 공감은 인간이 가진 최선의 마음을 보여 주고 드러낸다. 만약 열린 마음과 고결성을 유지하면서 공감의 경험과 함께 머물 수 있다면, 우리는 공감의 땅 위에 단단히 서 있을 수 있다.

그러나 벼랑 끝에서의 균형은 깨지기 쉬우며, 공감은 스트레스 쪽으로 아주 쉽게 기울어질 수 있다. 만약 우리가 타인의 신체적·정서적·정신적 상태와 너무 강하게 결합한다면, 자칫하면 벼랑 끝에서 추락하여 공감 스트레스라는 혼탁한 수렁 속으로 떨어질 것이다. 그러나 공감을 벼랑 끝 상태로 인식한다면, 공감 스트레스를 느끼는 때를 알아차려서, 너무 깊이 추락하거나 너무 오랫동안 수렁에 갇히기 전에 경로를 바로잡을 가능성이 높다.

# 공감이라는 높은 벼랑 끝에서

# 1

'공감(empathy)'은 고대 그리스어 'empatheia'에서 유래한 단어로서, '안(in)'과 '연민을 자아내는 힘(pathos)'으로부터 형성되었다.[35] 100년 전 독일 철학자들은 이 'empatheia'를 빌려 '~에 대한 느낌'을 의미하는 독일어 'Einfühlung'을 만들었는데, 이것이 후에 영어 단어 'empathy'로 번역되었다.[36] 사람과 사람 사이의 공감은 거의 모든 사람이 가진 능력으로서, 타인의 신체적·정서적·인지적 경험을 느끼는 방식으로 타인의 존재를 우리 의식 안으로 받아들이는 능력을 말한다.

공감이 말 그대로 타인 속으로 들어가서 느끼는 감정인 반면, 연민은 타인을 향한 감정이다.[37] 이것에는 타인을 이롭게 하는 이타행을 하겠다는 염원이 수반된다. 공감은 종종 연민의 선구자이고 연민의 일부이지만, 연민은 아니다. 공감은 적절한 정도일 때 좋은 것인 반면, 연민은 과잉일 수 없다고 나는 믿는다.

돌봄 제공자는 종종 '연민 피로'를 호소하지만, 내 경험상 그런 것은 없다. 이 용어는 연민과 공감의 혼돈에서 비롯된 것이다. 사실 몇몇 신경과학자들과 사회 심리학자들은 '연민 피로'가 과도한 공감적 각성과 공감 스트레스라고 말한다. 연민은 우리를 피로하게 하지 않는다. 오히려 힘의 원천인 동시에 우리를 융성하게 하고 타인을 이롭게 한다. 그럼에도 불구하고 공감은 인간성의 바탕에 깔려 있는 본질적 특성이다. 공감이 없다면 우리의 삶은 자기도취와 유아론(唯我論)의 수준으로까지 작아지고 배타적으로 된다. 공감은 우리의 세계를 확장해 주고, 그래서 자기를 잠시 제쳐둔 채 상상력을 동원하여 자신을 더욱 풍요롭게 만들어 준다.

본질적으로 공감은 타인의 경험과 융합하여 그 경험을 받아들이고 이해하는 능력 또는 그 경험과 동일시하는 능력이다. 월트 휘트먼(Walt Whitman)은 공감을 이렇게 아름답게 묘사했다. "나는 상처 입은 사람에게 기분이 어떤지 묻지 않고, 나 자신이 상처 입은 사람이 된다."[38]

공감할 때 우리는 타인의 정서적 경험을 내적으로 공유할 수 있을 뿐만 아니라, 타인의 신체적·인지적 경험과도 공명(共鳴)할 수 있다. 내가 생각하기에 공감은 신체적 공감, 정서적 공감, 인지적 공감이라는 세 가지 형태를 가진다. 사회 심리학자들은 정서적 공감과 인지적 공감에 중점을 두었다. 그러나 명상 수행자와 돌봄 제공자로서의 내 경험에 비추어볼 때, 우리는 신체적 공감도 경험할 수 있다. 이 분야를 다루는 연구도 증가하고 있다.

## 신체적 공감

'신체적 공감'은 타인에게 느끼는 강한 신체적 공명(共鳴)의 경험을 말한다. 그 예로는 아기의 배고픔을 느끼는 엄마, 환자의 고통을 감지하는 간호사, 복부를 강타당하는 사람을 목격하고 몸을 웅크리는 행인 등이 있다.

나는 신체적 공감이 가까운 친구 사이에도 존재한다고 믿는다. 나의 조수인 노아와 함께 산을 걸었던 기억이 난다. 나뭇가지가 내 얼굴을 가볍게 쳤는데, 우리는 둘 다 "아야!"라고 했다. 마치 두 사람 다 나뭇가지에 얻어맞은 것처럼 말이다. 과학이 아직 이 현상을 깊이 탐구하지는 않았지만, 가까운 사람들 사이에는 빠르고 자동적으로 경험이 공유된다는 증거들이 있다.

수년 전 내가 신체적 공감을 처음 알게 된 것은 히말라야에서 몇 년 동안 나와 함께 걸었던 붓디 덕분이었다. 붓디와 나는 서로 소통할 만한 구어가 없었다. 그는 네팔의 훔라 지역에 있는 작은 마을 출신이다. 정규 교육을 받지 못한 그는 삶의 터전인 산에서 얻은 지식만 가지고 있었다. 여러 해 동안 그는 마을 위쪽의 높은 산등성이에서 야크를 길렀다.

붓디는 나의 동료 텐진 노르부로부터 네팔 고지의 좁은 산길을 걷는 나를 위해 '경호원' 역할을 해 달라는 부탁을 받았다. 그는 내가 추락하지 않도록 안전하게 보호하는 일을 담당했다. 실타래같이 좁은 산길을 따라 정신이 아찔해지는 고갯길을 넘어 함께 수백 킬로미터를 걸은 후에, 붓디는 내게 너무나 신체적으로 조율되어 내가 넘어지기도 전에 나를 잡는 것처럼 보였다. 내 옆에서 미끄러지듯 가는 이 조용한 야크 목동이 자신의 신체적 알아차림에 그토록 완벽하게 나를 포함시켰다는 것이 엄청난 일로 느껴졌다.

나는 신체적 공감의 유무가 비교적 넓은 범위에 걸쳐 일어난다고 믿는다. 타인의 신체적 경험을 그 자신은 거의 또는 전혀 경험하지 못하는 사람이 있는가 하면, 흔하진 않지만 타인의 신체적 감각을 마치 자신이 겪는 것처럼 과민하게 받아들이는 사람도 있다.

매사추세츠 종합병원의 신경과 전문의인 조엘 살리나스 박사는 타인의 신체적 경험을 감지할 수 있게 하는 '거울 촉각 공감각(mirror-touch synesthesia)'이라 부르는 것을 가지고 있다. 연구자 마이클 바니시와 제이미 워드에 따르면 거울 촉각 공감각의 소유자는 사회적 인지 및 공감과 관련된 뇌 영역에 회백질을 더 많이 가지고 있고, 자신을 타인과 구별하는 능력과 관련된 영역에는 회백질이 더 적었다고 한다.[39] 이것은 타인의 신체적 감각에 대한 대리(代理) 경험에 쉽게 압도되었다고 보고한 거울 촉각 공감각 소유자의 주관적 경험으로 볼 때 앞뒤가 맞는 이야기다.

환자의 신체적 경험에 압도되지 않기 위해, 살리나스 박사는 자신의 호흡에 주의를 기울임으로써 이 순간에 머무는 방법을 터득했다. 또한 그는 의료인으로서 자신이 해야 할 일과 타인에게 봉사하겠다는 의도를 상기한다. 각성 수준을 제어하기 위해 그는 '간접적인 거울 모드 신체 경험(vicarious mirrored somatic experience)'과 신체적 자극에 대해 자신의 몸이 통상적으로 느끼는 방식 사이의 미묘한 차이를 알아차리고자 했다. 메타 자각(meta-awareness)을 사용하여 그는 자신이 대리로 경험하는 간접적인 신체적 감각이 조만간 지나갈 것을 안다. 가끔 그는 중립적인 사람이나 중립적 사물로 주의를 돌린다. 그리고 '거울 모드(mirrored)' 신체적 공명에 대한 자신의 경험을 환자에게 도움이 되도록 사용하는 방법에 대해 고찰한다.[40] 살리나스 박사가 환자의 신체적 경험에 대한 자신의 과민성에 대처하기 위해 하는 일은 화상 치료를 받던 네팔 소녀 돌마 가까이 서 있던 내가 압도됨에 대처하기 위해 했던 것과 다르지 않다.

신체적 조율은 타인을 돌보고 이해하기 위한 도구가 될 수 있다. 그러나 만일 신체적 아픔으로 고통받는 사람과의 동일시가 너무 크다면, 우리는 타인의 참담한 상황이 자신을 엄습하는 것을 두려워하고, 또 너무나 많은 감각 정보에 압도될 수 있다. 그 결과 우리는 완전히 혼비백산하거나, 마음을 닫아 버리거나, 압도적인 고통으로부터 자신을 꼭꼭 숨기거나, 일종의 바깥출입도 못하는 사람이 되는 것으로써 자신을 보호하고 대처할 수 있다.

이것은 지나친 감수성과 타인에 대한 무감각 혹은 무자각이라는 양극단 사이에서 중도를 찾는 문제인 것 같다. 또한 타인의 신체적 경험을 돌보고 흡수한 뒤 내보낼 때 평정과 연민을 조화시키는 것에 대한 신체적 은유인 '강건한 등, 온화한 가슴' 수행의 깊은 이점을 고찰하는 것도 중요하다.

## 정서적 공감

가장 익숙한 형태의 공감은 '정서적 공감'이다. 타인의 정서적 경험을 공유하는 것은 타인을 대상화하지 않고 그의 경험을 흡수하는 능력을 요구한다. 이것은 때로 자신의 복지에 큰 대가를 치르더라도 타인의 감정이 자신에게 깃들이도록 허용하는 것이다.

해마다 나는 히말라야의 우리 노마드 클리닉을 찾아오는 많은 네팔 주민들을 만난다. 2015년 가을 돌포의 얄라콧 마을 가까운 곳에서 나는 젊은 여성인 페마와 함께 앉아 있었다. 히말라야 벽지의 우파야 진료소까지 오기 위해 남편은 그녀를 등에 업고 가파르고 구불구불한 먼지투성이 시골길을 걸어왔다. 페마는 몇 주 전 자기 집 지붕에서 떨어져 심각한 부상을 입었다. 목 아래로 전신 마비 상태인 페마는 자기 안으로 깊이 침잠

했고, 그 얼굴은 공허감으로 인해 텅 빈 가면처럼 보였다.

한참 동안 세심하게 살펴본 후, 우리 의료진은 더 나은 의료장비를 갖춘 카트만두로 가서 적절한 치료를 받을 것을 제안했다. 그때 나는 가슴이 조여 오는 것을 느꼈다. 그녀의 저항, 공포, 절망이 내게 느껴지는 것 같았다. 우리 의료팀이 그녀의 선택지를 의논하는 동안, 그녀와 남편은 서로 조용히 이야기를 나누었다. 그리고 그들은 페마와 비슷한 부상을 입은 마을 사람이 카트만두로 후송되었다가 결국 사망한 이야기를 우리에게 해 주었다. 또한 그녀는 우리가 모든 비용을 부담하겠다고 했음에도 불구하고 비용을 걱정했다.

거의 속삭이듯 작은 소리로 자신이 대소변을 보기가 어려워서 먹거나 마시길 원하지 않는다고도 말해 주었다. 이 사실을 알게 된 우리는 그녀에게 식욕을 돕는 약을 주었고, 간호사가 페마의 남편에게 도뇨관을 쓰는 법과 관장하는 법을 가르쳐 주었다. 간호사는 또 남편에게 페마의 욕창을 돌보는 방법을 알려 주었고, 그녀의 신체적·정신적 고통을 완화시키는 방법 몇 가지를 공유했다.

한 시간 후 우리는 페마가 마을로 돌아가도록 도와주겠다고 제안했지만, 그녀와 남편은 조용히 "아니오."라고 말했다. 그런 다음 페마는 동네 사람들의 도움을 받아 초조한 남편의 등에 업혔고, 이 작은 무리는 천천히 산길을 걸어 올라 집으로 향했다. 나는 캠프에 서서 이 겸허한 일행이 늦은 오후의 어둑한 빛 속으로 멀리 사라져 가는 모습을 지켜보았다. 어쩌면 나도 그들과 함께 갔다.

나는 페마의 공허감이라고 내가 느낀 경험에 압도될 수도 있었다. 나는 마음이 무거웠지만, 동시에 내가 참으로 현존하고 있다는 느낌이 들었다. 내게는 단 한 가지 생각뿐이었다. 이 상황에서 어떻게 하면 그녀를 가장 잘 도울 수 있을까? 결국 나는 우리 팀이 속도를 늦추고, 이 순간에 머무르며, 정직하게 행동하고, 보살펴 주며, 페마의 상황을 대함에 있어서 우리의 걱정을 완화시키기 위해 그녀에게 과잉 반응하지도 않고, 압력을 가하지도 않음으로써 최선을 다했다고 생각하게 되었다. 우리는 가능한 의료적 도움을 그녀에게 주었고, 그녀와 남편이 내린 결정을 지지했다.

나는 페마와 함께 그 순간에 계속 머물렀고, 그녀의 내면에서 벌어지고 있는 것으로 내가 인식한 것과 나 자신의 경험에서 일어나고 있는 것을 분명히 구분했다. 자아와 타아 사이의 이런 구분은 타인의 정서에 압도되는 것을 피할 수 있게 해 준다. 또한 페마가 무엇을 경험하는지 내가 실제로 알 수는 없지만, 느끼고 상상할 수는 있음을 알았다. 분명히 나는 그 무엇도 가정해선 안 되었고, 내가 결코 알 수 없는 것을 존중해야 했다.

2년 후인 2017년 가을에 우리 팀은 알라콧으로 돌아왔다. 마을 근처, 강변의 오솔길이 소나무 숲을 향해 급하게 오른쪽으로 꺾이는 그곳에, 놀랍게도 페마가 왜소한 몸을 지팡이에 의지하고 서 있었다. 나를 맞이하는 그녀의 두 눈은 젖어 있었다. 비록 남편은 그녀를 버렸지만, 식욕이 돌아오면서 정신력도 고양되었다. 수술을 받을 수 있도록 오빠가 그녀를 인도로 데려갔고, 일부 신체 기능이 돌아왔다. 우리 두 사람은 다시 만난 기쁨을 나누었다.

누군가의 아픔과 고통을 내면화하는 것은 그들을 이해할 수 있게 해 주기도 하고, 우리를 압도하고 다치게 할 수도 있다. 내가 페마와 경험한 그런 종류의 공감은 사랑과 고통이 혼합된 것이었다. 페마에 대한 나의 반응은 걱정과 배려로 특징지어지고, 나는 페마의 경험과 나의 경험을 구분할 수 있었다.

건강한 정서적 공감은 좀 더 배려하는 세상을 만든다. 이것은 사회적 연대와 관심과 통찰력을 키울 수 있다. 그러나 조절되지 않은 정서적 공감은 스트레스와 소진의 원천이 될 수 있고, 또한 사회적 철수와 도덕적 무관심으로 이어질 수 있다.

공감은 연민이 아니다. 연대와 공명(共鳴)과 관심은 행동으로 이어지지 않을 수도 있다. 그러나 공감은 연민의 한 요소이고, 건강한 공감이 없는 세상은 연대감이 결여된 세상이며, 그런 세상은 우리 모두를 위험으로 몰아넣는다고 나는 믿는다.

## 인지적 공감

'조망 수용(眺望受容, perspective taking)' 또는 '마음 읽기'로도 알려진 '인지적 공감'은 종종 타인의 시각을 통해 볼 수 있는 능력, 그들의 입장이 되어 볼 수 있는 능력, 그들을 이해할 수 있는 능력으로 묘사된다. 그러나 내 느낌에 인지적 공감은 우리가 실제로 자신의 의식과 사고방식을 확대하여, 그들의 견해와 태도, 세상을 보는 그들의 방식과 그들의 현실을 마치 자신에게 통합하는 것처럼 타인의 경험을 수용하는 것이다.

조망 수용은 대체로 좋은 것이지만, 타인의 약점을 찾아 그들을 조종하려는 사람들에게 부정적 수단으로 이용될 수도 있다. 극단적인 경우 조망 수용은 자기만의 관점과 양심, 도덕적 나침반의 상실로 이어질 수 있다. 이러한 종류의 정신적 경험은 히틀러 치하 독일에서 사람들이 총통의 관점에 따라 사회를 보기 시작하고, 자기만의 독립적인 도덕적 토대를 잃어버리게 된 한 요인이었을 수 있다. 또는 사이비 종교 집단에서, 심지어 정당에서도 일어나는 사건의 한 요인일 수도 있다. 이러한 위험에도 불구하고 조망 수용은 사회인의 삶에 중요한 기술이 되었다. 타인을 고정 관념에 따라 판단하거나 국외자로 보지 않고, 하나의 개인으로 볼 수 있도록 돕기 때문이다.[41]

누군가를 '타자화'하지 않고 연대할 수 있었던 상황, 그리고 조망 수용이 내 목숨을 살린 것일 수도 있었던 위태로운 상황에 대한 기억이 떠오른다. 1969년 나는 폭스바겐 버스를 운전하여 사하라 사막을 건너고 있었다. 시간이 가고 또 가도, 나는 여전히 미끄럽고 바퀴가 빠지는 모래 위를 달리고 있었다. 그 길고도 고된 여행 가운데 절반 이상을 나는 어디로 가고 있는지도 모른 채 운전했다.

알제리와 말리를 가르는 국경에서 나는 갑자기 분노한 알제리 병사들에게 포위되었다. 적잖이 무서운 상황이었다. 만약 그들이 분란을 원한다면 긴 금발의 서구 여성은 완벽한 표적이 된다는 것을 나는 깨달았다. 한 병사가 상관에게 이리 와서 폭스바겐 버스를 탄 이 이상한 여자를 보라고 소리쳤을 때, 내 아드레날린은 솟구쳤다. 그 남성이 내 차에 접근하자, 나는 자연 발생적으로 그를 내 의식 안으로 들여놓았다. 그가 나를 검문하기 시작했을 때, 갑자기 내가 그의 눈을 통해서 보고 있다는 느낌이 들었다. 상황을 꼼꼼히 생각할 겨를이 없었다. 전략 수립은 선택지가 아니었다. 그가 나를 피해자로 간주하고 그렇게 다루는 부정적 투사에 굴복하는 대신, 나는 그가 나의 일부라고 느꼈다. 그리고 나는 안전을 느꼈다. 그의 질문에 대해 나는 말리로 가기 위해 사하라사막을 건너고 있는 인류학자라고 서투른 프랑스어로 정중하게 대답했다. 그때 나는 실낱 같은 연결감을 형성한 것 같았다. 다행히도 몇 분 후에 그는 밤새도록 광활한 모래 세상을 운전하도록 나를 풀어 주었다.

    약 한 시간 후에 나는 길이라곤 흔적도 없는 광막한 사막에서 갑자기 멈춰야 했다. 바퀴가 모래에 빠져 더는 운전할 수 없었다. 다행히도 나는 황량한 군대 주둔지로부터 멀리 떨어진 곳에서 어둠 속에 홀로 있었다. 나는 방금 일어난 사건을 숙고할 시간을 가졌고, 그 지휘관과의 친밀한 순간이 불행한 상황을 방지했다는 것을 깨달았다. 내가 그를 '타자화'하지 않고 그를 위협이나 적으로 보지 않음으로써, 최선의 방향으로 상황을 유도했다는 것을 깨달았다. 그리고 이것은 그의 눈이 나의 눈이 되었던 불가사의한 순간 때문에 가능했다. 나는 그가 나를 피해자가 아니라 협력자로 인식하기를 바랐고, 가던 길을 가기를 원했다. 그리고 그렇게 되었다.

### 한쪽 무릎을 꿇다

조망 수용에 관한 다른 이야기가 하나 생각난다. 이라크 전쟁에서 대학살을 막았던 이야기다. 2003년 4월 3일 크리스 휴즈 중령(지금은 준장)은 101공수 사단 병사 200명을 성스러운 도시 나자프로 이끌고 갔다. 사담 후세인에게 가택 연금당한 이라크의 시아파 이슬람교도 지도자인 아야톨라 알리 알시스타니를 보호하고 마을을 해방시키기 위해서였다. 미군 병사들은 이맘 알리 모스크 인근의 도로를 행군하고 있었다. 잿빛 하늘과 대조를 이루는 금빛 돔 지붕이 왕관처럼 장식된, 이라크에서 가장 성스러운 시아파 모스크였다.

이라크 민간인들이 구경하러 모여들었다. 군중은 처음에는 우호적으로 보였지만 한순간 분위기가 급격히 바뀌었다. 군중은 병사들을 향해 밀어닥쳤다. 그들은 분노의 고함을 질렀고, 주먹을 흔들며 돌멩이를 던졌다. 휴즈가 나중에 알게 된 바로는 바트당의 선동가들이 헛소문을 퍼트렸다고 했다. 미국인들이 사원을 침략하고 성직자를 체포하기 위해 왔다는 것이었다. 며칠 동안 잠을 자지 못하고 중무장을 하고 있었던 휴즈의 부대는 갑작스러운 상황 변화에 겁을 먹었다.[42]

휴즈는 누구든 한 발이라도 총을 쏠 경우 집단 학살로 이어질 수 있음을 감지했다. 또한 자국의 가장 신성한 사원에 미국인들이 무례를 범하는 것으로 받아들이는 이라크인의 관점을 즉시 이해했다. 분명한 해결책은 존중과 평화의 제스처를 보여 주는 것이었다.

그래서 그는 놀라운 일을 했다. 그는 소총의 총열을 땅으로 향하게 한 후 허공에 높이 올려 자신이 총을 쏠 의도가 없다는 것을 군중에게 보여 주었다. 그리고 부대에 명령을 내렸다. "모두 미소 짓는다! 총구를 시민들에게 겨누지 마라. 한쪽 무릎을 꿇고, 긴장을 풀어라!"[43]

병사들은 휴즈가 제정신인지 의아해하며 휴즈와 서로를 번갈아 쳐다보았다. 그래도 명령은 따랐다. 그들은 육중한 방탄복을 입은 상태에서 한쪽 무릎을 꿇고 총구를 바닥으로 향한 채 미소를 지었다. 일부 이라크인들은 여전히 소리를 질렀지만 다른 사람들은 물러났다. 심지어 일부는 공감적 공명의 순간에 미소로 화답하기도 했다.

휴즈는 확성기로 부대원들에게 일어서서 물러날 것을 명령했다. 그는 말했다. "우리는 이 상황에서 철수하여 그들 스스로 진정하도록 할 것이다." 한 손을 가슴에 얹어 '평화가 당신과 함께하기를'이라는 의미의 이슬람 전통 제스처를 취한 후, 그는 군중에게 "좋은 하루 보내세요."라고 말하고는 연대 병력을 이끌고 떠났다.

휴즈와 연대 병력은 조용히 병영으로 돌아왔다. 군중의 분노가 가라앉자, 아야톨라 나자프 사람들에게 휴즈의 병사를 환영하라는 포고령을 내렸다.44

나중에 휴즈는 종군 사진 기자를 보내 이 사건 전체를 취재한 「CBS 뉴스」에서 말했다. "중요성의 정도로 볼 때, 그 모스크 사건은 아마도 이라크의 모든 시아파들이 연합군에 맞서 봉기하는 정도로 끝나지 않았을 겁니다. 아마 이란은 아니더라도 최소한 시리아는 개입했을 겁니다."

극한의 압박감 속에서도 이라크인들의 조망을 수용한 휴즈의 능력은 무수한 생명의 손실을 막았고, "총 한 방 쏘지 않고 큰 전투에서 승리한"45 전쟁 영웅으로 아낌없는 찬사를 받았다.

휴즈는 모든 면에서 고통을 막아야 한다는 것을 직관과 마음으로 감지했음이 틀림없다. 그러나 그가 취한 행동은 훈련받은 것이 아니었고(군 지휘관이 '무릎 꿇어!'를 가르친다고 상상해 보라), 대응 전략을 구상할 시간도 없었다. 휴즈의 경우와 같이, 건강한 공감은 우리를 연대감과 슬기로운 행동으로 인도한다. 자신을 타인의 경험에 열어 놓을 때, 건강한 공감은 우리의 시야를 넓히고 계산보다는 공감과 직관이 우리의 안내자가 되게 한다. 또한 나는 휴즈의 행동이 부분적으로는 상상력에서 영감을 받았다고 믿는다. 이는 상황을 다르게 보는 능력이고, 분명 휴즈가 처했던 상황에서 그 혜택은 헤아릴 수 없을 정도로 컸다.

## 온몸이 그대로 손과 눈

공안(公案)은 수행자의 마음을 드러내는 이야기나 구절이다. 아래 공안은 운암 선사와 도오 선사의 대화로서, 공감과 연민에 관한 감동적인 가르침이다. 이야기는 이렇게 진행된다.

> 운암 : 거룩한 연민의 관세음보살은 그 많은 손과 눈으로 무엇을 합니까?
> 도오 : 밤에 자다가 손으로 베개를 찾는 것과 같다.
> 운암 : 알겠습니다.
> 도오 : 무엇을 알았다는 것인가?
> 운암 : 온몸에 두루 손과 눈이 있습니다.
> 도오 : 아직 열에 여덟만 알았도다.
> 운암 : 사형은 어떻게 생각합니까?
> 도오 : 온몸이 그대로 손과 눈이지.[46]

이런 선문답은 조금은 수수께끼 같다. 하지만 우리는 먼저 보살이 공감과 이타심과 연민과 지혜를 체현하는 불교의 원형으로서, 고통으로부터 타인을 구하기 위해 다시 올 것을 서원한 존재라는 점을 기억할 필요가 있다. 보살은 고통과 번뇌의 이 세상을 영원히 벗어날 수 있지만, 타인을 돕기 위해 이 끔찍하고도 아름다운 삶의 황무지에 다시 태어나기를 선택한다.

연민의 보살인 관세음보살은 수많은 팔과 손을 가지고, 손바닥마다 눈이 있는 모습으로 묘사된다. 손은 슬기로운 방편을, 눈은 지혜를 나타낸다.

선문답에서 더 젊은 스님인 운암은 보살이 그 모든 손과 눈으로 무엇을 하는지 물었고, 도오는 평범하게 대답하지 않았다. 그는 공감과 연민과 지혜가 바로 이 순간의 마음에서 어떻게 자연 발생적으로 모습을 드러내는지 더 깊이 파고들었다. 그는 우리가 밤에 베개를 움직일 때 일어나는 일과 같다고 대답했다. 베개를 움직일 때는 어떤 생각도 없다. 그저 쉽고 자연스럽게 할 뿐이다.

산티데바는 『입보리행론(入菩提行論)』 8장 99절에서 고통받고 있는 사람을 돕는 것을 거부한다면, 그것은 자기 손이 자기 발에서 가시를 뽑는 것을 거절하는 것과 같다고 했다. 발에 가시가 찔리면 손은 자연스럽게 가시를 뽑는다. 손은 발에게 도움이 필요하냐고 묻지 않는다. 손은 발에게 "이건 내 아픔이 아니야."라고 말하지 않는다. 손은 발에게 고맙다는 인사를 받을 필요가 없다. 손과 발은 한 몸의 일부고, 한 마음의 일부다.

도오는 보살이 타인에게 연민을 발휘하는 것은 본능적이라는 것을 암시하고 있다. 즉, 연민은 자연스러운 것이다. 거기에 밤의 이미지는 아주 적절하다. 밤의 어두움은 자아와 타아 사이의 모든 차이를 덮어 감추기 때문이다. 우리는 모두 실로 한 몸이다.

운암은 이것을 이해한 것 같다. 그러나 도오는 운암이 정말로 알고 있는지를 물으며 그를 시험했다. 운암은 관세음보살의 몸은 손과 눈으로 덮여 있다고 대답했다.

도오는 즉시 운암이 핵심을 놓쳤음을 알았다. 그의 답은 피상적이고 얕은 대답이었다. 그래서 도오는 "온몸이 그대로"라고 말하며 운암의 대답을 바로잡았다. 즉, 보살의 육체적·정신적 유기체 전체가 손과 눈이라는 의미다.

내가 돌마의 비명을 들었을 때, 페마를 보았을 때, 또는 알제리 군인의 눈을 들여다보았을 때, 나는 자신에게 "좋은 보살이 되려면 공감을 해야 해."라고 말하지 않았다. 그보다는 이 사람들 각각의 경험이 내게 즉시 그리고 완전하게 가득 찼다. 공감은 처방된 것이 아니었다.

그러나 나는 돌마와 함께 경험한 것으로부터 공감 스트레스에 압도당하지 않기 위해 내 경험을 의도적으로 조절해야 했다. 내가 그렇게 했을 때, 연민이 생겨날 수 있는 여지가 주어졌다. 이것이 바로 공감이 벼랑 끝 상태인 이유다. 우리 삶에서 공감의 가치는 값으로 따질 수 없다. 그러나 따져볼 필요가 있는 것은 공감 반응의 높이와 깊이다. 그래야 압도감에 휩싸이지 않는다.

## 공감이라는 벼랑 끝에서 떨어진다는 것
### - 공감 스트레스 -

# 2

휘트먼의 '상처 입은 사람'이 된 결과가 무엇일지, 고통받는 사람과의 과다 동일시를 통한 융합의 결과가 무엇일지 우리는 물을 수 있다. 내가 말하는 것은 느끼거나 이해하는 잠깐의 순간에 대한 것이 아니라, 고통받는 타인과 신체적으로, 정서적으로 그리고 인지적으로 깊이 융합되는 경험과 그 경험을 놓지 않는 것에 대한 것이다.

고통받고 있는 누군가와 너무 강하게 동일시할 때, 우리의 정서는 우리를 벼랑 끝에서 밀쳐 내, 도우려는 사람의 괴로움을 비추는 고통의 수렁 속으로 추락시킬 수 있다. 타인의 고통에 대한 우리의 경험이 압도적일 때, 공감 스트레스는 우리를 무감각하게 만들고, 못 견디게 부담스러운 고통으로부터 자신을 보호하기 위해 그들을 버리게 만들며, 스트레스와 소진을 경험하게 만들 수도 있다.

공감 스트레스의 가까운 친지는 '이차(二次) 트라우마'와 '대리(代理) 트라우마'다. 두 트라우마 모두 의사, 변호사, 인도적 구호원 또는 성직자가 다른 사람의 고통과 함께하며 그것에 과도하게 포화될 때 경험할 수 있는 후천적이고 간접적인 트라우마를 말한다. 이차 트라우마는 갑자기 일어날 수 있고, 대리 트라우마는 누적되어 일어난다. 둘 다 조절되지 않은 공감의 결과로서 발생한다.

성직자인 내 가까운 동료는 세계 무역 센터의 9.11 테러 생존자들 및 구호 활동가들의 이야기를 들었다. 혼돈과 혼란의 아비규환 속에서 나의 동료와 같은 성직자들은 잠도 제대로 자지 못한 채 생존자와 직원들을 구하기 위해 최선을 다했다. 내 동료에게 가장 힘들었던 부분은 허물어진 건물의 잔해를 뜯어내고 그 속에서 사람의 유해를 찾는 사람들을 지원하는 일이었다. 그들의 이야기를 듣고 충격을 받은 그녀는 몇 년간 그 고통의 장면을 마음에서 지울 수가 없었다. 9.11 테러 이후 수년 동안 그녀는 그 끔찍한 날과 그 직후의 시기를 마치 다시 사는 것처럼 이야기하고 또 이야기했다.

인도적 구호 활동가와 누군가를 돕는 일에 종사하는 사람들은 특히 공감 스트레스에 취약하다. 자신이 돕는 사람들과 비슷한 신체적·정신적 증상이 나타날 수 있다. 이런 현상은 드물지 않다. 1982년에 임상 심리사 야엘 다니엘리는 유대인 대학살 생존자들과 일한 치료사들이 경험한 정서적 반응에 대해 리뷰 논문을 썼다. 치료사들 대부분은 그들의 환자와 비슷한 악몽을 자주 꾼다고 말했다. 한 치료사는 환자의 팔뚝에서 신분 증명용 문신을 보았을 때 구역질이 올라와서 재빨리 자리를 피해야만 했다고 말했다. 다니엘리 박사는 여러 심리 치료사들이 학살 생존자인 환자들을 피하기 시작했고, 그들을 만나게 되면 캠프에서의 경험을 듣는 것을 매우 두려워했다고 보고했다.[47]

나 역시 가정 폭력, 성폭력, 자연재해의 생존자를 돕는 변호사와 사회 복지사에게서 이런 현상을 들어 왔다. 허리케인 카트리나가 휩쓸고 간 뒤,

나의 성직자 동료 하나는 허리케인 생존자들과 함께 작업하기 위해 뉴올리언스로 갔다. 자신의 경험을 나와 나누며, 그는 슈퍼돔에 있었던 남녀에게 일어난 일에 깊은 혐오감을 느꼈다고 말했다. 그는 불안에 떨며 자신을 생존자처럼 느꼈고, 생존자들이 경험한 공포가 엄습할 것 같아 뉴올리언스로 되돌아가기가 두렵다고 말했다.

허리케인 카트리나 발생 3년 후인 2008년 4월, 나는 슈퍼돔을 방문할 기회가 있었다. 그곳에서 나는 소위 '최후의 보루 대피소'라 일컬어지던 지옥 구덩이에 수천 명이 감금된 후 일어난 일에 대한 동료 성직자의 반응을 곱씹어 보았다. 나는 여성과 소녀들에 대한 폭력을 종식시키기 위해 세계적으로 결성된 V-DAY 운동 10주년을 기념하기 위해 작가 이브 엔슬러(Eve Ensler)가 조직한 모임의 일원으로 그곳에 있었다. 3만여 명의 사람들이 모임에 참가했는데, 그 가운데 수천 명은 허리케인 카트리나 사태 당시 슈퍼돔에 갇혔던 사람들이었다.

그곳에 있는 동안 나는 슈퍼돔 안에서 성폭행당한 많은 여성들을 만났다. 화장실에 인분이 범람하여 슈퍼돔 바닥에 앉아 대변을 봐야 했던 사람들도 있었다. 여성들 대부분은 자신이 경험한 것에 굴욕감을 느꼈고 수치심과 분노에 휩싸였다. 그리고 내가 만난 여성들 대부분은 슈퍼돔에서 '구출'된 이후 뉴올리언스로 돌아가지 않았다. 대신 전국의 여러 도시에 재정착했다.

나는 여성들의 이야기를 하나하나 들으면서 그들이 겪은 일에 대해 점점 더 민감해졌다. 마치 히에로니무스 보쉬(Hieronymus Bosch)의 기이한 그림에 나오는 어떤 상황을 겪고 있는 듯한 느낌이었다. 이윽고 나는 공감 스트레스의 비탈길에서 미끄러져, 허리케인 카트리나의 수렁 속으로 추락하기 시작했다는 것을 깨달았다.

뉴올리언스에 가기 전 나는 확고한 입장에 서서 허리케인 카트리나의 여파로 일어난 일들을 지켜보겠다고 결심했다. 만약 이 고통의 홍수 속에서 버티고자 한다면 배를 포기하지 말고 파도를 타야만 했다. 나 자신이 그 재앙을 겪었던 것은 아님을 되새기면서 말이다. 나는 허리케인과 그 여파에서 생존한 여성들을 위한 힘이 되어야겠다는 나의 의도에 마음의 중심을 두어야 했다. 그래서 잘 자고, 잘 먹고, 슈퍼돔 근처의 공원을 산책하면서 에너지를 유지해야만 했다.

나는 또한 여성들에게 더 천천히 이야기해 달라고, 그래서 함께 이 이야기들을 바꿔 보자고 제안했다. 내가 이 놀라운 여성들에게 항상 질문했던 것은 어떻게 그것을 극복할 수 있었는지, 무엇이 그들에게 힘을 주었는지, 어떻게 절망에 굴복하지 않고 아이들을 안전하게 지킬 수 있었는지, 그리고 그런 공포의 상황에서 어떻게 어머니, 자매, 형제 곁을 지킬 수 있었는지 등이었다. 자신의 내적인 힘과 인간관계에서 비롯되는 힘을 회상하는 행동을 통해 몇몇 사람들은 이러한 고통스러운 이야기를 나누는 중에도 용기를 얻는 것 같았다. 만약 우리가 타인들의 이야기를 막음으로써 우리가 그들의 이야기에 귀 기울이지 않아도 되게 만든다면, 또는 만약 우리가 어떤 상황에 대해 공포로 반응하거나 그저 그 상황을 피해 버리기만 한다면, 그것은 우리가 공감을 질식시키고 우리 자신으로부터 인류의 근본적인 덕성을 빼앗는 것이 된다.

고통을 겪은 사람들의 이야기를 들을 때는 그들이 다시 트라우마를 겪지 않도록 주의해야 한다는 것을 나는 알고 있다. 고통의 이야기에 대한 회상이 화자와 청자 모두에게 도움이 될 때도 있고, 그렇지 않을 때도 있다. 깊은 위험에서 살아남은 사람들과 함께 있을 때, 나는 항상 무엇이 그들에게 도움이 되었는지, 삶을 어떻게 다시 일으켜 세울 수 있었는지, 가장 어려운 시기에 무엇이 가장 큰 힘이 되었는지 찾아보도록 요청한다.

공감 스트레스와 그 형제인 이차 트라우마와 대리 트라우마는 자주 우리 내면에 강한 반응과 두려움의 폭풍을 일으킨다. 그 폭풍은 우리와 우리의 세계를 산산조각 나게 할 만큼 강력하다. 그러나 자신과 타인에게 인내심과 정성을 기울일 때, 이야기는 끔찍한 것에서 영웅적인 것으로 전환될 수 있고 과거에 받은 트라우마가 현재와 미래를 위한 약이 될 수 있다.

## 공감은 연민이 아니다

히말라야에서 수십 년 동안 수행에 전념한 티베트 불교 승려인 내 친구 마티유 리카르는 여러 해에 걸쳐 과학자들과 협력하여 마음과 몸에 대한 명상 수행의 효과를 탐구하는 실험에 참여했다. 그중에는 특히 공감과 연민의 차이뿐 아니라 공감 스트레스의 훌륭한 사례를 제공하는 실험이 하나 있다.

2011년 독일 막스 플랑크 연구소의 신경 과학자 타니아 싱어가 지휘하는 연구팀의 지도하에, 마티유는 fMRI(기능적 자기공명 영상) 기계 안으로 들어가서, 타인의 고통을 숙고하면서 공감하는 마음을 일으키라는 요청을 받았다. 전날 밤 마티유는 루마니아의 고아들을 담은 BBC 다큐멘터리를 보았다. 그는 그들의 역경에 깊은 괴로움을 느꼈다. 아이들은 먹이고 씻기긴 했지만 인간의 애정을 거의 또는 전혀 받지 못해서 제대로 자라지 못했다.

마티유는 이 고아들의 상황을 이렇게 전했다. "애정 결핍은 냉담과 유약함이라는 심각한 증상을 일으켰다. 아이들 다수가 몇 시간 동안 몸을 흔들었고, 죽는 일이 드물지 않을 만큼 아이들의 건강 상태도 실제로 매우 나빴다. 심지어 몸을 씻을 때도 대부분이 고통으로 움찔거렸고, 아주 가벼운 충격으로 인해 팔다리가 부러질 수도 있었다."[48]

fMRI 기계에 있는 동안 마티유는 아이들의 고통을 마음으로 떠올리며 생생하게 시각화하고, 자신도 마치 그중 한 아이가 된 것처럼 그들의 참혹한 상황을 느꼈다. 그들의 고통을 느끼는 자신의 경험을 조절하기보다는 가능한 한 깊이 그들의 아픔과 고통을 느낄 수 있도록 자신을 허용했다. 얼마 지나지 않아 그는 고통에 압도되었고, 지쳐 버렸다.

이런 집중적인 수행을 한 시간 동안 한 후, 마티유에게 공감 수행을 계속해도 되고 아니면 연민 명상으로 전환해도 좋다는 선택권이 주어졌다. "조금의 망설임도 없이, 나는 연민 명상을 하며 스캐닝을 계속하겠다고 했다. 공감적 공명(共鳴) 후에 너무 힘이 빠졌기 때문이다."라고 그는 말했다.[49]

연민 명상으로 들어간 그는 아이들의 고통에 계속 집중했다. 그러나 이 단계에서 마티유는 고아들의 극심한 인간적 고통을 떠올리면서도 의도적으로 사랑과 친절과 염려와 이타심을 일으켰다.

실험 결과가 보여 주듯, 마티유는 연민 명상 동안 자신이 경험한 것을 아이들에게 도움이 되고 싶다는 강렬한 열망과 결부된 따뜻하고 긍정적인 상태로 묘사했다. 이것은 그를 완전히 지치고 약해지게 만들었던 공감(실제로는 공감 스트레스)에 대한 앞선 경험과는 분명히 대조되는 것이었다.

마티유의 뇌 역시 이러한 놀라운 차이를 반영했다. 뇌 스캔은 그의 공감 경험이 통증과 관련된 신경망에 기록되어 있음을 보여 주었다. 이 영역은 자신이 고통을 겪는 경우의 감정적 요소(감각적 요소는 아님)와 관련이 있고, 고통을 겪는 타인에 대한 관찰과도 관련이 있는 것으로 나타났다. 반면 그의 경험에서 연민 단계는 그와는 다른 신경망에 기록되었는데, 바로 긍정적 정서, 어머니의 사랑, 소속감과 연관된 곳이다. 공감과 연민의 이런 극적인 차이는 연구자들을 놀라게 했다.[50]

후에 마티유는 연민 명상 동안 사랑과 온유의 감정이 차올랐고, 다음에는 신선함과 영감이 느껴졌다고 내게 말해 주었다. 그는 다음과 같이 썼다. "연민 명상으로 전환한 후, 나의 정신적 풍경은 완전히 바뀌었다. 고통받는 아이들의 이미지는 여전히 전처럼 생생했지만, 더는 고통을 유발하지 않았다. 대신 나는 아이들을 향한 자연스럽고 무한한 사랑과 그들에게 다가가 위로할 수 있는 용기를 느꼈다. 더하여 나와 아이들 간의 거리는 완전히 사라졌다."[51]

마티유가 경험한 것은 내가 끔찍한 화상으로 고통받던 네팔 소녀 돌마에게 경험한 것과 비슷했다. 당시 나는 공감과 연민의 신경학적 차이를 모르고 있었다. 그래도 아이의 고통과 동일시하는 상태에서 벗어나 이 순간에 머무르면서, 아이의 생명을 구하고 있는 사람들에 대한 감사의 마음이 가득한 상태로 전환해야 한다는 것은 알았다. 마티유처럼 그런 전환을 한 후, 나는 내면에서 일어난 연민으로 활력을 되찾은 것을 느꼈다.

타니아와 마티유와 동료들은 이 실험이 그들의 연민 연구에서 전환점이 되었다고 보고했다. 그들은 공감과 연민의 신경 생물학적 차이에 대한 설득력 있는 증거를 수집했고, 마티유 역시 이러한 상태들이 주관적인 경험의 차원에서 중대한 차이가 있음을 확인시켜 주었다.

## 공감적 각성

마티유와 이런 실험을 하기 몇 년 전, 사회 심리학자 낸시 아이젠버그는 워싱턴에서 열린 '마음과 생명 연구소' 토론회에 나와 달라이 라마와 교육학, 신경 과학, 사회 심리학 전문가들과 함께 참여했다. 아이젠버그는 공감적 각성을 일으키는 요소들의 지도를 작성하는 흥미로운 모델을 제시했다. 그리고 그 경험을 개인적 고통으로 몰아가거나 건강한 연민의 경험으로 이끌어 가는 요소들을 분석했다.

아이들을 대상으로 한 연구에서 아이젠버그 박사는 세 갈래로 얽힌 경험의 흐름을 확인했다. 우리가 타인의 고통에 직면할 때, 이 흐름들은 우리 내면에서 하나로 합쳐져서 실제 행동에 나서는 수준의 각성을 불러일으키게 된다. 그녀의 연구가 말하고자 하는 핵심적인 내용은 다음과 같다. 즉, 고통받는 누군가와 함께 있을 때, 우리는 그들의 감정을 감지하고, 그들의 관점에서 상황을 보며, 자신의 과거에서 비슷한 경험을 기억해 내고자 한다는 것이다. 이로 인해 각성 경험이 일어나는데, 각성이 잘 조절되지 않으면 공감 스트레스가 생겨나게 된다. 아이젠버그 박사는 공감 스트레스가 타인을 돕는 쪽보다는 피하는 쪽으로 우리를 이끌 수 있는 혐오 감정 반응임을 관찰했다.

공감 스트레스로부터 몇 가지 반응이 전개될 수 있다. 아이젠버그 박사는 그중 하나의 반응이 위협감을 느끼는 불쾌하거나 어려운 경험에서 자신을 보호할 필요성에 근거한 '도와주기' 행동임을 확인했다(병적 이타심이 좋은 예다). 다른 혐오 반응으로는 회피 행동(부정과 무관심)이 있고, 고통받는 사람 곁에 있는 것이 너무 괴로워서 그를 버리는 것이 있다. 이것은 두려움에 기반한 일종의 도피 반응이다. 회의가 끝난 후 나는 공감 및 공감 스트레스를 다루는 도구로서 의료인 및 교육자 등과 공유하기 위해 아이젠버그 박사의 모델을 약간 수정했다. 나는 개인적 고통의 결과로 최소한 두 가지의 두려움에 기반한 반응이 있다는 것을 깨달았다. 바로 도덕적 분노(투쟁)와 무감각(경직)이다.

아이젠버그 박사는 그 모임에서 만약 각성 반응이 조절된다면, 건강한 관심이 활성화되고 그로부터 동정과 연민이 일어날 수 있다고 설명했다. 사회 심리학자 대니얼 뱃슨과의 협동 연구에서, 그녀는 주어진 상황에 연민을 느끼는 사람들이 공감 스트레스로 고통받는 사람들보다 돕는 행동에 나설 가능성이 더 크다는 것을 발견했다.[52]

타인의 경험을 자신의 경험으로 받아들이는 것이 얼마나 중요한지 나는 알고 있다. 그럼에도 불구하고 '우리는 저 사람이 아니다.'라는 사실을 인지할 때, 그 순간에 머물 수 있고 최소한 약간의 겸손도 경험할 수 있는 여유가 생겨난다. 동일시와 구분 사이에 균형을 찾는 것이 중요하다. 이런 방식으로 자신과 타인의 구분을 허용하지 않는다면 공감 스트레스는 피할 수 없다.[53]

아이젠버그 박사의 이론과 뱃슨 박사의 연구는 고통에 직면하는 우리 반응의 복잡성을 내가 더 잘 이해할 수 있도록 도와주었다. 또한 고통을 피하거나 변형시키기 위해 공감을 잘 조절할 필요가 있다는 믿음을 강화해 주었다.

## 감정 둔화와 정서 불감증

하지만 때로는 타인의 고통에 대응한 각성이 일어나지 않을 때도 있다. 예를 들어 권력은 마치 심각한 뇌 손상을 입은 것처럼 공감 능력을 둔화시킬 수도 있다. 2017년 7-8월호 『아틀란틱』 기사는 이것을 다음과 같이 요약했다.

> 역사학자 헨리 애덤스가 권력을 "피해자의 공감을 죽임으로써 끝나는 일종의 종양"이라고 묘사한 것은 의학적 표현이 아니라 은유적 표현이었다. 그러나 그것은 UC 버클리의 심리학 교수 대처 켈트너가 여러 해 동안 실험실 및 현장 실험을 마친 후에 도출한 결과와 그리 다르지 않다. 이십여 년에 걸친 연구에서 그는 권력의 영향을 받는 대상자들이 마치 외상성 뇌 손상을 입은 것처럼 행동하는 것을 발견했다. 그들은 더 충동적이고, 위험을 잘 인지하지 못하며, 결정적으로 타인의 관점에서 상황을 보는 것에 미숙했다.[54]

그리고 자신과 타인의 감정을 읽지 못하는 정서 불감증이 있다. 신경과학자 타니아 싱어와 동료들은 '감정 표현 불능증'으로 알려진 자폐증 관련 장애를 연구했다. 자신의 감정과 불수의(不隨意, 의도하지 않은) 과정을 인식하고 표현하는 일에 어려움을 겪는 장애다. 감정 표현 불능증으로 고통받는 사람들은 타인의 감정을 인지하는 일도 어려워한다.[55] 이 영역의 연구는 내가 의료인들과 일하면서 직감했던 것을 확인시켜 주었다. 즉, 자신의 신체적 경험을 감지하는 능력이 타인의 정서적·신체적 경험을 감지하는 능력과 관련이 있을 수 있다는 것이다. 반대로 우리 자신의 불수의 과정을 감지할 수 없는 것은 위축된 공감 능력과 관련이 있을 수 있다.

다른 중요한 연구에서 타니아와 동료들은 심장 박동 수나 호흡 등 자신의 불수의 과정에 몰입하는 행위가 공감과 관련된 신경망을 깨어나게 한다는 것을 알게 되었다.[56] 이 연구는 우리의 신체적 경험에 집중하는 능력이, 즉 명상가들이 높은 수준으로 발전시킬 수 있는 능력이 결과적으로 우리의 공감 능력을 더 키울 수도 있다는 점을 시사한다.

몇 년 동안 나는 의사나 간호사들이 환자를 돌보느라 허기, 화장실 사용, 수면 등 자신의 신체적 욕구를 등한시하는 경향을 관찰했다. 더하여 사람들 대부분이 교육 및 훈련 과정에서 공감은 '전문가'에게 어울리는 것이 아니기 때문에 기본적으로 공감하지 말라는 지시를 받았다고 내게 말해주었다. 그럼에도 불구하고 이들은 자신이 돕는 사람과 연결되어 있지 않다는 것을 알았고, 의료인으로서 자신의 모습에 불편함을 느꼈다. 이런 말을 자주 들으면서 나는 사람들에게 건강한 공감 능력을 키울 방법을 알려주는 일이 매우 중요하다는 것을 깨달았다. 신체적 자각과 공감의 관계에 대한 연구 결과 덕분에 나는 우파야 의료인 교육 과정을 수정할 수 있었다. 신체적 수련 및 몸에 대한 조율(attunement to the body)에 해당하는 부분을 더욱 강화함으로써, 건강한 공감 능력을 개발시키는 방향으로 말이다.

## 기여와 침해 사이

저서 『공감 연습(The Empathy Exams)』에서 레슬리 제이미슨은 "공감은 항상 기여와 침해 사이에 위태롭게 걸터앉아 있다."[57]라고 썼다. 공감 스트레스의 경우 침해가 양방향으로 일어나, 공감을 받는 사람과 주는 사람 모두에게 영향을 미친다. 자기와 타인 사이에 분명한 경계선이 없으면 양측 모두에게 위해(危害)를 가져올 수 있다. 동시에 자신과 타인 사이의 경계선이 너무 많이 떨어져 있으면 다른 사람을 대상화하여 돌보는 감각을 잃을 수 있다.

『하퍼스』와의 인터뷰에서 제이미슨은 이렇게 말했다.

> 공감에 대한 나의 관심은 공감의 결함과 혼란을 포함하는 전체를 아우른다. 나는 다른 사람의 삶을 상상하는 것이 어떻게 횡포의 한 유형이 될 수 있는지에 대해 관심이 있다. 또는 그러한 상상이 어떻게 우리의 죄책감이나 책임감을 인위적으로 사면해 주는지에 대해, 그리고 공감을 느끼는 것이 어떻게 우리로 하여금 좋은 일을 하지도 않았는데 했다고 느끼게 만드는지에 대해 관심이 있다. 다른 사람을 안쓰럽게 여기는 느낌을 좋아하기 시작하고, 그로 인해 자신에 대해 기분이 좋아질 수도 있다. 그래서 공감에는 많은 위험이 도사리고 있다. 공감은 자기 잇속 차리기나 자아도취가 될 수 있다. 우리의 도덕적 추론을 잘못되게 할 수도 있고, 완전히 대체할 수도 있다. 이런 혼란을 인정하면서도 나는 공감을 옹호하고 싶은가? 더 알맞은 표현은 이렇다. 이런 혼란을 인정하는 것을 '통하여' 나는 공감을 옹호하고 싶다.[58]

발달 심리학자 폴 블룸은 공감이 어떻게 우리의 도덕적 추론을 잘못된 방향으로 이끌 수 있는지에 대해서 부연했다. 우리는 소위 '내집단(內集團)'과 동일시하고 공감하면서 우리와 같지 않은 사람들을 희생시킬 수 있다. "공감은 나 같은 사람이 …… 모르는 사람보다 내 이웃을 더 선호하게 할 수 있다. …… 생각해 보면 이것은 정책에 매우 나쁜 길잡이임을 쉽게 알 수 있다."[59]

또 다른 도덕적 문제는 악당으로 간주되는 사람들에게 공감을 느끼는 것이 '허용되는가'다. 보스턴 마라톤 폭파범 조하르 차르나예프에 대한 감정을 주제로 사색적인 시를 써서 게시한 블로거 어맨다 팔머는 살해 협박을 받았고, 보수·진보 양 진영 기자 모두에게 광범위한 비난을 받았다.[60] 반면에 소설 『롤리타(Lolita)』나 TV쇼 「브레이킹 배드(Breaking Bad)」와 같이 우리로 하여금 불쾌한 등장인물에게 공감할 수 있게 만드는 작품은 훌륭한 예술이 된다. 그리고 다른 사람들, 특히 우리와 매우 생각이 다른 사람들을 이해하는 것은 사회 변화의 중요한 요인이 된다.

공감과 관련하여 한 가지 복잡한 부분은 다른 사람의 경험과 연대하는 것이 우리의 주관이 투영된 것인지, 욕망인지, 염원인지, 망상인지, 아니면 실제인지를 확신할 수가 없다는 것이다. 제이미슨은 이렇게 썼다. "너무 큰 확신으로 타인의 고통을 상상하는 것은 그것을 상상하지 못하는 것만큼이나 피해를 줄 수 있다."

고통을 겪고 있는 사람과의 관계를 형성하면서 겸손을 유지하는 것은 중요하다. 전 캔터베리 대주교 로완 윌리엄스는 하버드대학에서 겸손에 뿌리를 둔 공감을 이야기했다. "공감에 대한 중요한 윤리적 표현은 '나는 너의 기분을 알아.'가 아니라, '나는 너의 기분을 전혀 알 수 없어.'다."[61] 이런 '모름'의 장소에서 출발할 때 타인의 경험을 진정으로 구현할 수 없다는 것을 깨닫게 되고, 그때 우리의 공감 반응을 더 잘 조절할 수 있게 된다.

내 친구이자 버니 글래스맨 선사의 아내인 이브 마르코는 그녀의 경험을 이해했다고 생각한 사람들에게 받은 공감에 대해 다음과 같이 설득력 있는 글을 썼다. 2016년 1월에 버니는 뇌졸중을 앓았다. 모든 곳에서 위로와 조언이 쏟아졌다. 버니와 자신이 감당하기에 너무 많은 짐을 짊어진 와중에 이브는 이렇게 썼다. "버니의 뇌졸중이 발발한 후 지난 34일 동안 내가 배운 제일 큰 교훈은 단순히 지켜보고, 듣는 것이 얼마나 힘든가 하는 것이다. 참으로 많은 사람들이 나의 지금 기분이나 과거 기분이 어떤지 말해 줄 준비가 되어 있었다. 예를 들면 '너무 많이 무서웠겠다.'라든가 '너한테 얼마나 끔찍한 일이겠니.'와 같이 말이다. 나는 그들에게 말하고 싶다. …… 당신이 그것을 어떻게 아는가?"

이브는 말을 이어간다. "나도 다른 사람들이 어떻게 생각하고 느끼겠지 하고 추측한다. 어쩌면 공감학 입문 클래스에서 얻은 지식일 수도 있다. 누군가가 어떻게 느끼고 있을지 상상하고 즉시 공감하라. 즉, '이것이 너에게 얼마나 끔찍한 일이겠니!' 그럴 수도 있고 아닐 수도 있다. 당신에게 물어보고 대답을 듣기 전까지 당신이 어떤 기분인지 내가 어떻게 알까?"

이브는 그녀가 원하는 경험을 다음과 같이 묘사했다. "누군가가 내 맞은편에 앉거나 전화선 반대쪽에 있을 때, 조용하고 깊은 경청이 가져다주는 침묵에 나는 가장 감사한다. 인내심을 지니고 내가 충분히 생각하도록 허용해 주고, 특정 감정이 마침내 드러날 때까지 나를 기다려 주고, 그러면 비로소 나는 큰 소리로 말할 수 있다. …… 불편한 침묵을 은폐하기 위하여 다음 행동은 하지 말기 바란다. 사과를 하거나, 역추적하거나, 예측하거나, 비가 오기 시작한 것에 주목하거나, 커피에 감사하는 등의 행동 말이다. 상대가 당신의 요청을 고려하는 동안 침묵이 존재하도록 허용하고, 상대가 응답을 주기를 기다려라."[62]

귀를 기울이라고, 타인의 고통에 대해 아는 것처럼 생각하지 말라고 이브는 우리에게 부탁한다. 그녀는 남편 버니 선사가 설립한 젠 피스메이커(Zen Peacemaker Order)의 삼대 교의 중 첫 두 가지인 '모름'과 '지켜보기'를 수행할 것을 제안한다. 겸손은 우리가 할 수 있는 한 자신의 투사와 해석을 배제하고, 자신의 강점과 한계에 정직하면서도 다른 사람의 경험에 존중과 열린 마음을 지속하는 것이다.

## 공감과 그 외 벼랑 끝 상태들

# 3

공감은 다른 벼랑 끝 상태들과 밀접하게 엮여 있다. 공감 스트레스를 겪을 때 우리는 영웅적인 돌봄 행위로 다른 사람의 고통을 없애 주려고 할 수 있다. 이런 병적 이타심은 쉽게 소진으로 이어진다. 그런 행동은 장애를 부추기고 주체성을 박탈함으로써 자신뿐만 아니라 도움을 받는 사람을 해롭게 할 수 있다. 우리가 겪기 쉬운 또 다른 벼랑 끝 상태는 도덕적 고통이다. 불의나 제도적 폭력이 개입된 상황에서는 타인에게 과도하게 공감함으로써 쉽게 도덕적 고통과 분노에 노출될 수 있다. 이는 결과적으로 회피와 무감각과 소진으로 이어진다. 그래서 레슬리 제이미슨은 무시의 강력한 사례인 침해가 될 수도 있는 공감에 대해서 글을 썼다.

    나는 교토에서 한 일본인 교사와 마주 앉아 있었던 것을 기억한다. 그는 나의 연민 수행 프로그램에 참석하고 있었다. 학생들의 고통에 얼마나 자신이 압도당했는지 말하면서 그는 울었다. 그는 소진되었고, 공감 스트레스와 도덕적 고통의 벼랑 끝에서 추락한 것으로 보였다. 경쟁이 치열한 교육 시스템에 갇혀서 학생들은 항상 불안해하고 스트레스를 받는다면서, 그 시점에서 그는 자신의 고통과 학생들의 고통을 거의 구분할 수 없다고 말했다.

그는 교육 시스템이 학생들을 사회에서 물러나 은둔하는 '히키코모리'가 되게 강요한다고 믿었다. 그는 대부분 남성인 수백만 명의 젊은 일본인들이 집에서 은둔자처럼 지낸다고 말했고, 이런 현상이 일어나는 이유는 일본의 교육 문화 때문이라고 주장했다. 그 교사는 학교가 그를 고용할 때 요구했던 엄격한 교육 방법들을 실시함으로써 자신이 학생들의 감정적·사회적 고립이 증가하도록 부추기고 있다고 걱정했다. 감정적으로 스트레스받고, 지치고, 사기가 꺾인 그는 자신을 학생들의 고통으로부터 분리할 수 없었고, 계속 가르칠 수도 없다고 느꼈다. 학생들처럼 그 역시 붕괴되어 고립을 추구하고 있었다.

그는 경쟁적인 시험을 시행하고 일본 교육 체제의 요구에 응하는 것에 따른 공감 스트레스와 도덕적 갈등을 다루는 방법을 가르쳐 달라고 간청했다. 우리는 지금 이 순간에 머무르는 수행, 상황을 재평가하는 방법, 연민에 대한 접근법(6장에 개괄된 GRACE 같은)을 탐구하며 시간을 보냈다. 나는 그에게 이 성찰적 수행이 견딜 수 없는 상황에 사람들이 적응하도록 돕기 위한 것이 아니라는 점을 이해시켰다. 나는 그의 고통이 실제적인 위해(危害)에 대한 타당한 염려를 반영한다고 느꼈음을 말해 주었고, 그의 압도감을 위해에 대한 현실적 반응으로 이해하도록 독려했다. 그가 해야 할 중요한 것은 먼저 균형을 찾은 후 약점이 아니라 강점에서 행동을 취하는 것이었다.

# 공감을 지원하는 수행

# 4

 공감의 개발을 도울 수 있는 네 가지 핵심적인 수행이 있다. 첫 번째 수행이자 제일 쉬운 것은 이 순간에 머무르기 위해 주의를 몸에 집중시키고, 신체적 감각에 조율하는 능력을 향상시키는 것이다. 두 번째 수행은 깊이 듣기다. 세 번째 수행은 우리의 공감 반응을 관리하도록 배우는 것이다. 네 번째 수행은 공감을 기르고 자신이 대상화했을 수도 있는 사람들을 재인간화하는 방법으로 상상력을 사용하는 것이다.

 공감과 자신의 불수의(不隨意, 의도하지 않은) 과정에 조율하는 능력 간의 관계를 주제로 한 연구는, 내가 사람들에게 연민과 공감을 수련시키는 접근 방식을 바꾸게 했다. 바디 스캔(body scan)과 같은 명상적 수련은 신체적 경험과의 조율을 향상시킬 수 있다. 또한 그것은 타인의 경험을 감지하는 능력을 키우고, 공감이 더욱 용이하게 일어나도록 할 수도 있다. 바디 스캔은 몸의 여러 다른 부위에 주의를 가져가는 간단한 수행이다. 바디 스캔은 앉거나 누워서 해도 되고, 느리게도 빠르게도 할 수 있다. 연속적으로 몸의 각 부분에 집중할 수도 있고, 몸 전체를 주의로 훑어볼 수도 있다.

 호흡에 주의를 기울이고 몸을 안정시키면서 시작한다. 발에서 시작하여 알아차림을 다리, 골반, 배 그리고 가슴 등 몸의 위쪽으로 보낸다. 그런 다음에 알아차림을 팔과 손가락, 목과 머리 그리고 두피로 보낸다. 그런 다음 알아차림을 천천히 하향하여 발로 돌아오도록 한다. 수행의 마무리로 알아차림을 다시 호흡으로 되돌린 후, 조용하고 열린 마음으로 쉬는 시간을 가진다.

바디 스캔은 우리를 분주한 마음에서 빼내어 몸으로 돌아가게 하는 수행이다. 스캔 중에는 모든 것을 내려놓고 자신의 몸과 더 수용적인 관계로 들어간다. 또한 몸을 감지하는 체험은 자신의 느낌과 직감에 대해 귀중한 정보를 줄 수 있다. 더하여 바디 스캔을 이용해 타인의 경험을 감지하는 능력도 향상시킬 수 있다.

### 깊이 듣기

공감을 키울 수 있는 또 다른 방법은 경청의 경험에 의지하는 것이다. 만약 우리가 진정으로 듣고자 한다면, 자기 몰두, 자기기만, 산만함, 전자 기기 중독에서 벗어나, 이 순간 속에서 열린 마음과 호기심으로 쉬고 있을 것이다. 다른 사람을 포용하기 위해 우리의 경험을 개방하는 것은 포용의 강력한 실험이다. 진정으로 다른 사람의 말을 들으려면 우리의 몸과 마음과 가슴으로 경청해야 하고, 우리의 개인적 역사와 기억의 필터를 넘어서서 들어야 한다.

깊이 듣기 수행을 하는 대상으로 잘 아는 사람이나 낯선 사람을 선택할 수 있다. 알아차림을 부드럽게 확장하여 그를 포용하라. 동시에 이 순간에 머물라. 자신을 다른 이의 경험에 개방할 때 어떤 신체적 감각과 감정이 일어나는지 주목하라. 그런 다음 어떤 판단이나 편견이 있든 그 아래로 내려가, 선호나 반대보다는 호기심으로 특징지어지는 마음으로 들어갈 수 있는지 보라.

 이 사람의 목소리를 들으면 당신의 알아차림을 그의 경험에 대해 더 생생하게 열 수 있는지 보라. 그의 목소리는 무엇을 소통하는가? 그의 말 뒤에 무엇이 들리는가? 그의 말을 듣고 그와 함께 있는 것이 당신을 그의 삶으로 더 깊게 이끌어 가는가? 그의 몸속에서 마음속에서 가슴속에서 무슨 일이 일어나고 있는지 감지할 수 있는가? 그가 어떤 방식으로 당신 안에 '존재하고' 있다고 느끼는가?

 그런 다음 그를 놓아주어라. 바로 이 순간 당신 안에서 일어나고 있는 것에 다시 접촉하고, 자신을 이완시켜 열림 속으로 들어가라.

## 공감 관리하기

공감은 보통 연민의 중요한 특징이고, 우리는 자신과 다른 사람의 차이를 기억하면서 공감을 돌볼 필요가 있다. 이것은 불자에게는 이상한 조언으로 들릴 수 있다. 불교는 불이(不二)의 관점, 즉 자신과 타인이 분리되지 않음을 강조하기 때문이다. 나는 우리가 이 두 진리를 다 간직해야 한다고, 즉 우리는 타인과 상호 연결되는 동시에 서로에게서 구분된다는 진리를 품어야 한다고 생각한다. 자신의 경험을 무한히 개방하는 것과 자신의 고유성을 받아들이는 것 사이에서 섬세한 균형을 유지해야 한다.

우리가 이 균형을 잃어버리기 직전이라면, 우리가 타인을 아끼지만 우리는 그가 아님을 상기하기 위해, 아래의 '인도하는 말'을 반복할 수 있다. 나는 타인의 고통과 함께할 때 자주 아래 어구를 사용하여 자신을 지지한다.

"이것이 타인의 감사, 무관심, 분노 또는 괴로움을 가져올 수 있다는 것을 이해하면서, 내가 조건 없이 나의 보살핌과 현존을 줄 수 있기를."
"삶, 고통 또는 죽음의 과정을 통제할 수 없다는 것을 이해하면서, 내가 사랑을 줄 수 있기를."
"내가 진실로 줄 수 있는 내적 자원을 찾을 수 있기를."
"내가 평온하고 기대를 놓아 버릴 수 있기를."
"내가 모든 것을 있는 그대로 받아들일 수 있기를."
"타인의 고통을 보는 것처럼, 내가 나의 한계를 연민 어린 눈으로 볼 수 있기를."

불교 지도자 샤론 샐즈버그에게 배운 이 어구들은 공감 스트레스의 벼랑 끝에서 넘어지려고 할 때 우리 자신을 '바로잡도록' 지지해 준다.

## 재인간화 수행

내가 권하고 싶은 네 번째 수행은 존 폴 레더라크가 개발했다. 존 폴은 사회학자이자 분쟁 조정 전문가로, 네팔, 소말리아, 북아일랜드, 콜롬비아,

니카라과에서 평화 구축자로 봉사하면서 직접적 폭력 및 제도적 억압과 관련된 문제를 다루었다. 그는 공감, 존중, 이해 그리고 상호 동일시를 되살리는 과정을 통해 비인간화와 폭력에 대한 대안을 탐구하고 시행하는 데 일생을 바쳤다. 그는 이 수행을 '재인간화'라고 부른다. 먼저 타인을 사람으로 보고, 타인 안에서 우리 자신을 보고, 그렇게 공통의 인간성을 인지하기 위해 도덕적 상상력을 키우는 것이 재인간화라고 존 폴은 설명한다. 또한 재인간화는 다른 사람들의 고통을 느끼는 것(공감)과 모든 사람의 기본적 인간 존엄성을 존중하는 것을 포함한다.

존 폴은 네 종류의 상상력을 소개한다. 첫 번째는 '손자 상상력'이다. 이것은 우리 자신을 미래로 투영하여 우리의 손자와 적의 손자가 틀림없이 친밀하고 공통된 미래를 가질 수 있음을 보는 것이다. 우리는 적을 포함한 관계 네트워크 안에 있는 자신을 상상할 수 있는 능력을 키울 필요가 있다. 여기서 적을 우리의 경험에 포함시키기 위해서는 공감이 필수다. 이런 종류의 상상력은 현재의 갈등과 왜곡된 사고방식을 넘어서서 사물을 볼 수 있게 해 준다. 인지적 공감의 하나로서 이것은 우리가 모든 이의 공통적 이득을 위해 일하도록 촉구한다. 또한 이것은 우리가 관점의 차이를 이해하도록 유도하고, 우리가 타인을 증오하고 대상화하는 것에서 벗어나는 통로가 될 수 있다.

두 번째 종류의 상상력은 우리의 적, 고통받는 사람, 우리와 결이 많이 다른 사람과 함께하는 과정에서 알지 못함, 모호함, 호기심, 질문, 겸손을 협조자로 만드는 것이다. 크리스 휴즈 중령이 이라크에서 했던 것처럼 상상할 수 없는 가능성에 마음을 열려면 상상력이 필요하다.

세 번째 종류의 상상력은 우리가 다른 미래를 볼 수 있게 해 주는 것이다. 존 폴이 '창의적 상상력'이라고 부른 이것은 모든 사람을 재인간화하고, 모든 역경을 헤치고 큰 변화의 가능성을 만드는 방식으로 미래를 상상해 내는 능력이다. 이런 종류의 상상력은 회복력이 있는 목적과 혁명적인 인내력을 가리키는데, 우리가 가능하다고 믿었던 것보다 더 광대한 지평선을 상상하면서도 두려워하거나 조급해하지 않는 능력을 뜻한다.

네 번째 종류의 상상력은 '위험에 대한 상상력'이다. 즉, 결과에 집착하지 않는 위험, 모르는 것과 함께하는 위험, 그리고 분열을 넘어 손을 뻗고 호기심과 용기로 불확실성을 만나는 위험이다. 그리고 우리가 비인간화와 대상화와 고통을 끝내기 위해 노력할 때, 사회의 저항과 우리 마음속의 저항에 직면할 용기와 사랑을 가지는 것이다.

상상의 힘과 건강한 공감은 우리가 사물을 엄청나게 다른 관점에서 볼 수 있게 한다. 또한 그것은 참을 수 없는 것이 정상적인 것이 되는 것에 저항할 수 있도록 우리를 인도하고 영감을 줄 수 있다. 공감과 상상력의 두 생태계가 겹치는 부분에 머물 때, 우리는 삶의 다양성을 우리의 경험 안에 포함시킬 수 있다. 그때 우리는 용기와 놓아 버림이라는 삶의 동반자를 자유롭게 만날 수 있다.

## 공감이라는 벼랑 끝에서의 발견

# 5

일본에서 열린 신경 과학과 연민에 관한 '마음과 생명 연구소'의 학술 대회에서, 나는 유방암에 걸린 여성을 이타심으로 돌보는 의사의 이야기를 달라이 라마에게 전했다. 성하가 손을 합장하고 고개를 숙일 때 두 눈은 눈물로 젖어 있었다. 하지만 잠시 후 그 의사가 했던 좋은 일을 인정할 때 성하의 표정은 바뀌어 친절함으로 가득해졌다. 성하가 짧은 순간의 공감과 일견 고통스러워 보이는 상태에서 연민과 행복으로 전환할 수 있는 것이 놀랍게 느껴졌다.

또한 나는 다람살라에 있는 성하의 거처에 방문했을 때 주제와 감정을 즉각적으로 바꾸는 달라이 라마의 능력을 목격했다. 티베트 순례자들은 인도로 길고 위험한 여행을 한 후 축복을 받기 위해 그곳에 온다. 우리가 과학을 주제로 진지한 논의를 하고 있던 중에도 티베트 난민이 나타나 의식용 스카프를 올리면, 성하는 금새 부드러운 눈길로 앞에 있는 사람들을 바라보았다. 그는 난민의 손을 잡고 그들의 공간으로 들어가서 기도와 격려의 말을 해 주곤 했다. 잠시 후 그는 다시 돌아와서 신경 경로와 의식의 본질에 대한 전문적인 대화를 재개했다. 그것은 정신적 민첩함이 강렬하게 발휘된 사례였다.

신경 과학 논문에는 명상자가 비명상자보다 더 큰 정신적 가소성과 더 작은 고착성(생각이 '고착'되거나 집요하게 마음속에 있는 것)을 갖는다는 연구 결과가 나와 있다. 명상 수행은 사심 없는 동기와 함께 우리의 주관적 경험과 타인의 경험을 감지하는 능력(공감)을 향상시킬 수 있다. 동시에 우리의 감정적 반응을 자동적으로 낮게 조절하거나 상황을 새롭게 봄으로써, 생각과 감정을 놓아 버릴 수 있는 능력도 향상시킬 수 있다. 신경 과학자 앙트완 뤼츠 박사의 말에 따르면, 예를 들어 수행자는 감정적 자극에 강한 반응이나 심지어 더 강한 반응을 보일 수도 있지만, 초보 수행자보다 훨씬 빨리 평정을 되찾을 수 있다고 한다.[63] 주의 조절에 대한 논문에서 뤼츠 박사는 '열린 관찰' 또는 열린 알아차림 명상의 결과가 어떻게 우리의 집착 성향을 줄여 주고, 감정적 유연성을 향상시켜 주는지를 설명했다.[64]

신경 과학자 가엘 데보르드와 그녀의 동료는 평정심과 명상을 연구했다. 앙트완 뤼츠의 연구 결과와 비슷하게 데보르드 박사는 명상의 혜택 중 하나가 '초기 감정 반응에서의 빠른 분리와 기준점으로의 빠른 복귀'가 이루어지는 것임을 발견했다.[65] 이 능력은 잠시의 공감 스트레스가 평정과 연민으로 빨리 전환되도록 촉진시킬 수 있다.

나는 다른 학술 대회에서 부디간다키강에 빠져 죽은 어린 네팔 소년 체링의 사진을 가지고 성하께 다가갔던 순간을 기억한다. 길 위에 떨어진 큰 바위 때문에 우리 팀의 미국인 의사 한 명이 강물에 빠졌다. 만약 체링이 소용돌이치는 히말라야 강물 속으로 뛰어들어서 그녀가 붙잡을 수 있는 판자를 건네지 않았다면 그녀는 죽었을 것이다. 체링은 수영을 잘했지만 강력한 소용돌이에 갇혀서 의사가 잡고 있었던 판자 반대쪽을 잡고 빙

빙 돌고 있었다. 쉴 틈 없이 내린 장맛비 때문에 거세진 물살에 떠밀려 그는 강 하류로 휩쓸려 갔다. 결국 체링은 미국인 의사의 목숨을 살렸지만 자신의 목숨은 잃고 말았다.

한 젊은 캐나다인이 의사를 붙잡아서 바위 위로 끌어올렸다. 그러나 우리는 다시는 체링을 볼 수 없었다. 좋은 친구를 한 명 잃었다는 것을 깨닫고 끔찍한 충격의 물결이 모두를 지나갔다.

그 후 얼마 지나지 않아 나는 체링의 어머니를 위해 카타(의식용 스카프)와 체링의 사진을 다람살라로 가져갔다. 그리고는 성하에게 체링의 상서로운 환생을 위한 기도를 부탁했다. 내가 성하와 그 이야기를 나누는 동안 시간이 멈춘 것 같았다. 성하는 완전히 깨어 있었고 눈빛은 부드러웠다. 주변 공간은 정지된 것처럼 고요했다. 주변 사람들은 마치 슬로모션 영화에 나오는 것과 같았다. 이야기를 끝냈을 때 성하는 체링이 다른 사람의 생명을 살리는 이타적이고 연민적인 행동으로 인해 위대한 보살로 다시 태어날 것이라고 내게 말했다. 바로 내가 듣고 싶었던 말이다. 그 말은 내가 체링의 어머니에게 가지고 갈 수 있는 선물이었다.

만약 우리가 명상을 통해 기를 수 있는 기술로서 정신 상태를 신속하게 바꿀 수 있는 성하의 능력을 따라 할 수 있다면, 우리는 벼랑 끝에서 공감 스트레스로 추락하는 빈도를 줄일 수 있을 것이다. 이런 정신적 유연성은 우리가 다른 사람의 고통을 맞닥트리거나 자신과 타인을 분별할 때 우리 내면에 여유 공간을 만들 수 있도록 돕는다. 우리는 명상 수행에서 우리의 주관적인 경험을 관통하며 미끄러지고 부딪치는 생각, 느낌, 감각을 관찰하는 법을 배운다. 스스로를 이런 경험들과 동일시하지 않고 그저 관찰만 하는 것에 더욱 능숙해질수록, 타인의 고통에 의해 피해자가 되는 것을 더 잘 피할 수 있다.

때로는 실제로 벼랑 끝에서 추락하기도 하겠지만, 그렇다고 해서 모든 것을 잃는 것은 아니다. 공감 스트레스는 자타의 고통을 끝내기 위해 연민적인 행동으로 이끌어 주는 선동적 힘이 될 수도 있다. 연민을 동원하기 위해서는 어느 정도의 각성과 불편함이 있어야 한다. 우리는 그저 고통의 수렁 속에 고착되지 않도록 조심하면 된다. 왜냐하면 그 경우에 우리는 지쳐 버린 나머지 타인을 돌보는 것에서 멀어질 수 있기 때문이다. 만약 우리가 타인과 자신 사이에 너무 큰 거리감을 만들지 않으면서 자신과 타인을 분별하는 법을 배운다면, 공감은 우리가 봉사할 때 우리 편이 되어 줄 것이다.

마지막 직관 한 가지는 다른 사람을 우리 내면으로, 마음속으로 들어오도록 초대할 때, 우리 자신은 그들의 내면으로 그리 많이 들어가지 않는 것이다. 그래서 우리 자신을 더 큰 사람, 더 극단적인 포용력을 지닌 사람으로 만드는 것이다. 공감은 우리의 작은 배 안에서 고통과 함께하는 방법에 불과한 것이 아니다. 공감은 바다가 되는 방법이기도 하다. 공감이라는 재능은 우리를 더 큰 사람으로 만들어 준다고 나는 믿는다. 고통의 물속에서 익사하지만 않는다면 말이다. 이렇게 지혜의 연금술로 재창조된 공감은 우리가 타인을 위해서 이타심으로 행동하도록 이끄는 힘이 된다.

공감 없는 세상은 타인에게 무감각한 세상이다. 그리고 만약 우리가 타인에게 무감각하다면 우리 자신에게도 무감각한 것이다. 타인의 고통을 나누는 것은 이기적인 무시와 냉혹함의 협곡 너머에 있는 더 크고 광활한 지혜와 연민의 풍경 속으로 우리를 데려간다.

또한 나는 공감이 인간의 의무이며, 우리의 기본적 선량함이 받아들이라고 권유하는 것이라고 생각한다. 위대한 철학자 쇼펜하우어의 말을 기억하라. "내 것도 아니고 내 관심사도 아닌 고통이 마치 내 고통인 양 내게 즉시 영향을 미치고 또 내가 행동하게 만드는 힘을 가진다는 것이 어떻게 가능한가?" 건강한 공감은 행동을 촉구하는 외침이 될 수도 있다. 개인적 불편을 해소하기 위한 행동이 아니라, 세상의 고통을 덜어 주는 위대한 축복의 행동 말이다.

# 3

진
정
성

진정성이 없다면
우리의 자유는 손상된다

세상을 떠나기 이틀 전 아버지는 홍수처럼 많은 이야기를 쏟아냈다. 나와 여동생은 제이 차 세계 대전 당시 아버지의 경험에 대해 들어본 적이 없었다. 그것은 우리 가족 사이에서 조심스럽게 회피된 주제였다. 그러나 마치 제거해야 할 일종의 독인 것처럼, 갑자기 그 이야기들이 표면으로 떠올랐고 아버지는 말을 시작했다.

아버지는 해군 함정인 LST-393의 지휘관으로서 시실리 점령과 살레르노 상륙 작전을 포함한 제이 차 세계 대전의 주요 작전에 참가했다. 부하 140명과 함께 이탈리아와 독일 전쟁 포로를 지중해 너머 북아프리카 수용소로 이송하기도 했다. 임종의 자리에서 아버지는 이탈리아 땅에 상륙한 후 당신 지휘하에 있던 구르카 병사들이 적진에 들어가 이탈리아 병사들을 죽이고 귀를 자른 이야기를 했다. 아버지에 따르면 구르카 병사들은 보트로 가져온 귀의 개수로 돈을 받았다고 한다. 실로 소름 끼치는 화폐였다.

미국 남부의 기독교인인 아버지는 '적'을 포함한 모든 생명의 존엄성을 중시하는 가정에서 자랐다. 하지만 아버지의 지휘하에 벌어진 몇 가지 일은 당신이 받은 가정 교육의 일부였던 진정성에 위배되는 것이었다. 세상을 떠나기 며칠 전 아버지는 시실리 작전 중 일어난 악명 높은 아군 오인 사격에 대한 이야기를 불쑥 꺼냈다. 미확인 항공기가 인근 지역에 있다는 정보가 지휘함에 들어왔다. 신경이 예민해지고 지쳐 있던 아버지의 부하들은 연합군의 비행기를 추축군의 전투기로 오인했다. 그곳에 있던 모든 연합군 함정들은 아군 식별 표지를 갖지 않은 것으로 보이는 연합군 비행기에 발포하기 시작했다. 그 비행기가 적기라는 것을 확신하지 못한 아버지는 방아쇠를 당기는 부하들을 막아보려 했지만 아무 소용이 없었다. 그로 인해 총 164명의 연합군이 사망하고 383명이 부상을 입었다.

아버지의 이야기를 들으며 전쟁 중에 그리고 이후 수십 년 동안 아버지가 커다란 도덕적 고통을 안고 살았음을 알게 되었다. 도덕적 고통은 정서적 콤플렉스다. 존스홉킨스대학의 임상 윤리 및 간호학 석좌 교수이며, 내 친구이자 동료인 신다 러쉬턴 박사의 정의에 의하면 그것은 '도덕적 해악, 과실 또는 실패에 대한 반응으로 경험하는 괴로움과 고통'[66]이다. 우리는 진정성과 양심을 가지고 있기에 도덕적으로 고통받는다. 진정성과 양심이 자신 또는 타인에 의해 훼손될 때 상처를 받는다.

안타깝게도 아버지는 평생 이런 고통을 이야기한 적이 없다. 아버지는 어려운 상황에서도 자신의 가치에 따라 살기 위해 노력하며 고결하게 봉사했다. 죽음에 임박해서야 아버지는 마음속에 숨어 있던 고통과 수치심을 겨우 표현했다. 그런 감정은 중년 남성으로서의 우울감과 절망감을 아무도 모르게 부채질한 끔찍한 연료였다.

아버지가 소중히 간직한 가치였던 진정성은 정직성과 도덕적·윤리적 원칙의 고수를 포함한다. 옥스퍼드 영어사전은 진정성을 '완전하고 분열되지 않은 상태'[67]로 정의한다. 아버지가 그랬던 것처럼, 진정성이 손상될 때 우리는 내적으로 분열되고 자신의 가치와도 분리된 느낌을 받게 된다.

　말과 행동이 자신의 가치와 조화를 이루게 하면서 진정성이라는 높은 산등성이에 설 수 있다면, 우리는 위해(危害)를 피할 수 있다. 그러나 자신의 가장 깊은 가치와 일치하는 방식으로 행동할 수 없을 때, 우리는 경계 끝에서 추락하여 도덕적 고통 속으로 떨어질 것이다. 거기에서 느끼는 공허감, 공포감, 분노, 혐오감은 우리를 감정적으로나 육체적으로나 영적으로 아프게 만들 수 있다.

　임종의 자리에서 털어놓은 아버지의 이야기를 들으면서 동생과 나는 아버지의 길고도 조용한 고통을 잘 이해하게 되었다. 임박한 죽음으로 인해 가능해진 심리적 탈억제는 그의 정신 깊은 곳을 활성화시켰다. 마음속 이야기를 털어놓으면서 감정이 북받치기는 했지만, 아버지는 임박한 죽음을 두려워하지 않는 것으로 보였다. 아버지는 당신의 삶을 완결하기 위해 전쟁 중에 겪은 양심의 가책을 우리와 공유한 것이었다. 나는 아버지가 인간적인 가치에 대해 뭔가를 가르쳐 주려 하고 있음을 느꼈다. 그것은 용기와 존엄성, 그리고 그 자신과 그의 부하들의 자제였다.

　자신의 이야기를 공개하는 것을 마친 다음 아버지는 잠깐 동안의 육체적 동요 후에 평화의 땅으로 떠났다. 동생과 나는 아버지의 고통을 지켜보고 그의 진실을 간직함으로써 아버지가 고통을 놓아 버릴 수 있게 했다. 마침내 아버지는 죄 없고 수치심 없이 죽을 자유를 얻었고, 그것은 우리 모두에게 준 선물이었다.

# 진정성이라는 높은 벼랑 끝에서

# 1

나는 도덕학자가 아니다. 그렇더라도 진정성과 도덕성의 본질을 연구하는 것은 나의 수행과 삶에서 늘 중요한 부분이었다. 인류학자로 일하면서 나는 다양한 도덕적 기준이 존재하며, 옳고 그름에 대한 개념 역시 문화에 따라 심지어 개인에 따라 다르다는 것을 발견했다. 하지만 불교는 내게 진정성을 이해하는 새로운 방식, 즉 고통이라는 렌즈를 통해 보는 방식을 알려 주었다. 우리가 타인이나 자신에게 고통을 유발시킬 때, 우리의 진정성은 손상된다. 타인의 고통을 완화시킬 때, 우리의 진정성은 확인된다.

진정성이 있다는 것은 견고한 도덕적·윤리적 원칙을 소중히 여기는 의식적 헌신을 유지하는 것이다. '도덕성'과 '윤리'라는 말은 다양하게 정의된다. 하지만 진정성에 대한 여기서의 탐구에서 '도덕성'은 존엄성, 명예, 존중, 돌봄과 관련된 개인적 가치를 의미할 것이다. '윤리'는 일련의 명문화(明文化)된 원칙을 말한다. 이 원칙들은 사회와 제도를 이끌어 가는 유익하고 건설적인 것이며, 우리가 지켜야 할 책임이 있는 것이다.

가치관은 우리의 성격에 반영되며, 또한 우리의 진정성을 확인시켜 주기도 하고 파괴하기도 한다. 진정성이 없다면 우리의 자유는 손상된다.

나는 진정성이라는 벼랑 끝이 깨지기 쉽다는 것을, 아마도 다른 벼랑 끝 상태들보다 더 깨지기 쉽다는 것을 발견했다. 내가 말하고자 하는 것은 진정성을 확인하거나 드러내기 위해서는 도덕적으로 고뇌하거나, 밀리거나, 미끄러지거나, 벼랑 끝에서 굴러떨어져 고통의 수렁으로 빠지는 등의 경험이 필요하다는 것이다. 그래서 진정성을 나누기 위해 내가 하는 대부분의 이야기는 고통의 요소를 포함한다. 이 이야기들은 '도덕적 감수성(도덕적 갈등과 딜레마를 탐지할 수 있는 능력)'과 '도덕적 분별력(어떤 행동이 도덕적으로 정당화될 수 있는지를 평가할 수 있는 능력)'을 강조한다. 나의 이야기는 소설가 조안 디디온이 위해(危害)의 심연 위에 서서 타협 불가능한 덕성을 지키는 사람을 표현하기 위해 사용한 용어인 '도덕적 용기'에 해당하는 것 또한 많이 포함하고 있다.[68]

## 도덕적 용기와 급진적 현실주의

미국 시민권 운동 지도자인 패니 루 헤이머(Fannie Lou Hamer)의 삶은 진정성이 어떻게 벼랑 끝 상태가 되는지, 그리고 용기와 지혜와 연민이 진정성이라는 높은 벼랑 끝에서 어떻게 삶이 번창하도록 해 주는지에 대해 감동적이고도 가슴 아픈 실례를 보여 준다. 나는 1964년 '미시시피 자유의 여름'[69] 투표 등록 계획이 진행되는 동안 운 좋게도 패니 루를 알게 되었다. 우리 두 사람은 '학생 비폭력 조정 위원회(SNCC)[70] 회원이었다. 1965년, 물리학자 데이비드 핀켈스타인과 나는 뉴욕에서 SNCC를 위한 모금 행사를 조직하며 패니 루에게 기조 연설을 부탁했다.

그리니치 빌리지에서 열린 행사일 밤에 우리는 모두 이 귀한 연사에게 가까이 다가가 인종 정의에 관한 그녀의 비전을 듣고 그녀의 감동적인 노랫소리도 들었다. 또한 패니 루의 인생 이야기도 들었다. 1917년에 소작농의 딸이자 스무 명의 자녀 중 막내로 태어난 패니 루는 여섯 살 때부터 농장에서 면화 수확 노동을 했다.[71] 열세 살이 되었을 때는 면화를 하루에 90~140kg 딸 수 있었다고 한다. 삶은 고달팠다. 종종 굶주리곤 했던 그녀와 가족에게 삶은 고달픈 것 이상으로 고통스러웠다.[72] 결혼 후 자녀가 없었던 그녀는 빈곤한 가정에서 아이 두 명을 데려다 길렀다. 1961년 마흔네 살이 된 그녀는 종양 제거 수술을 받았다. 그녀를 수술한 백인 의사는 가난한 흑인 수를 줄이겠다는 미시시피주의 과격한 계획에 가담하여 그녀의 동의도 받지 않은 채 불임 수술을 해 버렸다.

1962년 패니 루는 농장 고용주의 명령을 어긴 채 선거인 등록을 했고, 그 결과 소작농 일자리를 잃었다. 그 후 그녀는 SNCC와 함께 선거인 등록 및 문맹 퇴치 분야에서 활동했다. 그녀는 이런 말을 한 것으로 유명하다. "내가 생각이 좀 있었다면 약간은 무서웠을 것 같다. 그러나 무서워해야 할 이유가 무엇인가? 그들이 할 수 있는 일이라곤 고작 나를 죽이는 것뿐이고, 내가 기억하는 한 그들은 지금까지 실제로 한 번에 조금씩 나를 죽이려고 해 왔던 것으로 보였다."[73] 1963년 누명을 쓰고 감옥에 간 패니 루는 처음에는 수감자들에게, 다음에는 교도관들에게 곤봉으로 거의 치명적인 구타를 당했다.[74] 그때 입은 부상으로 목숨을 잃을 수도 있었지만, 그것이 오히려 그녀의 결단을 유도하고, 원칙에 입각한 도덕적 분노에 밑거름이 되었던 것 같다.

패니 루의 연설을 들으며 나는 열광했다. 그녀가 갖고 있는 진정성에 대한 강한 감각과 도덕적 용기와 신념은 그녀로 하여금 닥쳐오는 시련들을 이겨 나가게 하는 것 이상의 역할을 했음이 분명했다. 그녀의 행동은 신념과 일치했다. 직접적으로 말하진 않았지만, 그녀는 분명 적잖은 도덕적 고통을 경험했다. 그녀처럼 미국 남부의 시골 마을에서 같은 마을 사람들이 무시당하고, 구타당하고, 살해당하는 것을 지켜보며 살았다면 안 그런 사람이 있을까?

패니 루는 끔찍한 학대를 당했지만 결코 포기하지 않았다. 사실 그녀는 자신의 고통을 인류의 이익을 위해 사용했다. 자신의 목숨이 위협받음에도 불구하고 인종 분열의 양편에 있는 사람들과 함께 용감하게 활동하면서 말이다. 그리니치 빌리지에서의 그날 밤, 그녀는 시민권 운동을 영적인 길로 간주함으로써 자신의 헌신을 유지할 수 있었음을 강조했다. 나는 그녀를 분명히 이해했다. 참여하는 것은 재인간화 및 지칠 줄 모르는 도덕적 상상력과 결합된 파격적 현실주의의 실천이다. 패니 루는 내 삶의 롤 모델이 되었고, 내 삶에 가장 큰 영향을 준 사람 중 하나가 되었다. 나는 종종 그녀의 엄청난 용기와 진정성을 숙고해 본다.

패니 루의 동료 중에는 사회 운동가이자 역사학자이며 SNCC의 자문인 하워드 진 박사도 있었다. 그는 엄청난 불확실성과 폭력 속에서도 패니 루가 보여 준 도덕적 권위와 강인성을 깊이 존경하고 있었다. 그가 쓴 다음 글에는 그녀의 정신에서 영향받은 부분이 보인다고 나는 확신한다.

> 어두운 시대에 희망을 품는 일은 어리석은 낭만주의가 아니다. 그런 희망은 인간의 역사가 잔인성만의 역사가 아니라, 연민과 희생과 용기와 친절의 역사이기도 하다는 사실에 근거한다.

이 복잡한 인류 역사에서 무엇을 강조하고 선택하느냐에 따라 우리의 삶이 결정된다. 최악의 상황만을 보는 선택은 뭔가를 할 수 있는 우리의 능력을 파괴한다. 누군가가 훌륭하게 행동했던 시간과 장소를 기억한다면(그리고 그런 시간과 장소는 아주 많다), 우리는 행동할 힘을 얻으며, 적어도 팽이처럼 돌아가는 이 세상을 다른 방향으로 보낼 가능성이 생긴다.

그리고 만일 우리가 아무리 작은 방식으로라도 행동을 취한다면, 거창하고 이상적인 미래를 기다리지 않아도 된다. 미래는 현재의 무한한 연속이다. 주변의 모든 나쁜 상황을 무릅쓰고 인간이라면 그렇게 살아야 한다는 생각대로 현재를 산다면 그 자체로 위대한 승리다.[75]

패니 루의 삶은 실로 승리였고, 도덕적 용기, 진정성, 파격적 현실주의의 위대한 본보기였다.

## 서약에 따라 살아가기

진정성의 핵심은 '서약에 따라 사는 것'이다. 그것은 내면의 가장 깊은 가치관을 따르는 능력, 양심적일 수 있는 능력, 진실한 자기 모습에 접속하는 능력이다. 또한 서약에 따라 사는 것은 자신의 도덕적 감수성을 시사하고, 타인과의 상호 작용 및 근무하는 조직에서 도덕과 관련된 특징을 알아보는 능력을 시사하며, 위해(危害)와 관련된 사안을 다룰 수 있는 통찰력과 용기를 갖추는 능력을 시사한다.

진정성은 패니 루의 경우처럼 큰 스케일로 살아낼 수도 있고, 또한 우리 같은 보통 사람들이 매일 내리는 결정을 통해서도 빛을 발할 수 있다. 계산원에게 거스름돈을 너무 많이 주었다고 말하는 것, 괴롭힘을 당하고 있는 히잡 쓴 여성을 옹호하는 것, 인종 차별주의자 삼촌에게 아이들 앞에서 자신의 의견을 말하지 않도록 부탁하는 것 등이 그것이다.

우리는 어느 쪽이든 입장을 취하는 것이 두려워 이런 상황들을 무시하기로 선택할 수 있다. 범법 상황이 발생했을 때 타인이 경험하는 위해를 부정하거나 고의로 무시할 수도 있다. 도덕적으로 무관심하거나 특권의 거품 속에서 살아갈 수도 있다. 그러나 이런 방어 기제의 덫에 걸리지 않는다면 우리는 고통을 끝내겠다는 결의를 지닌 채 자청해서 위해에 맞설 것이다.

우리를 계속 올곧게 하는 것은 도덕적 용기, 즉 선(善)의 원칙을 고수하는 용기다. 우리의 진정성을 계속 유지시켜 주는 것은 도덕적 감수성이다. 자신의 가치관과 일치하는 삶을 살기 위해서는 강인한 등과 온화한 가슴이 필요하고, 삶에서 실천하는 평정과 연민이 필요하다. 또한 우리의 견해가 주류에 반하는 것이라면 거부, 비평, 폄하, 분노, 비난을 받아들일 수 있을 만한 아량을 가져야 한다. 심지어 원칙을 지키다가 목숨을 잃을 수도 있다.

삼촌이 다시는 당신과 말을 섞지 않을 수도 있다. 무슬림 여성을 보호했다는 이유로 당신의 집에 낙서가 그려질지도 모른다. 또는 훨씬 더 나쁜 일이 일어날 수도 있다. 그러나 이것을 '서약에 따라 살기'라고 부른다.

하지만 많은 사람들이 서약에 대해 혐오감을 가지고 있다. 서약이 우리를 속박하는 규율처럼 느껴질 수 있다. 천성적으로 규칙을 어기는 사람도 있다. 또 서약은 너무 종교적이고 자신은 진정 세속주의자라고 느끼는 사람도 있다. 또 그저 상관하지 않는 사람도 있다. 우리는 약속을 할 이유도 존중할 이유도 없다고 생각할 수 있다. 그러나 우리는 급속한 심리 사회적 변화의 시대에, 무시와 거짓말과 폭력과 또 그보다 더한 것들이 정상이 되어 버린 시대에 살고 있다. 서약은 가장 깊은 가치관과 계속 연결되도록 돕고, 진정 자신이 누구인지를 상기시켜 준다는 것을 기억해야 한다.

가치관의 기본 원리인 서약은 우리의 태도와 생각, 우리가 세상에 존재하는 방식에 반영되어 있다. 우리의 약속과 책임은 근본적으로 우리가 서로에게 그리고 자신에게 어떻게 존재하는지, 우리가 어떻게 연결되고 봉사하는지, 우리가 세상과 어떻게 만나는지에 관한 것이다. 서약을 실천하고 구현하는 것은 우리의 진정성을 반영한다. 그리고 그것은 우리가 사람으로서 존재한다는 것을 둘러싼 내적이고 외적인 폭풍우에 직면할 때 중심을 잡고 의미를 찾는 것을 도와준다.

서약은 십계명을 따르거나 불교의 계율을 지키는 것처럼 문자 그대로 실천될 수 있다. 또한 서약은 연민에 기반하여 상황에 따라 보다 융통성 있게 실천될 수도 있다. 또는 비분리성과 비이원성이라는 지혜의 관점에 기반할 수도 있다. 요컨대 서약은 우리가 이해하는 것보다 더 큰 풍경이고, 우리 삶의 진정성을 돕고 세계를 보호하는 것이다.

서약에는 개인적인 것이 있다. 이것은 우리 삶에 인격의 힘을 부여하기 위해 지켜야 하는 내적 약속이다. 예를 들어 내게 큰 영향을 준 것은 어머니의 봉사하는 삶이었다. 아주 어렸을 때부터 나의 개인적 서약은 약한 사람들을 저버리지 않는 것과 그들의 고통을 끝내기 위해 항상 노력하는 것이었다.

그리고 종교적 서약이 있다. 이것은 서원을 한다거나 계율을 받는다고 표현한다. 예를 들어 '남에게 대접받고자 하는 대로 남을 대접하라.'는 황금률, 또는 불교의 세 가지 청정한 계율인 '해를 끼치지 말고, 선을 행하며, 남을 위해 봉사하라.'가 있다. 이런 서약은 우리가 타인들과 공유하는 서약으로서, 삶의 모든 측면에 걸친 신성함에 중심을 두고 살게 해 준다.

또한 세상을 사는 데 도움이 되는 실용적 서약도 있다. 즉, 예의와 사회적 협력을 키우는 관습과 규범이라는 서약이다. 타인을 존중으로 대하는 것, 타인에게 그리고 타인에 대해 친절하게 말하는 것, 삶이라는 선물에 감사하는 것이 그러한 서약이다.

우리의 이기심을 변화시킬 수 있는 특별한 서약도 있다. 자아에 초점을 맞추고 또한 우리의 파괴적인 감정과 관련되는 이 서약은 자신에게 엄격할 것을 우리에게 요구한다. 자아 길들이기 서약은 이기적 행동이 단지 비실용적임을 가르쳐 준다. 이것이 전부다. 우리 대부분은 탐욕을 부리거나 누군가를 혐오하거나 마음이 미혹되는 것이 누구에게도 득이 되지 않는다는 것에 동의할 것이다. 하지만 불가피하게 흔들릴 때도 있다. 자아 길들이기 서약은 거친 소금이 큰 바다로 녹아들듯이 자기중심성을 해체하도록 돕는다.

우파야 선원에서는 아침마다 집중 수행 시간에 자신이 타인과 자기 자신에게 끼친 위해에서 스스로를 떼어 놓지 않을 것을 권유하는 자아 길들이기 서약인「참회게」를 염송한다. 이 게송은 우리에게 참회할 것을 상기시켜 준다. 내용은 다음과 같다. "몸과 말과 마음에서 비롯된 무시(無始)의 탐욕과 미움과 미혹, 그것으로부터 기인한 나의 모든 오랜 업연(業緣)을 이제 온전히 참회합니다." '참회'라는 말은 좋은 말이다. '참회(atonement)'

의 뜻은 '하나임(at-onement)'으로서, 우리가 삶의 전체성이라는 진실에서 분리되지 않고, 용감하고 정직한 화해의 행동으로 분열된 조각들을 합치는 것을 의미한다.

가장 압도적인 서약은 우리가 더 큰 정체성으로서 살도록, 붓다로서 살도록 우리를 안내한다. 이 서약은 우리가 무상(無常), 상호 의존성, 이타심, 연민을 깨닫도록 돕는다. 불자에게 이것은 지혜와 연민의 본보기가 되는 붓다에게 귀의하는 것을 의미한다. '귀의한다'는 것은 '붓다로 존재함'을 수행한다는 의미다. 또한 다르마(法)에도 귀의한다. 다르마는 해를 끼치지 않고, 사심 없이 돕고, 깨어나도록 이끌어 주는 가르침과 가치관을 의미한다. 이는 우리가 최선을 다해 가르침을 삶에서 구현하는 것을 의미한다. 마지막으로 우리는 승가(僧伽)에 귀의한다. 승가는 깨침의 동반자를 의미하는데, 여기에는 지역 정치인, 시아버지, 무례한 고용주처럼 우리에게 문제를 일으키는 사람들까지도 포함된다. 이는 어떤 존재나 사물도 우리와 분리되어 있지 않음을 알고, 그런 앎에 맞게 산다는 것을 의미한다.

기독교인에게 이것은 주 예수 그리스도께 피난처를 구하고, 사랑과 겸손의 직접적 체험으로서 최고의 행복을 만드는 것을 의미할 수 있다. 미국 원주민에게 이것은 거대한 땅과 광활한 하늘에 안겨 쉬며, 모든 생명을 존중하고 아끼는 것을 의미할 수 있다. 그 토대가 무엇이든, 서약은 진정성과 도덕적 인격의 성장을 돕는 필수적 실천이라고 나는 믿는다. 그래서 나는 제자들에게 자주 묻는다. "지금 붓다가 되지 않겠어요?"

어떻게 이것을 할 수 있을까? 한 가지 방법은 우리가 가장 꺼리는 바로 그 장소로 향하는 것이다. 가장 두려운 그곳으로 가서 우리의 서약과 가치관에 대해 우리가 맺고 있는 관계가 얼마나 강한지 시험해 볼 수 있다. 패니 루 헤이머, 말랄라 유사프자이, 제인 구달은 진정성이라는 높은 벼랑 끝에서 세상의 인종 차별, 성차별, 환경 파괴, 비참한 경제적 불균형으로 야기된 제도적 고통이라는 가혹한 현실을 바라보았다. 극단적 불확실성 속에서 이 여성들은 고통을 끝내기 위해 자신의 서약을 삶으로 구현했다. 즉, 지속적으로 서약하고 지속적으로 실천했다. 그들의 도덕적 용기와 도덕적 감수성은 그들에게 강인한 등과 온화한 가슴을 주었다. 그래서 그들은 지혜에 의해 중재된 용기, 즉 선(禪)에서 말하는 '여법한(적절한) 대응'과 함께 고통을 상대할 수 있었다. 나는 이런 것이 서약에 따라 사는 것이라고 믿는다.

# 진정성이라는 벼랑 끝에서 떨어진다는 것
## - 도덕적 고통 -

# 2

도덕적 고통은 인간의 기본적인 선량함이라는 원칙을 위배하는 행동과 관련하여 우리가 경험하는 위해(危害)다. 도덕적 고통은 네 가지 주요 형태로 나타난다. 첫째, '도덕적 괴로움'은 우리가 도덕적 문제를 인식하고 해결 방법을 정했지만, 내적인 혹은 외적인 제약 때문에 행동을 취할 수 없을 때 발생한다. 둘째, '도덕적 상처'는 도덕적 위반 행위를 목격하거나 거기에 가담한 결과로 얻는 심리적 상처다. 이것은 두려움, 죄책감, 수치심이 뒤섞여 해롭게 곪은 상처다.

셋째, '도덕적 분노'는 이와 대조적으로 사회적 규범을 위반한 사람들을 향한 분노의 외적 표현이다. 비윤리적 행동에 대한 도덕적 분노는 분노와 혐오를 모두 포함한 반응으로서, 우리가 행동을 취하고 정의와 책임을 요구하도록 할 수 있다. 넷째, '도덕적 무관심'은 우리가 단순히 알고 싶지 않을 때, 또는 위해를 유발한 상황을 부정할 때 발생한다.

도덕적 고통의 네 가지 형태 모두가 휴 톰슨 주니어의 이야기에 존재한다. 그는 헬리콥터 조종사였고, 아버지와 마찬가지로 조지아 출신의 군인이었다. 1968년 3월 16일 톰슨은 베트남 남부에서 미군 병사들이 베트남 남성, 여성, 어린이, 유아들을 무자비하게 강간하고, 살해하고, 신체를 훼손하는 끔찍한 광경이 벌어지는 현장 위를 비행했다. 후에 '마이라이 대학살'로 알려진 이 현장에서 톰슨과 그의 두 승무원은 놀라운 진정성과 용기를 발휘했다. 그들은 미군 가해자들을 막았고, 멈추지 않으면 총을 겨누겠다고 위협했다. 이어 톰슨은 많은 민간인을 안전한 곳으로 직접 인도했다. 톰슨은 무고한 마을 사람들에게 닥친 통제 불능의 폭력을 목격하고 분노했다. 그리고 그의 도덕적 분노는 여러 사람들의 생명을 구하고 가해자들에게 책임을 추궁할 수 있는 힘을 그에게 주었다.

베트남에서 미군을 지휘한 장군은 윌리엄 웨스트모어랜드였다. 그는 미군 가해자들이 '훌륭한 행동'을 한 것을 축하하며, 이들이 "적에게 심한 타격을 주었다."[76]고 썼다. 그러나 수년이 지난 후 웨스트모어랜드는 자신의 회고록에서 그 사건을 "냉혹한 점심 시간과 함께, 하루 대부분의 시간 동안 지속된 일종의 악마적인 슬로 모션의 악몽에서 무방비 상태인 아기들, 어린이들, 엄마들, 노인들에게 자행된 의도적인 학살"[77]로 묘사했다.

그 사건 직후에 톰슨은 공군 수훈 십자 훈장을 받았지만, 그는 그것을 내버렸다. 표창장은 적대적 사격이 미군 측에서 나왔다는 사실을 생략한 채, '적대적인 적의 사격에 맞선' 그의 영웅적 행위를 칭찬했다. 톰슨은 지휘관들이 그를 매수하여 침묵하게 하려는 또 다른 윤리적 위반을 시도한다고 확신했다. 1969년 그는 학살을 지시했던 장교들과 반대되는 증언을 했지만, 그들 대부분은 결과적으로 사면이나 무죄를 선고받았다.[78]

여러 해 동안 진행된 마이라이 수사와 재판에서 톰슨은 미군 측과 정부뿐 아니라 대중에게도 비방을 받았다. 영웅적인 행동을 했음에도 불구하고 학살과 그것에 이어진 은폐로 인한 고통은 그를 떠난 적이 없었다.

도덕적으로 깊은 상처를 입은 톰슨은 외상 후 스트레스 장애(PTSD)를 앓았고, 이혼을 했으며, 심각한 악몽과 알코올 중독으로 고통받았다. 세상을 떠났을 때 그는 겨우 62세였다.

톰슨은 자신의 진정성을 지키고 민간인의 생명을 구하기 위해 상관의 명령에 불복해야 한다는 것을 깨달았을 때 도덕적 괴로움을 겪었다. 그의 도덕적 분노는 올바른 일을 하도록 박차를 가했다. 비록 그로 인해 평생 그를 괴롭힌 도덕적 상처를 입었고, 아마도 알코올 중독(부정과 무감각, 어느 정도의 도덕적 무관심을 포함한 질병)까지 키웠지만 말이다.

그러나 생이 끝날 무렵에 톰슨은 마침내 영웅으로 인정받았다. 그와 두 승무원들은 그런 상황에서 누구도 할 수 없었던 일을 한 용기에 대해 군인 훈장을 수여받았다.

내가 톰슨에 대해 알게 된 것은 미 해군 특수 부대(SEAL)에 복무하던 중 군대 윤리를 주제로 한 톰슨의 연설에 참석했던 나의 제자 덕분이었다. 톰슨은 군인 훈장을 받고 나서 10일 후에 마이라이로 찾아갔다고 청중에게 말했다. 학살 사건에서 30년이 지난 후였다. 마이라이에서 톰슨은 학살에서 살아남은 베트남 여성을 만났다. 그녀는 자신들에게 총을 쏜 병사들이 톰슨과 함께 돌아와 용서를 받을 수 있게 해 달라며 기도했다고 말했다. 이 여성도 마을 사람들이 강간당하고 고문당하고 살해되는 것을 보면서 의심의 여지 없이 도덕적 상처로 고통받았다. 하지만 그녀는 그 상처를 용서로 바꿀 수 있었다.

학살 가해자들이 자신들의 행동을 가슴에 담고 어떻게 살아왔는지 알 수 있다면 유용할 것이다. 도덕적으로 무관심하지 않다면 그들도 틀림없이 고통을 겪었을 것이다. 지난 2010년, 그 사건의 일원이었던 한 분대장은 처형이 두려워서 그런 짓을 했노라고 말했다. "만일 제가 전투 상황에서 '아니오, 가지 않을 겁니다. 그런 일은 하지 않을 겁니다. 그 명령을 따르지 않을 겁니다.'라고 말했다면, 글쎄요. 그들은 저를 벽에 세우고 총을 쏘았을 겁니다."[79]

그 분대장의 공포는 충분한 근거가 있었을 것이며, 이러한 '죽이거나 죽임을 당하거나' 시나리오에 사로잡힌 사람들은 우리의 연민을 받을 만하다. 그러나 진정성이라는 높은 벼랑 끝에 서 있던 사람은 톰슨이다. 그의 도덕적 상처와 분노는 부도덕한 행위에 직면했을 때 행동을 취할 수 있는 용기와 힘을 주었다.

## 도덕적 괴로움

시한부 환자를 돌보는 분야에서 수십 년 동안 일해 온 많은 의료인들은 환자의 수명을 연장해야 하는 부담이 그것의 혜택보다 클 때 직면하게 되는 도덕적 딜레마에 대해 털어놓았다. 어떤 이들은 생존 기간이 며칠뿐인 환자에게 심폐소생술(고통스럽고 흔히 소용없는 절차)을 실시해 달라고 요구받는다. 한 의료인은 단지 의료 기관에 수급이 부족하다는 이유로 혈액 제제가 필요한 환자에게 그것을 공급하지 못했던 일화를 내게 들려주었다. 많은 사람들이 특정 처치가 실제로 도움이 될지 아닐지를 두고 그들의 팀과 논쟁을 벌였다고 말했고, 병원 정책이나 환자의 기대 때문에 최선의 방법을 추구할 수 없었다고도 했다. 일부는 소진으로 인해 도덕적 무관심에 빠져서 누군가를 돌볼 능력을 아예 잃어버렸다.

수십 년 동안 나는 의료인들과 함께 일한 경우가 많았다. 그들 중 일부는 도덕적 괴로움을 매일 경험한다. 몇 년 전 나는 동료와 함께 심장 집중 치료실(CICU)에서 일하는 간호팀과 상담을 해 달라는 요청을 받았다. 그 팀은 사기가 너무 떨어져서 와해되기 직전이었다. 9개월간 그들은 심장이식 환자인 로이를 돌보았다. 기증자의 심장에 결함이 있는 것으로 밝혀진 후 로이의 건강은 급격히 악화되었다.

당연히 로이와 그 아내는 절박했고, 생명을 연장하기 위해서라면 어떤 일도 불사했다. 담당 심장외과 의사는 낙관적인 전망을 그리며 자신이 권하는 치료를 받으면 좋아질 거라고 말했다.

그러나 일은 그렇게 되지 않았다. 수개월이 지나는 동안 로이가 겪은 증상과 치료는 괴저로 인한 고통스러운 절단 수술, 욕창, 피하 조직이 노출된 상처에 대한 잦은 소독과 드레싱 교체, 재발성 폐렴, 약물 내성 감염 등이 있었고, 로이는 호흡기에 의존하고 있었다. 로이의 고통은 통제할 수 없게 되었고, 그는 말없이 절망 속으로 빠져들었다.

로이의 육체적·정신적 상처를 간호하려고 노력하는 와중에 간호사들은 고통이 점점 커졌다고 말했다. 몇몇은 치료가 로이에게 더 큰 고통을 일으켰다고 느끼면서 로이의 방에 차마 들어갈 수 없었다고 말했다. 한 사람은 로이의 괴저를 다루는 작업과 살이 썩는 냄새로 인해 그 방을 떠날 때 구토를 했다고 털어놓았다. 다른 이들은 자신의 임무를 계속 수행하긴 했지만, 환자의 고통에 겁을 먹었다. 몇몇은 무감각했고 그저 정신이 나간 사람처럼 할 일을 하고 다녔다고 말했다. 로이는 어두운 침묵 상태로 빠져들었다. 로이에게는 극한의 고통이었던 9개월, 간호사들에게는 가중된 도덕적 괴로움이었던 9개월이 지난 후 로이는 심장 집중 치료실에서 세상을 떠났다.

간호사들의 이야기를 들으면서 나는 히포크라테스가 제시한 의학의 세 가지 목표를 떠올렸다. "치료, 고통의 경감, 질병에서 회복될 수 없는 이에 대한 치료 거부." 이들 숙련된 간호사들은 로이가 실제로 질병에서 회복될 수 없다고 느꼈다. 그들이 하도록 요청받은 치료는 무익할 뿐 아니라, 환자에게 해로워 보였다. 설상가상으로 담당 외과 의사는 그들의 우려를 무시하는 것처럼 보였고, 간호사들은 의사와 병원 정책에 압도당했다고 느꼈다.

일부 간호사들은 환자를 회피한 것에 대해 죄책감과 수치심을 느꼈다. 몇몇은 완전히 마음을 닫아 버렸고 도덕적으로 무관심해졌다. 그리고 일부는 도덕적으로 분노하여 외과 의사가 그들이 느끼기에 비윤리에 가까운 행동을 했다며 비난했다. 모두가 도덕적 괴로움에 시달렸다.

우리와의 만남에서 간호사들은 '어떤 대가를 치르더라도' 생명 연장에 전념하는 의료 시스템에서 그들이 무엇을 할 수 있었는지 물었다. 또한 그들은 이런 조건하에서 환자를 포기하고 싶거나 도덕적 무관심이나 분노에 빠지게 될 때, 이런 정서적 반응을 바꿀 수 있는 방법이 무엇인지에 대해 조언을 구했다. 그들은 자신의 진정성이 이런 환자를 돌보는 과정에서 심각하게 훼손되었다고 느꼈다. 그들은 자신들이 연민적 보살핌에 대한 그들의 가치와 원칙을 위반했다고 생각했다. 게다가 그들은 도덕적 용기를 잃었다. 그래서 그들은 어떻게 자기 존중과 진정성을 회복할 수 있는지 물었다.

우리는 경청했다. 그들이 서로의 이야기를 듣도록 지원했다. 그들의 경험을 재구성할 방법을 그들과 공유했다. 우리는 대안적 시나리오를 살펴보았다. 그러고 나서 우리는 그들에게 용서에 대해 성찰해 보라고 제안했다. 자기에 대한 용서, 서로에 대한 용서, 외과 의사와 기관에 대한 용서 말이다.

이야기는 우리와의 상담에서 끝나지 않았다. 이후 2년 동안 내 동료는 이 팀과 함께 계속 일을 했고, 도덕적 회복력을 키우도록 그들을 도왔다. 그들은 고강도 긴장 상황에서 정신적 유연성, 안정성, 통찰력을 강화하기 위해 명상 수행을 배웠다. 그들은 또한 개인적 가치관과 소속 기관을 이끌어 가는 원칙을 검토했다. 그들은 자신의 원칙이 항상 기관의 기대와 일치하지는 않는다는 것을 알게 되었다. 그리고 그들은 '도덕적 후유증'에 대한 개념, 즉 진정성의 감각을 훼손하는 행동 뒤에 남아 있는 고통스러운 정서적 후유증을 검토했다. 그들은 도덕적 후유증이 대부분의 윤리적 딜레마의 여파로 예상되는 것이고, 도덕적 후유증을 받아들이는 것이 회복력을 구축하는 데 중요한 부분이었다는 점을 깨닫기 시작했다.

하지만 이 팀의 구성원들에게 이 과정은 단지 치유의 문제만이 아니었다. 도덕적으로 회복하는 법을 배우는 것은 이들의 역량 증진으로 이어졌다. 팀은 정책 변화에 앞장서서, 삶의 마지막 순간을 향해 가는 심장 환자가 적절한 완화 치료를 받을 수 있도록 했다. 이 글을 쓰는 시점에 팀의 대부분은 이 심장 집중 치료실에서 계속 함께 일하고 있다.

## 도덕적 상처의 아픔

도덕적 괴로움은 일시적이다. 반면 도덕적 상처는 일종의 손상이기 때문에 이것을 치유하는 데에는 오랜 시간이 필요하다. 도덕적 상처는 비양심적 행위를 목격하거나 거기에 가담할 때, 우리의 진정성이 손상된 결과로 나타나는 복잡한 심리적·영성적·사회적 상처다. 도덕적 상처는 흔히 군대에 있는 사람들에게 영향을 미친다. 그 이유는 누가 생각해도 확실할 듯하다. 마이라이에서의 분대장처럼 많은 군인들이 제도적 명령에 반하여 자신의 개인적 신념과 가치를 주장하기에는 무력감을 느낀다. 그러한 상황에서는 개인의 진정성 체계가 무너질 수 있다. 그러면 자신이 잘못되었다고 느끼는 명령을 따르기도 하고, 또는 진행 중인 심각한 위해에 개입하지 못할 수도 있다. 자기 양심이 아무리 개입하라고 촉구해도 말이다.

'도덕적 상처'라는 용어는 현재 입은 상처뿐만 아니라 그로 인해 야기되는 장기적인 심리적 손상을 의미한다. 피해자는 평생 지속될 수 있는 우울감, 수치심, 죄책감, 사회적 철수, 자기혐오를 포함하는 정서 부조화에 사로잡히게 된다. 도덕적 상처와 관련된 감정은 또한 분노와 혐오감을 촉발하여, 도덕적 분노를 폭발시키고 도덕적 무관심과 관련된 중독 행동을 키울 수 있다.

소외는 도덕적 상처의 또 다른 특징이다. 해외에서 근무했던 군 생활을 접고 민간인으로 돌아온 사람들은 또래, 친구, 가족과의 단절감을 느낄 수 있다. 대부분의 민간인은 군 복무가 어떤 것인지 모르기 때문에 퇴역 군인과 공감하기 어렵고, 또 군인들은 단지 명령 복종을 위해 한 행동이 민간인에게 부정적으로 보여지는 것을 두려워한다. 자신들의 일부 행동이 도덕적으로 모호하거나 불법적인 경우라면 영웅으로 격찬받는 것을 두려워할 수도 있다.

물론 도덕적 상처는 군인들만 경험하는 것이 아니다. 표심을 얻기 위해 거짓말을 하고 자신의 진정성과 타협하고 있음을 깨닫는 정치인에게도 지속되는 상처다. 이것은 자신이 연루된 환경 파괴로 사기가 꺾인 정유 회사나 가스 회사 직원, 학생들에게 어떤 희생을 치르더라도 시험에 통과하라고 압력을 가한 후 그들에게 해를 끼친 것에 대한 죄책감을 느끼는 교육자에게도 지속되는 상처다. 그리고 이 상처는 심지어 이런 위해를 방지하기 위해 노력한 사람들 역시 단순히 그 피해를 목격하는 것만으로도 입을 수 있는 상처다. 우리 사회에서 도덕적 상처가 어느 정도나 발견되는지를 인식할 필요가 있다고 나는 믿는다. 그래야 상처를 더 잘 해결할 수 있다.

2001년 11월 6일 뉴멕시코 교도소에서 테리 클라크가 독극물 주사로 사형되던 날 밤에 나는 도덕적 상처를 경험했다. 살인에 대한 처벌로서의 살인인 사형은 심지어 사형을 막으려고 애쓰는 사람들까지 포함하여 많은 사람들에게 도덕적 상처를 입히는 관행이다. 나는 지금도 미국 31개 주에서 유지되고 있는 이 관행에 대해 불편한 견해를 가지고 있다. 이 사건은 내 삶에 영원한 자국을 남겼다.

테리 클라크는 1986년 초에 6세 소녀를 납치하고 강간한 행위로 유죄 선고를 받았다. 그해 여름 보석으로 풀려난 그는 9세 소녀를 강간한 후 살해했고, 며칠 후에 자신의 범죄를 자백했다. 1960년 이후로 뉴멕시코주가 사형 집행을 하지 않았음에도 불구하고, 배심원단은 클라크에게 사형을 선고했다.

구속된 후 클라크는 항소 절차를 밟다가 1999년에 돌연 추가 항소를 철회하고 죽음을 기다리기 시작했다. 클라크에게 결정을 번복하고 항소 절차를 다시 시작하라고 설득함으로써 그에 대한 사형이 집행되지 않도록 노력한 팀이 있었고, 나도 그 일원이었다. 결과적으로 우리는 성공하지 못했다.

　클라크는 계속 고통에 잠긴 사람 같았다. 나와 한 동료는 클라크가 갇힌 감방 밖 콘크리트 바닥에 앉아 금속으로 된 위압적인 문의 작은 배식구를 통해 그와 대화를 나누었다. 그의 목소리는 속삭임 이상으로 커진 적이 없고, 감방은 항상 잿빛 담배 연기로 가득 차 있었다.

　그가 처형되던 날 저녁 약 50여 명에 이르는 나의 제자들과 친구들이 산타페 부근의 시골 간선 도로에 위치한 교도소 밖에 모였다. 항의를 표시하기 위해 우리는 맨땅 위에 묵묵히 앉아 있었다. 그 춥고 어두운 밤에는 우리만 있었던 것은 아니었다. 우리 근처에는 살해된 소녀의 가족과 이웃들이 모여 "죽여라! 죽여라!"라고 외치고 있었다. 잠시 후에 아마도 우리의 정적에 영향을 받은 듯 그들은 침착해졌고, 찬송가 「예수 사랑하심은」을 부르기 시작했다. 우리는 모두 기다렸다.

　오후 7시 30분, 한 교도관이 밖으로 나와 테리 클라크가 사형되었다고 알려 주었다. 우리 그룹은 더 깊은 침묵으로 빠져들었다. 나는 속이 메스꺼웠다. 처형을 지지한 사람들의 환호를 들었을 때는 더욱 그랬다. 클라크가 끔찍한 범죄를 저질렀다는 것은 나도 알고 있었다. 그럼에도 나는 살인에 대한 처벌로서 살인을 사용하는 것에 대해서는 화해 가까운 것도 하기 힘들었다. 부처님은 비폭력을 가르치셨다. 살인자를 처벌하기보다 교화하셨다. 그 가르침에 따라 대부분의 불교인은 사형이 비윤리적이고, 살인에 대한 살인은 누구도 책임을 면할 수 없다고 생각한다. 우리 대부분은 또한 '정당한 살인'이라는 개념에 반대한다. 왜냐하면 정당화될 수 없는 살인을 정상적인 것으로 만들기 때문이다.

　40년 이상 수감자를 사형하지 않았기 때문에, 뉴멕시코 교정국은 사형을 집행할 준비가 되어 있지 않았다. 그래서 텍사스에서 그 일을 맡을 팀을 데려와야 했다. 다수의 교도소 직원들이 자기가 당직일 때 이 사형이 집행되는 것에 관한 도덕적 염려를 내게 개인적으로 털어놓았다.

사형되던 날 클라크는 너무나 겁에 질린 나머지 좀 진정시켜 달라는 요청을 했다고 들었다. 사형이 집행되고 있을 때 사형실에 있었던 심리학자 한 명은 겁에 질린 클락이 그녀의 눈을 응시하자 눈물을 흘렸다. 테리 클라크과 함께 죽음의 집에 있던 나의 동료들은 영원히 변했고, 결국은 교정국을 떠났다.

그들의 이야기를 자주 듣진 못하지만, 사형 집행팀에 소속된 사람들 중 많은 이들이 오래도록 지속되는 고통을 겪는다. 앨런 올트 박사는 『가디언』에 말했다. "스위치가 최초로 눌리던 그 시간에 나는 방금 한 남자를 죽였다는 것을 깨달았다. 그것은 잊을 수 없는 정신적 충격이었다."[80] 90년대 중반 조지아 교정국의 국장으로 재직했던 올트는 전기의자를 사용한 사형 집행을 5번 명령했다. 그는 말했다. "이후 다시 또 다시 그것을 반복해야 했을 때, 나는 도저히 그것을 계속할 수 없는 지경에 이르렀다."

이러한 계획된 살인은 올트에게 '가장 비열한 사람보다 더 낮은' 수준으로 떨어진 느낌이 들게 했다. 다섯 번째 사형 집행 후, 올트는 너무 괴로운 나머지 일을 그만뒀다. 오늘날까지도 그는 여전히 자신이 목숨을 마감시킨 사람들의 유령에게 홀린 것처럼 느낀다고 한다. 그는 말했다. "나는 그들의 이름이 기억나지 않는다. 그러나 여전히 악몽에서 그들을 본다."[81]

그의 팀원 중 여러 명이 트라우마를 치료하기 위해 심리 치료를 받았다. 올트는 사형 집행에 참여하고 난 후 자살한 세 사람을 개인적으로 알고 있다고 말했다. 그들은 도덕적 후유증과 도덕적 상처를 통합할 수 없었고, 그 결과는 죽음이었다.

도덕적 후유증이 우리를 잠 못 들게 하고 악몽을 마귀로 채울 때, 우리는 고통을 겪는다. 올트는 사직했고 다른 사람들은 스스로 목숨을 끊었다. 육체적 통증이 신체에 문제가 있음을 말해 주듯이, 도덕적 고통은 우리의 진정성이 훼손되었음을 알려 준다. 그리고 이런 정보는 우리의 행동이 우리의 가치관과 일치되도록 안내한다. 교도소를 떠난 올트와 내 동료들처럼 우리는 제도적 시스템의 폭력을 바꾸기 위해 노력할 수 있지만, 동시에 그 상황에서 물러날 수도 있다.

### 도덕적 분노, 그리고 화와 혐오의 경직성

다음으로 도덕적 분노가 있다. 60년대의 어느 여름날 밤, 뉴욕에서 거주하던 건물 밖으로 걸어 나온 나는 한 남자가 여자에게 고함을 지르는 장면을 보고 놀랐다. 갑자기 그 남자는 옆에 있는 차에서 라디오 안테나를 뜯어서 여자를 때리기 시작했다. 아무 생각 없이 나는 두 사람 사이를 내 몸으로 가로막고 남자에게 멈추라고 소리쳤다. 도덕적으로 격분하여 나 자신의 안전을 생각할 겨를이 없었다. 한 남성이 한 여성을 학대하는 광경은 나의 감정에 불을 붙였고, 나는 그에 따라 반응했던 것이다.

'도덕적 분노'는 인식된 도덕적 침해와 관련한 분노와 혐오의 반응으로 정의된다. 그 거리의 광경에서 나는 신체적 폭력뿐만 아니라 성폭행도 목격했다. 50년이 지난 지금도 그 폭력을 직면한 내 몸의 감각은 여전히 남아 있다. 그것은 분노와 혐오의 충격이었고, 어떤 것도 그 두 사람 사이로 들어가 가로막은 나를 막을 수는 없었다.

　내가 고동치는 심장과 함께 서 있는 동안 여성은 황급히 고맙다는 인사를 하곤 현장에서 달아났다. 남성은 안테나를 거리에 내던지고, 내게 으르렁거리다가 자리를 떴다. 돌이켜 생각해 보면, 확신하건대 나는 자기중심적 동기에서 폭력을 멈추려고 했던 것이 아니었다. 즉, 타인의 인정을 얻겠다거나, 자존감을 높이기 위해 나선 것이 아니었다. 나는 자기중심적인 생각을 할 틈이 없었다. 그저 개입하지 않고는 그 소름 끼치는 장면을 빠져나갈 수 없었을 뿐이다. 나의 행동을 유발한 것은 깊은 곳에서부터 빠르게 치밀어 오른 연민을 동반한 분노였다.

　수년간 나는 건전한 형태와 불건전한 형태로 표출되는 도덕적 분노를 정치계, 운동권, 언론계, 의료계에서 목격했고, 내 경험에서도 목격했다. 수면 아래로 파고드는 시도를 통해 나는 병적 이타심과 마찬가지로 도덕적 분노 또한 '좋은' 사람으로 평가되고 싶은 인식되지 못한 욕구를 때로 반영할 수 있음을 알았다. 또한 자신의 우월한 도덕적 입장이 타인의 눈에 자신을 더 신뢰할 수 있고 훌륭한 사람으로 보이게 한다고 믿을 수 있다. 정당한 분노는 자아에 많은 만족감을 줄 수 있고, 다음과 같은 논리로 자신의 죄에 대한 죄책감을 완화해 줄 수도 있다. "우리는 옳고, 타인은 그르다. 우리는 도덕적으로 우월하고, 타인은 도덕적으로 타락했다."

　사회 비평가 레베카 솔닛은 「우리는 영웅일 수도 있다 – 선거가 있는 해의 편지」라는 제목으로 『가디언』에 쓴 평론에서 도덕적 분노가 가진 이기적 차원의 가면을 벗겼다. 그녀는 극좌파 중 일부 인사가 종종 '오락용 신랄함'에 관여한다고 지적했다. 이들은 완벽을 선(善)의 적으로 만들 뿐 아니라,[82] 진보와 개선을 포함하여 심지어 압도적인 승리에 대해서도 허물을 들춤으로써 도덕적 분노를 경쟁적 스포츠로 바꾼다는 것이다. 솔닛은 이 입장이 그 어떤 대의를 위한 것도 아니며, 실제로는 협력 관계 구축을 약화시킨다고 언급했다.[83] 궁극적으로 나는 오락용 신랄함이 진보와 극좌 간의 분열을 키움으로써 2016년 미국 선거의 결과에 얼마나 큰 역할을 했는지가 궁금하다.

오락용 신랄함 및 여타 형태의 도덕적 분노는 전염성이 있고, 중독적이며, 제한도 없어, 우리를 병들게 할 수 있다. 소량만으로도 우리를 움직일 수 있다. 도덕적 분노에 탐닉하면 우리는 실패할 것이고, 그것은 바로 적이 원하는 것이다. 화가 나고 정서적으로 과도하게 자극되었을 때, 우리는 균형을 잃고 상황을 명확히 볼 수 있는 능력을 잃기 시작한다. 그때 우리는 벼랑 끝을 넘어 도덕적 고통의 수렁으로 떨어지기 쉽다.

그러나 많은 사람들이 타인이 초래한 피해에 책임을 묻지 않는다면 자신의 진정성이 훼손된다고 느낀다. 도덕적 훼손에 직면하여 우리는 방관자가 될 수 없고, 부정을 통해 자신을 보호할 수도 없다. 진정성을 지키기 위해 우리는 권력에 진실을 말해야 한다. 나는 이것을 '원칙에 입각한 도덕적 분노'라고 부른다.

원칙에 입각한 도덕적 분노는 이타심, 공감, 진정성 및 존중과 같은 다른 벼랑 끝 상태들을 포함한다. 1981년 신경 과학자 프란시스코 바렐라는 프린스턴 고등연구소 소장인 해리 울프와 나를 대동하고 영장류 실험실을 방문했다. 지하 연구실에는 붉은털원숭이가 들어 있는 작은 우리가 수십 개 있었다. 해리와 나는 한 우리에 다가갔다. 우리는 원숭이 두개골 위쪽이 톱으로 잘려나가 뇌가 노출된 것을 보았다. 원숭이의 드러난 뇌에는 전극들이 붙어 있었다. 가엾은 원숭이는 수갑을 차서 움직일 수 없었지만,

고통과 공포로 가득 찬 두 눈은 모든 것을 말해 주었다. 해리는 내 옆에서 몸을 굽혀 원숭이 앞쪽 바닥에 무릎을 꿇었다. 그는 용서를 구하는 것처럼 보였다. 충격에 휩싸여 나는 가만히 서서 원숭이의 눈을 응시했다. 나는 그의 아픔을 받아들이고 이 작은 녀석에게 자비를 보냈다.

나중에 나는 이런 종류의 연구가 완전히 비윤리적이라고 생각했다고 프란시스코에게 말했다. 동물들은 자주 신경 과학 연구 과정에서 희생당한다. 그 원숭이와 마주하면서 나는 가벼운 도덕적 분노 이상의 것을 경험했다. 내게서 무언가가 깨져서 열려 버렸다. 나는 고통을 끝내겠다는 나의 약속에 더 깊이 헌신하는 방법으로 분노와 혐오감을 사용하겠다고 결심했다. 나는 어떤 경우에도 동물 실험에 대한 관심을 거두지 않기로 결심했다. 프란시스코 역시 그 후 얼마 지나지 않아서 동물 연구를 포기했다. 해리가 어떻게 했는지는 모르겠다. 얼마 후 그와의 접촉이 끊어졌기 때문이다. 하지만 나는 그 원숭이와의 접촉은 잃지 않았다. 거의 40년 후인 지금도 그는 내 안에 살고 있다.

나는 그 원숭이에게 깊은 연민을 경험했다. 속이 뒤틀리는 듯한 혐오감도 내가 그 실험실에서 느꼈던 복잡한 감정의 일부였다. 인간이 동료 중생에게 행할 수 있는 잔인성에 대한 혐오감이었다. 도덕적 분노의 중요한 특징은 윤리적 위반 행위를 인지했을 때 표출되는 역겨움이다. 사회 심리학자들은 혐오감이 도덕적 분별력에 미치는 영향을 연구했다. 모의재판을 대상으로 한 연구에서 배심원들은 혐오스러운 냄새에 노출되었을 때 피고인에게 더 가혹한 평결을 내렸다. 혐오는 도덕적 분노의 경험을 더욱 증폭시켜 더 엄격한 판결을 내리게 하는 것으로 보인다.[84] 또 다른 연구에서는 혐오감을 더 강하게 느끼는 성향이 있는 사람들일수록 내집단(內集

團) 사람들에게 더 매력을 느끼고, 외집단(外集團) 사람들에게는 더 부정적인 태도를 견지한다는 것을 발견했다.[85] 도덕적 분노가 그토록 양극화를 조장하는 것도 이런 이유에 기인할 수 있다. 도덕적 분노는 자아와 타아의 격차를 키운다.

내적으로 우리는 자신의 도덕적 분노에 모순되는 반응을 가질 수 있다. 분노는 공격성을 자극하는 반면, 혐오는 사회적 철수를 초래할 수 있다. 사회적 철수는 내집단 안에 숨어서 외집단을 대상화하고 회피하는 것을 말한다. 윤리학자이자 법학자인 마사 누스바움은 '혐오의 정치'라는 표현을 사용하여, 동성 간 결혼 금지법 및 트랜스젠더에 반대하는 '화장실 법령'[86] 등, 혐오감을 근거로 성소수자(LGBT)[87]를 차별하는 법률을 비판한다. 그녀는 그러한 정치가 편협성, 불관용과 억압을 키운다고 지적했다.

윤리학자 신다 러쉬턴 박사는 이렇게 썼다. "도덕적 분노는 자신의 개인적·직업적 정체성을 위협하고, 가치관이나 신념 또는 진정성을 위협하는 사람들에 대항하는 일종의 연대감이라는 의미에서 어떤 집단을 하나로 통합시키는 접착제가 될 수 있다. 도덕적 분노에 대한 감각은 전염되는 것일 수 있다. 올바르게 성찰되지 않는다면 그 감각은 차이를 심화시키고, 연결과 협력이 아니라 분열을 부채질할 수 있다."[88]

여러 해 동안 다양한 사회적 기업과 함께 일하면서, 나는 우리의 기호(嗜好)와 공포가 우리를 도덕적 사건에 대해 특정한 방식으로 반응하게끔 편향시킨다는 것을 알게 되었다. 내가 관여하던 조직의 잘못된 경영에 대한 나의 우려를 공개해야 한다고 느꼈을 때, 나는 마음 고생을 했다. 회사 대표는 나의 오랜 친구였고 나는 그를 아꼈다. 나는 내가 가진 우려를 그에게 직접 표현했지만 남용의 양상은 멈추지 않았다. 마침내 나는 대표가 직원, 프로젝트, 기금을 잘못 다루고 있는 것에 대한 나의 염려를 이사회에 직접 보고해야 할 도덕적 의무가 있다고 느꼈다. 대표에 대한 애정 때문에 나의 입장 표명이 지연되었지만, 결국에는 선택의 여지가 없음을 느꼈다. 나는 그 상황에 대해 혐오감을 느꼈고, 말을 내뱉지 못하는 나 자신에게 실망했다.

이성적 사고는 물론 중요한 역할을 하지만, 그래도 종종 종속적 역할을 한다. "도덕적 사고를 도덕적 사고로 만드는 것은 이것이 사회에서 행하는 기능이지, 뇌에서 일어나는 기계적 과정이 아니다."[89]라고 하버드대 심리학 교수 조슈아 그린이 말했다. 결국 이사회에서 나의 우려를 말하도록 한 것은 머리로 한 생각이 아니라 양심이었다.

어느 성직자가 자신의 일터인 젊은이들이 수용된 교도소의 문제에 대해 글을 썼다. "소위 시스템의 '돌봄'이라는 것을 본 후 나는 마음이 아프다고 말하는 것조차 창피했다. 어떻게 시스템 자체가 폭력이도록, 폭력을 유발하도록 설정되었는지 모르겠다. 젊은이들이 겪는 그러한 고통을 목격하며 나는 화가 났고, 좌절했으며, 분노했고, 깊이 부끄러웠다." 이 성직자는 공감 스트레스, 도덕적 분노, 죄책감으로 고통받고 있었다.

어떤 면에서 분노는 실험실에서 원숭이를 고문하거나 감옥에 있는 젊은이를 외면하는 것 등의 도덕적 위반 행동에 대한 정당한 대응이다. 그러나 기관의 잘못된 경영처럼 덜 심각한 도덕적 문제도 분노와 혐오, 그리고 원칙에 입각한 도덕적 분노를 일으킬 수 있다. 일시적이고 조절된 도덕적 분노는 도덕적 행동의 유용한 선동자가 될 수 있다. 세상에는 분노할 것이 아주 많고, 우리의 분노는 불의에 맞서기 위해 필요한 힘을 줄 수 있다. 강한 감정은 부도덕한 상황을 인식하는 데 도움이 된다. 그것은 개입하고,

입장을 표명하고, 타인을 유익하게 하기 위해 생명의 위험도 무릅쓰게 하는 동기를 부여할 수 있다.

그러나 도덕적 분노가 이기적이거나 만성적이거나 조절되지 않을 때, 즉 도덕적 분노가 우리가 세상을 보는 바로 그 렌즈가 되었을 때, 그것은 중독적일 수 있고 분열을 일으킬 수 있다. 수치심 주기, 비난하기와 독선 역시 우리를 우월한 권력의 지위에 올려놓는다. 이는 단기적으로는 만족을 줄지 모르나, 장기적으로는 우리를 타인으로부터 고립시킨다. 그리고 지속적인 과도한 각성은 몸과 마음과 정신에 심각한 영향을 미침으로써 궤양부터 우울증까지, 그리고 그 사이에 있는 모든 병증까지 초래할 수 있다. 또한 타인이 우리를 어떻게 인식하는가에도 심각한 영향을 미칠 수 있다. 결국 나는 도덕적 분노가 자신뿐만 아니라 우리의 관계 및 심지어 사회에 대해서도 이롭거나 또는 해로운 결과를 초래할 수 있다는 것을 배웠다. 도덕적 분노가 도움이 될지 안 될지는 우리의 분별력, 의도에 대한 통찰력, 그리고 정서를 조절하는 우리의 능력에 달려 있다.

### 도덕적 무관심과 마음의 죽음

우리는 직접적 폭력과 제도적 억압이 존재하는 극단적인 세상에 살고 있다. 그래서 우리는 종종 도덕적 고통을 경험하게 된다. 우리는 어떻게 기업과 정치의 부패, 여성과 어린이에 대한 학대, 난민 위기, 인종 차별, 경제적 불공정, 환경 착취, 노숙자 문제 등에 대응할 것인가? 문제를 나열하자면 끝이 없다. 도덕적 폭력과 함께하는 작업의 일부는 고통의 회피를 인간의 전형적인 행동 양식으로 만드는 심리 사회적 가치관과 행동들을 인식하고 바꾸는 것이다.

나는 우리가 '괜찮은' 사람이라고 지각되고 싶은 욕구의 덫에 잡히지 않는 것이 중요하다고 생각한다. 가장 심오한 가치를 지키기 위해 우리는 거절당하는 위험이나 더 큰 위험도 종종 감수해야 한다. 작가 사라 슐만은 너무 많은 사람들이, 도덕적 위반에 맞서기보다는, 특권이 상식과 품위를 점령하도록 허용함으로써 '정신적 고급화'를 선택했다고 지적했다. 우리는 불편하기 싫고, 타인을 불편하게 만들기도 싫고, 갈등을 싫어한다. 그래서 우리는 고통이라는 현실을 외면하고, 폭력 시스템은 더욱 강해진다. 오늘날 세상의 많은 사람들이 도덕적 위반에 대처하기보다는 정신적 고급화를 선택한다. 슐만은 썼다. "진실의 폭로는 지배권에 엄청나게 위험하다. 우리 사회에서 특권층의 행복은 책임지는 과정을 절대 시작하지 않는 것에 있다."[90]

네 번째 형태의 도덕적 고통은 도덕적 무관심이다. 이것은 부정(否定), 배려 부족, 고의적 무지를 통해 타인의 고통을 무시하거나 타인의 고통에 대해 벽을 치는 것을 말한다. 제임스 볼드윈은 에세이 「이 집을 기억하라(Remember This House)」에서 썼다. "나는 도덕적 무관심이 무섭다. 내 나라에서 일어나고 있는 마음의 죽음이 무섭다. 이 사람들은 너무나 오랫동안 자신을 속여 온 나머지 정말로 나를 인간이라고 생각지 않는다."[91]

나는 유대인이나 아프리카계 미국인이 살 수 없는 남부 플로리다의 제한된 공동체인 '화이트 타운'이라고 불리는 곳에서 자랐다. 우리 가족과 공동체는 '거품' 속에 살았다. '화이트 타운'의 반대편은 철길 건너편에 있는 문자 그대로 '컬러 타운'이었다,

평일이면 아버지는 포드 선더버드나 링컨 세단을 타고 철길을 건너 컬러 타운의 보잘것없는 그랜드 거리로 가서 라일라 로빈슨을 차에 태웠다. 라일라는 1946년에 고용되었는데, 그때 나는 네 살이었고 심각한 병에 걸려 있었다. 바하마 출신인 그녀의 더 깊은 뿌리는 아프리카였다. 가정부 겸 요리사로 수년에 걸쳐 일하면서 라일라는 우리 가족의 사랑과 힘이 되었다.

라일라가 처음 우리에게 왔을 때, 나는 우리가 화이트 타운의 실제 이름인 코랄 게이블스에서 배타적 공동체로 살고 있다는 사실을 전혀 몰랐다. 자신이 물속에서 헤엄치고 있다는 것을 모르는 물고기처럼, 우리 가족은 인종 차별과 계급주의와 특권의 물속에서, 그리고 우리 종교가 '절대적' 종교라는 신념의 물속에서 헤엄치고 있었다. 우리는 삶에 만연한 인종 차별의 실상에 대해 무지했거나, 보지 않기로 선택했다. 우리는 최악의 무관심으로 고통받고 있었다. 나머지 사람들을 대상화하는 데서 오는 무관심과, 특권의 거품 속에 사는 데서 오는 부정(否定)으로 말이다.

건강이 좋아지기 시작하면서 나는 아버지와 함께 라일라를 태우러 컬러 타운의 본래 이름인 웨스트 코코넛 그로브로 가곤 했다. 나는 지금도 그곳의 튀긴 음식 냄새, 물건이 별로 없던 구멍가게, 낡은 자동차, 좋은 음악, 동네의 따뜻함을 기억한다. 웨스트 코코넛 그로브는 내가 다니던 백인 초등학교와는 다른 세계였고, 골프와 다리가 있는 컨트리 클럽과도 다른 세계였다. 나는 이 세계들의 극명한 차이를 보지 않을 수 없었지만, 내가 '더 나은' 세계에 살고 있다는 확신은 별로 없었다.

나는 라일라가 어떤 보수를 받는지 몰랐다. 하지만 그녀가 세 딸과 살고 있는 곳을 보았을 때 분명 적은 돈일 것임을 알았다. 그녀의 아파트는

'콘크리트 괴물'이라는 별명으로 불리는 초라한 준 고층 건물 안에 있었다. 그것은 일종의 잘못된 도시 재개발 사례였다. 곰팡이가 가득하고 바퀴벌레가 들끓는 이 콘크리트 상자는 한창 더운 철이 되면 거주민들을 뜨겁게 달구었다. 그래서 나는 내게 너무도 친절하고 또 내가 사랑하는 이 사람이 걱정되었다.

라일라가 자신의 할머니는 노예였다고 말해 주었을 때, 나는 놀라서 정신이 멍해졌다. 내가 다니던 학교는 노예 제도를 가르쳐 주지 않았지만, 나는 그것이 무엇인지 알았고 정말 나쁜 일임을 알았다. 여전히 우리 집안에서는 노예 제도에 대해 말하지 않았다. 골프, 초등학생 걸스카우트, 사업 거래 등에 관해서는 들었다.

라일라와 나는 두 개의 다른 우주에 사는 것 같았다. 그럼에도 우리의 우주는 서로 교차하고 있었다. 내 가족이 점령하고 있는 우주는 라일라의 우주를 착취했고, '타자화'로 유지되었다. 자기도 모르게 라일라는 자신의 인간애를 통해 인종 차별의 가혹한 현실로부터 우리 가족을 보호하던 백인의 특권에 대해 나의 눈을 뜨게 해 주었다. 그리고 그것이 지금의 나를 만들었다. 도덕적 무관심이 어떻게 우리 세상을 계속 타락시키는지에 대한 깊어가는 인식과 함께 말이다.

무관심에는 다른 종류의 거품도 있다. 하나는 고립의 거품이다. 몇 년 전, 특수 부대에서 근무했던 내 제자가 전투원으로서 입은 도덕적 상처로 인한 고통을 회피하기 위해 고립을 선택했다는 이메일을 보내왔다. 그는 퇴역 군인으로서 전쟁의 트라우마에 대처하기 위해 고독의 거품 속으로 피신했지만, 고립은 무관심으로 바뀌었다고 썼다.

저는 여러 상황 속으로 들어가라고 명령받았습니다. 그 상황들은 자신들이 그런 경험에서 빠져나오는 길을 유예한, 특권을 가진 사람들에 의해 만들어진 것이었습니다. 전쟁에는 오직 피해자만 있을 뿐임을 저는 누누이 보았습니다. 현재까지 미국은 이라크 전쟁에서 죽은 민간인의 실제 숫자를 공식적으로 인정하지 않았고, 앞으로도 자국 군인들과 가족들을 약화시킨 전쟁의 영향에 대해 적절한 대응을 하지 않을 것입니다. 어떤 의미에서 저 역시 보이지 않는 한 명이었고, 이에 대처하기 위해 저는 산으로 들어가 혼자 있었습니다. 고립 속에서 행한 명상, 독서, 진리에 대한 성찰은 아주 큰 도움이 되었지만, 저는 소속된 공동체도 목표도 없었습니다. 고립은 저를 치유한 것에 그치지 않고 제가 의지하는 것이 되었습니다. 저는 무관심해졌고, 안전해졌습니다.

이 남성은 무관심에서 벗어나 타인에게 봉사할 방법을 찾기 위해 우파야 불교 성직자 수련 프로그램에 들어왔다. 그는 치유할 것이 많았다. 군 복무 중 수행한 임무를 들으며 나는 그가 전쟁으로 깊이 상처 입었음을 알 수 있었다. 그의 이야기를 들으며 도덕적으로 상처 입는다는 것과 무관심으로 피신한다는 것의 섬세한 차이를 좀 더 이해할 수 있었다. 도덕적 상처로 인해 그는 죄책감, 수치심, 자기혐오를 경험했고 부정(否定)도 경험했다. 결국 그는 내면에서 용기와 연민을 재발견했다. 나는 치유하고자 하는 그의 의지에 감탄할 수밖에 없었다.

제임스 볼드윈은 무관심의 해독제를 다음과 같이 규명했다. "당면한 모든 것들이 변할 수 있는 것은 아니다. 그러나 직면하지 않으면 아무것도 변하지 않을 것이다."⁹² 특수 부대 출신인 제자는 방어적 고립을 버리고 고통에 직면하는 방법으로 우파야 불교 성직자 수련 프로그램에 들어왔다.

나 역시 인종 차별의 참상을 대면하게 한 1960년대 시민권 운동에 참여함으로써 나만의 방식으로 도덕적 무관심의 유혹에 저항했다. 또한 그런 참여로 인해 그들을 더 잘 이해할 목적으로 다양한 고통의 천장(天葬)터로 들어갈 당위성이 생겼다. 20대 초반에 뉴올리언스의 정신 병동에서 자원봉사를 하고, 베트남전과 그 후 다른 전쟁에 반대하는 시위를 하고, 죽어 가는 사람들과 함께하고, 교도소에서 명상을 가르치고, 로스 알라모스와 아우슈비츠에서 지켜보기를 수행한 경험은 아마도 나의 타고난 특권이라는 두꺼운 가죽을 조금은 얇게 만들었으리라 믿는다.

버니 글래스맨 선사는 이런 여정을 '뛰어들기'라고 부른다. 뛰어들기를 통해 우리는 자신을 변화시킬 수 있고, 이상적으로는 위해를 가하는 제도와 문화를 변화시키는 데 도움을 줄 수도 있다. 그러나 '뛰어들기'를 통해 시리아나 교도소나 질병과 같은 천장터에 있기 위해서는 의지와 결단력과 지구력이 있어야 한다. 그리고 마지막으로 사랑과 지혜가 필요하다. 이런 환경들은 도덕적 인격이 형성되는 곳이고, 참된 진정성이 태어날 수 있는 곳이다.

# 진정성과 그 외 벼랑 끝 상태들

# 3

도덕적 고통은 병적 이타심, 공감 스트레스, 무시, 소진 등 모든 벼랑 끝 상태의 해로운 측면에 반영될 수 있는 하나의 생태계다.

2016년 여름 우파야 선원에 거주하고 있는 코쇼 듀렐과 우파야 노숙자 프로젝트를 개발한 조쉰 번스는 약 6,700명의[93] 노숙자가 거리에서 지내고 있는 샌프란시스코에서 아홉 명의 수행자와 함께 길거리 수련회를 진행했다. 내가 앞에서 설명했듯이 길거리 수련회는 버니 선사에 의해 개발된 것으로, 수행자들이 노숙자의 현실에 뛰어들어 사람들을 억압하는 제도적 힘을 더 잘 이해하는 것을 목표로 한다. 참가자는 거리에서 자고, 돈과 음식을 구걸하며, 무료 급식소에서 끼니를 해결하고, 도중에 만난 사람들과 함께 걷고 말을 하며, 마약 거래와 절도와 배고픔을 지켜보고, 이런 상황에서 그들이 느낀 취약성을 가까이 접하게 된다. 참가자들 대부분은 우리 사회의 계급주의, 인종 차별주의, 도덕적 무관심을 가까이 보게 되면서 도덕적 고통을 경험한다. 그들은 '모름'과 '지켜보기'를 수행하지 않을 수 없게 되며, 자주 연민행을 하도록 영감을 받는다.

2016년 샌프란시스코에서 길거리 수련회를 하는 동안 코쇼와 조쉰은 무료 급식소를 발굴하고 거리에서 잘 수 있는 안전한 장소를 찾기 위해 일찍 도착했다. 코쇼는 텐더로인 지역을 걸어갈 때 "거리에 사는 사람들의 숫자, 마약 사용, 쓰레기와 공해, 부서진 건물들, 사람들의 피폐한 몸에서 충격받았다."고 기록했다.

코쇼와 조쉰은 글라이드메모리얼 교회에서 운영하는 무료 급식소 방문을 결정했다. 인종, 계급, 성소수자(LGBTQ) 권익에 관여하며 역사적으로 진보적 행보를 보인 감리교회에서 운영하는 곳이다. 하지만 그곳은 그들의 기대와는 달랐다. 코쇼는 이 지하 식당을 콘크리트 바닥에 금속 가구가 놓이고, '물 없는 수영장처럼 위생적이지만 깨끗하지는 않은 담청색으로 칠해진' 9미터 높이의 벽이 있는 방이라고 묘사했다. 그는 50~100여 명의 사람들이 사용 시간대가 정해진 식권을 내고 식사를 하고 있었고, 고개를 숙이고 조용히 식사한 뒤에는 다음 사용 시간대의 식권 소지자가 식사를 할 수 있도록 몰아내졌다고 썼다.

그와 조쉰은 그들의 경험에서 충격을 받은 듯 보였다. 아마도 상당히 깊은 공감 스트레스와 도덕적 분노도 함께했을 것이다. 그런 다음 그들은 시민 회관 지역의 유엔 광장으로 나아갔다. "거기에는 사람들이 분수대 옆에서 담배를 피우고, 장애인들이 휠체어로 이동하거나 휴식을 취했으며, 정신 질환을 가진 장애인들이 여기저기 무작정 돌아다녔다. 다른 사람들은 잡담을 나누며 콘크리트 바닥에 앉아 있었다."

코쇼는 유엔 세계인권선언문의 서문이 새겨져 있는 광장 기둥에 주목했다. "모든 인류 구성원의 천부적 존엄성과 동등하고 양도할 수 없는 권리를 인정하는 것이 세계의 자유, 정의 및 평화의 기초이며, 인권에 대한 무시와 경멸이 인류의 양심을 격분시키는 만행을 초래했으며……."

이 문장과 샌프란시스코 거리에서 보이는 현실과의 엄연한 차이는 코쇼에게 큰 경종을 울렸다. 그는 말했다. "대부분이 남성인 젊은 전문직 종사자들은 다른 사람이 거기 있다는 일말의 인식도 없이, 스마트폰에 꽂힌 헤드폰을 귀에 착용한 채 지나갔습니다. 저는 생각했어요, '바로 이거야. 우린 망했어. 이것은 대혼란이야. 이건 정말 너무 슬퍼.' 기술 회사들은 텐더로인에서 철길 바로 건너에 본부를 두고 있습니다. …… 저는 이 젊은이들이 수백만 달러, 수천만 달러의 연봉을 받고 있을지도 모른다고 생각합니다. 남쪽으로 이어진 구역들은 유리, 플라스틱, 금속을 사용한 특징 없는 현대적 아파트 빌딩으로 재개발되고 있고, 특권층의 주거지로 변모하고 있습니다. 텐더로인 노숙자들은 주거비가 급등하는 상황을 겪었습니다. 자신들을 원치 않는 이 동네에 쉴 곳을 마련하려면 원룸형 아파트에 매달 1,500달러의 월세를 내거나, 또는 정부 지원을 받을 만큼 운이 좋아야 합니다." 그러고 나서 코쇼는 "아마도 저의 도덕적 분노를 약간은 느끼고 계시겠지요."라고 말했다.

그는 계속해서 말했다. "그렇다 하더라도 제 영성의 도덕 영역에는 원한과 분노에 집착하지 않겠다는 서원이 있어요. 일어나는 모든 느낌, 생각, 감각을 알아차리겠다는 서원이 있습니다. 모든 경험이, 전체 광장이 저를 통과하도록 허용하면 제가 변화될 것이라는 믿음이 있습니다. 이것은 저의 편견과 왜곡을 드러내고 놓아 버리는 일입니다."

코쇼에게, 그리고 정말 우리 대부분에게 이것은 쉬운 일이 아니라고 나는 생각한다. 그의 말은 10대 때 결국 나의 눈에 띄게 된 고통스러운 문제를 상기시킨다. 즉, 계급과 인종이 우리를 분리하고, 깊은 고통의 원천이 된다는 것 말이다. 그러나 특권층 세계와 빈곤층 세계는 연결되어 존재한다. 즉, 특권을 가진 사람들은 빈곤한 사람들을 직간접적으로 착취하고, 가난한 사람들은 종종 특권을 가진 사람들에게 봉사한다. 이러한 진실을 보았을 때 나는 화가 났고 혐오감과 무력감을 느꼈다. 동시에 이것은 구조적 폭력을 낳는 믿음과 제도를 변화시켜야 할 뿐만 아니라, 구조적·제도적 억압에 노출된 사람들에 대한 봉사의 필요성을 깨우치는 전환점이 되었다. 더하여 우리 모두가 인종 차별의 추악한 진실과 이것이 야기하는 위해에 책임이 있음을 보여 준다. 그러나 나는 우리 백인들이 현재 누리는 특권에서 과연 벗어날 수 있을지 확신할 수 없다. 그 특권은 우리가 원하든 원치 않든 사회가 우리에게 무의식적으로 주는 것이기 때문이다. 오히려 우리는 특권을 가지지 못한 사람들을 돕는 데 이것을 활용하는 방법을 배울 수 있다. 또한 나는 쉽게 발생할 수 있는 병적 이타심에 빠지지 않기 위해 주의를 기울여야 한다.

　나는 코쇼가 비슷한 경험을 했을 것이라고 믿는다. 그는 말했다. "저에겐 이 당겨지고 있는 계급의 방아쇠가 있어요. 그리고 저는 계속 총을 쏘고 싶어요. 이것은 30여 년간 제가 삶에서 본 것과 본 방식에 의해 강화된 분노의 표현입니다. 아마도 저의 시야를 축소시킨 것은 두려움일 것입니다. 모든 것을 '우리 대 그들'로 보는 것은 고통에 대처하고 안전감을 느끼는 방법일 수 있지만, 특권과 억압의 아픔을 느끼는 것을 피하는 데서 집착(고통)이 일어납니다."

　코쇼는 도덕적 분노를 변화시키는 것이 상황을 해결하는 것은 아니라는 점을 발견했다고 썼다. "길거리 수련회에 참가한 사람들 다수에게는 돕고, 고쳐 주고, 피해자를 위해 구조자가 되려는 충동이 있었다." 코쇼는 도덕적 분노와 공감 스트레스의 고통을 완화시키기 위해 병적 이타심 전략을 사용하려는 유혹을 인식했다. 그는 썼다. "우리 참가자들은 자신이 먹기 위해 구걸한 돈을 구걸하고 있는 타인에게 주려고 할 수도 있다. 이것은 도와주는 사람과 도움을 받는 사람의 정체성을 구체화한다. 그래서 고통이 존재한다. 드문 경우지만 젊은 전문직 종사자들을 공격하려는 혁명적 욕구를 가진 참가자를 본다. 이 신화적 이야기는 특정 조건이 존재할 때 나를 사로잡는다. …… 거리에서 집으로 돌아왔을 때, 고쳐 주기 행동 방식과 투쟁하기 행동 방식이 둘 다 일어났다. 말다툼을 벌이는 행위와 마찬가지로, 성찰 없이 반사적으로 도움을 주는 행위는 사람들을 이방인으로 만들 수 있다. 심지어 아무런 행동을 하지 않아도 마음속에선 이미 선 긋기를 하고 있다. 내 마음과 몸은 경계선을 만들고 이웃을 파괴하는 일에 공모하거나 연루되어 왔을 수 있다. 나는 이런 방식일 필요는 없다고 믿는다." 여기서 존중은 중요한 요인이 된다. 이러한 상황에서 필수적인 지침이 되는 원칙과 서원에 대한 존중, 빈곤층이든 특권층이든 타인에 대한 존중, 그리고 이런 위험한 환경에서 쉽게 무너질 수 있는 자기 존중이 그러한 것들이다.

코쇼는 설명한다. "길거리 수련회에서 우리는 행동을 유예하고, 옳고 그름에 대한 정형화된 의견을 버리고, 알아야 할 필요를 내려놓으라고 독려받는다. 이런 과정에서 커다란 기회가 발생한다. 우리는 죄책감과 비난의 여과 없이 사건을 있는 그대로 본다. 그래서 그 분노 바로 아래에 질병, 늙음, 죽음의 고통에 대한 애도가 있고, 그 아래에 슬픔이 있으며, 이 모든 감정을 포괄하는 것은 우리가 하나의 몸이라는 깊은 연결감이라고 느꼈다. 그리고 나서 나의 이웃들이 부유함을 경험하든 빈곤을 경험하든, 필요한 것을 주든 받든, 그들 모두와 친구가 되려는 순수한 동기로부터 연민 어린 행동이 일어난다. 이것은 깊은 관계로서 서로와 자신을 치유하는 행동이다."

    도덕적 고통에 대한 우리의 반응으로 인해 우리는 너무나 쉽게 자신에게 위해를 가할 수 있고, 또 우리가 돕고자 하는 사람들에게 위해를 가할 수 있다. 코쇼는 도덕적 상처와 분노가 종종 공감 스트레스에 원천을 두고 있으며, 병적 이타심을 낳을 수 있다는 것을 배웠다. 도덕적 상처와 분노는 의도치 않게 무례하고 파괴적인 행동을 낳을 수 있다. 또한 고통받는 사람 하나를 더 도울 수 없다고 느낄 때 소진을 일으킬 수 있다. 노숙자와 함께한 코쇼의 지혜로운 접근은, 내부의 불길과 외부의 천장(天葬)터 속에 용감하게 앉아 있는 동안 건강한 벼랑 끝 상태를 키울 방법에 대한 감각을 우리에게 제공한다.

## 진정성을 지원하는 수행

# 4

우리는 매일 도덕적 딜레마와 대면한다. 어떤 것은 정말 혼란스럽고 어떤 것은 사소하다. 어떻게 하면 추락하지 않고 진정성이라는 빈약한 벼랑 끝에 단단히 발을 딛고 서 있을 수 있을까? 그리고 언제 도덕적 고통의 수렁 속으로 미끄러지고, 어떻게 연민의 해안가로 돌아올 수 있을까? 가슴이 찢어지고 양심이 그 찢어진 조각들 틈으로 새어 나올 때, 자신의 마음속을 깊이 들여다보아야 할 뿐만 아니라, 고통받는 사람의 마음과 위해를 가하는 사람의 마음도 깊게 바라보는 것이 좋다. 이것이 고통의 진실을 인정하고, 고난과 존엄성을 모두 볼 수 있는 지점인 진정성이라는 높은 벼랑 끝에 서겠다는 결심을 하는 방법이다.

### 질문의 범위 확장하기

명상 수행은 양심의 위반을 경계하고 도덕적 나침반을 조정하는 것을 배우는 데 도움이 될 수 있다. 자신의 진정성을 위협하는 도덕적 문제에 직면할 때 몸이 말하는 것에 주목함으로써, 이 순간으로 돌아오는 것이 좋다. 숨을 들이쉬는 것으로 시작하고, 내쉴 때는 몸에 주의를 기울이도록 한다. 만일 어깨, 가슴, 또는 배에 긴장이 느껴진다면 그 정보에 주의를 기울여야 한다. 언제나 몸은 개념적 마음보다 앞서 우리가 위험에 처해 있음을 안다.

다음으로, 주의를 마음으로 옮겨 의도에 접촉하고, 이 순간에 일어나는 감정을 알아차린다. 감정은 도덕적 딜레마를 어떻게 인식하는지에 영향을 주기에, 감정에 휩싸이지 않고 지금 느끼고 있는 것을 알아차리도록 노력한다. 시인 라이너 마리아 릴케가 "당신의 갈망의 한계까지 가라."라고 시에서 말했듯이, 어떤 감정도 끝이 아니다.

감정에 조율한 후에는 무엇이든 떠오르는 생각에 주의를 돌린다. 이 순간에 우리의 생각을 알아차리는 것은 경험을 어떻게 개념화하고 있는지를 더 의식적으로 알아차리도록 도와줄 수 있다. 견해와 편견과 의견은 종종 행동하도록 동기를 부여하지만, 의견에 기반하여 일어난 행동은 도움이 되지 않을 것이다(버니 선사는 항상 말한다. "그저 내 의견일 뿐이야!"). 따라서 알아차림을 생각에 가져가라. 그러나 속단하거나 너무 빠르게 움직이지는 말라. 우리는 알아차림의 탐색 과정을 통해 반응하거나 물러나는 경향을 인식하고, 현명하지 못한 행동으로 떠밀리기 전에 우리의 감정을 조절할 수 있다.

자신의 상황에 대한 감각이 생기면 알아차림을 확장하여 타인의 경험까지 포함할 수 있다. 그들의 관점은 무엇일까? 그들의 몸과 마음에 조율하여, 그들의 눈으로 상황을 보면서 우리는 질문할 수 있다. 그들에게 어떤 성패가 걸려 있는가?

그러고 나서 우리는 질문의 범위를 도덕적 갈등이 발생하고 있는 더 큰 맥락으로 넓힐 수 있다. 갈등을 키우고 있는 시스템을 깊이 들여다보아야 한다. 건설적인 결과가 가능하기 위해 시스템은 우리와 타인에게 무엇을 필요로 하는가? 그리고 어떻게 하면 '모름'과 함께 앉아 불확실성으로부터 배울 수 있을까?

지혜는 우리에게 완벽한 해결책은 없으며, 또한 쉬운 방법도 없음을 말해 준다. 아마도 우리는 최소한 약간의 도덕적 후유증을 가지고 살아야 할 것이다. 그러나 우리는 경험을 통해 배우고, 자신의 진정성에 더 잘 부합하는 관계를 개발하겠다고 약속할 수 있다.

## 서원에 따라 살기

나는 40여 년 전에 처음으로 불교의 가르침을 받아들였다. 당시는 그것이 내게 얼마나 필요한 것인지도 모른 채 받아들였다. 젊은 나는 모든 것이 궁금했다. 또한 나는 실험적인 사람이었고, 무엇보다 겁이 없었으며, 사회 참여적이었다. 게다가 나는 위험을 무릅쓰고 경계를 시험하기를 마다하지 않았다. 나는 내 마음을 열고, 타인에게 내 삶을 열고, 돕기 위한 나의 잠재력을 확장할 수 있는 일련의 수련이 필요하다는 것을 어느 정도 알고 있었다. 나는 또한 위해를 주지 않는 방법에 대한 지침이 필요했다. 나는 깨어나고, 사랑하고, 타인을 더 용기 있게 보살필 방법이 필요했다. 돌이켜 보면 계율을 따랐을 때 내가 타인에게 끼칠 수 있는 위해를 줄였다고 확신한다. 또한 계율은 다른 유형의 자유를 향한 나의 진정성을 시험하고 성장시키는 길이 되어 주었다.

서원은 약속, 지침, 수련 그리고 가치관이라고 볼 수 있다. 불교에서 서원은 우리를 안정과 지혜로 향하도록 이끄는 중심축이다. 서원은 또한 진정성 있는 삶을 살겠다는 우리의 약속을 반영한다. 즉, 타인과 우리 자신을 배려하고, 타인을 보살피며, 한결같고 포용적인 마음을 키우고, 베푸는 손으로 세상과 만나는 것이다. 서원은 우리가 무엇을 아끼고, 우선순위가 무엇이며, 어떤 선택을 하고, 무엇을 내려놓을 필요가 있는지를 반영한다.

어떤 길을 택해야 할지 명확하지 않을 때 나는 자신에게 물을 것이다. 붓다라면 어떻게 할 것인가? 이것은 나 자신에게 불가능한 것을 묻는 것이 아니다. 오히려 이것은 자유의 씨앗이 이미 내 안에 있음을 상기시켜 주는 것이다. 나의 서원은 그 씨앗들에 물을 주고, 순수하게 보이는 이 질문은 내가 상당히 많은 위해를 피하도록 도움을 주었다.

쉽게 기억할 수 있도록 하기 위해, 나는 불교의 오계(五戒)를 다음과 같이 고쳐 보았다. 이것은 불교의 본래 오계를 매우 단순화시킨 것이지만 그래도 오계의 본래 내용에 많이 부합한다.

우리의 삶이 얼마나 서로 깊이 연결되어 있는지 알기 때문에, 나는 다음과 같이 서원한다,

1. 모든 생명을 해하지 않고, 귀하게 여길 것
2. 도둑질하지 않고, 너그럽게 행동할 것
3. 성적으로 그른 행동을 피하고, 존중과 사랑과 헌신을 실천할 것
4. 해로운 말을 피하고, 진실하고 건설적으로 말할 것
5. 취하게 만드는 것을 피하고, 깨끗하고 맑은 정신을 키울 것

이 다섯 가지 계율은 평생 동안 수행을 지속할 수 있게 하는 충분한 연료가 된다. 오계는 우리에게 길을 보여 주고, 언제 길을 잃을 것인지 말해 주는 도덕적 나침반 역할을 할 수 있다. 오계를 따를 때 우리는 벼랑 끝에 굳건히 설 수 있고, 도덕적 고통에 빠지는 것을 피할 수 있다. 물론 이것은 실패를 막아 주는 공식 같은 것이 아니다. 우리는 인간이며, 계율을 완벽하게 지킬 수도 없고, 항상 우리의 가치관에 따라 살 수도 없다. 그러나 여러 해의 경험을 통해 나는 오계를 실천하려는 '의향'을 유지할 필요가 있음을 배웠다. 우리는 무엇이든 최선을 다해야 한다. 우리가 부족할 때 겸손함에서 힘을 얻을 수 있고, 이 겸손함은 타인에게 피해를 주는 사람들에게 더 연민 어린 마음을 갖도록 돕는다.

어쨌든 우리보다 덜 윤리적으로 보이는 행동을 하는 사람들을 향한 판단의 함정과 도덕적 분노에 사로잡히지 않기 위해서도 겸손을 키우는 것은 나쁘지 않다. 서원에 따라 사는 것은 자신의 고통과 깨어남에 대해 책임지라는 초대장이고, 이는 자주 힘든 선택을 동반한다. 때로 우리는 가장 어려운 것을 해야만 한다.

### 감사 수행하기

내가 느끼기에 진정성에 필수적인 서원이 하나 더 있다. 바로 감사를 실천하겠다는 서원이다. 우리는 진정성이 정신의 완전함에 관한 것이고, 세상을 향한 위대한 친절에 관한 것임을 알고 있다. 붓다 역시 감사가 진정성의 표현이라는 것을 분명히 했다. "지금 진정성이 없는 사람의 수준은 어떠한가? 진정성이 없는 사람은 배은망덕하고 고마움을 모른다. 이런 배은망덕, 이런 감사의 부재는 무례한 사람에 의해 옹호된다. 이것은 전적으로 진정성이 없는 사람의 수준이다. 진정성이 있는 사람은 감사하고 다행으로 생각한다. 이런 감사, 이런 고맙게 여기는 마음은 예의 바른 사람에 의해 옹호된다. 이것은 전적으로 진정성이 있는 사람의 수준이다."[94]

나는 감사함을 느낄 수 있는 능력이 반드시 우리 삶의 환경에 달려 있지는 않다는 것을 깨닫게 되었다. 물질적으로 빈곤한 지역 사회와 죽어 가는 사람들과 일하면서 나는 감사함은 근본적으로 관대하고 열려 있는 마음 상태, 상황이 지금과 달랐기를 바라면서 적어도 그 순간만큼은 무거워지지 않는 마음 상태라는 것을 알게 되었다.

네팔의 우리 노마드 클리닉에 있는 동안, 네팔 친구들과 환자들은 부처님이 말씀하신 공손함과 진정성을 담은 감사를 너무나 자유롭게 표현했다. 이런 감사를 받는 것은 상호 신뢰와 기쁨의 맛에 뿌리를 둔 경험이다.

나는 또한 죽어 가는 환자들로부터 받았던 선물들에 감사한다. 결혼 반지, 파블로 네루다의 시, 빨간 니트 모자, 작은 부처님 상, 학 모양으로 접은 냅킨, 껌 한 통, 온화한 손 잡기, 부드러운 감사의 미소. 나는 이 보물들 하나하나에 축복을 느꼈다. 그 보물들이 그것을 준 사람의 진정성, 유머, 관대함 그리고 신뢰를 반영하기 때문이다. 그들은 나의 감사함에도 영감을 준다.

하지만 때로 물질적 빈곤과는 아무런 관련이 없는 마음 상태인 '가난한 마음'이 감사를 주고받는 우리의 능력을 차단한다. 가난한 마음에 사로잡혔을 때, 우리는 부족한 것에 초점을 둔다. 즉, 우리는 사랑받을 자격이 없다고 느끼거나, 사랑으로부터 소외감을 느끼며 우리가 받은 모든 것을 무시한다. 의식적으로 감사를 실천하는 것은 마음과 진정성을 약화시키는 빈곤한 사고방식에서 벗어나는 길이 된다.

하루의 끝에서 느낄 수도 있는 낙담에 대처하기 위해 나는 내게 주어진 모든 것을 감사한 마음으로 천천히 회상한다. 때론 방금 바라본 석양을 회상하고, 여러 해 동안 만나지 못한 제자의 이메일, 또는 그들이 잘 지내고 있다는 것을 말해 주는 제자의 눈빛, 또는 내게 좋은 교훈을 가르쳐 준 어려움의 순간을 회상한다. 하루의 끝에 이 순간들을 모으는 것은 내게 삶과 관계의 가치를 느끼게 해 주는 감사함의 실천이다. 이것은 일종의 축복을 세는 것과도 같다. 그러나 나는 이런 축복들을 그저 쟁여둘 수는 없다. 마음속으로 또는 직접적으로 나의 하루에서 얻은 선이나 교훈을 활용할 수 있는 누군가와 그것들을 공유한다.

또한 나는 매일 적어도 한 사람에게 그들이 하는 좋은 일과, 내 삶에 그들이 기여한 축복 또는 그들이 타인에게 베푼 사랑에 감사하는 편지를 쓰려고 노력한다. 어떤 날은 우파야 선원의 선원장으로서 우리 선원을 지원해 준 것에 대한 감사의 이메일 또는 카드를 몇 개 쓰는 즐거움을 누린다. 나는 연민과 마찬가지로 감사의 실천은 준 사람과 받은 사람 모두에게 유익하고 연결의 경험을 풍요롭게 해 준다고 믿는다.

명상 또한 감사를 키워 준다. 이 순간을 더 주목하고 감사하도록 만들 수 있기 때문이다. 명상은 도덕적 딜레마를 더 명료하게 보도록 우리의 능력을 강화하고, 감사함을 받쳐 주는 정서적 평정심을 가져다준다. 명상은 또한 우리의 가치와 의도를 회상하고, 타인을 이롭게 하려는 우리의 서원을 기억할 기회를 준다. 그리고 명상은 무상을 알아차리게 하고, 그러면 불평을 놓아 버리는 데 도움이 된다. 즉, 만일 이 순간이 즐거운 순간이 아니라면, 우리는 이것이 흘러갈 것임을 기억하면 된다. 그리고 우리는 물을 수 있다. 여기에서 나는 무엇을 배울 수 있는가?

감사의 실천을 포함하여 우리의 서원과 헌신은 양심적인 삶, 용기 있는 삶, 그리고 무해한 삶을 사는 것에 관한 것이다. 그것들은 우리가 서로 분리되어 있지 않다는 더 깊은 진리를 향하여 우리의 삶을 여는 길이다. 즉, 우리는 공통의 몸, 공통의 삶, 모두의 웰빙에 대한 공통의 염원을 공유한다. 이것을 알고, 이것을 살고, 이것을 실천할 때 감사의 연금술은 따뜻함과 진정성의 영광으로 우리의 마음에 불을 붙인다.

## 진정성이라는 벼랑 끝에서의 발견

## 5

이 복잡한 시대에 우리는 도덕적 고통을 '도덕적 회복력'으로 바꿀 무수한 기회를 갖는다. 윤리학자 신다 러쉬턴은 도덕적 회복력을 "도덕적 복잡성, 혼란, 고통, 또는 좌절에 대응하여 자신의 진정성을 유지하거나 회복하는 개인의 능력"[95]으로 정의했다. 도덕적 회복력이 있을 때, 심지어 도덕적 역경 한가운데서도 우리는 진정성에 굳건하게 서 있을 수 있다.

일본에는 '황금 수리'를 의미하는 '킨츠쿠로이'라는 말이 있다. 킨츠쿠로이는 깨진 도자기를 수리할 때 금가루나 백금가루를 옻과 섞어서 수리하는 기술이다. 이렇게 하면 그 수리에는 파손의 역사가 반영된다. '수리된' 것은 삶의 연약함과 불완전성을 반영한다. 또한 삶의 아름다움과 힘도 반영한다. 그것은 완전함으로, 진정성으로 되돌아간다.

나는 여기서 진정성을 강화하는 방법으로서 깨짐을 추구해야 한다고 제안하는 것이 아니다. 비록 일부 문화권에서는 인격을 개발하고 마음을 여는 방법으로서 통과 의례라는 위기를 거치는 것을 추구하지만 말이다. 오히려 나는 벼랑 끝에서 도덕적 고통 속으로 추락함으로써 발생한 상처와 피해가 올바른 상황에서는 긍정적 가치를 가질 수 있음을 제안하는 것이다. 도덕적 괴로움, 도덕적 상처와 분노의 고통, 그리고 심지어 도덕적 무관심의 무감각함조차도, '황금 수리'의 수단이 될 수 있다. 바람에 흔들림 없이 우리의 진정성에 더 단단히 설 수 있는 위대한 능력을 개발해 주기 때문이다.

수년 동안 일본을 여행하면서 나는 이 절묘하게 복원된 그릇 몇 개를 내 손으로 들어본 적이 있다. 나는 '황금 수리'가 숨겨진 수리가 아님을 보았다. 그것은 그릇의 위장되지 않은 손상을 분명히 보여 준다. 일반적인 소재와 귀중한 금속을 혼합하여 금이 간 곳을 복원하지만, 그 사실을 감추지 않는다. 나는 이것이 도덕적 변화가 일어나고 진정성이 열리는 방식이라고 믿는다. 고통을 거부함에 의해서가 아니라 고통을 더 강한 재료, 선(善)의 재료에 통합해서, 우리 성품과 사회, 우리 세상의 깨진 부분이 완전함이라는 황금 속에서 만날 수 있게 하는 것이다.

# 4

존 중

존중은 인간 됨의 가장 큰 보물 중 하나이며,
우리를 고귀하게 하고 사랑에 마음을 열게 한다

네 살 때 나는 중병에 걸려 2년 동안 시력을 잃었다. 회복 후에는 또래 친구들을 따라가느라 힘든 시간을 보냈다. 1학년 교실에서 나는 또래 아이들보다 더 작고 더 말랐다. 한 무리의 소녀들은 패거리를 지어 나를 집단으로 공격하고 망신을 주면서 놀았다. 그들의 말은 떠오르지 않지만 조롱당하는 것이 어떤 느낌이었는지는 분명히 기억한다. 또한 어느 날 방과 후 우리 집 차였던 스테이션 왜건의 뒷좌석으로 기어가서 울었던 것도 기억한다. 나는 이해할 수가 없었다. 어머니는 나를 위로했지만 어떤 말도 경멸의 따가움을 달래지는 못했다.

괴롭힘을 당하면서 배운 교훈은 지금까지도 줄곧 내게 남아 있다. 요즘 무시에 대한 나의 관심이 더 커졌다. 왜냐하면 최근 무시가 증가하고 있기 때문이다. 나는 어릴 적 사건뿐만 아니라 여성의 몸으로 살고, 학계에서 일하고, 다양한 이사회에서 일해 온 경험으로 인해 무시에 더 민감해졌다. 그리고 더욱이 미국에서 피부색, 이민자 신분, 신체적 능력 또는 성적 지향 때문에 사람들이 견뎌 온 학대를 목격하며 나는 경각심을 가지게 되었다. 특히 위협적이라고 여겨진 사람들이 사회적으로 무시당하고, 미국에서 추방되는 것을 보면서 충격받았다. 나는 존엄성에 가치를 두지 않고, 무시가 정상이 되고 있으며, 정중의 결핍이 도덕적 감수성을 침식하고 있는 우리 사회의 실제 구조에 이것이 어떤 영향을 주고 있는지 염려스럽다.

반면, 나는 오늘날 우리 세계에서 사람들 대부분이 존중의 중요성을 안다고 생각한다. 삶은 존중에 달려 있을 수도 있다. 타인을 존중한다는 것은 그들의 자율성과 사생활의 권리를 존중하고, 그들에게 진정성 있게 행동하며, 그들에게 충실하고 진실함을 의미한다. 존중은 또한 우리가 타인과 공동의 운명을 공유하고 있음을, 즉 우리는 모두 인간이고, 고통받고, 그리고 죽을 것임을 깨닫기 위해 충분한 자기 이해가 있을 것을 필요로 한다.[96]

인류학자 윌리엄 유리는 저서 『제3의 편(The Third Side)』에서 썼다. "인간은 사랑과 인정, 소속감과 정체성, 삶의 목적과 의미에 대해 많은 정서적 욕구를 가진다. 이 모든 욕구를 한 단어로 합쳐야 한다면 그것은 아마도 존중일 것이다."[97] 존중받는다고 느낄 때, 우리는 가치를 인정받고 '이해받는다'고 느낀다. 타인을 존중할 때, 우리는 겸손과 도덕성에 기반을 두고 타인과 우리 자신을 돌본다. 존중은 건강한 공감과 진정성(둘 다 벼랑 끝 상태)을 구축한다. 존중은 또한 우리의 인간관계와 지구와의 관계에 품위와 깊이를 부여한다. 존중은 사랑과 정의의 기초이며, 갈등을 화해로 바꾸기 위한 길이다.

이것이 내가 존중을 벼랑 끝 상태로 보는 이유다. 존중이라는 높은 산마루에 설 때 우리는 인간의 가장 고귀한 마음을 드러내게 된다. 정중, 안전, 온전한 정신의 뿌리를 키우면서 우리는 타인과 자신을 내적·외적 억압으로부터 해방시킬 수 있다. 사물과 존재를 그것들이 가진 모든 덕성 및 결점과 함께 있는 그대로 들여다볼 수 있고, 연민과 통찰을 가지고 그들을 품을 수도 있다.

그러나 벼랑에서 미끄러져 무시라는 해로운 수렁으로 떨어지는 것은 너무나 쉽다. 만약 우리의 성격이나 가치관이 타인의 그것과 충돌한다면, 우리는 미묘한 또는 덜 미묘한 경멸을 통해 무시를 표현할 수 있다. 타인의 기본적 인간성을 부정할 때 우리는 우리의 인간성을 질식시킨다. 그리고 타인이 무시를 통해 우리의 인간성을 부정할 때 우리는 작아지고, 무력화되고, 그리고 의기소침해지는 것을 느낄 수 있다.

개인 차원에서 무시는 갈등을 확대하고, 관련된 사람들 모두에게 고통을 초래한다. 제도적 차원에서 무시는 우리 사회와 세상의 기반을 약화시킨다. 만일 우리가 존중을 벼랑 끝 상태로 인식한다면, 무시의 수렁으로 빨려 들어가는 것을 막을 수 있다. 그리고 만약 정말 빨려 들어가게 되면, 아마도 우리는 그 어두운 웅덩이에서 연민과 용기를 찾을 수 있을 것이다. 존중은 인간 됨의 가장 큰 보물 중 하나이며, 우리를 고귀하게 하고 사랑에 마음을 열게 한다. 나는 우리가 그것을 발견할 수 있기를 바란다.

# 존중이라는 높은 벼랑 끝에서

# 1

다람살라에서 열린 신경 과학자 모임에서, 나는 달라이 라마가 열띤 과학 담론 중간에 잠시 멈추고 메모 카드에 손을 뻗어, 자신의 다른 팔뚝 위로 카드를 부드럽게 움직이는 것을 보았다. 그런 다음 그 카드를 옆에 앉아 있던 촉니 린포체에게 건넸다. 성하는 작은 벌레가 자신의 팔을 기어오르는 것을 알아차리고 메모 카드로 벌레를 떼어 내서, 촉니 린포체에게 풀어 주도록 그 벌레를 전달한 것이었다. 촉니 린포체가 조심스럽게 그 벌레를 방에서 내보낸 후에, 성하는 고차원적 토론으로 되돌아갔다. 성하는 모든 존재, 심지어 우리 중 가장 작은 존재까지도 존중으로 대하는구나, 하고 나는 혼잣말을 했다.

우파야의 성직자 프로그램에서 우리는 무엇이 존중이고 무엇이 존중이 아닌지를 검토했다. 존중을 느끼기 위해서는 반드시 진정성, 이해, 자신에 대한 앎에 바탕을 두어야 한다. 타인에 대한 존중을 보여 주기 위해서는 약속을 지키고, 존엄성을 유지하며, 선택과 경계를 존중하면서 진실하고 건설적으로 의사소통해야 한다.

타인에 대한 존중은 자신에 대한 존중을 반영하는 것이고, 동시에 건강한 사회를 특징짓는 윤리적 원칙에 대한 존중을 반영하는 것이다. 더하여 나는 의사, 교육자, 제자들과 함께 일하면서, 존중은 갈등을 피하기 위한 목적으로 건설적 피드백을 억제하는 것이 아니고, 진정성을 어긴 타인의 행동을 눈감아 주는 것도 아니라는 점을 배웠다.98 존중과 진정성은 서로 연결된 벼랑 끝 상태다. 이 둘은 연결되어 존재한다. 그리고 존중은 때로 우리가 '권력자에게 진실을 말하는 것'이나 위해(危害)로 인식한 것을 확실하게 밝히고, 그것을 종식하도록 요구하는 것을 필요로 한다.

존중은 또한 모든 종류의 관계에서도 중차대한 요소다. 만일 존중이 손상되고 회복되지 않는다면 동반자 관계는 위험에 빠진다. 우파야 선원 선원장으로서 나는 여러 해에 걸쳐 공동체 구성원들이 서로를 경쟁자가 아니라 친구와 협력자로서 대하는 자세가 중요하다는 것을 배웠다. 우리는 또한 서로의 웰빙에 깊은 관심을 가지고 불화의 상황에 대해서도 정중하게 의사소통할 수 있을 정도로 충분히 서로를 신뢰할 필요가 있다. 그렇게 해야 진정성의 문화, 존중의 문화가 만들어진다.

### 타인과 원칙과 자신에 대한 존중

존중에는 세 가지 측면이 있다. 타인에 대한 존중, 원칙과 가치관에 대한 존중, 자신에 대한 존중이 그것이다. 타인을 존중한다는 것은 그들의 가치와 중요성을 인정하는 것이다. 우리를 반대하는 사람들도 존중할 수 있고, 바라건대, 익숙한 사람들도 존중할 수 있다. 그들의 말과 행동을 진지하게 반대할 수도 있고, 그들이 어떤 사람인지 완전히 이해하지 못했을 수도 있다. 그러나 우리는 어느 정도는 사람으로서 그들을 인정하고, 우리 모두 연약한 상태로 태어나서 아마도 연약한 상태로 죽음을 맞이하리라는 점을 깨닫는다.

만약 상대가 처한 상황의 깊은 본질을 통찰할 수 있다면, 심지어 우리에게 해를 끼치는 사람들도 존중할 수 있다. 수년 전 나는 미국 부통령을 지지하지 않았다. 종종 나는 그를 향한 반감으로 고심했다. 어느 날 명상 수련 중에 나는 그에게 집중해 보자고 마음먹었다. 나는 그를 처음에 아기로, 그런 다음 어린 소년으로 보았다. 나는 그가 어느 날 죽을 것이고, 그가 타인에게 끼친 모든 고통을 고려할 때 그의 죽음이 쉽지는 않을 것임을 생각해 보았다. 비록 저녁 식사를 함께하고 싶은 사람은 아니지만 그는 여전히 인간이고, 그에게 수치심을 주는 것은 그에게도 내게도 아무런 도움이 되지 않는다는 것을 깨달았다. 또한 만약 그가 죽음을 맞이할 때 그의 침대 곁에 와서 앉아 주기를 요청받는다면 그를 위해 거기 있을 것임을 알게 되었다. 동시에 그가 대변하는 원칙을 반대한다는 나의 입장을 택할 의무 역시 매우 분명했다. 나는 그의 행위와 그라는 사람을 분리할 수 있었다. 나는 타인에 대한 그의 행위에는 반대하지만, 그라는 사람에게는 마음을 열 수 있었다.

그때 이후로 나는 타인을 학대하는 사람들이 가진 고통의 진실을 더 분명히 알게 되었다. 이러한 견해는 타인을 위험하게 하는 사람들을 만날 때 혐오의 수렁에 갇히는 것을 피하는 데 도움을 주었다. 나는 그들이 저지르는 위해에 대해 무관심하지는 않지만, 그들을 아기 또는 죽어 가는 사람으로 상상하여 그들의 삶을 전체적 시야로 볼 수 있었다. 만약 그들의 적대감이 나를 겨냥한다면, 이 수행은 그들의 무례한 언동을 덜 개인적으로 받아들이도록 도와주었다. 아마도 그 무시는 내가 아니라 대부분 그들 자신을 향한 것이리라. 그리고 살인을 저지른 사람들과 함께 교도소에서 일할 때와 마찬가지로, 나는 이 사람이 미혹되었다는 진실을 인정하고 깊은 고통 저변에 자리한 진정한 그의 모습에 대한 나의 인식을 동등하게 인정한다. 나는 또한 그들의 행위에 대한 책임을 묻고 그들 자신의 깨어남에 대한 책임을 묻는다.

## 손 모아 합장

누군가를 존중할 때 우리는 그들과의 상호 연결성을 이해한다. 네팔에 있는 내 친구들은 손을 모으고 '당신에게 절합니다.' 또는 '당신 안에 있는 신성에 절합니다.'라는 뜻인 "나마스떼"라는 말을 하면서 서로 절함으로써 상호 존중과 상호 연결성의 의식을 치른다. 이것은 상대와의 상호 연결성에 대한 표현이고, 상대가 진정 누구인지에 대한 인정이다. 나는 네팔 아이들이 가장 먼저 배우는 것 중 하나가 연결과 존중의 몸짓으로 손을 모은 후 가족이나 친구, 이방인을 불문하고 똑같이 이 합장의 몸짓을 표현하는 것임을 알게 되었다.

　1980년대에 처음 달라이 라마 성하를 만났을 때, 나는 그가 사람들에게 다가갈 때 허리를 깊이 숙이고 절을 하는 것에 주목했다. 그것은 마치 "당신을 존중합니다."라고 말하는 것 같았다. 국경을 막 넘은 티베트인을 만나도 국가 원수를 만나도 성하는 한결같이 당신을 타인보다 높게 두지 않고 허리를 깊이 숙인 겸손한 절을 했다. 그는 이런 단순한 모습만으로도 수백만 명의 사람들에게 사랑을 받았다. "나의 종교는 친절입니다."라고 성하는 말한다. 허리를 깊이 숙인 절은 정확히 이 말을 상기시킨다.

두 번째 형태의 존중은 도덕적 원칙에 대한 존중이다. 이것은 우리의 가장 깊은 가치관과 연결되는 것이고, 어떤 어려운 상황에서도 그 가치관의 자리에서 행동하는 것이다. 작가 조안 디디온은 이런 존중을 "도덕적 용기"[99]라고 불렀다. 불교적 관점에서 도덕적 용기를 갖춘다는 것은 원칙과 계율을 지키고, '이것이 있는 것은 저것이 있기 때문이다.'라는 상호 의존적 연기의 진리를 깨닫는 것이다. 스테이크를 나이프로 자르고 있는 불교 지도자의 맞은편에 앉아서 나는 인과의 고리를 본다. 그것이 동물의 고통이든, 아니면 축산업이 기후 변화에 미치는 영향이든 말이다. 그 순간 나는 고통을 더 보태지 않겠다는 의식적 선택을 하고, 렌즈콩 스튜를 주문한다. 나중에 나는 식생활 취향에 대한 나의 견해를 그와 공유한다.

존중의 세 번째 형태는 자기 존중이다. 이것은 수치와 자기 비난의 족쇄를 떨쳐 버리는 것이다. 디디온은 자기 존중의 원천이 "인격, 즉 자신의 삶에 대한 책임을 기꺼이 받아들이는 의지"라고 썼다. 그녀는 설명한다. "자기 존중은 규율이고, 절대 조작될 수는 없지만 개발될 수 있고, 훈련될 수 있고, 유도를 통해 드러낼 수 있는 마음의 습관이다."[100]

디디온은 계속해서 말한다. "좋든 싫든 자기 존중을 구성하는 본래적 가치를 인식한다면 잠재적으로 모든 것을 갖춘 것이다. 즉, 분별하고, 사랑하고, 방관할 수 있는 능력을 갖추는 것이다. 자기 존중이 없다면 자기 안에 갇혀 버려, 사랑도 할 수 없고 방관도 할 수 없는 역설적 상태가 된다."[101] 다시 말해, 우리의 기본적 선량함을 진정으로 안다면 작은 자아의 덫에서 풀려난다. 자신의 연결 관계로부터 고립된 자아, 무관심에 사로잡힌 자아의 덫에서 말이다. 그러면 우리는 자기 존중의 품 안으로 들어가 모든 존재와 상호 연결된 포괄적 자아가 될 수 있다.

## 타인의 발 씻기

내가 성공회 여학교에 다니던 어린 시절에는 성경 공부가 필수였다. 그중 예수에 대한 일화 하나가 이후 항상 나와 함께해 왔다. 십자가에 못 박히기 전날인 유월절 만찬에서 제자들의 발을 씻어 준 이야기다. 이런 존중과 겸손의 행동은 그를 따르는 이들에게 사랑과 봉사에 대한 심오한 교훈이 되었다.

    2016년 성목요일의 세족식에는 또 한 사람이 로마 외곽의 주거 시설에 사는 난민들 앞에 무릎을 꿇었다. 그 난민들은 에리트리아, 말리, 파키스탄, 시리아 출신이었고, 그들의 신앙 역시 이슬람교, 힌두교, 콥트 기독교, 가톨릭 등 다양했다. 유럽의 반이민 감정이 증가하는 가운데, 프란치스코 교황은 그 성스러운 날에 이주자와 망명 신청자의 발을 씻어 주었다. 그는 말했다. "오늘 이 시간에 당신들 열두 명에게 나는 예수님이 하셨던 것처럼 여러분의 발을 씻었습니다. 우리 모두 형제애의 모습을 가집시다. 그리고 함께 말합시다. '우리는 다릅니다, 우리는 다릅니다, 다른 문화와 다른 종교를 가지고 있지만 우리는 형제이고 평화롭게 살기를 원합니다.'"[102]

    평화롭게 살기. 타인을 존중하기. 가장 약한 자에게 봉사하는 사람이 되기. 2016년 가을 네팔의 돌포에서 일하는 우리 노마드 클리닉 팀이 환자들의 발을 씻어 주겠다고 결심했을 때, 나는 프란치스코 교황의 이타적 사랑과 연민의 행동에 대해 생각했다. 나는 이 발 씻기가 마을 사람들에게 하는 봉사를 더 깊어지게 할 방법이라고 생각했다. 아시아에서 발은 불결한 것으로 여겨지고, 그래서 타인의 발을 만지는 것은 겸손과 존중의 표현이다. 우리 팀은 십여 명이 아니라 남녀 수백 명의 발을 씻어 주었다. 처음에 우리는 머뭇거렸다. 이걸 해도 괜찮을까? 사람들을 당황스럽게 하지는 않을까? 아니면 이것이 우리가 가진 문화적 차이를 해소하고 환자들과 사랑의 가교를 놓을 방법일까?

제일 먼저 돌포에서 온 중년 여성의 발을 따뜻한 물에 담그고 비누칠을 한 사람은 피트라는 이름의 젊은 변호사였다. 그가 이 여성의 발을 너무도 정중하고 부드럽게 만진 나머지 두 사람 모두 놀랐던 것 같다. 그런 다음 북캘리포니아에서 온 젊은이가 발을 씻기기 시작했다. 농부와 목동의 닳은 발을 씻기는 손의 봉사하는 모습은 커다란 기쁨을 가져다주었다. 토니오도 마찬가지였다. 그가 젊은이와 노인의 발을 조심스럽게 씻을 때 그의 얼굴에 기쁨이 가득했다. 보호를 주제로 한 글을 쓰는 유명 작가인 빌은 무릎을 꿇고 발가락이 낡은 밧줄처럼 꼬인 할아버지의 발을 씻었다.

따뜻한 물을 담은 통이 연이어 발을 씻는 사람들에게 옮겨졌다. 비누, 솔, 통이 매일 진료실에 준비되었다. 진료 마지막 날에 보니 우리 팀은 늙은이의 발, 젊은이의 발, 건막류로 고통받는 발, 구부러지고 관절염이 있는 발, 아마도 한 번도 씻은 적이 없을 발, 많은 산을 걸었던 발 등 수백 명의 발을 씻었다. 그것은 사랑, 존중, 겸손, 참회의 모습처럼 느껴졌다.

나중에 그 마을의 영적 지도자인 돌포 린포체에게 피드백을 부탁했더니 이런 답을 들었다. "저는 당신이 이런 일을 했다고 들었습니다. 이로 인해 돌포 사람들은 당신을 매우 신뢰하게 되었습니다. 지금까지 누구도 우리 마을 사람들의 발을 만진 적이 없습니다. 그러나 당신 팀 사람들은 발뿐만 아니라 마음에도 다가왔습니다. 매우 불교적인 일이었지만, 돌포에서는 한 번도 없던 일이기도 합니다. 여기 사람들은 당신을 절대 잊지 않을 것입니다."

## 물은 생명이다

불교인에게 물은 맑고 순수하고 고요한 마음을 상징한다. 이것은 연민을 가능하게 하는 자질이기도 하다. 아시아의 많은 지역 사원에서는 물을 공양하여 우리 내면의 이러한 자질에 자양분을 줄 것을 상기시킨다. 돌포에서 사람들의 발을 씻어 준 자리는 일종의 성소였고, 우리는 물을 활용하여 개개인에게 존중을 표현할 수 있었다. 또한 이 수행은 여러 세대에 걸쳐 우리 서구인들의 손에 의해 무시, 학대, 착취, 학살당한 모든 원주민들에게 용서를 구하는 무의식적인 방식이었다고 생각한다. 그것은 속죄의 행위였다.

우리가 돌포에서 발을 씻기는 동안, 미국 중서부를 관통하는 대형 송유관 '다코타 액세스 파이프 라인(DAPL)'의 건설을 반대하기 위해 세계 곳곳으로부터 사람들이 노스다코타 주의 스탠딩락에 도착하고 있었다. 스탠딩락의 식수원인 미주리강과 오아헤 호수 아래로 매립될 예정이었던 송유관은 그 두 식수원을 위태롭게 하고 있었다. 원시적이고 거친 히말라야를 걸으면서 나는 라코타족 공동체와 돌포 사람들이 얼마나 오랫동안 물을 경외해 왔는지 생각했다. 그들에게 물은 길이고, 생명을 주는 존재이며, 운송 수단이고, 정화해 주며 자양분을 주는 존재다. 그리고 물은 눈물, 정화, 몰입, 여성성과 지혜를 상징한다. 물 없이는 아무것도 자랄 수 없고, 아무것도 살 수 없다.

우리 팀과 함께 산을 걸어 이동하며, 말라가는 히말라야에서 가늘어지는 물줄기를 관찰하며, 나는 내면에서 라코타족의 말인 "음니 위코니(mni wiconi)", 즉 "물은 생명이다."라는 말을 들었다. 라코타족은 '할머니 대지'의 피가 모든 생명의 원천인 이 물이라고 말한다. 나는 미시건주 플린트에서 물이 납과 인종 차별로 오염되었던 사건을 돌이켜보았다. 내 친구 웬델 베리가 석탄 채굴을 위해 산을 폭파한 켄터키주의 병든 검은 강과 개울에 대해 말했던 것도 기억했다.

돌포로 돌아왔을 때 나는 스탠딩락에 설치한 시위 캠프 어디에서나 "음니 위코니"가 울려 퍼졌다는 것을 지인들과 제자들에게 들었다. 물을 지키는 사람들이 신성한 것에 대한 존중, 전통적 방식에 대한 존중, 우리 지구에 대한 존중으로 되돌아가도록 이끌었기 때문이다. 스탠딩락 운동은 샤이엔강 인디언 보호 구역 근처에서 역병처럼 번지고 있던 마약과 자살을 막기 위한 방법으로서 한 무리의 십대들에 의해 시작되었다고 한다. 그 말을 들었을 때 나는 감동했다. 이들은 고통의 거센 물결에 맞서 자신들의 손으로 스스로를 치유하겠다고 결심했다. 자신들의 지역 사회에 사는 젊은이들이 자기 파괴를 연민 어린 행동으로 바꾸는 것을 도움으로써 말이다. 그들은 스탠딩락 보호 구역의 식수를 위협하는 DAPL 송유관의 별칭인 '검은 뱀'뿐만 아니라 사람들을 고통스럽게 하는 자기혐오라는 병에도 맞서며, 신성한 행동주의가 강력한 저항력이 될 수 있는 방법을 의식적으로 탐구하고 있었다. 환경 운동가들로부터 시민 불복종에 대해 배우

면서 그들은 영성과 그들의 전통적 방식에 대한 더 깊은 차원의 복종을 깨닫기 시작했다.[103]

나의 성직자 제자 중 한 명인 카렌 고블이 어머니이자 작가인 소피 패트리지에게 나를 소개했다. 소피는 12월의 혹독한 추위 속에서 물을 지키는 사람들을 지원하기 위해 런던에서 스탠딩락으로 왔다. 그녀는 "음니 위코니"를 제외하고 가장 자주 들은 문구는 '나의 모든 관계'라는 뜻의 "미타쿠예 오야신"이었다고 말했다. 기도와 집회에서 사람들은 대중에게 말을 하고 싶을 때, 그리고 말을 끝냈을 때 이 어구를 사용했다. 대중은 자신이 연사의 말을 들었다는 것을 확인하기 위해 이 어구를 따라 했다.

존중과 사랑의 표시인 "미타쿠예 오야신"은, 소피가 쓴 바와 같이, 우리 모두가 "모든 것에 그리고 모든 사람에게 …… 독수리뿐 아니라 벌레와 민달팽이에게 …… 큰 삼나무와 무지개뿐 아니라 가시덤불과 독버섯과 쐐기풀에게 ……" 상호 연결되어 있음을 인정하는 말이다. 우리는 사랑하는 사람들에게 뿐만 아니라, "우리로부터 바다 너머로 떼어 놓았으면 하는 사람들"에게도 연결되어 있다.

소피는 내게 다음과 같은 이메일을 보내왔다. "스탠딩락에 대한 제 경험을 이토록 강력하게 만든 것이 있습니다. 제가 정말 존중하는 사람들이 자신들을 적대적으로 대한 사람들, 즉 사람들을 다치게 하고, 후추 스프레이를 뿌리고, 얼어붙은 날씨에 호스로 물을 쏘고, 고무탄을 쏘고, 자신들을 철창에 가둔 다음 거짓말하는 범죄자처럼 다룬 사람들을 위해서도 기도한 것이었어요. 진실로 그 사람들을 위해 기도했어요. 그들의 기도는 물과 지구를 위한 기도입니다. 이것은 선한 편과 악한 편을 나누고 적을 쓰러트려야 하는 그런 전쟁이 아닙니다. 우리 모두 물이 필요합니다. 우리는 모두 같은 처지입니다. 나의 후손에게 좋은 것은 당신의 후손에게도 좋습니다. …… 우리는 같은 것을 필요로 합니다."

스탠딩락 시위 캠프에 있는 사람들이 직면한 폭력은, 즉 경찰봉, 최루탄, 경찰견, 고무탄, 얼어붙은 밤에 물을 무기로 사용한 공격 등은 이 공동체를 찢어 놓을 수도 있었다. 폭력에 직면하여 그들 역시 폭력으로 반응할 수도 있었을 것이다. 그러나 공동체는 비폭력과 존중으로 대응할 것을 서약했다.

스물여섯 살의 캠프 지도자인 에린 와이즈가 페이스북 라이브에서 여동생이 경찰봉으로 공격당하는 비디오 영상을 보았다는 것을 나는 나중에 읽었다. 『뉴욕타임스』에 따르면 그녀는 여동생이 경찰에게 공격당하고 있던 장소로 달려가, 경찰에게 자신의 몸을 던지며 싸움에 뛰어들었다. 그런데 별안간 여섯 개의 손이 그녀의 어깨를 붙잡았다. 물을 지키는 사람들이 그녀를 뒤로 끌어냈다. 와이즈는 전투에 나가는 인디언같이 얼굴에 색을 칠한 남동생의 얼굴을 언뜻 보았다. "동생은 제 어깨 너머를 가리키며 외쳤어요. '우리는 당신들을 위해 기도할 것입니다. 우리는 당신들을 위해 기도할 것입니다!" 동생의 얼굴은 최루 가스로 덮였지만, 그래도 여전히 공격자들을 위해 기도하고 있었다는 것을 그녀는 깨달았다. "그것을 보며 정신이 돌아왔어요."라고 그녀는 말했다.[104] 동생은 그녀가 존중하는 마음에 머물도록 해 주고 있었다.

"미타쿠예 오야신", 즉 나의 모든 관계는 물과 산, 경찰과 물을 지키는 사람들, 원주민과 식민지 개척자 등 모든 존재와 만물이 상호 연결되어 있다는 강력한 통찰을 불교와 공유한다. 돌포에서 미국으로 돌아왔을 때, 나는 일본 조동종을 설립한 에이헤이 도겐의 가르침을 숙고해 보았다. 13세기에 그는 썼다. "마음은 산과 강, 지구다. 마음은 해와 달, 별이다."[105]

불교의 포용적 정체성과 상호 연결의 진리는 자비 수행에 잘 표현되어 있다. 자비 수행은 '적'에게도 자애심을 보낼 수 있는 매우 흥미로운 수행이다. 누군가를 무시하는 마음이 들고 불신감이나 증오심을 느낄 때, 우리는 존중이라는 높은 산등성이로 뛰어오를 수 있다. 그리고 우리 모두 어떤 식으로든 서로 연결되어 있음을 보고, 최소한 우리가 고통을 공유하고 있음을 볼 수 있다. 그러면 우리는 우리 마음속으로 내려가, 물을 지키는 사람들이 몇 번이고 반복했던 것처럼, 우리의 반대자들이 고통으로부터 해방되기를 기도할 수 있다. 그들의 행동은 존중하지 않을 수 있지만, 누군가의 본질적 인간성과 그에 따른 변화의 잠재력은 존중할 수 있다. 이것은 우리 자신의 무력감, 고통과 분노를 치유하고, 존중하는 마음으로 돌아와 굳건히 서 있을 수 있는 길이다.

# 존중이라는 벼랑 끝에서 떨어진다는 것
## - 무시 -

# 2

1987년 티베트를 처음 방문했을 때, 나는 중국 서부에서 도로 공사를 하는 티베트인들을 집단으로 괴롭히는 중국 군인을 목격했다. 군인들은 노동자들을 조롱하고, 모욕하고, 비웃고 있었다. 나는 어쩔 수 없이 화가 났고 두려움도 느꼈다. 몇 분 후, 바위를 운반하던 한 노인이 자신을 괴롭히는 사람에게 친절한 미소를 보내자 내 심장은 더욱 옥죄었다. 나는 생각했다. '어떻게 그렇게 할 수 있지? 그의 분노는 어디에 있지? 그는 치욕스럽지 않은 것일까? 피해자라고 느끼지 않는 것일까?'

후에 나는 이 나이 든 티베트 인부가 자신을 괴롭히는 사람의 고통과 수치심이라는 진실을 보고, 연민으로 반응했던 것일 수도 있음을 깨달았다. 이것은 내게 강렬한 교훈이 되었고, 존중이 깊은 지혜의 표현과 같은 다양한 형태로 나타날 수 있다는 것을 상기시켜 주었다.

이 노인은 '분리되어 있지 않음'에 대한 관점을 가지고 있는 듯했다. 그러한 관점은 우리 문화권에 사는 대부분의 사람이 갖고 있지 않은 것이다. 우리는 자신과 타인이 연결되지 않은 것으로 보는 경향이 있다. 우리는 너무나 쉽게 다른 사람을 가해자나 피해자로 대상화하거나, 자신을 피해자로 대상화하거나, 다른 사람들이 우리를 피해자나 가해자나 구원자로 대상화하도록 내버려 둔다. 티베트인 노동자를 괴롭힌 중국 군인의 행위는 아마도 이러한 분리의 태도에서 비롯되었을 것이다. 그리고 이러한 태도는 현재 세계에서 널리 발견되는 존중 결핍 현상의 배경이 된다.

우리는 생각 없이 곤충을 죽이고 육식을 한다. 무심코 노숙자를 혐오와 경멸로 대한다. 동반자와 식사를 하면서도 디지털 기기에 주의를 집중한다. 쉬는 시간을 알리는 종소리가 울릴 때, 관심을 필요로 하는 아이들에게 날카로운 목소리로 이야기한다. 업무 요구에 직면할 때, 직원이나 구성원의 불평을 무시하며 제쳐 둔다. 그리고 우리는 우리와 다른 타인을 너무나 쉽게 비난하고 집단적으로 괴롭힐 수 있다.

때로는 무시를 정당화하는 이유가 있는 것처럼 보일 수도 있다. 우리의 가치가 타인의 가치와 충돌할 때, 우리가 그들의 결정에 동의하지 않을 때, 또는 우리가 그들의 말이나 행동으로 공격받을 때, 그들에 대한 존중을 잃을 수 있다. 타인들이 상호 작용에서 공격적이거나 위협적일 때 우리의 존중은 약화될 수 있다. 어떤 사람이 우리를 무시하면, 우리 또한 대개 같은 방식으로 대응하게 된다. 무시는 다양한 형태를 취할 수 있지만 절대 정당화될 수 없다.

## 괴롭힘

괴롭힘은 무시가 행동으로 나타나는 가장 흔한 방식 중 하나다. 괴롭힘은 타인을 지배하고 깎아내리기 위해 폭력, 위협, 조롱을 사용하는 것이다.

우리 대부분이 이런 경험에 공감할 수 있다. 놀이터에서든 학교 강의실에서든 중역 회의실에서든 입원실에서든 정수기 주변에서든 또는 국가의 수도에서든 우리는 조롱으로 인해 야기된 고통을 경험하거나 목격한 적이 있다. 아마도 우리는 다른 사람들을 괴롭힌 적이 있을 것이고, 또는 우리 자신을 비하한 적이 있을 것이다. 그리고 아마도 우리는 우리보다 불운한 위치에 있다고 느끼는 사람들에 의해 폄하된 적이 있을 것이다. 또한 우리 가운데 대부분은 권력을 가진 사람들, 즉 부모, 교사, 또는 상사에게 괴롭힘을 당한 적이 있다.

괴롭힘은 노골적일 수도 있고 미묘할 수도 있다. 공격적일 수도 있고 수동적으로 공격적일 수도 있다. 우리는 옆에 있는 사람이 우리의 관심을 받을 가치가 없는 것처럼 무시함으로써 그를 괴롭힐 수 있다. 또는 그저 무례하고 친절하지 않을 수도 있다. 괴롭힘의 덜 미묘한 형태는 타인에게 수치심 주기, 조롱하기, 모욕하기를 포함한다. 괴롭힘은 동료나 상사로부터 올 수도 있고, 또는 사회적 위계로 볼 때 우리보다 낮은 사람들로부터 올 수도 있다. 괴롭힘은 개인적·사회적 차원에서 발생하고, 심지어 언론 매체에서 비롯될 수도 있다.

무시의 한 형태로서의 괴롭힘에 대한 나의 관심은 우파야 불교 성직자 훈련 프로그램에서 공부한 숙련된 간호사 잔 제이너를 만났을 때 더욱 집중되었다. 잔은 연구자 캐서린 바르톨로뮤가 만들어낸 구절, 즉 간호사들이 "그들의 신참을 잡아먹고, 서로를 잡아먹는다."라는 구절을 내게 말해 주었다. 나는 이것이 연민으로 알려진 전문가들을 묘사하는 다소 놀라운 방식임을 알았다. 나는 잔에게 이것이 어떻게 간호사 업무에서 작용하는지 좀 더 자세히 말해 달라고 졸랐다.

잔은 내게 '수평적 적대감'이 한 조직이나 사회적 위계에서 동일한 직위를 가진 사람들 간의 무례한 행동이라고 말했다. '또래 공격성'으로도 알려진 수평적 적대감은 다양한 환경에서 발견된다. 기업 경영자들은 서로를 깎아내리고, 동료들은 서로를 피하거나 배척하고, 정치인은 서로를 조롱한다. 심지어 영적 스승들도 서로를 비난할 수 있다. 여성주의 작가 데니스 톰슨은 수평적 적대감을 "힘이나 특권에 있어 별로 다르지 않기 때문에 접근 가능한 사람들을 희생양으로 삼는 것"[106]이라고 정의했다.

괴롭힘은 오직 비슷한 위치의 사람들 사이에서만 발생하는 것이 아니다. 위계적으로 상하 관계에 있는 사람들은 '수직적 폭력'으로 알려진 현상을 통해 서로를 더욱 심하게 괴롭힐 수 있다. 직장에서 괴롭힘 가해자는 대부분 상사와 권력, 특권을 지닌 사람들이다.[107] 직장을 넘어서 교사들도 학생들에게 수치심을 줄 수 있고, 군 장교들은 종종 신입 병사를 놀리고, 부모는 자녀들을 하찮게 여기고, 의사는 간호사에게 무례할 수 있으며, 국가의 수장은 소수 집단을 모욕한다.

개인적 경험과 다른 사람들의 이야기를 통해서 나는 계층 구조에서 하위인 사람들이 상위인 사람들에게 권력을 빼앗으려고 할 때, 또는 권리를 박탈당한 사람들이 상위 계층의 학대에 반격을 시도할 때, 수직적 폭력은 아래에서 위로도 이동할 수 있다는 점을 배웠다.

### 수평적 적대감

의료인을 위한 우파야 교육 프로그램에서, 해마다 나는 동료들에게 상처를 입고 사직을 고려하는 간호사들을 만난다. 잔은 약 20%의 간호사들이 환자나 의사와의 어려움 때문이 아니라, 동료들의 괴롭힘과 무례 때문에 간호직을 떠난다고 말했다. 환자와 의료 기관에 대한 비용뿐만 아니라, 간호사들 간의 수평적 적대감에서 초래되는 비용 또한 충격적일 정도로 높다.

잔은 성직자 프로그램 논문에서 자신이 경험한 직장에서의 수평적 적대감을 언급했다. 잔은 응급실 간호사로 일하던 중 남동생을 암으로 잃었다. 깊고 혼란스러운 슬픔이 직장에서의 성과에 악영향을 미쳤다. 그녀는 다음과 같이 썼다.

> 오랫동안 나를 매우 높이 평가해 온 팀 안에서 그 뒤에 일어난 일은 마치 불어나는 눈덩이처럼 느껴졌다. 속도감이 빠른 간호직 일터에서 사소하거나 일상적인 실수는 중요한 사건이 되었고, 나의 감정은 험담과 빈정거림의 대상이 되었다. 내 직무에 대한 그들의 관심이 높아짐에 따라 불안감, 압도되는 느낌, 두려움도 같이 높아졌다. 나는 내 취약함이 동료들 대부분을 불편하게 만들었음을 깨닫지 못했고, 미묘한 공격과 방해가 일종의 자기방어라는 사실도 깨닫지 못했다. 내가 모퉁이를 돌아 걸어갈 때 갑자기 침묵하는 한 무리의 간호사들을 보면서, 나는 내가 이야깃거리임을 알았다. 과거에 나는 팀에서 밀려난 다른 간호사나 응급 구조사에게 그런 일이 일어나는 것을 봤던 적이 있다. 나는 관찰당하고 주시당하고 있음을 느꼈다.[108]

잔은 6주간의 휴가를 받았고, 돌아올 때는 훨씬 더 안정되고 일할 준비가 되어 있었다. 그러나 팀은 그녀의 복귀를 받아들일 준비가 되어 있지 않았다.

> 무수히 많은 미묘하고, 공공연하고, 은밀한 공격과 냉대는 내가 다른 부서에서 자리를 찾아야 한다는 것을 분명하게 했다. …… 내가 보람을 느꼈던 환경은 적대적으로 변했고, 그게 무엇이든 간에 '나의 이야기'가 지금 병원 전체에 퍼져 있다는 것을 알게 되었다. 내가 그것을 우연히 마주한 것은 가장 이상한 곳에서였다. 내가 일하는 작은 병원의 간호사들은 사실상 나의 이전 고통들을 먹이로 삼아 살면서, 그들의 버전으로 만든 나의 위기가 계속 이어지게끔 노력하는 것처럼 느껴졌다. 직장 생활을 정상화하려는 내 노력 근처에는 마치 맛있는 먹이를 찾는 독수리가 도사리고 있는 것 같았다.[109]

결국 잔은 길 건너편 건물에 있는 말기 환자 병동으로 새로운 보직을 맡아 이동했다. 새로운 동료들은 그녀의 깊은 슬픔을 정상적인 것으로 인정했고, 그녀는 자신의 역할을 잘 해냈다. 그래도 그녀의 자존감은 동료의 공격과 거부의 경험으로 인해 손상을 입었고, 수년 동안 그녀는 병원에 들어갈 때마다 마음을 다잡아야 했다. "어쨌든 이 동료들은 내가 힘들고 깊이 상처받기 쉬운 시간을 보내는 동안 가장 중요하고도 매우 민감한 무언가에 도달했다."라고 그녀는 썼다.

왜 '또래 공격성'은 보살핌의 대명사로 알려진 간호직에 이렇게 만연해 있을까? 억압받는 집단의 행동을 탐구하면 간호직과 사회 전반에서 또래 공격성의 존재에 대한 통찰을 얻을 수 있다.

미국에서 여성주의가 강력해지던 1970년대 초반에 나는 또래 공격성에 대해 많은 것을 배웠다. 그 운동에 참가한 우리들 가운데 다수는 여성 동료들 간에 무시가 발생하기 시작했다는 것을 곧 알아차리게 되었다. 사실 '수평적 적대감'이라는 용어는 여성주의 운동에서 발달했다. 저명한 여성주의자이며 시민권 운동가, 변호사인 플로린스 케네디가 그 용어를 만들었다. 그녀는 썼다. "수평적 적대감은 형제간 경쟁이나 경쟁적 다툼으로 표현될 수 있는 것이다. 그것은 사무실의 평온함이나 평범한 가정뿐만 아니라, 일부 급진적 정치 집단과 그리고 슬프게도 일부 여성 해방 단체를 망가트리는 주범이다. …… 그것은 억압의 외적 원인에 두어야 할 초점을 잘못된 방향으로 돌린 분노다."110

케네디는 뉴욕에서 시민권 운동에 적극적이었고, 같은 시기에 나는 컬럼비아대학에서 연구자로 일하고 있었다. 나는 수년간 운동권 행사에서 그녀를 만났다. 그녀는 강인하고 달변가였으며, 그 누구의 무시도 받아들이지 않았다. 호화로운 침대 열차 승무원의 딸이었던 케네디는 백인이 대부분인 켄자스시티의 한 동네에서 흑인으로 자랐다. 백인 우월주의 단체인 KKK단이 케네디의 가족을 몰아내려고 했을 때, 그녀의 아버지는 엽총으로 그들을 내쫓았다. 케네디는 컬럼비아 로스쿨에서도 학생으로서의 정당한 권리를 찾기 위해 싸웠는데, 그녀는 여덟 명의 여성 동기들 가운데 유일한 흑인이었다. 1965년에는 이스트 48번가에 있는 자신의 집에 들어가려다가 경찰에 체포되기도 했다. 그녀가 그 동네에 산다는 것을 경찰이 믿지 않았기 때문이었다. 이런 경험이 그녀를 활동가로 만들었고, 나중에는 페미니스트당을 설립하게 했다.

## 내면화된 억압

수평적 적대감에 대해 케네디는 썼다. "우리는 억압자를 비난하는 대신 서로를 비난한다. 그것이 덜 위험하기 때문이다."111 억압자는 때로 더 모호하고 심지어 보이지 않기도 한다.

그러나 수평적 적대감이 더 교활한 이유는 억압된 사람들이 그들 자신의 억압에 연루될 수 있기 때문이라고 케네디는 지적했다. 그녀는 "억압받는 사람들의 동의가 없다면 미국에서 그와 같이 만연한 억압 시스템은 있을 수 없다."라고 썼다. 억압이 지속적으로 유지될 때면, 억압받는 집단에 속한 사람들마저도 권력 행사의 패턴을 강화시켜 주는 역할을 하게 될 수 있다. 예를 들어, 여성은 자신이 남성보다 약하다는 메시지를 내면화한 다음, 무의식적으로 남성 주위에서 복종적으로 행동할 수 있다. 이러한 현상을 '내면화된 억압'이라고 한다. 소외된 사람들은 당연히 권력을 가진 사람들보다 더 많이 괴롭힘을 당한다. 그리고 그들은 종종 그 괴롭힘을 내면 깊숙이 가져가고, 그곳에서 괴롭힘은 수치심이라는 내적 괴롭힘과 자긍심의 부재로 표출된다.

내면화된 억압, 제도적 폭력, 그리고 다양한 형태의 위계적 학대는 소외를 낳고 수평적 적대감의 완벽한 조건을 형성한다. "분열시키고 정복하는 것. 이것이 사회적 변화를 만들기 위해 노력하는 모든 집단들에 대해 그들이 하고자 하는 것이다."라고 케네디는 썼다. "흑인들은 푸에르토리코인에게 등을 돌리게 된다. 여성은 엄마와 시어머니에게 등을 돌리게 된다. 우리는 지배 계급의 호의를 얻기 위해 서로 경쟁하게 된다."112

나는 남성이 지배력을 유지하기 위해 여성을 괴롭힐 때는 일반적으로 직접적인 하향식 학대를 통해 그렇게 한다는 것을 꽤 어린 나이에 배웠다. 그 범주는 거들먹거리거나, 깔보는 태도로 말하거나, 성적 대상화를 하거나, 또는 남성이 여성에게 가르치려 드는 '맨스플레인(mansplain)'에서 실제적인 신체적·성적 학대에 이르기까지 다양하다. 이와 반대로 나는 여성주의 운동에서 여성들이 힘의 불균형을 평등하게 만들기 위해 또래 공격성을 사용하고, 취약한 지위에서 상향식 수직적 폭력을 사용하는 것을 보았다. 나는 권한이 적다고 느끼는 여성들이 종종 더 힘이 있다고 자신들이 간주하는 여성들을 끌어내리기 위해 노력하는 것을 보았다. 우리는 이 모든 것을 여성 정치인들, 학자들, 재계 지도자들, 그리고 종교 지도자들에게서 자주 본다. 나 자신도 그런 일을 겪었고, 그래서 힘들었다. 힘을 드러내는 여성들은 남성이나 언론 매체뿐만 아니라 다른 여성들에게도 표적이 될 수 있다. 그러나 우리는 남성이 여성보다 괴롭힘 가해자가 되는 것이 더 일반적이라는 사실을 잊지 말아야 한다. '직장 내 괴롭힘 연구소'가 발행한 「2014년 미국 직장 내 괴롭힘 조사」에 따르면 전체 괴롭힘 가해자의 3분의 2가 남성이다.[113]

잔은 간호사로서의 경험에서 자기 존중이 소외 현상에 어떻게 영향을 미치는지 설명했다.

> 역사적으로 볼 때, 환자 돌봄과 봉사와 자기희생을 가치 있게 여기는 젊은 여성들이 간호사로 채용되었다. 간호사들은 의료 시스템 안에서 그들과 함께 일하는 파트너, 즉 대개 나이가 더 많은 남성 의사들에 비해 성숙도, 비판적 사고, 기술적 능력이라는 면에서 다소 모자란 존재로 인식되는 것이 일반적이었다. 권력, 자율성, 자존감이 결핍된 이런

> 간호사들은 때로 소외된 사람들의 행동을 취하여, 권력자에게 인정을 기대하고 그들 자신의 힘을 비하했다.114

간호사들은 신체적, 정서적 위험을 동반하는 응급 의료 상황에 직면하면서 스트레스를 받는다. 소외됨의 스트레스는 이러한 스트레스에 더해져서 또래 공격성을 유발시키는 한 요인이 된다. 잔의 경우 멘토링 과정에서 수평적 공격성이 시작되었다. 그녀의 간호사 멘토들 일부가 그녀의 말을 경청하고 지도하는 동안, "다른 간호사들은 이를 지켜보며 굴욕감을 줄 기회를 기다렸다. 아마도 그들 자신이 간호사로 사회화되는 과정에서 유래했을 '약자 제거하기'를 가장해서 말이다."115라고 잔은 썼다.

## 수직적 폭력

하향식 괴롭힘 또는 수직적 폭력은 개인적, 사회적 수준 모두에 만연해 있다. 더 많은 특권을 가진 사람들이 흔히 덜 가진 사람들을 깎아뭉개는데, 그 수단은 성차별주의적, 인종 차별주의적, 계급주의적, 연령 차별주의적, 이성 차별주의적 구조를 강화하는 논평이나 행동, 정책을 통해서다. '직장 내 괴롭힘 연구소'는 비백인이 백인보다 훨씬 더 높은 비율로 직장 내 괴롭힘을 당하는 대상임을 확인했다.116

하향식 괴롭힘은 2016년 대통령 선거 운동의 핵심적 특징이었다. 공화당 후보는 공개적으로 모든 유형의 '타인'을 무시하고 비난했다. 그 타인에는 여성, 흑인, 이슬람교인, 장애인, 멕시코 이민자가 포함됐고, 그리고 분명 반대편 후보자도 포함됐다. 그의 지지자 중 일부는 선거 운동 기간과 그 이후에도 세간의 이목을 끈 그 후보의 본보기를 이러한 집단에 속하는 사람들을 괴롭히고 위협해도 된다는 허락으로 여겼다. 오리건주 서부의 한 고등학교에서 백인 학생들이 물리학 수업 시간 중간에 "벽을 쌓아라! 벽을 쌓아라!"라고 구호를 외치기 시작했다. 곧이어 한 학생이 '벽을 쌓아라!'라고 쓴 손수 만든 현수막을 학교에 달았고, 이는 그 지역의 라틴계 학생들을 자극하여 그들이 장기 결석하게 만들었다.[117] 다른 곳에서는 이슬람 아이들을 '테러리스트', 'ISIS', '폭파범' 등으로 불렀다. '남부 빈곤 법 센터'가 출간한 보고서에는 이런 결론이 있다. "그 선거 운동은 교실에서 유색 인종 아동들에게 우려할 만한 수준의 공포와 불안을 일으키고, 인종적·민족적 긴장을 악화시켰다. 학생들 다수가 추방에 대해 걱정한다."[118]

카렌 스토어는 『뉴욕타임스』에서 하향식 괴롭힘은 다른 형식의 괴롭힘보다 더 큰 영향을 미친다고 말하며 이렇게 썼다. "사회적 권력자가 사회적 약자를 향해 표현하는 경멸은 반대 방향으로 향하는 경멸보다 도덕적으로 훨씬 더 위험하다. 대통령으로서 트럼프는 극히 예외적인 사회적 권력을 행사하는 지위를 차지하고 있다. 이런 권력에 의해 북돋아진 경멸은 훨씬 더 커다란 효력을 가지고, 따라서 우리의 근간인 민주주의의 가치를 훨씬 더 많이 위협하게 된다."[119]

나의 성직자 제자인 미셸 루디는 오바마의 조치 아래서 보호받는 불법 체류 아동들과 함께 아리조나주에서 일했다. 그녀는 이 아이들이 '미국 이민 및 관세 집행국(ICE)'에 대한 두려움 때문에 숨어 있다고 말해 주었다. 미셸은 썼다. "아이들이 학교에 가고 싶어하지 않는다. 한 엄마는 우리에게 아들이 3일 동안 침실에서 나오려 하지 않는다고 말했다. 사람들은 핍박당하고 삶이 산산조각 날 것이라는 합리적 두려움을 가지고 있다."

미셸은 이런 순간에 대응하기 위해 형성된 팀의 일원이었다. "먼저 이 아이들은 가족과 함께 백인 복음주의 교회로 가서 그들의 인간성을 드러내고, 이것이 그들에게 의미하는 바를 드러낼 것이다. 이것은 그들에게 매우 고통스러울 것이다. 왜냐하면 그들은 사람들을 미혹에서 깨어나게 하기 위해 타인들 앞에서, 심지어 그들을 반대할 수도 있는 타인들 앞에서 자신들의 고통을 보여 줘야 하기 때문이다. 만약 그들이 핍박당한다면 우리는 교회에게 가장 약한 사람들과 함께 서도록 요청할 것이다."[120]

괴롭힘은 상향식으로도 올 수 있다. 나는 버락 오바마 대통령이 자신의 집무실에서 그의 지위를 약화시키려는 사람들이 인종 차별적 동기로 보낸 무시와 더불어 8년간 매일 직면했을 일에 대해 자주 생각한다. 오바마는 항상 적어도 공개적으로는 모든 사람을 존중하고 모두를 위해 정중하게 말했다. 영부인 미셸 오바마의 유명한 말처럼 말이다. "그들이 저급하게 가면 우리는 품위 있게 갑시다."[121]

책임과 권한을 가진 대부분의 사람들처럼, 나도 여러 해 동안 상향식 괴롭힘의 대상이 된 경험이 있다. 교사들 대부분은 이에 공감할 것이다. 내게 처음으로 이런 일이 일어난 것은 1976년으로, '사회 연구를 위한 새 학교'에서 인류학을 가르칠 때였다. 내 수업에는 150명의 학생이 있었다. 교실 뒤쪽에는 수업 내내 나에 대해 비난 발언을 하는 세 명의 나이 많은 여성들이 있었다. 이런 취급을 너무 오랫동안 참은 후에, 그리고 학과장의 조언에 따라, 나는 진심으로 그러나 단호하게 그 여성들에게 교실 앞쪽으로 자리를 옮기라고 요청했다.

처음에 그들은 저항했다. 때는 1970년대 뉴욕이었고, 괴롭힘의 실력자들이 '시대의 흐름'이었다. 그러나 나는 친절하게 주장했고, 마침내 그들은 따랐다. 두 번째 날에 그들이 함께 앞줄로 왔다. 우리는 어느 정도 평화를 이룬 것처럼 보였다.

아마도 그들의 모욕을 더는 참지 않음으로써 그들에게 한두 점 정도의 존중은 획득한 것 같았다. 그러나 나는 이 여성들 또한 학대받고 있다는 것을 알게 되었다. 학교는 그들에게 안전한 장소였고 나를 깔보는 것은 그들 자신을 올려세우는 방법이었다. 그러나 결국 우리는 연결되었고, 이것이야말로 그들이 진정 원했던 바라고 나는 생각한다. 때로 사람은 연결이 일어날 가능성을 열기 위해 더 많은 곤란을 겪는 위험을 감수해야 한다. 상향식 따돌림은 힘을 가진 사람들에게 느끼는 무력감과 분노로부터 보통 발생하며, 힘을 평등하게 하는 것이 때로는 놀라운 방식으로 일어날 수 있다는 점을 이 여성들은 내게 가르쳐 주었다.

## 함께하는 권력과 군림하는 권력

존중과 무시는 권력의 역학과 밀접하게 연결되어 있다. '함께하는' 권력과 '군림하는' 권력이 바로 그것이다. 존중은 일종의 건강한 권력, 함께하는 권력이다. 부모, 교사, 동료 또는 취약하고 보호받지 못하는 사람들에 대한 존중이다. 좀 더 취약한 위치에 있는 사람들을 발전시키기 위해 권력을 사용할 때, 우리는 존중에서, 함께하는 권력에서 행동하는 것이다. 그러나 타인들을 희생시켜 가며 자신의 이익을 증진하기 위해 권력을 사용할 때, 우리는 무시에서, 군림하는 권력에서 행동하는 것이다.

권력에는 많은 함정이 숨어 있다. 권력을 가진 사람은 자아도취에 빠져 남보다 자신의 욕구에 우선순위를 두게 된다. 권력을 가진 사람은 평소의 억제가 풀려 존중, 친절, 배려, 양심 등의 사회적 규범을 아랑곳하지 않게 되기도 한다. 권력은 감정을 둔하게 만들고 사람을 취하게 한다. 나는 괴롭힘 가해자들이 권력에 취해 있으며, 환경을 통제하고 타인을 조종할 수 있도록 권력 차이를 자신들에게 유리하게 악용하는 데 중독되었다고 믿는다.

심지어 동료들이 동일하고 일반적인 사회적 지위를 공유하는 집단에서도 카리스마, 리더십 역량, 키, 연령, 매력, 신체적 힘과 같은 요인에 기반하여 미묘한 힘의 차이가 발생할 수 있다. 괴롭힘 가해자는 취약성을 이용하여 이런 사소한 힘의 불균형을 더 큰 격차로 끌어올리는 방법을 안다.

거시적 차원에서 군림하는 권력은 인종 차별주의, 성차별주의 그리고 여러 '주의'로서 표출된다. 무시가 사회적 시스템과 구조로 제도화되면 '제도적 억압'이 된다. 제도적 억압은 미시건주 플린트의 정치인들이 돈을 아끼기 위해서는 대다수 흑인 인구의 식수를 위태롭게 해도 괜찮다고 결정하게 만든 것이다. 그 결과 신경 기능을 위협하는 독성 물질인 납이 각 가정의 배관을 따라 아이들에게 흘러가게 되었다. 스탠딩락 수우족 원주민의 수원인 미주리강 아래로 송유관을 매설하려고 한 것은 백인 인구가 많은 비스마르크로부터 송유관이 멀어지도록 경로를 재설정한 결정에 따른 것이었다. 제도적 억압은 이러한 결정의 이면에도 분명히 존재한다. 2016년에 제도적 억압은 여성이 미국의 유리 천장을 깨트리고 대통령이 되는 것을 결국은 불가능하게 만드는 데 의심의 여지없이 한 역할을 했다. 이것은 '종교적 자유법', '화장실 법령'과 성소수자(LGBTQ) 차별을 합법화하는 다른 정책들의 뿌리에 있다. 이것은 또한 "나는 당신을 흑인으로 보지 않는다."와 같은 은근한 공격처럼, 빙산 깊은 곳까지 퍼진 태도를 드러내는 더 미묘한 방식으로 표출된다.

제도적 억압과 무시는 '타자화'에 의해 점화된다. 동인도의 학자이며 여성주의 비평가인 가야트리 스피박은 타자화를 "제국에 의해 식민지화되고, 배척되고, 소외되는 그들에 반하여 제국이 자신을 정의할 수 있는 과정"[122]이라고 정의한다. 미국에서 이런 식민지화는 사실상 원주민 땅의 점령과 미국 원주민의 '타자화'로 나타나며, 비유적으로는 유색인, 장애인, 성소수자 그리고 교정 시설에 있는 사람들에 대한 소외로 나타났다. 또한 이것은 성희롱과 성폭력을 키웠다. 소외되고, 망신당하며, '타자화'의 대상이 될 때, 자아 존중감은 유지되기 어려울 수 있다. 우리의 낮은 자아 존중감은 성격 결함 때문이 아니라, 사회의 억압적 태도를 내면화했기 때문일 수 있다.

### 존엄성을 박탈당하다

그 밖에 교정 산업 시스템이 있다. 이곳에서는 무시와 창피 주기가 일상적이다. 뉴멕시코 교도소에서 자원봉사하고 있었을 때, 나는 자비 수행을 포함한 다양한 형식의 명상을 담은 20주 프로그램을 수감자들을 위해 개발했다. 이 프로그램은 또한 윤리와 의사소통을 강조했다.

내가 자비 수행을 가르치려던 날 아침, 한 신규 수감자가 수갑을 차고 수업이 열리던 예배당으로 호송되었다. 그는 얼굴에 마마 자국이 있는 몸집이 크고 거칠어 보이는 남성이었고, 삭발한 머리 뒤쪽을 가로질러 '아리아인 형제'라는 문신이 새겨져 있었다. 그를 한 번 보고 짧은 순간에 나는 그날 수업을 바꾸는 것이 좋겠다고 생각했다. 나는 그의 이름을 기억한다. 존이었다. 또한 그는 '나치 폭주족'으로 알려져 있었다. 경비원은 존의 수갑을 풀고는 예배당을 나가더니, 곧 예배당 밖에서만 들어갈 수 있는 유리 경비함 안에 모습을 드러냈다.

우리는 체크인부터 시작했다. 존은 아무 말 없이, 단지 가장자리에서 노려보기만 했다. 우리가 약간의 스트레칭을 할 때 그는 차가운 쇠처럼 입을 닫고 가만히 있었다. 그러고 나서 마음 수련 부분에 들어갔다. 참가자들이 편안하게 느끼는 여부에 따라 눈을 감거나 뜰 수 있다고 나는 안내했다. 나는 눈을 활짝 뜨고 있었고, 이 신규 수감자의 눈도 그랬다.

나는 참가자들에게 몸에 집중하며 안정을 취하고, 그들이 아는 사람 중 정말 고통받는 사람을 떠올릴 것을 요청하면서 유도된 명상을 시작했다. 그러고 나서 천천히 자비의 구절을 염송했다. "당신이 안전하기를, 당신이 평화롭기를……" 이 부분으로 들어가 1분도 채 되기 전에, 존은 벌떡 일어서더니 "너 이 쌍X! 넌 니가 뭔 X소리를 하는지 몰라!"라고 소리쳤다. 붉게 상기된 얼굴로 고함치며, 그의 욕설은 계속되었다.

상황을 어떻게 바꿔야 할지 생각할 시간이 없었다. 존의 충혈된 눈을 보며 단호하지만 유머러스하고 겸손하게 말했다. "저는 당신 말씀에 다 동의합니다. 단지 말씀하시는 방식이 좀 마음에 안 드네요!"

방안에 즉시 시끌벅적한 웃음이 퍼지며 긴장이 풀어졌다. 바로 그때 교도관이 뛰어 들어왔다. 아마도 내가 구석에 웅크리고 있거나 인질로 잡혀 있으리라고 예상했을 것이다. 그러나 나는 괜찮았다. 수년간의 수행이 재앙이 될 수도 있었던 일에 기민하게 반응하도록 도움을 준 것이라 나는 믿는다. 적어도 이번만큼은 내 말이 정곡을 찌른 것 같았다.

나는 그 프로그램을 안전하게, 웃음으로 가득 채우며 끝낸 것에 감사했다. 그러나 사실 이 사건은 존과 나 모두에게 어려운 상황이었다.

1년이 지난 후 나는 존을 딱 한 번 더 보았다. 그는 그동안 다른 수감자를 죽였다. 존은 중범죄에 연루되었고 매우 위험한 인물로 간주되었다. 그는 다른 수감동으로 호송되기 직전이었고, 알몸 수색을 받으려 하고 있었다. 교도관이 굴욕스러운 수색을 하기 위해 그를 준비시킬 동안 우리는 한순간 눈이 마주쳤다. 나는 그의 차가운 분노를 느낄 수 있었다. 나는 지난해 우리의 짧고 복잡했던 소통을 회상했고, 내가 그를 만난 이후로 그가 엄청난 수모를 당했을 것이며, 그 자신에게도 엄청난 분노를 쏟아 냈으리라는 생각이 들었다.

이전 만남에서 그는 나를 대상화했고, 나 역시 방어적이고 유머러스한 말로 그를 대상화했으며, 그로 인해 동료들 앞에서 아마도 수치심을 느꼈을 수도 있을 것이다. 알몸에 흉터가 있고 문신을 새긴, 극도의 긴장으로 가득한 그의 상반신을 교도소 복도에서 흘깃 본 그 짧은 순간까지 나는 이것을 생각하지 못했다. 한 여성이 근처 어딘가에 있다는 사실에 그는 전혀 관심이 없는 듯 보였다. 이 굴욕적인 장면을 빠르게 지나쳐 갈 때, 내 가슴이 날카롭게 조이는 것을 알아차렸다. 그리고 나는 이 거인 같은 남성을 구원할 어떤 기회도 다 놓쳤음을 느꼈다.

존은 다른 모든 것과 함께 그의 존엄성을 박탈당하고 있었다. 그가 괴롭힘 가해자인 그만큼, 교도관들이 압제자로서 그를 다루는 방식은 더욱 강력했다. 마치 물건을 다루듯이 극도의 무관심과 함께 무시와 지배력을 행사하고 있었다.

　복도를 내려오면서 나는 속이 메스꺼워졌다. 나는 그 순간 수직적 폭력과 제도적 억압을 동시에 목격하고 있었다. 이런 역학 관계는 군대, 병원, 학교, 종교 기관, 정부에서도 찾아볼 수 있다. 나는 무력함으로 인해 생성된 존의 분노를 느낄 수 있었다. 나는 또한 교도관의 차갑고 군림하려는 비열함을 느낄 수 있었고, 괴롭힘 가해자들이 어떻게 만들어지는지에 대해 어떤 통찰을 얻었다.

## 앙굴리말라

내면화된 억압은 수직적 폭력뿐만 아니라 수평적 적대감에서도 발견되는 요소다. 내면화된 억압을 느끼는 사람들은 하향식 괴롭힘을 통해 더 낮은 지위에 있다고 생각되는 사람들을 복종시키거나 해치려고 시도할 수 있다. 또는 존이 했던 것처럼, 더 높은 지위에 있다고 생각되는 사람들에게 도전하며 상향식 괴롭힘의 가해자가 될 수도 있다. 이런 괴롭힘 가해자와 폭군은 학습된 행동을 무의식적으로 모방하거나, 지각된 불공평을 평등하게 하려고 할 수도 있다.

　교도소 안에서 일하면서 내가 배운 것은 사람들은 자신이 타인보다 더 세다고 느껴서 폭군같이 행동하는 것이 아니라는 점이다. 실은 자신이 더 약하다고 느끼고, 종종 아직은 의식하지 못한 수치심으로 고통받기 때문에 그렇게 한다. 그들은 자신의 취약함을 두려워한다. 그래서 타인을 공격하는 것이 자기 보호의 방법이 된다.

'내부'에서 일하는 동안 나는 불교의 연쇄 살인범 앙굴리말라 이야기를 자주 되돌아보았다. 이 이야기는 증오가 올바른 환경에서 어떻게 변화될 수 있는지를 보여 준다. 붓다의 생애 동안 사람들은 앙굴리말라라는 이름만으로도 등골이 오싹할 정도로 무서워했다. 왜냐하면 '앙굴리말라'라는 이름은 그가 살해한 사람들의 손가락을 모은 '손가락 목걸이'를 의미했기 때문이다. 『앙굴리말라경(Angulimala Sutra)』은 앙굴리말라가 "잔인하고, 손에 피를 묻혔으며, 살인과 살해에 전념했고, 생명을 가진 존재에 무자비했다."[123]라고 말하고 있다. 그는 살인을 일삼으며 마을 전체와 지역 전체를 파괴하고 있었다.

하루는 붓다가 탁발을 돌고 있었는데, 마을 사람들, 소 치는 사람들, 농부들이 앙굴리말라가 근처에 있으니 조심해야 한다고 경고했다. 붓다는 그들의 충고에 귀 기울이지 않았고, 침착하게 탁발을 계속했다. 얼마 지나지 않아 그는 달리는 발소리를 들었다. 화난 목소리가 뒤에서 멈추라고 소리쳤다. 붓다는 괘념치 않고 계속 천천히 걸었다. 앙굴리말라가 아무리 열심히 뛰어도 그를 멀리 떼어 놓는 신비한 힘을 발휘하면서 말이다. 화가 나고 좌절한 살인자는 세존을 향해 고함쳤다. "멈춰라, 수행자! 멈추라고!"

붓다는 대답했다. "나는 분명하고 확실하게 멈췄다, 앙굴리말라. 멈추지 않은 사람은 너다."

깜짝 놀란 앙굴리말라는 이윽고 붓다가 가는 길에 합류할 수 있게 되었다. 붓다는 평화롭고 맑은 눈으로 그를 응시했다. 이제 더더욱 놀란 앙굴리말라는 붓다에게 왜 두려워하지 않는지 물었다. 붓다는 그를 마치 오랜 친구인 듯 바라보았다.

앙굴리말라는 "수행자여, 당신은 이미 오래전에 멈추었다고 했는데, 그러나 지금 여전히 걷고 있다. 당신은 내가 멈추지 않았다고 말했다. 무슨 뜻인가?"

붓다는 자신이 타인을 해치는 것을 멈추었고 그들의 생명을 소중히 여기는 법을 배웠다고 대답했다.

앙굴리말라는 인간들이 서로를 돌보지 않는데 왜 자신이 그들을 보살펴야 하느냐고 말했다. 그는 모두 다 죽일 때까지 쉬지 않을 것이라고 말했다.

붓다는 앙굴리말라가 타인의 손에 고통받았다는 것을 알고 있다며 고요히 말했다. 그가 스승으로 인해 해를 입었고, 동료 제자들로부터도 비난받았음을 알고 있다고 말했다. 붓다는 설명했다. "인간은 자신의 무지로 인해 잔인해질 수 있지만, 또 이해할 수도 있다."

그런 다음 붓다는 앙굴리말라의 눈을 깊이 들여다보며 자신의 제자들은 연민을 수행하고 타인의 생명을 보호할 것을 서원했다고 말했다. "증오심과 공격성을 친절로 변화시키는 길은 법(法)의 길이다."[124]

붓다는 앙굴리말라에게 그가 증오의 길에 있다고 말하며, 용서와 사랑을 선택하도록 강력히 권했다. 이 말을 들은 앙굴리말라는 마음속 깊이 충격을 받았다. 자신이 위해(危害)의 길을 너무 멀리 갔음을 깨달았고, 되돌아오기에 너무 늦지 않았을까 걱정했다.

붓다는 결코 늦지 않았다고 대답하고, 앙굴리말라가 이해(理解)의 땅으로 돌아오기를 권했다. 붓다는 앙굴리말라가 친절과 연민의 삶에 헌신한다면 그를 돌보아 주겠다고 약속했다. 앙굴리말라는 흐느껴 울며 무기를 내려놓고 증오와 공격성을 버리고 붓다의 제자가 되겠다고 약속했다.

처음 이 경전을 읽었을 때 나는 앙굴리말라가 다른 이를 해치는 것이 아마도 그가 어렸을 때 또래와 교사들에게 폭행당한 것에 대한 반작용이었을 것이라고 생각했다. 이 이야기는 내게도 익숙했다. 나는 최고 보안 교도소에서 앙굴리말라처럼 상처받고, 폐쇄적이며, 분노로 가득 찬 남성들을 많이 만났다. 그러나 앙굴리말라는 붓다에게 깊은 감동을 얻었기에 변화의 축복을 경험했다. 그렇다, 앙굴리말라는 연쇄 살인범이다. 그러나 내면에는 선한 힘을 가지고 있었다. 붓다는 그가 진정 누구인지를 알아보았고, 그것을 깨닫게 해 주었다.

앙굴리말라의 이야기를 생각하면서 나는 존과의 기회를 놓쳤음을 깨달았다. 존은 세 사람을 살해했다. 그는 거칠었지만, 그러나 깊이 들여다 보면 그가 부서져 있음을 느낄 수 있었다. 시간을 되돌릴 방법이 없었고, 나는 다시는 그를 볼 수 없었다. 그러나 그로 인한 실패의 교훈은 나와 함께 머물러 있다.

교도소에서의 또 다른 어느 날, 한 수감자가 내게 "누군가가 나를 존중과 친절로 대한 것은 내 평생에 이번이 처음입니다."라고 말했다. 그와 눈이 마주쳤을 때 나는 목이 조여 왔다. 말로는 다 표현할 수가 없었다. 그러나 그가 내게 보내 준 시선에는 경계심이 없었다. 시간이 흘러 이 남자는 모범수가 되었다. 그는 내적 자유의 길로 나아갔고, 결국에는 외적 자유의 길로도 나아갔다.

## 원인과 결과

상호 의존적 연기라는 렌즈를 통해 볼 때 타인에 대한 무시는 다양한 원인과 조건에 따라 발생함을 알 수 있다. 성격 차원에서 볼 때 괴롭힘 가해자가 잘못된 우월감을 추구하는 원인으로는 열등감, 인정받지 못한 수치심, 자기 인식 부족, 정서적 둔감 및 불감증, 타인의 대상화라는 방어 기제가 있다. 동기 차원에서 본다면 무시에 대해서도 겉보기에 정당한 이유가 있을 수 있다. 예를 들면, 타인이 자신의 도덕성과 진정성에 대한 감각을 해치는 행동을 하는 경우다. 외부적 차원에서는 경쟁적 조직 문화와 제도화된 억압이 무시를 조장한다.

또한 우리는 무시에 따른 정서적·신체적·영적 효과가 극도로 심각할 수 있음을 명심해야 한다. 의료계의 무례함에 관한 한 연구에서는 5가지 이유가 제시되었다. 바로 업무량, 지원 부족, 환자의 안전, 위계, 문화다.[125] 어쨌든 무시, 적대감, 괴롭힘, 오만의 표적이 된다면 분노, 수치심, 굴욕감, 냉소, 공허감을 느낄 수 있다. 이는 자기혐오와 자해로 이어질 수 있는 감정의 소용돌이다. 신체적으로는 불면증, 피로감, 투쟁, 도피, 경직 등의 위협 관련 스트레스 반응을 경험할 수 있다. 또한 자신만의 특정한 취약성에 따라 질병으로 발전할 수도 있다.

대인 관계에도 영향이 있다. 무시의 대상이 되면 가해자를 공격하거나 처벌할 수도 있다. 직장이나 공동체를 떠날 정도로 그 상황에서 물러나 버릴 수도 있다. 또는 앙굴리말라가 그랬듯이 괴롭힐 대상을 찾아 복수를 시도하여, 결과적으로 유독한 권력의 악순환을 계속할 수도 있다. 그리고 약물 남용 등의 대응 기제는 사회적 고립, 정신 건강 문제, 심지어 범죄적 행동으로 이어질 수 있다. 괴롭힘 가해자 역시 자신의 유독한 감정에 발목이 잡혀 이런 정신적, 신체적, 대인 관계적 결과를 경험할 수 있다.

만일 무시의 수렁에 갇힌 자신을 발견한다면, 가능한 한 빨리 탈출하려 노력할 필요가 있다. 앙굴리말라의 경우 이것은 진정한 자신의 모습과 더 깊이 연결되기 위해 필요한 위기였다. 무시의 길로 우리를 떠밀 수 있는 원인이 있다면, 존중, 공손함, 배려의 길로 우리를 되돌릴 수 있는 결과도 있다. 앙굴리말라는 그런 길을 갔다. 우리도 그런 길을 갈 수 있다.

## 존중과 그 외 벼랑 끝 상태들

# 3

관습적 정의에 따르면 '존중'은 '고려하는 태도, 높은 존경의 태도'를 의미한다. 존중은 진정성과 공감의 후손이다. 이것은 우리의 견해, 가치관, 정서에 원천을 둔다. '존중(respect)'의 어원은 흥미롭다. 라틴어 'respectus'는 '뒤돌아보고 고려하는 것'을 의미한다. 대조적으로 '무시(disrespect)'는 '경시하는 것'과 '깊게 고려하지 않는 것'을 말할 것이다. 우리가 의식적으로 타인이나 원칙 또는 심지어 자기 자신을 존중할 때, 자연스러운 멈춤과 더 깊이 성찰하기 위한 되돌아옴을 경험한다. 이러한 관점에서 존중은 명사일 뿐 아니라 과정을 나타내는 동사이기도 하다.

　존중의 과정과 존중이 다른 벼랑 끝 상태들에 미치는 영향을 생각하면서 나는 수잔의 경험을 떠올렸다. 의무병(醫務兵)인 그녀는 미국의 새 행정부가 우리 정치 시스템의 유독한 측면을 보여 준다고 느꼈다. 그녀는 새 행정부 휘하에서 근무하는 것을 걱정하면서, 어떻게 하면 자기 존중을 유지하고 자신의 가치관과 원칙에 대한 존중을 유지할 수 있을지에 대해 내게 조언을 요청했다. 그녀는 전쟁으로 인한 고통 때문에 군에서 복무하는 것에 대해 갈등을 자주 느낀다고 내게 털어놓았다. 동시에 더 깊은 사명감도 가지고 있었다. 그녀는 말했다. "제가 유해한 시스템의 필수적인 일부가 될까 걱정스러워요. 하지만 동시에 제가 내부에 있으면 군대 밖에서 변화를 위해 일하는 것보다 더 효과적이고 더 유력한 방식으로 내부에서부터 시스템을 바꿀 기회를 만들 수 있다고 생각해요."[126]

최근 아프가니스탄에 배치되었던 수잔은 의무병으로서의 그녀의 역할이 바른 생계(生計), 즉 '정명(正命)'이라고 느꼈다. 불교 용어인 정명은 윤리적인 일이라는 뜻이다. 그녀의 일은 윤리적이다. '어두운 곳으로 빛을 가져가고', 부상과 전쟁의 트라우마를 입은 사람들에게 존중 어린 보살핌을 제공할 기회를 그녀에게 주기 때문이다. 그러나 그녀는 자신이 뼛속까지 선한 사람으로서 때로 병적 이타심에 사로잡혀 있음을 알아차린다고 내게 털어놓았다. 그녀는 때로 자신이 직면하는 고통(공감 스트레스)과 격심한 업무 요구(소진)에 압도당했고, 자신의 견해로는 기본적으로 폭력에 기반하고 있는 집단에서 일하는 것에 대해 갈등(도덕적 고통)을 느꼈다.

나와 나눈 대화에서 그녀는 만약 불법적 명령을 수행하라는 지시를 받는다면 자신의 자존감을 유지하기 위해 불복종을 고려할 필요가 있음을 인정했다. 이러한 결심에도 불구하고 그녀는 갈등했다. "저는 단지 의료적 처치를 제공하는 데 그칠 것이 아니라, 더 깊은 연민을 가지고 그들이 목격하는 고통과 분노를 완화시키고 그것에 대처할 수 있도록 후배 의무병들을 계속 훈련시킬 수 있었어요. 영속적인 시스템 내부에서 나는 이의와 질문의 목소리를 계속 낼 수 있었지요. 그러나 이것으로 충분할까요? 내가 여기 있는 것이 암묵적 동의가 되지는 않을까요? 현재 상황을 침묵으로 승인하는 것이 되지는 않을까요?"

나는 수잔과 나눈 말들을 숙고했다. 부상자와 죽어 가는 이에게 절실히 필요한 보살핌을 제공하면서도, 동시에 자신의 진정성과 자기 존중을 훼손하고 있다고 느끼는 그녀의 갈등을 나도 느낄 수 있었다. 내 방법은 조언하기가 아니라 질문하기였다. 나는 아버지를 생각했고, 아버지의 도덕적 상해와 그로 인한 자기 존중의 상실이 내게 무엇을 가르쳤는지에 대해 생각했다. 또한 나는 전쟁의 트라우마로 고통받던 제자에 대해 생각했다. 그리고 무시, 괴롭힘과 폭력이 엄연히 존재하는 교정 시설 안에서의 자원봉사 경험을 떠올렸다.

나는 수잔에게 다음과 같이 썼다.

저는 당신의 상황에 대해 유사한 질문을 나 자신에게 했습니다. 또한 제가 교도소에서 자원봉사자로 일했을 때도 제 상황에 대해 비슷한 질문을 했습니다. 위해를 끼치는 기관 내부에 있음으로써 우리가 어떻게 구조적 폭력에 기여하고 있는지를 깊이 파헤쳐 봐야 한다고 생각합니다. 우리의 동기(퇴직 연금, 지위 등)는 우리를 타협하게 만들 수 있고, 그래서 우리는 심리적 타락을 겪게 됩니다. 왜냐하면 우리는 어떤 식으로든 타인에게 위해를 끼치고, 결국 자신에게도 위해를 끼치는 데 연루되기 때문입니다. 반면 우리가 시스템 내부에 있으면서 우리의 삶에 영향을 주는 가치관을 보여 주고 유지할 방법이 있을까요? 당신이 가지고 있는 질문으로 깊이 들어가 보세요. 그리고 앞으로 5년, 10년 후의 당신의 삶도 살펴보세요. …… 거기에서 무엇이 보이나요? 당신은 어떤 사람이 되고 싶으세요? 지금 당신은 누구인가요? 만일 살 날이 1년만 주어진다면 당신의 삶에서 무엇을 하기를 원하나요?

이런 서신 후 며칠 동안, 내 생각은 종종 수잔에게로 향했다. 자기 존중과 자신의 원칙에 대한 존중을 굽히게 하는 요인들은 아주 많다. 그것은 자신의 이상주의, 사회적 기대에 대한 무의식적 반응, 물질적 안정에 대한 욕망, 자신이 했기에 깨기 두려운 약속, 우리가 일부분인 시스템의 깊은 해악에 대한 인식 부족, 잘못된 이타심 등이다.

수잔은 곧 나와 다시 연결되었다. 그녀는 스탠딩락 사태를 추적해 왔고, 그 땅을 보호하려는 성직자와 신자들의 용기 있는 노력에 영감을 받았다. 그녀는 스탠딩락에서 물을 지키는 사람들을 진압하기 위한 어떠한 군사적 개입에도 참여하지 않겠다는 점을 분명히 했다. 그녀는 물을 지키는 사람들의 비폭력적 입장을 깊이 존경했고, 그들을 향한 폭력에 경각심을 가졌다.

이 시점에서 수잔은 '전쟁이 초래한 고통의 심연에 가장 직접적으로 처한 사람들 곁에서' 의무병으로서의 역할을 계속할 마음을 먹게 되었다. 하지만 그녀는 이의를 제기하는 것에 따르는 새로운 수준의 책임을 느끼게 되었다. 그것은 선제적인 공개 발언을 포함했다. 그녀는 다음과 같이 썼다.

> 저는 군법의 규정에 맞추어 침묵을 지킬 의무를 거부하고 있어요. 그렇게 함으로써 징계를 받거나, 군법 회의에 회부되거나, 군복을 벗게 될 위험을 받아들입니다. 군인으로서 정치적 논쟁에 개입하지 말라는 명령에도 불구하고 진실을 말해야 할 순간이 있습니다. 인정하건대 이것은 엄청난 위험처럼 느껴지고 불안을 일으킵니다. 그러나 저는 이것이 이 어려운 시기에 살며 존재하는 새로운 방식을 드러내 줄 것임을 확신합니다.

몇 주 후 수잔을 만났을 때, 그녀는 새로운 결정을 내렸다. 그녀는 양심적 병역 거부자(CO)로서 공식적 군인 지위를 신청하는 쪽으로 첫걸음을 내디뎠다. 수잔은 군에서 그녀에게 심리적 문제가 있음을 암시하며, 양심적 병역 거부자 신분에 대한 요구를 포기하도록 미묘하게 그녀를 괴롭히고 있다고 말했다. 그녀는 나를 쳐다보았고 우리는 둘 다 미소를 지었다. 나는 그녀가 완전히 정상일 뿐 아니라, 자신의 진정성이 이끄는 대로 자기 존중과 원칙에 대한 존중에 입각하여 의사 결정을 했다는 것을 알고 있었다.

자신의 딜레마를 탐색하는 동안 수잔은 주의 깊은 통찰의 과정을 거쳤다. 자신의 숙고 과정을 존중했고 속단을 자제했다. 어느 시점에서 그녀는 스스로의 가치관을 유지하기 위해 자신이 군법을 어기는 위험과 동료들의 비난을 기꺼이 감수하려 하고 있다는 것을 깨달았다. 결국 그녀는 양심적 병역 거부자 지위를 신청하는 것이 유일한 선택이라고 느꼈다. 나는 그 결정이 가볍게 내려지지 않았다는 것을 알고 있었다.

수잔과 다른 사람들의 경우에서 나는 존중과 무시가 다른 벼랑 끝 상태들과 함께 복잡한 생태계 안에 존재한다는 것을 배웠다. 타인에 대한 무시는 종종 건강한 이타심, 공감, 진정성의 결여를 보여 준다. 그러므로 의식적으로 이러한 자질을 활성화하게 되면 무시를 존중으로 전환하는 데 도움이 될 수 있다. 무시는 또한 도덕적 고통을 유발하는데, 수잔의 경우에서처럼 우리는 그것을 진정성의 훼손이라는 형태로 경험한다. 우리가 일하고 봉사하는 장소는 괴롭힘을 키우는 비옥한 땅이 될 수 있고, 일단 괴롭힘의 대상이 되면 소진은 더 빨리 온다. 그렇게 소진된 인도주의 활동가, 군인, 돌봄 제공자는 자신의 좌절감을 동료, 상사, 심지어 자신이 돕는 사람에게 집중시켜, 이들을 무시로 대하게 되기 쉽다.

    반대로, 존중은 나머지 네 개의 벼랑 끝 상태들에 힘을 불어넣는다. 이타심은 존중의 강력한 표현이다. 공감은 타인에 대한 무조건적 존중의 관문이 될 수 있다. 건강한 개인, 조직, 사회를 향한 도덕적, 윤리적 원칙에는 곳곳에 존중이 깃들어 있다. 그리고 참여는 존중으로 향상될 수 있다. 나는 가끔 문화권마다 다른 형태로 공유되는 위대한 황금률에 대해 생각한다. "남에게 대접받고자 하는 대로 남을 대접하라." 이 격언은 타인에 대한 존중, 원칙에 대한 존중 그리고 자기 존중을 담고 있다.

# 존중을 지원하는 수행

# 4

무시를 지혜롭게 다루는 방법은 무엇일까? 무시가 내면에서 일어남을 느끼든 아니면 자신이 무시를 받는 쪽이든 말이다. 어떤 수행이 우리를 지원해 줄 것인가? 존중에 기반을 둔 수행, 그리고 더 많은 존중을 키우도록 해 주는 수행은 무엇일까?

## 드라마 삼각 구도

우파야 불교 성직자 수련 프로그램에서는 무시, 두려움, 무력감과 관련된 대인 관계의 역학을 분석하고 처리하기 위한 사회적 모델로서 스티븐 카프맨의 '드라마 삼각 구도'를 가르친다. 직장에서든 가정에서든 또는 교우 관계에서든 우리들 대부분은 머잖아 '드라마 삼각 구도'에 휘말린다. 그 자체로는 불교가 아니지만, 이 모델은 불교적 성향이 있다. 이것은 해로운 상호 작용에 대한 우리의 습관적이고, 두려움에 기초한 반응을 알아차리도록 돕는다. 이 모델은 또한 진정으로 우리가 누구인지 더 깊이 들여다볼 수 있도록 시야를 열어 준다.

'드라마 삼각 구도'는 사람들이 가해자, 피해자, 구조자 배역을 맡는 역할의 관계도를 만든다. 전형적으로 드라마는 가해자가 피해자를 적대할 때, 또는 피해자가 가해자의 공격을 인식하거나 심지어 찾아낼 때 시작된다. 위협과 무시를 느끼면 피해자는 구조자에게 도움을 요청하거나, 구조자가 상황을 바로잡기 위해 자원한다. 구조자는 보통 그들이 이타심에서 행동한다고 믿지만, 이것은 종종 구조자의 자아를 강화시키고 피해자를 계속 의존적으로 만드는 병적 이타심의 한 유형이 된다.

배우들이 자신의 역할을 연기하면서, 삼각 구도는 안정성을 잃는다. 머잖아 역학 관계가 전환되고 이와 함께 역할도 전환된다. 예를 들어 구조자가 피해자의 요구에 분개할 때 피해자의 역할로 전환하게 되고, 피해자는 새로운 가해자가 될 것이다. 또는 구조자가 화가 나서 비난에 돌입하며 가해자가 될 수도 있다. 가해자는 학대받았다고 주장하며 피해자의 역할을 택할 수도 있다. 사실 어떤 역할을 하고 있든 배우는 어떤 다른 역할로도 전환할 수 있다.

드라마 삼각 구도와 괴롭힘의 연결은 분명하다. 가해자와 피해자는 구조자를 끌어들이는 조건인 수평적·수직적 적대감을 조성하는 데 필수 요소다. 게다가 폭정이나 괴롭힘을 당했다고 느끼는 사람은 가해자에게 수치심을 주고 비난하는 과정에서 자연스럽게 가해자 역할로 이동할 수 있다. 또는 구조자는 가해자의 역할을 취하기 위한 핑계로 가장된 존중을 사용할 수도 있다.

드라마 삼각 구도의 저변에는 개인의 책임과 권력 간의 연결이 있다. 피해자는 자신의 권력에 책임지지 않고, 대신 자신을 구해 줄 구조자를 끌어들이려 한다. 구조자는 자신을 위해 책임지지 않고, 확인된 피해자를 위해서 책임진다. 또한 가해자는 자신의 행동에 대한 책임을 거부하면서, 자신이 고통에 기여했음을 부인한다.

이러한 고장난 역학 관계를 깨기 위해서 우리는 더 넓은 관점에서 상황을 바라볼 수 있어야 하고, 어려운 상황에서 우리 몫의 책임을 져야 한다. 우파야 불교 성직자 수련 프로그램이 진행되는 동안 플릿 몰은 어떻게 하면 드라마 삼각 구도에서 빠져나올 수 있는지에 대한 좋은 지침을 제공한다. 자신의 감정을 촉발하는 상황을 알아차리고, 이 순간에 머물라. 개인적으로 받아들이지 말라. 추측하지 말라. 내적·외적 경계를 잘 유지하라. 명확한 합의를 만들고 지켜라. 필요하다면 새로 협상하라. 전체적 시야를 유지하라. 그리고 취약성, 책임, 자기 책임, 신뢰, 유대감, 대담성과 같은 자질들과 함께 일하라.

## 말의 다섯 문지기

드라마 삼각 구도와 함께 일할 수 있는 강력한 자산은 바른 말, 즉 '정어(正語)'로서, 연결과 돌봄의 기반 중 하나에 해당하는 불교 수행이다. 미국에서 선(禪) 지도자들이 우리가 거하는 시스템에서 말의 역할을 깊이 탐구하기 시작했을 때, 우리는 무시와 비난이 가족 구조, 직장, 종교 공동체에서 얼마나 자주 발견되는지 알게 되었다. 우리는 적합한 의사소통 도구로서 붓다의 가르침에 원천을 둔 '말의 다섯 문지기'라는 질문을 사용하기 시작했다. 이를 실천한다는 것은 입을 열기 전에 먼저 다음 사항을 고려한다는 것을 의미한다.

1. 사실인가?
2. 친절한가?
3. 이득이 되는가?
4. 필요한가?
5. 적절한 때인가?

이 질문은 우리가 말하고 싶은 것이 지금 필요한지, 정말 도움이 될 것인지를 깊이 들여다보는 방법이다. 이 순간은 상황을 전환하기 위해 우리의 말이 필요한 순간인가? 우리의 의견이 괴롭힘, 무시, 또는 무력감으로 받아들여지지는 않을까?

이 질문에 대답할 때, 나는 틱낫한 스님이 여러 해 동안 강조한 정어의 중요한 요소를 기억해야 했다. 불공정, 무시, 위해, 학대, 괴롭힘, 폭력의 상황에서 연민의 이름으로 그것은 해악이라고 크게 외치는 것이 우리의 책임이다. 틱낫한은 정어라는 불교 계율을 다음과 같이 해석한다. "개인의 이익을 위해, 또는 사람들에게 잘 보이기 위해 거짓을 말하지 말라. 분열과 증오를 일으킬 수 있는 말을 내뱉지 말라. 확실히 알지 못하는 소식은 퍼트리지 말라. 확실하지 않은 것을 비판하거나 비난하지 말라. 항상 진실하게 건설적으로 말하라. 자신의 안전을 위협받을지라도 정의롭지 못한 상황에 대해 외칠 용기를 가져라."[127] 정어는 용기 있는 말이다. 연민과 함께하는 두려움 없는 말은 진정한 존중에 기반해 있다. 또한 이것은 드라마 삼각 구도에서 빠져나올 방법이기도 하다.

## 자신을 타인과 교환하기

공감, 친절, 통찰 그리고 연민은 무시에 대한 강력한 해독제다. 이것에 유의하면서 나는 '자신을 타인과 교환하기' 수행이 존중을 심화하는 데 큰 힘이 되고, 무시를 당했을 때 지혜를 키우고 회복력을 강화하는 데 도움이 된다는 것을 발견했다.

이 수행은 8세기 인도 승려이자, 보살의 길에 대한 안내서인 『입보리행론』을 저술한 산티데바에 의해 그 개요가 서술되었다.

우리는 먼저 타인에게 이익이 되고자 하는 우리의 염원, 그리고 존재들 모두가 고통에서 벗어나기를 원한다는 점을 상기하는 것으로 시작한다.

그러고 나서 자신의 이기심과 자기애가 어떻게 진정한 행복을 가져다주지 못했는지 정직하게 생각해 본다. 지금까지 우리의 웰빙에 자양분을 준 것은 존중하는 것, 사랑하는 것, 타인을 돌보는 것이었다.

깊이 들여다보면서 우리는 또한 우리의 신체든 먹는 음식이든 입는 의복이든 사는 집이든 심지어 숨 쉬는 공기든 우리에게 이익을 준 모든 것이 타인에게서 왔다는 점 또한 알아야 한다.

그런 다음 한편으로 보면 자신과 타인 간에는 차이가 없고, 모든 존재와 사물은 완전히 상호 의존적이며, 존중과 보살핌을 받을 가치가 있음을 이해하는 것이 중요하다.

비록 우리 대부분이 주의를 기울이는 것은 보통 자신이지만, 이제는 관심과 사랑을 타인에게 두도록 한다.

자기애를 타인애로 교환하는 이 부분의 수행을 위해 고통받는 어떤 존재를 마음에 가져온다. 자신이 그 사람으로서 그의 삶을 살고, 그의 어려움을 견디는 것을 상상한다.

그의 고통을 검은 연기로 상상하고 그것을 들이마신다. 날숨에서 그 사람에게 자신의 모든 좋은 특성을 보낸다.

이 수행을 한동안 한 후, 자신의 넓은 마음으로 돌아와 조건 없는 현존 속에서 쉬도록 한다.

타인의 안녕을 위해 공덕을 회향하면서 수행을 마친다.

이 수행은 우리가 타인에 대한 사랑과 존중을 닦는 강력한 방법이다.

## 존중이라는 벼랑 끝에서의 발견

# 5

불교에서는 각자가 겪는 고통의 뿌리를 깊이 들여다보려고 한다. 우리는 괴롭힘 가해자에게서, 폭군에게서, 학대자에게서 앙굴리말라를 알아볼 수 있다. 즉, 자신이 진정 누구인지 재발견하기 위해 적절한 환경이 필요한 사람 말이다.

그리고 다음으로 마라가 있다. 그는 부처님의 생애 동안 반복해서 나타나 붓다를 위협하려고 했던 '악마'다. 틱낫한이 쓴 것처럼 붓다는 마라에게 "안녕, 오랜 친구. 나는 너를 알아."라고 대응했을 것이고, 마라는 달아났을 것이다.[128] 이 이야기의 다른 버전에서 붓다는 마라에게 자신이 그를 정복하는 데 사용할 수 있는 개인적 강점을 열거했다. "나는 믿음과 힘을 가지고 있다. / 그리고 지혜도 있다. …… 세상과 모든 신들이 / 이길 수 없을 것 같은 너의 무수한 군대를 / 나는 지금 지혜로 깨트릴 것이다, 돌로 진흙 항아리를 깨듯이."[129] 마라가 도망친 후 붓다는 모든 장애를 극복했다는 의미인 '승리자'로 불렸다. 붓다는 마음의 번뇌를 변화시킬 힘을 가졌다.

마라는 우리의 고통, 우리의 증오, 우리의 집착, 우리의 혼란, 우리의 미혹, 우리의 두려움을 나타내는 원형이다. 아마도 자신의 마라를 만날 때, 우리도 어느 정도의 연민으로 "안녕, 오랜 친구. 나는 너를 알아."라고 말할 수도 있다. 이해와 존중에 마음의 중심을 두고 압제의 충동에 저항할 수도 있다. 우리도 또한 붓다의 믿음, 힘, 지혜의 공식을 사용하여 우리의 개인적 마라를 극복하여 자유를 찾을 수도 있다.

『정진의 경(Padhana Sutta)』에서 마라는 불평한다. "칠 년 동안이나 발자국마다 부처를 뒤쫓았지만 / 알아차림을 확립한 부처에게 나는 기회가 없었다. / 한 까마귀가 고기처럼 보이는 돌 주변을 맴돌면서 / '맛 좋은 먹이를 발견할지도 몰라.'라고 생각하다가 / 실망과 함께 멀리 날아가듯이 / 혐오감 속에서 나는 고타마 붓다를 포기한다."130

폭군을 계속 기쁘게 할 어떤 먹이도 주지 말라. 고기처럼 보이는 돌이 되어야 한다. 폭군이 우리 안에 있든 외부 공격자든, 우리는 먼저 자신을 깊게 들여다보아야 한다. 우리는 폭군의 고통과 미혹에 대해 두려움 없는 연민을 키울 수 있다. 그렇게 우리는 자기 마음의 억압 상태를 키우지 않기 위한 통찰을 얻을 수 있다. 우리는 또한 자신을 향한 연민과 자신의 강점에 대한 인식을 키울 수 있다. 자기 존중심이 강할 때, 타인을 모욕할 필요가 없어진다.

우리가 무시의 심연 쪽으로 기울어진 벼랑 끝에 서 있을 때, 우리의 불편감은 우리를 내면으로 향하게 해 타인에 대한 연민을 발견하는 방향으로 이끌어 준다. 나아가 그 불편감은 존중과 사랑의 힘을 통해 어려운 관계와 조직을 어떻게 변화시킬 수 있는지를 발견하게 해 준다. 이런 경험들은 우리의 습관적 반응을 바꾸게 하고, 능숙하고 연민 어린 의사소통을 배우게 하고, 동료 인간과 모든 존재와의 상호 연결이 갖는 치유의 힘을 깨닿게 하는 관문이 될 수 있다. 타인을 높이는 법을 배우면서 우리 자신 역시 높아진다.

# 5

참여

분주함으로는
깨달음을 얻을 수 없다

수년 전 우파야 선원에서 건물 한 동을 재건축할 때의 일이다. 나는 흙벽돌을 천천히 조심스럽게 쌓고 있는 젊은 멕시코인 근로자에게 눈길이 갔다. 건물이 완공될 때까지 그는 한결같은 모습으로 마음챙김을 이어가며 일했고, 배관 공사를 하든 미장 공사를 하든 얼굴에는 종종 옅은 미소를 볼 수 있었다. 프로젝트가 끝날 무렵 나는 호세를 잡역부로 우파야에 머물도록 초대했다.

호세는 우파야의 일상생활 흐름으로 스며들었고, 선원 거주자들과 손님들에게 영감을 주었다. 어느 날 정원 프로젝트로 호세와 함께 일하던 중 17세기 일본의 바쇼 선사와 한 승려의 문답이 떠올랐다. 승려가 바쇼에게 물었다. "선사님이 하는 수행의 핵심은 무엇입니까?" 선사는 대답했다. "무엇이든 필요한 일을 하는 것." 바쇼와 마찬가지로 호세도 자신의 작업이 영적 수행인 것처럼 기능적으로뿐만 아니라 실존적으로 필요한 모든 일에 종사하고 있었다. 배관 문제를 해결하든, 전기 고장을 고치든, 홍수 대비를 하든, 호세는 완전한 연결감을 가지고 스트레스 없이 일에 임했다.

물론 호세는 반항적인 청소년들이 가득한 교실에서 일한 것은 아니었다. 죽어 가는 사람의 만성 통증에 대처한 것도 아니고, 실업자들의 정서적 요구를 다룬 것도 아니다. 고통이 일상인 환경에서 일하는 사람들은 지치고 낙담할 위험이 있다. 그럼에도 불구하고 나는 건강한 참여가 모든 직업에 영향을 미칠 수 있다고 믿는다.

저소득층 동네에서 초등학생을 가르치는 동료가 있다. 그녀는 명상으로 수업을 시작한다. 아이들의 그림이 벽에 걸려 있고, 창틀에는 자라는 식물들이 늘어서 있다. 그녀의 학생들은 수학에서 동일 연령대 중 상위권에 있다. 그녀는 그것이 학생들이 하루를 시작하는 방식 때문이라고 여기며, 그녀 역시 자신의 하루가 좋다고 말한다. 나는 유권자의 요구를 절대 외면하지 않을 것처럼 보이는 '러스트 벨트'[131]의 한 정치인과 가깝다. 그는 심지어 수도 워싱턴의 복잡한 정사를 다룰 때도 항상 미소를 짓고 있다고 들었다. 그는 오랜 명상 수행자다.

그리고 회사의 우선 사항을 비전 공유뿐 아니라 이익 공유로 전환한 대표가 있다. 그녀는 네 명의 건강한 자녀를 동시에 키웠으며 자신도 번창하고 있다. 그리고 켄터키의 시인 농부는 심지어 근처의 산꼭대기가 폭파되고 있는 중에도 환경에 대한 책임의 원칙을 굳게 지키고 있다. 그의 유머, 기술에 대한 혐오, 땅과 시에 대한 사랑은 균형 잡히고 건전하며 다작을 이어 가는 삶으로 시인을 이끌어 준다.

나는 그들 모두에게서도 배웠지만 아마도 특히 호세에게 많은 것을 배웠다. 그와의 우정을 통해 나는 우리의 보다 깊은 정체성이 우리가 하는 일 자체보다는 그 일을 어떻게 마음에 품는가에 달려 있음을 알게 되었다. 즉, 벽돌을 쌓든, 법을 만들든, 죽어 가는 사람들과 함께 있든, 하는 일에 어떻게 참여하는가가 중요한 것이다.

심리학자 크리스티나 마슬락 박사에 따르면, '참여'라는 용어는 우리가 일이나 봉사와 맺은 건강한 관계를 설명하는 방법이다. '소진(燒盡, burnout)'은 직업과 맺은 건강하지 못한 관계에서 발생하는 피로와 낙담이다. 참여와 소진을 검토하면서 나는 참여가 벼랑 끝 상태임을 깨달았다.

참여라는 단단한 땅 위에 서 있을 때, 우리는 일에서 힘을 발견한다. 타인을 돕는 일에는 힘든 순간도 있겠지만, 우리는 전반적으로 하는 일에 몰두하고 만족한다. 우리의 생계 수단은 우리 자신의 삶의 질을 높이는 동시에 이상적으로는 타인의 삶의 질 또한 높인다. 그러나 너무 많은 시간을 불안정한 상황에서 너무 적은 정서적 보상을 받고 일한다면, 또는 우리의 노력이 타인에게 긍정적 영향을 미치지 못한다고 느낀다면, 우리는 견딜 수 있는 극단까지 내몰릴 수 있다. 그곳은 자칫하면 벼랑 끝 너머로 추락할 수 있는 곳이다. 소진이라는 암울한 풍경 속으로 떨어지면, 우리는 지치면서 사기가 꺾이고 일에 대한 애정과 기호를 잃으며 일하고자 하는 욕구를 잃어버리게 된다.

과로라는 폭력은 습관화되기 쉽고, 우리는 빠져나오기 힘든 소진의 수렁에 갇히게 된다. 어떤 사람들은 여러 해 동안 거기에 갇혀 자신의 열정을 다시 점화할 수 없게 되기도 한다. 그러나 소진을 벗어나 타인과 자신에게 자양분을 공급하는 생활로 돌아올 길을 찾는다면, 우리는 회복력을 발견할 수 있고 어쩌면 지혜도 발견할 수 있다.

## 참여라는 높은 벼랑 끝에서

# 1

불교에는 중국 당나라 시대의 고승 백장 회해(百丈懷海) 선사의 유명한 일화가 있다. 선량한 중국인이 그랬던 것처럼 백장은 평생 동안 매일 일했다. 제자들이 그의 연장을 숨기는 날을 제외하고 말이다. 그 무렵 백장은 꽤 고령에 이르렀고, 제자들은 스승이 잠시라도 쉬면서 일해야 한다고 생각했다. 그러나 백장은 이런 장난을 받아들이지 않았다. 일 없이는 덕도 없다며 이의를 제기했다. "하루 일하지 않으면 하루 먹지도 말라."라고 선언하고는 제자들이 물러나서 자신을 일터로 보내 줄 때까지 단식했다. 백장의 이 명언은 1,200년 넘게 선(禪)의 지도 원칙이 되었다. 즉, 선의 근로 윤리, 참여의 윤리, '무엇이든 도움이 되는 것'이 되라는 윤리가 되었다.

**에너지, 관여, 효능**

저명한 소진 전문가 마슬락 박사에 따르면 일에 대한 참여에는 에너지, 관여, 효능이라는 특징이 있다.[132] 참여할 때 우리는 일에서 자양분을 얻는다고 느낀다. 우리에게는 개인적 주체성이 있고, 결과를 가져올 수단이 있다. 우리의 일이 타인과 자신, 어쩌면 세상에도 변화를 가져온다는 느낌이 있다. 자기 몫의 좌절과 저항은 당연히 경험하겠지만, 일에 대한 헌신과, 바라건대, 일에 대한 사랑은 만족스럽지 않은 시간에도 삶의 기복에 대처할 힘과 지혜를 우리에게 준다.

베네딕토회 수사 데이비드 스타인들-라스트(David Steindl-Rast)와 함께 진행했던 프로그램에서, 그는 소진의 해독제가 꼭 휴가를 가는 것은 아니라고 했다. "바로 온 마음(wholeheartedness)입니다!"라고 그는 기쁨에 넘쳐 외쳤다. 나는 '온 마음'이라는 말을 좋아한다. 우리 마음의 전부가 참여하는 것을 의미하기 때문이다. 온 마음은 우리가 하는 일에 대한 진정한 유대감과 사랑을 가리킨다. 이어진 대담에서 데이비드 수사는 참여가 소진을 피하기 위한 그만의 개인적 전략이라고 말했다.

시인 데이비드 와이트는 자신에게 상담을 해 주었던 데이비드 수사와 나눈 중요한 대화를 내게 들려주었다.

> 당신은 하나부터 열까지 속속들이 피곤합니다. 왜냐하면 이 조직에서 당신이 하는 일의 절반은 당신의 진정한 힘이나 당신이 삶에서 도달한 곳과는 아무런 관련이 없기 때문입니다. 당신은 절반만이 여기 있고, 여기 있는 그 절반은 얼마 후 당신을 죽일 겁니다. 당신의 모든 힘을 쏟을 수 있는 무언가가 필요합니다. …… 백조가 어색한 몸짓을 고칠 수 있는 방식은 자신의 등을 때려서도, 더 빨리 움직여서도, 자세를 더 잘 가다듬어서도 아닙니다. 백조는 자신이 있어야 할 자연 그대로의 물 쪽으로 움직임으로써 그렇게 합니다. 물과의 단순한 접촉으로

백조는 은혜와 현존을 얻습니다. 당신도 자신의 삶에서 원초적인 물과 만나기만 하면 됩니다. 그러면 그것이 모든 것을 변화시킬 것입니다. 하지만 당신은 지금 서 있는 땅을 버리고 그 물속으로 자신을 내려놓아야 합니다. 그게 힘들 수 있습니다. 특히 익사할지도 모른다고 생각한다면요.

데이비드 수사는 계속 말했다.

이렇게 불안한 마음으로 자신을 내려놓는 것은 …… 용기를 필요로 합니다. 영어에서 '용기(courage)'라는 말은 프랑스어 '심장(coeur)'에서 유래합니다. 당신은 진심 어린 무언가를 해야 하고, 그것도 곧 해야 합니다. 이 모든 애쓰는 노력을 멈추고, 자신을 내려놓고, 아무리 어색하더라도 자신이 원하는 일이라는 물속으로 내려가십시오. 당신의 일이 무르익을 때까지 이차적인 무언가를 하며 생활해도 괜찮습니다. 하지만 당신의 일이 확실한 충만함으로 무르익으면 거두어들여야 합니다. 당신은 이미 무르익었고, 거두어들여지기를 기다리고 있습니다. 당신의 고갈은 내적 발효의 한 형태입니다. 당신은 아주 천천히, 덩굴에 매달려 썩기 시작하고 있습니다.[133]

덩굴에 매달려 썩고 있다니, 설마! 그 불편한 운명을 피하려면 자신과 세상을 위해 원하는 일이라는 물속으로 내려가서, 우리가 일하는 방식에서 충만의 자리, 온 마음의 자리를 찾아야 한다.

마슬락 박사에 따르면, 자신이 하는 일과 참여적 관계를 형성하고 일에서 목적 의식과 주체 의식을 찾은 사람들은 소진을 잘 겪지 않는다. 그들은 자신을 삶의 물속으로 내려놓는다. 연구원 아얄라 파인스는 일반 관찰자에게는 따분하게 보이는 직업인 보험 설계사를 연구했다. 그녀는 화재, 홍수 등과 관련된 정신적 외상 경험에서 살아남은 설계사가 소진 없이 오랫동안 일할 수 있었던 것은, 그들이 자신의 직업에 깊은 소명감을 느꼈고 또 자신이 하는 일이 진정 사람들을 돕는 일이라고 믿었기 때문임을 발견했다.[134]

동일한 일을 하는데 어떤 사람은 소진되고 어떤 사람은 그렇지 않은 이유는 무엇일까? 나는 우리 대부분이 감당할 수 없는 직업에서 오직 희망만을 얻은 듯한 어떤 가족의 일화를 듣고 감동한 적이 있다. 2012년 코리 샐처트와 남편 마크는 '호스피스 아기'라 부르는 시한부 생명의 아기들을 입양하기 시작했다. 샐처트 부부는 이미 여덟 명의 친자식이 있었다. 하지만 그들은 복잡한 돌봄을 감당할 수 없어서, 또는 아기의 죽음을 차마 지켜볼 수 없어서 친부모가 포기한 아기들을 데려오는 것이 자신들의 소명이라 여겼다.

위스컨신주 쉐보이건에서 주산기 사망[135]을 담당했던 전직 간호사 코리는 이 일을 떠맡을 전문성을 갖추고 있었다. 그녀는 또한 온정이 있었다. 코리 가족이 입양한 첫 번째 호스피스 아기는 심각한 뇌 이상을 가지고 태어난 생후 2주 된 무명의 여아였다. 그들은 아기 이름을 에마린이라고 지었다. 에마린은 코리의 품에서 죽기까지 50일을 살았다. 코리는 말했다. "50일 동안 에마린은 사람들 대부분이 평생 산 것보다 더 많이 살았어요."[136]

다음으로 이 가족은 생명 유지 장치를 달고 있는 18개월의 찰리를 입양했다. 거추장스러울 수 있는 장치에도 불구하고 가족은 할 수 있을 때마다 찰리를 데리고 소풍을 나갔다. 코리는 『쉐보이건프레스』 기자에게 말했다. "아기는 죽을 것이고, 아무것도 그 사실을 바꿀 수 없어요. 하지만 우리는 아기가 사는 방식은 변화시킬 수 있어요. 찰리에게 그 변화는 죽기 전까지 그가 사랑받으리라는 것이지요."[137]

이 일화에는 이타심의 이야기와 용감하고 몰아적인 참여의 이야기가 있다. 코리 가족은 죽어감과 죽음을 목격하면서도 삶이라는 물속에서 진실로 수영을 하고 있다. 이 놀라운 가족은 어떻게 소진을 모르고 살 수 있을까? 코리는 가족의 강한 목적 의식과 기독교 신앙의 힘을 말한다. 그들은 또한 서로와 함께했다.[138] 가족 모두가 무조건적 사랑과 연결의 실천에 열려 있었고, 이것이 소진을 저지하는 요인이었다.

나는 위대한 수피 시인 루미의 말을 종종 상기한다. "우리가 사랑하는 아름다움이 우리가 하는 것이 되게 하라. 무릎을 꿇고 땅에 입 맞추는 방법도 수백 가지가 있다." 이 가족이 죽어 가는 아기들에게 한 일은 아름답다. 그리고 이런 아름다움은 온 마음과 다르지 않다.

## 분주함의 선물

코리 가족이 엄청나게 바쁜 것은 의심할 여지가 없다. 죽어 가는 아기들을 보살피기 위해서는 많은 시간과 무수히 많은 작은 일들이 필요하다. 그러나 우리 문화에서 분주함은 양날의 검과도 같다. 그것은 건강한 참여의 표현일 수 있고, 깊은 봉사의 방식일 수 있고, 영감과 믿음의 결과일 수도 있다. 또는 늘어나기만 하는 할 일 목록, 약속들, 어수선함과 함께하는 중독으로 변할 수도 있다. 또는 동시에 양쪽 모두가 될 수도 있다.

어떤 면으로 분주함은 신경 화학 물질인 도파민이 사주하는 행동을 추구하는 것이다. 도파민은 우리에게 동기를 부여하고, 뭔가를 원하고 추구하도록 우리를 이끈다. 그것은 우리의 각성 수준을 증폭시키고, 호기심을 자극한다. 도파민은 우리 뇌의 검색 엔진을 구동시키는 휘발유라고 부를 수도 있다. 도파민은 또한 우리의 사고 과정을 개선하고, 우리의 정서적 삶에 에너지를 가져올 수 있다. 신경 과학은 목표 달성보다는 목표를 추구하는 행위가 도파민을 더 많이 생산해냄으로써 인간의 만족도를 높일 수 있음을 보여 준다.[139]

중년·노년의 미국인을 대상으로 한 최근 연구는 분주함과 참여가 정신 기능에 유익한 효과를 줄 수 있다는 점을 시사한다. 한 연구에서는 바쁜 삶을 살아온 50세 이상의 사람들은 뇌 처리 속도, 특정 사건에 대한 기억, 추론 능력, 어휘력을 포함한 인지 기능의 영역에서 더 높은 검사 수치를 보였다.[140]

이 연구는 일생 동안 거의 매일 일했고 장기 명상 수행자이기도 했던 자선가 로렌스 록펠러를 떠오르게 한다. 90대 초반까지도 그는 환경 보호에서 벤처 기업 투자에 이르기까지, 사업에서 불교에 이르기까지 영역을 확장하면서 활동적으로 참여했다. 94세가 되던 어느 날, 그는 평소처럼 록펠러 센터의 5600호 사무실로 출근했다. 아침 시간이 끝나갈 무렵, 그는 몸이 좋지 않아 집으로 돌아와 휴식을 취했다. 그리고 곧 평화롭게 운명했다. 마지막까지 그는 예리한 지성을 유지했고, 의욕과 호기심이 많았으며, 유머가 넘쳤다.

내가 만년의 로렌스를 알게 된 것은 행운이었다. 우파야 선원을 설립했을 때, 튼튼하고 번영하는 기관이 되려면 어떤 구조가 필요한지 안내해 준 것도 그였다. 소진을 피하기 위해서는 무슨 일이 일어나든 열린 마음으로 기꺼이 위험을 감수할 뿐만 아니라, 감탄, 감사, 유머, 호기심 등의 덕목을 기르는 것이 중요하다는 것도 로렌스에게 배웠다. 그는 또한 자신과 타인에게 큰 기대를 하지 말고, 결과에 얽매이지 말며, 타인을 유익하게 하려 그저 최선을 다할 것을 가르쳤다. 해가 가면서 그의 교훈은 내게 매우 귀중한 것임이 입증되었고, 우파야가 커다란 조직으로 성장함에 따라 나의 리더십에도 영향을 미쳤다.

여러 해에 걸쳐 나는 이곳 우파야와 우파야 사람들을 돌보고, 정기적 명상 수행을 실시하는 일에 전적으로 참여했다. 더하여 나는 세계 곳곳에서 가르치는 일과, 봉사 프로젝트를 진행하는 일에도 전적으로 참여했다. 그런 활동은 내 건강에 좋았다. 나는 내 일을 사랑한다. 나는 나의 제자들, 내 연구들, 내 수행을 소중히 여긴다. 이것은 어떤 연령의 사람에게나 충만하고 실질적인 삶이다. 연구에 따르면 발표를 하거나 프로젝트 마감을 맞출 때 느끼는 스트레스조차도 운동 스트레스와 비슷한 유익한 효과를 몸에 가져온다고 한다. 즉, 면역 세포를 활성화시키고, 기억력과 학습능력을 강화시킬 수 있다. 지금까지는 다 좋다.[141]

우리의 일에 연결감과 목적 의식, 헌신과 온 마음, 믿음과 기쁨을 불어넣을 수 있을 때, 우리는 건강한 참여라는 벼랑 끝에 설 수 있다. 그러나 우리의 일이 강박적이고 중독적인 성격을 갖게 될 때, 그리고 두려움의 건조한 녹 맛을 입으로 느끼면서 도파민 순환 고리에 사로잡히게 될 때가 있다. 마슬락 박사에 따르면 그럴 때 냉소와 소진이 뒤따라온다.

일은 우리의 에너지에 관한 것이다. 심지어 '일(work)'이라는 말조차도

'에너지(energy)'라는 말과 같은 뿌리를 가지고 있다. 일을 통해 우리는 세상으로, 타인에게로, 그리고 우리 자신에게로 에너지를 전달한다.

나는 제자들에게 말한다. "의미 있는 일의 강력한 벼랑 끝으로 가서 최선을 다하라. 하루하루를 잘 사용해서 타인을 진정 유익하게 하고, 자신에게도 기쁨을 주어라." 내 생각에 타인과 세상에 대한 사랑을 위해 건강하게 헌신적으로 일하는 것보다 더 보람된 일은 인생에 없다.

그래서 상대가 의사든 교사든 회사 대표든 인권 운동가든 벽돌공이든 예술가든 엄마든 좌복에 앉은 선 수행자든 나는 한번 해 보라고 말한다. 온 마음을 다하라, 그리고 "우리가 사랑하는 아름다움이 우리가 하는 것이 되게" 허용하라.

# 참여라는 벼랑 끝에서 떨어진다는 것
## - 소진 -

# 2

참여가 균형을 잃고, 우리가 하는 일이 두려움, 현실 도피, 강박에 의해 이끌려 가는 것 같을 때, 우리는 소진(燒盡, burnout)에 취약해진다. 소진은 피로, 비관적인 생각, 냉소, 심지어 신체적 질병에 대한 암울한 경험이며, 우리가 하는 일이 우리 자신을 포함한 그 누구에게도 거의 또는 전혀 도움을 주지 못한다는 느낌을 수반한다.

소진의 경험을 이해하기 위해, 나는 이 용어를 유명하게 만든 사람의 삶에 대한 글을 읽어 보았다. 개인사를 자세히 살펴봤을 때, 프로이덴버거 박사는 소진 그 자체로 고통받았던 것 같지는 않다. 하지만 분명히 그는 소진을 연구하고 그 과정을 도식화하는 데에 집착에 가까울 정도로 참여했다.

허버트 프로이덴버거(Herbert Freudenberger)는 히틀러가 권력을 잡기 불과 7년 전에 독일의 유대인 가정에서 태어났다. 가족의 공장이 압류되고 할머니가 나치에게 구타당한 후, 프로이덴버거는 열두 살에 아버지의 여권을 사용하여 혼자 독일을 떠났다. 그는 뉴욕으로 배를 타고 와서 의붓숙모와 함께 살았다. 소년을 돌보는 대가로 그의 아버지가 약속했던 돈을 받을 수 없다는 사실을 깨닫자, 의붓숙모는 그를 다락방에 두고 등받이가 수직인 의

자에 재웠다. 프로이덴버거는 열네 살에 이 견딜 수 없는 상황에서 탈출하여 맨해튼 거리에서 노숙자로 살다가 종국에는 사촌 집에서 살게 되었다.

마침내 부모가 미국으로 탈출하자 프로이덴버거는 그들을 부양하기 위해 공장에서 일했다.[142] 그러면서 브루클린대학의 야간 학교를 다녔는데, 거기서 저명한 심리학자인 아브라함 매슬로를 만났다. 매슬로는 그에게 심리학을 배우도록 격려했고 그의 멘토가 되었다. 프로이덴버거는 공장에서 일을 계속하면서 석사와 박사 학위를 취득했다.

이 모든 일이 있은 후 1958년에 프로이덴버거는 정신 분석 진료를 성공적으로 시작했다. 1970년대에는 이스트 할렘에 있는 약물 중독자를 위한 무료 진료소에서 일하기 시작했다. 사무실에서 하루 종일 일한 다음에 자원봉사를 했던 것이다. 무료 진료소 및 다른 치료 공동체에서 프로이덴버거는 정신 건강 상담사와 약물 남용 상담사들이 환자의 치료 결과로 인해 사기가 저하될 때 어떤 현상이 일어나는지를 관찰했다. 1974년 그는 아마도 그레이엄 그린의 소설 『말기 환자(*A Burnt-Out Case*)』에서 영감을 받아 '소진(燒盡, burnout)'이라는 용어를 도입했다. 이 일은 그를 미국 최고의 심리학자 중 한 사람으로 만들었다.

프로이덴버거는 73세에 사망하기 3주 전까지 하루 14~15시간, 일주일에 6일을 일했던 추진력 있는 사람이었다. 그의 아들 마크 프로이드는 『뉴욕타임스』에서 아버지에 대해 이렇게 말했다. "불행히도 어린 시절은 결코 그를 떠나지 않았다. 그는 매우 복잡한 사람이었고, 자신이 받은 가정 교육 때문에 깊은 갈등을 겪었다. 그에겐 어린 시절이라 할 만한 것이 없었다. 그는 살아남은 자였다."[143] 우리는 그의 소진 연구에서 실제 대상이 그 자신이었는지에 대한 의문, 또 그 자신이 참여의 건강한 영역 내에 머무를 수 있었는지에 대한 의문을 가질 필요가 있다. 그럼에도 불구하고 소진은 그의 삶의 명분이었고 그의 직업적 정체성이 되었다.

프로이덴버거는 소진을 다양하게 정의했다. '직장 생활로 인해 발생하는 정신적이고 신체적인 고갈 상태' 그리고 '동기 또는 의욕의 소멸, 특히 명분이나 관계에 대한 헌신이 원하는 결과를 얻지 못하는 경우에서의.' 프로이덴버거와 동료 게일 노스에 의하면 소진은 특정한 줄거리를 따르는 경향이 있다. 먼저 일에 100% 몰입하여 자신의 가치를 증명해야 한다고 느낀다. 매우 열심히 일한 나머지 가족 구성원 및 동료와 갈등을 만들어 낸다. 수면 부족이 실수로 이어진다. 열심히 일하는 것이 새로운 가치 시스템이 된다. 시야가 좁아지면서 드러나는 문제를 부인한다. 타인은 본인의 상황을 보지만 정작 본인은 보지 못한다. 사랑하는 사람들을 멀리하고, 사회적으로 점점 고립되어 간다. 냉담해지고 점점 더 비인격화됨을 느낀다. 내적 공허감을 채우기 위해 중독적 행동에 눈을 돌린다. 우울하다고 느끼고, 정신적·신체적 붕괴를 경험할 수 있으며, 극단적으로는 자살을 생각할 수도 있다.[144]

### 누가 소진될까?

1981년 마슬락 박사는 '마슬락 소진 검사(MBI)'로 알려진 상세한 설문을 공동 개발했다. 심리학계에서 소진 측정의 표준으로 평가되는 MBI는 세 가지 주요 요인에 대한 대상자의 느낌을 질문한다. 그 세 가지는 정서적 고갈, 냉소, 무효능(無效能)이다(이 세 요인은 마슬락이 참여의 정의에 사용한 에너

지, 관여, 효능과 반대되는 것들이다).**145**

이 요인들은 직업 및 생활 방식과 어느 정도 관련이 있다. 첫 번째 요인인 정서적 고갈은 건강 관리, 사회 복지, 정치적 행동, 교육 등 높은 정서적 부담을 가진 직업에 종사하는 사람들에게서 보이는 경향이 있다. 또한 정서적 고갈은 독신자들을 포함하여 사회적 지원을 적게 받는 사람들뿐만 아니라, 기본적으로 우울감과 불안감을 가진 사람들에게 영향을 준다.

두 번째 요인인 냉소는 젊은 사람들을 포함하여 좀 더 이상적인 사람들에게 나타난다. 이들은 현실이 자신의 기대에 부응하지 않을 때 환멸을 느끼기 쉬운 사람들이다. 세 번째 요인인 만연한 무효능(無效能)은 우리 중 누구라도 느끼기 쉬운 요인이다. 이것은 최선을 다했음에도 불구하고 본래 마음먹었던 목표 달성에 실패하는 경우를 말한다. 거기서부터 우리는 우리가 하는 일이 그저 무의미할 뿐이라고 믿는 가파른 내리막길을 걷게 된다. 그리고 위기를 초래하게 된다. 특히 자부심과 정체성이 우리가 하는 일과 긴밀히 엮여 있을 때 그러하다. 만일 우리 일이 아무 의미가 없다면 우리 삶은 무엇을 의미하는가?**146**

일의 결과로서 무기력감과 좌절감을 느끼고 냉소적으로 된다는 것이 어떤 느낌인지 나는 개인적으로는 잘 모른다. 그러나 이 끔찍한 증상에 지배당한 사회 복지사, 교도관, 교사, 응급 치료사, 의사, 간호사 등 수백 명의 이야기는 들었다. 소진은 어느 직업에서든 그리고 어떤 나라에서든 직업적 위험 요인이다. 뉴욕시 공립 학교 교사에 대한 통계치는 5년 내 45%가 아마도 소진 때문에 직장을 떠났음을 보여 준다.**147** 의료 영역에서도 소진의 만연은 놀랄 만큼 높은 자살률로 이어졌다. 남성 의사들은 일반인보다 자살할 확률이 1.4배가 많았고, 여성 의사는 2.3배가 더 많았다.**148**

소진은 또한 기업 대표, 변호사, 첨단 기술자, 월스트리트 은행가와 같이 고강도 스트레스와 함께하는 업무 종사자들에게도 찾아온다. 이 사람들은 매일 밤 집으로 일을 가져가고 성과에 대해 커다란 압박감을 느낀다. 스마트폰이 매우 보편화되면서 사람들은 심지어 저녁 수면 시간에도 일에서 벗어날 수 없다고 느낀다. 연구에 따르면 우리는 봉사나 창조적 만족감 등 일련의 더 중요한 가치들이 아니라, 단지 돈을 위해 일할 때 더 빨리 소진되는 경향이 있다고 한다.[149]

소진은 너무나 흔해서 소진 자체가 산업이 되었다. 미국에서는 소진과 업무 트라우마를 치료하기 위한 지도자, 치료사, 상담사와 의사 등의 산업이 생겨났다.

## 분주함에 중독되다

분주함은 적어도 '게으른 손은 악마의 일터'라는 문구를 만들어 낸 가톨릭 성자 예로니모의 시대부터 미덕으로 치부되어 왔다. 개신교 또한 일을 본질적 미덕으로 본다. 개신교의 유명한 직업 윤리는 악마를 막는 방법으로 생산성을 강조한다. 이러한 문화와 다른 영향들을 통해 직업은 현대 미국에서 문화적·개인적 정체성의 핵심 측면이 되었다. 직장에서 무슨 일을 하는지, 일에 몇 시간을 들이는지, 일에서 무엇을 성취하는지 등의 요인은 사람들이 자신을 어떻게 보는지를 결정하는 필수 요인이다. 우리의 자아와 자부심은 이것에 사로잡혀 있다. "직업이 뭔가요?"는 전형적으로 새로 알게 된 사람에게 처음 하는 질문이고, 우리는 그 대답을 바탕으로 그를 판단하는 경향이 있다.

일이 너무나 중요해진 나머지 일중독이 직장 내 높은 지위의 상징이 되었다. 동료들은 지난밤 사무실에서 얼마나 늦게까지 머물렀는지, 또는 주말에 얼마나 많은 시간을 일했는지 서로 경쟁하는 경우가 많다. 일중독은 동양뿐 아니라 서양에서도 많은 직업과 서비스에서 사실상 요구되고 있다. 이것은 사회적으로 용납되기 때문에 특히 서서히 퍼져 나가는 중독의 한 형태다. 즉, 어쨌든 일중독은 생산적이고, 일은 본질적으로 도덕적 가치를 지닌다고 많은 사람들이 믿는다. 일과 분주함에 대한 중독은 많은 사람들에게 지도 원칙이 되고, 일종의 종교가 되었다. 하지만 그것은 진정한 영성은 거의 결여된 종교다.

토마스 머튼은 다음과 같이 썼다.

> 이상주의자가 가장 쉽게 굴복하는 현시대의 폭력 중 널리 만연한 형태가 있으니, 행동주의와 과로다. 현대적 삶에서 서두름과 압박은 그런 삶에 내재된 폭력이 아마도 가장 일반적인 형태로 나타난 것이다. 수많은 상충되는 걱정에 휩쓸리고, 너무 많은 요구에 굴복하며, 너무 많은 프로젝트에 자신을 헌신하고, 모든 사람을 모든 면에서 돕고자 하는 것은 폭력에 무릎을 꿇는 것이다. 행동주의의 광란은 평화를 위한 우리의 노력을 무력화시킨다. 평화를 위한 우리의 내적 능력을 파괴한다. 우리 일의 생산성을 파괴한다. 그 이유는 일을 생산적으로 만드는 내적 지혜의 뿌리를 죽이기 때문이다.[150]

나는 또한 교수이자 작가인 오미드 사피의 말을 인정한다. "우리는 활동을 찬양하는 문화에 살고 있다. 우리는 자기 정체성을 자신이 생계를 위해 하는 일로 축약시킨다. 분주한 모습을 공개적으로 보여 주는 것은 우리가 중요하다는 것을 서로에게 입증하는 방법이다. 더 많은 사람들이 우리를 피곤하고, 지치고, 감당할 수 있는 것 이상을 하는 사람으로 볼수록, 더 많은 사람들이 우리가 꼭 필요하다고 생각할 것이다. 즉, 우리가 중요하다고 생각할 것이다."151

몇 년 전, 나는 스트레스 전문인 내분비학자 조지 크라우소스 박사의 사무실 옆에 있는 의회 도서관에 사무실을 두고 있었다. 나는 그에게 사람들이 자신의 신경 전달 물질에 중독될 수 있는지 물었다. 그는 단호히 "그렇다."고 대답했다. 그는 신경 전달 물질로 구성된 생화학적 수프(soup)가 도파민 순환 고리에서 우리의 강박적 기대와 보상 추구에 쉽게 도화선을 달아, 심각한 스트레스를 받게 할 수 있다고 말했다.

몇 년 후에 나는 켄트 베리지 박사를 다람살라의 '마음과 생명' 모임에서 만났다. 그는 원래는 식염수를 좋아하지 않지만 식염수를 갈망하도록 자극받은 쥐들을 담은 실험 영상을 우리에게 보여 주었다. 쥐들은 중독 주기에 갇혀 있었다. 베리지 박사는 소비가 더 많은 소비를 일으킨다고 말했다. 심지어 소비가 즐겁지 않을 때도 말이다.

마찬가지로, 우리의 분주함은 분주함에 대한 욕구를 부추긴다. 비록 시간이 지나면서 강박적인 활동에 대한 만족감은 줄고 스트레스는 커져도 그러하다. 아무리 더 하고 더 해도 만족스럽지 않다. 쾌락의 쳇바퀴를 돌 때 자극(불쾌하거나 유해한 자극조차도)에 대한 끝없는 욕망은 우리의 주의를 완전히 앗아갈 수 있다. 그리고 우리는 친밀함과 연결에서 멀어질 수 있다.

일이 우리의 삶과 정신을 장악할 때, 우리는 아귀(餓鬼)처럼 될 수 있다. 아귀는 전통 불교에서 갈망과 중독의 쾌락적 쳇바퀴를 도는 사람의 전형(典型)이다. 아귀는 비쩍 마른 팔다리, 실처럼 가는 목, 불거져 나온 배, 너무도 작은 입과 절대 만족할 줄 모르는 식욕을 가진 걸귀 들린 중생을 지칭한다. 더 충격적인 것은 아귀가 무엇이든 입에 넣기만 하면 다 독으로 변한다는 점이다. 일중독은 아귀의 불행한 세계로 우리를 데려간다. 이는 점점 더 많은 업무 시간과 끊임없는 활동을 우리의 작은 입속으로 계속 떠밀어 넣어, 소진이라는 유독한 화학물질로 우리 배를 불룩 튀어나오게 하는 것과도 같다.

### 업무 스트레스라는 독을 마시다

2015 갤럽 여론조사에 따르면 48%의 미국인이 자신이 진정으로 하고 싶은 일을 할 시간이 충분하지 않다고 느낀다. 이런 비율은 지난 15년간 거의 일정하게 유지되었다. 그리고 같은 해 '퓨 연구 센터'의 설문에 따르면 직업을 가진 어머니의 90%는 자신이 때로 또는 항상 서두르고 있다고 말한다.

우리 중 일부에게 성과에 대한 내재화된 압력은 대학 또는 심지어 고등학교에서부터 시작된다. 우리는 헤르만 헤세가 말한 "공격적 서두름" [152] 을 소중하게 여기는 것으로 보인다. 우리는 시간표를 잔뜩 채워 수강하고, 과제나 시험 공부를 밤새우며 한다. 이러한 패턴은 야간 교대 근무와 2교대 근무를 하는 병원 레지던트와 같은 수련 기간에도 계속된다. 우리의 직업 수명 또는 근무 수명 동안 업무 시간은 일반적으로 점점 더 길어진다. 사실 우리들 다수가 처음에는 이것을 즐긴다. 수면 부족과 결부된 집중된 몰입은 활력을 주는 변성 의식 상태(變成意識狀態)에 우리를 빠트릴 수 있다. 스트레스는 도파민을 방출한다.[153] 이윽고 고조 상태가 식으면, 우리는 또 다른 자극을 필요로 한다. 이로써 미국에서 왜 천만 명이나 되는 사람들이 주당 60시간 이상을 일하고, 34%의 직업인이 할당된 휴가 중 단 하루도 쓰지 않는지 쉽게 짐작할 수 있다.[154]

고대 영어에서 '바쁘다(busy)'를 의미한 'bisig'는 '조심스러운, 불안해하는'을 뜻했다. 이 단어는 다른 방향으로 진화했지만, 불안함의 조짐 이상의 것이 지금도 지속되고 있다고 생각된다. 우리는 시간에 압박을 느낀다. 이러한 시간 결핍은 우리를 만성적인 서두름 상태로 몰아넣고, 궁극적으로 그리고 역설적이게도 시간에 대해 우리를 더 비효율적으로 만든다. 인간의 뇌는 빈곤에 대해 특정 반응을 일으킨다. 무언가 너무 적다는 인식은 다른 능력과 기술이 고통받을 정도로 그것에 대해 집착하게 만든다.[155] 시간 결핍은 '투쟁 혹은 도피' 호르몬인 코티솔을 방출하게 하고, 이는 시간이 지나면서 면역 체계 약화를 포함하여 몸에 해로운 영향을 미친다. 도파민처럼 코티솔도 처음에는 활력과 빠른 속도감을 주지만, 우리를 더 빨리 지치게 만든다. 다시 말해, 우리의 몸은 단기적으로는 스트레스에 꽤 잘 반응하지만, 스트레스가 만성화되면 다양한 건강 문제를 일으킬 수 있다.

만성적인 업무 스트레스는 아마도 우리를 벼랑 끝을 넘어 소진과 소진의 사촌인 '활력 고갈'로 밀어 넣을 것이다. 이는 신체적 탈진과 절망감을 포함하는 육체적·정서적 증상의 집합으로 나타난다. 활력 고갈은 종종 심장 질환의 전조 증상이기도 한데, 아마도 유발 요인으로 나타날 수 있다.[156]

이것은 또한 자가 면역 질환, 우울증, 인지 장애와도 관련이 있다.157

소진은 또한 직장 환경과도 밀접히 관련되는 경우가 많다. 마슬락에 따르면, 여기에는 사회적 지원이나 자율성 또는 통제력이 부족한 조건에서 일하는 것, 불공평한 환경에서 일하거나 우리가 존중하지 않는 가치관을 위해 일하는 것, 너무 적은 금전적·사회적·정서적 보상을 받고 일하는 것 등이 포함된다. 마슬락은 직장 환경에 관한 연구의 필요성과 직장 환경이 소진과 어떻게 관련되는지에 관한 연구의 필요성을 역설했다. 그녀는 1982년에 이렇게 썼다. "오이가 왜 신 피클로 변하게 되었는지를 발견하기 위해, 오이가 담긴 식초통은 분석하지 않은 채 오이의 성격만 연구한다고 상상해 보라."158 그러나 마슬락은 소진이 일반적으로 기관에 내재된 '결함'일 뿐만 아니라, 기관과 개인 간의 적합성에 내재된 '결함'이기도 하다고 강조했다.

우리가 소진되는 것이 직장에는 가장 이득이 될 수도 있다. 우리를 아주 무감각하게 해서 소진을 키우는 조건이나 정책을 바꿀 동기를 느끼지 못하도록 만들기 때문이다. 아니면 그들은 우리가 업무 스트레스와 시간에 쫓김이라는 독을 마시는 것에 대해 보상을 지불하는 선택을 할 수도 있다. 과로와 최적화, 그리고 담당 환자수를 포함한 업무 목표를 높게 설정하는 것에 대한 보상 말이다. 이것은 기관과 정책이 그들을 위해 일하는 사람들에게 가하는 위해를 포함한 제도적 억압의 한 형태다.

# 참여와 그 외 벼랑 끝 상태들

# 3

 모든 벼랑 끝 상태는 소진을 부채질할 수 있다. 병적 이타심과 공감 스트레스는 우리를 탈진시킬 수 있고, 도덕적 고통과 무시에 대한 노출 역시 그러하다. 우리가 고통에 지나치게 동일시할 때(공감 스트레스) 또는 고통을 끝내기 위해 과로할 때(병적 이타심) 대개 소진이 뒤따른다. 우리의 진정성이 손상될 때(도덕적 고통) 또는 타인이나 우리 자신에 대한 무시에 직면할 때 소진은 일반적이다. 또는 특권이나 권력에 기반한 제도적 억압이나 구조적 폭력을 당한다면 분노, 공허감, 소진이 결과로서 따라올 수 있다.

 매년 나는 일본을 방문하여 의료인들에게 연민 수행을 가르친다. 전형적으로 매우 부지런한 의사와 간호사들로 방이 가득 찬다. 그들은 항상 비상 대기 중이고, 주당 최소 60시간을 일하지만, 그래도 환자나 일하는 기관을 위해 충분히 일한다고는 절대 느낄 수 없다고 말한다. 이 의료인들은 한국과 중국의 의료인들과 마찬가지로 힘든 내적·외적 기대에 직면해 있다. 이 세 나라 모두에서 일어나는 과로로 인한 사망은 잘 알려진 사실이다.

 일본 의료인 중 일부는 그들이 자신들을 고통받는 환자와 너무 강하게 동일시한다고 내게 말해 주었다. 이런 동일시로 인해 그들은 공감 스트레스의 미끄러운 내리막길로 떨어져, 소진의 전형적 특징인 정서적 고갈, 비인격화 그리고 무의미함을 경험한다. 적지 않은 사람들이 그들 기관의 가치, 동료들의 행위, 또는 그들이 강요당한 의료적 개입에 대해 도덕적 괴로움을 느꼈던 일화들을 이야기했다. 환멸과 냉소, 공허감이 자주 일어나며, 그것은 소진으로 이어진다. 특히 간호사들은 의사, 동료 간호사, 심지어 환자의 괴롭힘에 노출되어 있었다. 직장에서 무시와 적대의 표적이 되는 것은 당연히 소진이라는 신체적·심리적 증상으로 이어질 수 있다.

몇 년 전 나는 암으로 고통받는 남성 환자에게 괴롭힘을 당하는 일본 간호사들과 마주했다. 그녀들은 정신적 충격을 받은 것처럼 보였다. 괴롭힘은 너무도 오랜 시간 계속되었고, 그녀들은 매일 이 환자의 공격에 대응하느라 완전히 지쳐 있었다. 그들은 자신들이 환자를 감당할 수 없다는 사실과, 자신들이 도우려는 사람에게 지속적으로 학대받는다는 사실에 대한 절망감을 터놓고 이야기했다. 그들은 녹초가 되었고, 더는 할 수 있는 게 없었다.

일본 간호사들은 매우 헌신적이다. 이들은 환자를 돌보기 위해 자신이 가진 모든 것을 쏟아부을 것이다. 그러나 이 간호사들은 더는 남아 있는 것이 없어 보였고, 마치 묘지에 앉아 있는 것처럼 보였다. 병적 이타심, 공감 스트레스, 도덕적 고통과 무시가 그들을 짓밟았고, 한 사람 한 사람이 다 사기가 꺾이고 소진되었다. 그들은 또한 이런 상황을 다룰 수 없다는 사실에 죄책감과 수치심을 느꼈다. 그래서 그들은 자신들이 환자와 병원, 서로와 자기 자신을 다 망친 것처럼 느낀다고 말했다.

나는 그들과 짧은 시간만을 함께했다. 각자가 자신의 탈진과 절망을 터놓고 말하는 것을 듣고 난 후, 나는 타인과 상호 작용 시 연민을 키울 수 있는 수행인 GRACE를 살펴보았다. 나는 그들에게 환자를 보기 전에 환자의 방문 앞에서 잠시 멈추고, 마음을 챙기며 호흡하라고 제안했다. 그들은 자신들이 왜 죽어 가는 사람을 돌보기로 선택했는지 상기해 볼 수 있다. 잠시 시간을 들여 자신들이 부정적 반응을 보일 가능성을 알아차릴 수도 있다. 또한 그들의 환자들이 겪는 정신적·신체적 고통을 알아차릴 수도 있다. 이렇게 할 때 상황을 좀 더 넓은 관점으로 볼 수 있을 것이다. 환자를 두려워하는 것이 이해할만한 일이라고 인정하면서, 그들은 괴롭힘 또한 고통이라는 것을 생각할 수 있다. 그는 암으로 죽어 가고 있었고, 그래서 두려웠던 것이다. 그는 고통 속에 있었고, 그에 대처할 수 없었던 것이다. 주체성을 잃어버린 그는 자기 인생길과 죽음으로 가는 길을 통제할 수 있는 능력을 잃어버렸던 것이다.

이 간호사들과의 만남이 끝날 무렵, 나는 그들에게 그 환자를 무력하고 두려워하는 아기로 시각화할 것을 제안했다. 그는 오래전에 한 번 병원에 왔었고, 어쩌면 너무 아파서 다시 왔을 것이다.

더하여 간호사들은 그의 공격을 사적인 것으로 받아들이지 않을 것을 고려할 수 있었고, 방어적으로 행동하는 것이 오히려 문제를 악화시킬 수 있음을 발견할 수 있었다. 그리고 그와 함께 또는 간호사들 간에 깊이 듣기를 하는 것이 중요했다. 아마도 그리하면 필요한 경계를 설정하고, 무시의 폭풍 속에서도 자신과 서로를 돌보는 방법에 대한 통찰을 얻는 데 도움이 될 수 있으리라.

우리가 함께한 시간이 간호사들에게 도움이 되었음을 나는 나중에 알게 되었다. 비슷한 행동을 하는 다음 환자가 말기 환자 시설에 왔을 때, 그들은 두려움과 공허감을 가라앉히고 더 많은 균형감과 연민을 가지고 이 두 번째 환자에게 다가갈 수 있었다.

소진에 관한 다른 일화는 나의 동료인 마이아 뒤어로부터 나왔다. 그녀는 미국 정신 건강 시스템에서 10년 동안 일하다가 종국에는 소진되었다. 이유는 그녀의 내담자도 동료도 업무 일정도 아니었다. 그것은 문제점 많은 정신 건강 시스템에 대한 그녀의 이해할 만한 반응 때문이었다. 그녀는 썼다. "퇴원했다가 단시간 후에 재입원하러 다시 들어오는 환자들의 '회전문 현상'[159]을 나는 목격했다. 우리는 본질적인 부분을 놓치고 있는 것 같았다. 내 업무는 내담자의 '재활'을 위한 치료 계획을 제시하는 것이다. 그러나 나는 회피당하고, 두려움과 동정의 대상이 되고, 감금당하고, 망각에 이를 정도로 처방약을 복용하는 것이 환자가 직면한 정신 의학적 문제를 넘어서 개인의 정신 건강에 어떤 영향을 미치는지가 계속 궁금했다."[160]

마이아의 진정성은 직장의 가치관과 조건에 의해 훼손되었다. 그녀는 정당한 도덕적 괴로움에 시달렸다. 그녀의 내담자들은 무시당했고, 그녀의 견해에 따르면 심각하게 학대당했다. 게다가 그녀는 자신이 근무하는 직장 시스템을 바꿀 수 없었다. 그녀는 유해한 근로 조건을 지속적으로 감내할 수 없었고, 결과는 소진이었다. 그녀는 직장을 떠났지만 값비싼 개인적 대가를 치르고 나서야 그렇게 할 수 있었다.

권력, 야망, 경쟁, 일에 대한 중독, 억울함, 두려움도 소진을 키운다. 소진으로 몰고 가는 이러한 힘들은 다음과 같은 벼랑 끝 상태에서 나타날 수 있는 자아의 독성이다. 도덕적 분노와 도덕적 무관심 및 무시라는 벼랑 끝 상태에서 나타나는 권력과 야망과 억울함, 병적 이타심과 도덕적 고통이라는 벼랑 끝 상태에서 나타나는 중독, 그리고 병적 이타심, 공감 스트레스, 도덕적 고통, 무시라는 벼랑 끝 상태에서 나타나는 두려움이 그것이다.

소진을 유발시키는 '비상사태 문화'에는 많은 요인이 있다. 하지만 신뢰와 인간성을 회복할 방법도 있다. 일이 곧 마음챙김 수행임을 알게 되는 것, 우리의 삶을 외부 세계뿐만 아니라 내부 세계에 대해서도 계속 열어 두는 것, 우리의 가치관이 우리의 일과 확실하게 부합되도록 하는 것, 유머를 즐기고 놀면서 일하지 않는 것이 바로 그러한 방법이다. 로마의 시인 오비드는 저서 『사랑의 기술(Ar amatoria)』 2장 351절에서 "휴식하라. 휴식한 땅은 풍부한 곡식을 준다."라고 썼다.

그리고 한 가지 제안이 더 있다. 나는 하버드대 경영대학 교수 빌 조지가 일에서의 의미 상실과 관련된 소진을 바꾸는 중요한 접근법, 하지만 종종 무시되는 접근법을 제공한다고 들었다. 그는 우리가 일로서 미칠 수 있는 긍정적 영향을 발견할 때, 냉소, 피로, 무효능(無效能)이라는 느낌이 해소될 수 있다고 했다. 또한 더 개방적이고, 헌신적이며, 균형 있고, 상호 기여하는 방식으로 일하도록 영감을 받을 수 있다고 말했다. 이것은 소진의 불을 조절하고, 온 마음을 다해 참여하는 열정으로 그것을 바꾸는 약이 될 수 있다.

## 참여를 지원하는 수행

# 4

20대 시절 나는 컬럼비아대학 환경 연구실에서 일했다. 사무실에는 적지 않은 스트레스가 있었다. 하루 열네 시간, 주7일 근무는 흔한 일이었다. 그리고 나는 손으로 카이 제곱 검정(통계학 테스트)을 번개처럼 빠르게 계산하고 실행할 수 있었다. 나는 내가 하고 있던 일에 빠져 있었지만, 나의 방식은 전혀 지속 가능하지 않았다.

컬럼비아대학에서 근무하는 동안 나는 스트레스를 다루기 위해 선(禪) 수행을 시작했고, 명상 수행을 사회 활동과 결합하기를 원했다. 모든 선 수행자들은 차례대로 주방 일을 배정받는다. 처음 선원 주방에서 일하기 시작했을 때, 나는 당근 자르기의 요점은 카이 제곱 검정을 초고속으로 하듯 빠르게 효과적으로 해치우는 데 있다고 생각했다. 하지만 나는 점차 이것이 정확한 요점이 아니라는 것을 깨달았다. 선의 관점에서 당근 자르기는 그저 당근을 자르는 것이다. 수천 개의 당근을 자르고 난 후, 나는 '그냥 당근을 자를 뿐'을 수행한다는 것을 발견했다.

## 일 수행

외부에서 볼 때 당근 자르기가 얼마나 지루한 일처럼 보일지 쉽게 이해할 수 있다. 그러나 나의 선 수행 동료 노먼 피셔(Norman Fischer) 선사는 이런 흔한 일을 명상의 수단으로, 그리고 타인에게 바치는 공양으로 묘사했다. 일을 공양 올리는 것으로 받아들일 때, 우리는 다른 사람의 이익을 위해 서슴없이 일을 제공한다. 그는 이렇게 썼다. "공양으로서의 일은 일하는 활동에 자신을 불태우는 것이다. 어떤 망설임도 없이 그저 하는 것이다. 거기에는 지켜보는 자도 수행을 한다는 느낌도 전혀 없다. 그저 온전히 선한 정신으로 하고 있는 일을 하는 것뿐이다."[161] 나는 이것이 데이비드 수사가 '온 마음'이라는 말을 사용할 때의 의미라고 생각한다. 진실로 주저함이 없는 것. 자신을 불태우는 것. 자아를 내려놓는 것. 이러한 방식으로 우리는 생계를 위해 일하는 것이 아니라 삶을 위해 일한다.

"일상에서 도를 실현한다."라는 표현은 일에 대한 이런 감각을 반영한다. 우리 선 수행자는 일이란 '일상적인 과제를 주의 깊고 통합적인 방식으로 행하는 수단'임을 배운다. 어느 날 주방 일은 일이 아니라 수행이 되고, 타인을 도우면서 마음과 정신이 성장하는 길이 된다. 당근과 칼과 나는 하나다. 우리는 완전히 연결되어 있고, 이 연결성은 음식을 먹는 사람, 당근을 키운 농부, 시장에서 당근을 가져온 트럭 기사, 그리고 태양, 비, 흙, 그리고 실제로 모든 것을 포함한다.

아시아 역사를 약간 알면 일을 수행의 수단으로서 더 잘 이해할 수 있는 정황을 알게 된다. 붓다의 시대에 산스크리트어 '바와나(bhavana)'는 농사와 관련된 경작을 의미했다. 즉, 땅 갈기, 씨 뿌리기, 물 주기, 잡초 뽑기,

수확하기를 포함하는 것으로서, 그것을 통해 가족과 마을을 먹일 수 있었다. 붓다는 '바와나'의 사용을 확장하여, 명상을 통해 마음 밭을 경작하는 것을 포함시켰다. 이러한 비유는 논처럼 디자인된 수행승들이 입는 법복에도 나타난다.

2,000년 전 승려들이 인도에서 중국으로 처음 갔을 때, 인도 승려들은 일하지 않았다. 대신 그들은 이 마을에서 저 마을로 탁발하며 돌아다녔다. 이것은 유교의 직업 윤리에 따라 공동 노동을 가치 있게 여기던 중국에서 용납될 수 없었다. 반면 '마음을 가꾸다', '붓다의 가르침의 씨앗을 심다', '해탈의 밭'과 같이 농사 용어를 사용한 붓다의 비유는 중국인의 직업 윤리와 부합했기 때문에 중국에서 인기를 얻었다.

불교 명상 수행은 중국인의 직업 윤리와 결합하여 우리가 알고 있는 '일 수행'이 되었다. 이것은 일을 지혜와 연민을 기르기 위한 도구로 사용하는 것이다. 중국의 큰 사찰에서는 승려들이 자급자족을 위해 농사를 지었다. 그들은 하루 일과를 '농사 수행'이라고 불렀다. 농사는 덕스럽고 느린 선한 일이었다. 마음 가꾸기가 덕스럽고 느린 선한 일이듯 말이다.

오늘날 우리 삶은 어떠한가? 나는 불교 지도자 클라크 스트랜드가 '당신이 사는 삶 안에서 명상하기'라고 한 표현을 좋아한다. 그는 명상을 우리의 삶이나 생계와 동떨어진 어떤 것으로 분리하지 않았다. "당신이 명상하는 장소는 당신의 명상이 얼마나 유용할 것인지와 전적으로 관련되어 있다. 하지만 여기서 장소는 집의 어떤 방에 있는지, 당신이 조용한 곳에 살고 있는지 등을 의미하지 않는다. 내가 말하고자 하는 것은 단순하게 당신이 사는 삶 안에서 명상해야 한다는 것이다. 만일 회계사라면 회계사의 삶 안에서 명상하라. 만일 경찰이라면 경찰의 삶 안에서 명상하라. 당신

삶의 어느 곳을 밝히고 싶든 정확히 그 지점에서 명상하라."162

그래서 소진을 피하거나 바꾸기 위해서 우리가 첫 번째로 할 일은 아마도 우리의 삶 안에서 명상하는 것일 테다.

## 정명(正命) 수행

우리는 어떤 삶을 살고 있는가? 붓다의 팔정도, 즉 정견(正見)·정사유(正思惟)·정어(正語)·정업(正業)·정명(正命)·정정진(正精進)·정념(正念)·정정(正定) 중에서, 정명(正命, 바른 생계)은 참여 및 소진과 가장 직접적인 관련이 있다. 이것의 핵심에는 몇 가지 질문이 있다. 우리는 어떻게 자신과 가족, 지역 사회, 지구 그리고 미래 세대에 유익한 일을 할 수 있을까? 어떻게 우리의 일이 고통과 미혹으로부터 깨어나는 길이 될 수 있을까?

붓다는 정명을 우리가 '하지 말아야' 할 일을 말함으로써 정의했다. 『와닛짜 숫따(*Vanijja Sutta*)』에서 붓다는 "재가 불자는 다섯 유형의 사업에 종사하지 말아야 한다."라고 말했다. 그것은 "무기 사업, 인신 사업, 육류 사업, 주류 사업, 독극물 사업"이다. 나는 또한 틱낫한이 정명 수행을 설명한 방식을 좋아한다. "사랑과 연민이라는 이상을 벗어나지 않고 생계를 유지할 수 있는 방법을 찾아야 한다. 자신을 부양하는 방식은 가장 깊은 자아의 표현이 될 수도 있고, 또는 자신과 타인에게 고통의 원천이 될 수도 있다."163

틱낫한은 아이들을 가르치는 일이든, 죽어 가는 사람을 돌보는 일이든, 자비롭고 관대한 방식으로 사업을 경영하는 일이든, 자신의 가치관에 부합하는 일을 선택하라고 말한다. 자신의 가치관에 일치시키는 것은 '무엇'을 하고 '왜' 하는가뿐 아니라, '어떻게' 하는가도 포함한다. 우리는 진정성을 가지고 일해야 한다. 설령 우리가 다른 이들의 고통 소멸을 돕는 일을 선택했다 하더라도, 결국에는 병적 이타심이나 공감 스트레스, 도덕적 고통 또는 무시의 자리에서 그 일을 할 수도 있다. 이러한 벼랑 끝 상태의 해로운 면모는 우리를 소진으로 쉽게 이끌 수 있다.

우리의 역할이 무엇이든, 간호사든 의사든 교사든 치료사든 회사 대표든, 우리는 때로 자신이 고통받고 있다는 사실을 깨닫지 못하고, 일의 유해한 영향에서 회복할 시간을 충분히 가지지 못하고 있음을 깨닫지 못한다. 그 벼랑 끝에서 추락하는 자신을 발견할 때 우리는 한 걸음 물러나 숙고해야 한다. 우리가 균형을 잃고 하는 일에 대한 사랑을 잃음으로써 자신과 타인의 고통을 어떻게 키우고 있는지를 말이다.

## 일 밖의 수행

죽어 가는 사람들과 수년간 일하면서, 나는 자주 내가 처한 삶 안에서 명상할 수 있었다. 나는 내 호흡과 매 발걸음에 주의를 기울이면서 병원 복도를 걸어갔다. 나의 호흡 안에서 휴식하며 죽어 가는 사람의 현존 속에서 그의 침대 옆에 앉아 있었다. 팀 회의에 앉아 있을 때는 호흡과 몸에 대한 주의를 통해 현존하면서, 내면으로는 내가 왜 이 일을 하고 있는지와 연결했다. 그러면 나는 회의에 참석한 사람들에게 더 많은 관심과 돌봄을 제공할 수 있었다.

그리고 때로는 평정을 찾을 수 없기도 했다. 마치 이 순간의 해변에서 조수가 빠르게 빠져나가듯이 평정은 내게서 사라졌다. 나는 매우 지치고 낙담한 자신을 발견했다. 정확히 소진은 아니지만 매우 근접했다. 이런 시간이 오면 나는 나 자신을 돌봐야 했다. 낮잠을 자거나, 산을 걷거나, 책을 읽거나, 명상하거나, 또는 아마도 최선은 그냥 게으르게 목적 없이 있는 것이었다. 본질적으로는 '재시작' 버튼을 눌러야 했는데, 이것은 기계를 끄는 것을 의미했다.

또한 일련의 사건이 내가 감당하기에 너무 어려웠던 경우도 있었다. 아버지가 돌아가시고 얼마 후 친한 친구가 죽었다. 그리고 죽어 가는 많은 사람들과 일하던 중 나는 얼마 동안 일을 그만두어야만 했다. 나는 소진되지는 않았지만, 병과 죽어감과 죽음에 매우 예민해졌다. 내가 경험한 상실을 슬퍼할 시간이 필요했다. "잊어버려!"라는 말을 듣고 일에 복귀하는 많은 의료인들과 달리 나는 쉴 기회를 가질 수 있는 것에 감사했다.

아버지의 죽음 이후 내가 자신에게 주었던 친절한 멈춤은 우리 대부분에게 반드시 필요한 일이다. 만일 다른 사람들의 고통에 참여하여 지속 가능한 헌신을 계속하려 한다면 말이다. 자신의 삶에서 상실을 알아야만 타인의 삶에서도 상실을 알 수 있다. 자신의 어려움으로부터 무언가를 배울 시간이 필요하고, 또 에너지, 동기, 관점을 새롭게 하는 데도 시간이 필요하다. 우리는 또한 목적이 없는 시간을 마련하여, 사물이 절로 순리를 밟아가도록 허용해야 한다.

때로는 내가 아버지의 죽음 후 가졌던 것처럼 긴 멈춤이 반드시 필요하다. 또 때로는 아주 짧은 멈춤도 참여의 단단한 기반을 유지하는 데 필요한 균형을 되찾도록 충분히 도울 수 있다. 너무 자주 우리는 발판을 잃고 벼랑 끝을 넘어 미끄러지고 있다는 사실을 깨닫지도 못한다.

짧은 멈춤을 하려면 먼저 몸의 감각을 알아차림으로써 시작할 수 있다. 시간에 쫓기기를 중단하고 들숨과 날숨으로 주의를 환기하면 뭔가 이상하다는 신체 신호와 조율할 수 있다. 단지 호흡에 주의를 기울이는 것만으로도 우리는 이미 경험의 신경 화학적 맥락을 바꿀 수 있다. 그러면 우리 충동의 건강하지 못한 측면을 자극하는 불안들 가운데 일부가 줄어들기 시작할 수 있다. 그때 우리는 우리의 의도가 해를 끼치는 바 없이 봉사하는 것임을 아주 짧은 순간이나마 상기할 수 있다. 이런 의도는 우리 자신을 해하지 않는 것에도 적용된다.

우리는 질문을 통해 많은 것을 배울 수 있다. 우리는 궁금할 수 있다. 왜 나는 자신을 이렇게 심하게 몰아붙이는 것일까? 왜 나는 이런 유독한 일터에 머물고 있는 것일까? 나의 내적 경험이나 직장 환경을 덜 해로운 방향으로 전환하기 위해 내가 할 수 있는 것이 무엇일까? 어떻게 하면 이런 어려운 상황에서 회복력을 키울 수 있을까?

우리는 이해하고 조사하려고 노력해 볼 수 있다. 우리는 자신의 편견에 주목하고, 판단 없이 분별력을 발휘하기를 원한다. 자기 집착이나 비난을 피하면서 우리의 동기에 대해 근본적으로 정직할 수 있다. 우리의 호기심이 지혜와 연민이 발생하는 조건에 자양분이 될 것이라는 점 또한 인식할 수 있다.

그리고 심지어 뭔가에 대한 추구 및 즐거움과 관련된 신경 화학 물질에 의한 중독으로 인해 과로하게 되었을지라도, 뭔가를 추구하는 이러한 행동이 우리의 신체적 경험을 조사하는 방향으로 이어질 수 있다. 이런 탐구는 우리의 몸과 마음에 대해, 그리고 왜 우리가 자신을 이렇게 강하게 몰아붙이는지에 대해 귀중한 통찰을 줄 수 있다.

우리는 자신에게 멈추고 쉴 수 있는 시간을 주어야 한다. 단지 애도하거나 치유할 시간이 필요해서만이 아니다. 목표 없음은 삶의 자연스러운 일부이고, 우리 중 다수가 목표 없이 존재하며 내려놓고 배회하는 방법을 잊어버렸기 때문이다. 극도로 목표 지향적인 사회에서 게으름을 부리는 것은 참으로 어렵다. 그러나 사실 시간의 '낭비'는 우리에게 가장 필요한 것일 수도 있다. 어쩌면 우리는 시간을 낭비하는 것이 아니라, 시간이 '되는' 것일 수도 있다.

선에서 잘 알려진 어구로 "갈 데도 없고, 할 일도 없다."는 말이 있다. 이것은 깨달음을 포함하여 무엇이든 쫓아서 달리는 행위를 멈추라는 권유다. 그래서 나는 놓아줄 것을 나 자신에게 권유한다. 그리고 내가 우파야 선방에 앉아서 놓아주든, 또는 나의 작은 집필 공간을 벗어나 내 암자 옆 목초지로 산책을 나가든, 이것은 잘 소비된 시간이 아니라 잘 주어진 시간이다. 시간을 '소비할' 자원으로 볼 때, 우리는 목적 없음에서 오는 아름다움과 놀라움, 자양분에 접근하기 어렵다.

목적 없기, 효율성이라는 신을 무시하기, 잠시 길을 잃기는 헨리 소로와 어머니가 내게 가르쳐 준 교훈이다. 소로는 말했다. "세상을 잃고 나서야 우리는 자신을 찾기 시작한다. 그리고 우리가 어디에 있는지와, 우리 관계의 무한한 범위를 깨닫기 시작한다."<sup>164</sup> 또한 어머니는 이렇게 말하곤 했다. "조니, 우리는 아무 데도 갈 필요가 없어. 우린 이미 여기 있어." 플로리다 집 근처의 해변은 그 순간만큼 아름다운 적이 없었다. 갈 곳도 없고 할 일도 없는 것. 이 순간 속으로 사라지고 이 순간 속에서 발견되는 것. 그저 이것만 수행하는 것. 어쩌면 여기가 바로 우리의 온 마음과 진정한 자유를 찾는 곳일지도 모른다.

# 참여라는 벼랑 끝에서의 발견

# 5

한 제자가 최근에 물었다. "선사님은 삶에서 매우 많은 것을 이루신 것으로 보입니다. 어떻게 그걸 다 해내셨습니까?"

나는 잠시 멈추고 미소 지으며 대답했다. "좋은 날이면, 나는 많이 쉬지."

그렇다고 내가 날마다 낮잠을 잔다는 의미는 아니다. 비록 내 나이에는 그런 일이 자주 일어나긴 하지만 말이다. 또한 나는 만족스러운 휴가에서 얻을 수 있는 종류의 휴식에 대해 말한 것도 아니다. 도피주의자의 휴식도 아니다. 오히려 이것은 상황들 속에서, 심지어 꽤 어려운 상황 가운데서도 상대적으로 편안한 마음을 유지했던 경험에서 찾을 수 있는 그런 종류의 휴식이다. 내 앞에 있는 상황에 대한 저항이 없는 편안함이고, 현존과 안정을 의미한다. 이러한 무저항과 안정의 혼합은 우리가 불교 명상에서 닦는 덕목이다. 명상 수행에서 나는 대상(이를테면 호흡)에 온전히 주의를 기울이는 것이 에너지와 휴식뿐만 아니라 안정과 편안함을 가져다준다는 것을 배웠다. 이런 특성들을 강화할 때 데이비드 수사의 '온 마음'과 함께하는 삶을 만날 수 있다.

바쁜 것과 생각에 사로잡히는 것은 불교에서 공덕의 원천이 아니다.

분주함으로는 깨달음을 얻을 수 없다. 사실 분주함은 이 순간에 일어나는 일에서 우리의 주의를 앗아간다. 그리고 이 순간을 지각하려면 고요함과 멈춤이 필요하다. 이러한 관점은 중국 당나라 시대의 두 선사, 운암과 도오가 나눈 멋진 대화에서도 엿볼 수 있다.

운암이 마당을 쓸고 있다.
나이가 많은 사형인 도오가 말한다. "너무 바쁘구나."
운암은 대답한다. "바쁘지 않은 사람이 있음을 아셔야 합니다."
도오는 묻는다. "그럼 달이 두 개인가?"
운암은 빗자루를 들어 세우며 말한다. "이건 어느 달인가요?"[165]

이 이야기는 13세기 공안집에 처음 등장한다.[166] 젊은 운암이 마당을 쓸고 있다. 아마도 마당을 쓸고 있는 태도가 몹시 분주하고 약간의 자만심도 보였을 것이다.

도오가 너무 바쁘다고 말하자, 운암은 아마 마당 쓸기를 멈추었을 것이다. 그러나 그는 상투적인 선답(禪答)을 했다. "바쁘지 않은 사람이 있다." 이것은 선의 초심자가 할 법한 대답으로서 선서(禪書)에서 방금 튀어나온 듯한 말이다.

도오는 이 대답이 선(禪)적인 계략임을 알고, 운암이 곤경에서 빠져나가지 못하게 만든다. 마당을 쓸며 운암은 세상을 둘로 나누었다. "달이 두 개 있다는 것인가?" 도오가 이의를 제기한다. 행하는 사람과 행하지 않는 사람이 따로 있는가? 바쁜 사람과 고요한 사람이 따로 있는가?

운암은 자신의 잘못을 깨달았다. 그는 빗자루를 바닥에서 들고 자신의 분주함을 멈춘 후, 빗자루를 도오 앞에 내보인다. "이것은 어느 달인가요?" 그가 묻는다.

그 순간 운암은 차이, 이원성, 자아와 타인을 넘어섰다. 실재는 행하는 것과 행하지 않는 것, 행하는 사람과 행하지 않는 사람으로 분리되지 않는다는 것을 이해했다. 실재는 단지 이 순간이고, 땅 위에 빗자루도 없고, 행위자도 없고, 행위도 없고, 바쁜 사람도 없고, 바쁠 일도 없다. 그리고 그는 깨닫는다.

나는 삶에서 비교적 일찍 선을 발견했다. 또한 나는 기독교인으로 자랐다. 그래서 오랫동안 일은 미덕이라는 개념에 빠져 있었다. 일을 영적 수행으로 보는 것은 오랫동안 내게 중요했다. 그 수행의 장은 행위자와 행함과 행위가 분리되지 않은 곳이고, 내가 바쁘지 않은 곳이고, 내가 깨어날 수 있는 곳이다.

작고한 카타기리 선사는 『매 순간이 우주다(*Each Moment Is the Universe*)』에서 썼다. "우리는 시간의 관점에서 수행을 보는 경향이 있다. 마치 사다리를 한 단 한 단 올라가고 있는 것처럼 말이다. 이것은 수행에 관한 불교의 가르침이 아니다. 사다리를 오를 때 당신의 눈은 미래를 본다. 이런 수행법에는 평화도 없고, 정신적 안정도 없다. 오직 미래에 대한 희망만 있을 뿐이다. …… 정제된 행동은 이렇지 않다. 시작부터 평화와 조화 속에 있다."**167**

카타기리는 도겐 선사(일본 조동종의 종조)가 안식처라는 개념과 관련하여 특이한 용어를 사용했다고 설명한다. 카타기리는 계속한다. "여기서 '안식처'는 우주를 뜻한다. 어디에 있든 당신의 삶은 전 우주에 의해 지속되고 지원받는다. 인간이 살아가는 주목적은 이 안식처를 유지하는 것이다. 자기만의 개인적 삶을 개발하기 위해 사다리를 올라가는 것이 아니다."**168**

카타기리 선사는 마음, 몸, 세상의 합일을 말한다. 그리고 안식처, 무저항의 장소, 피난의 장소로서의 이 순간을 묘사한다. 이것은 운암이 도오 앞에서 빗자루를 들었을 때의 그 순간이다. 바로 이 순간이 그 자리다. 찾지도 않고, 도망가지도 않는다. 하지만 그 가운데에서 쉰다. 이것이 우리가 수행하는 이유다. 우리가 처한 삶 안에서 깨달음을 실현할 수 있도록.

## 놀이

아마도 우리는 벼랑 끝을 넘어갔지만 건강한 상태로 돌아오는 길을 찾은 사람들로부터 소진에 대해 가장 많이 배울 수 있을 것이다. TV 드라마 「그레이 아나토미(Grey's Anatomy)」의 제작자 겸 프로듀서인 숀다 라임스가 그렇다. 그녀는 2016년 TED 강연에서 자신의 몰입과 소진에 대해 말했다.[169] 시즌당 70시간의 TV 프로그램을 제작하기 위해 그녀는 하루 15시간씩 일주일 내내 일하고 있었다. 그리고 그런 삶의 매 순간을 사랑하고 있었다. 그녀는 자신이 처한 공간을 '훔'이라고 불렀다. 그녀는 말했다. "훔은 탁 트인 길이고, 저는 그 길을 영원히 달릴 수 있을 것 같아요. 훔은 음악이고 빛이고 공기예요. 훔은 바로 제 귀에 들리는 신의 속삭임이지요."

그런데 어느 날 그 훔이 멈췄다. "당신이 하는 일, 당신이 사랑하는 일이 먼지 같은 맛이 나기 시작할 때, 어떻게 하나요? 훔이 멈추면 당신은 누구인가요? 당신은 뭘 하는 사람인가요? 저는 뭔가요? …… 제 마음 속에서 노래가 멈췄을 때, 저는 정적 속에 살아남을 수 있을까요?"

이 회색빛 침묵의 기간 동안 그녀는 함께 놀자는 딸의 초대를 받아들이기 시작했다. 그리고 뭔가 중요한 것이 일어났다. 그녀가 아이들과 더 많이 놀수록, 훔이 더 많이 돌아왔다. 라임스에게 필요했던 것은 놀이였다. 그것은 고강도 스트레스를 받는 그녀의 작업과는 정반대되는 것이었다. 그녀에게는 아이들과 함께하는 시간이 더 많이 필요했다. 너무 많은 일을 하느라 아이들의 성장 과정을 그동안 놓치고 있었던 것이다.

그녀는 훔이 단지 일에 관한 것만이 아니라, 기쁨과 사랑에 관한 것이기도 했음을 깨달았다. 그녀는 말했다. "이제 저는 그 훔이 아니고, 그 훔도 제가 아니에요. 더는 아니에요. 저는 비눗방울이고, 끈적이는 손가락이고, 친구들과의 저녁 식사지요. 저는 그 훔이에요. 삶의 훔, 사랑의 훔이지요. 일의 훔은 여전히 저의 일부지만, 그것이 제 전부는 아니에요. 그리고 저는 정말 감사로 충만해요."

오늘날, 그녀는 아이들이 놀자고 할 때면 언제나 그러자고 말한다. 일반적으로 아이들의 주의 지속 시간은 불과 15분에 불과하므로, 4개의 TV 프로그램을 관리하면서도 손쉽게 할 수 있는 일이다. "저의 조그만 인간들이 저에게 어떻게 살아야 할지를 보여 줍니다."라고 그녀는 말한다. 그녀는 놀이가 자신의 경력을 살려 냈다고 말한다.

## 연결

모든 벼랑 끝 상태들이 그러하듯, 소진의 수렁에 갇히는 것 역시 우리에게 도움이 될 수 있다. 가치관의 위기는 우리의 인생길을 되돌아보게 만든다. 소진이라는 괴로움은 우리를 내면의 삶으로 되돌려, 자해와 타인과의 단절로 내몰았던 정신적 패턴과 함께 작업하도록 독려한다. 소진은 우리에게 무엇이 잘못되었는지를 보여 줄 수 있다. 그래서 만약 우리가 마음과 몸의 요구에 그리고 사랑하는 이들과 세상의 필요에 좀 더 귀를 기울인다면, 진흙 속에서 새롭고 아름다운 무언가가 자라날 수도 있다. 또한 참여의 힘을 통해 그리고 휴식과 놀이와 연결이 가져오는 치유를 통해 기쁨에 이를 수도 있다.

듀크 대학의 이슬람 연구 센터장인 오미드 사피는 인간의 마음을 향해 열리는 참여의 차원을 다음과 같이 밝히고 있다.

많은 이슬람 문화권에서 상대방이 잘 지내고 있는지 물어보고 싶을 때 하는 말은 아랍어로는 '케이프 하일룩(Kayf haal-ik)?', 페르시아어로는 '할레 쇼마 체토레(Haal-e shomaa chetoreh)?'다. 당신의 '할(haal)'은 어떤가요?
당신이 물어보는 이 '할'은 무엇인가? 이것은 어떤 사람의 마음의 찰나 상태다. 실은 이렇게 묻는 것이다. "바로 이 순간, 이 호흡에 당신의 마음은 어떤가요?" 내가 "어떻게 지내요?"라고 물을 때, 정말 알고 싶은 것은 바로 그것이다.
나는 당신의 할 일 목록이나 메일함에 얼마나 많은 항목이 있는지 묻는 것이 아니다. 나는 바로 이 순간에 당신의 마음이 어떤지 알고 싶은 것이다. 말해 봐요. 당신의 마음이 기쁘다고 말해 줘요, 당신의 마음이 아프다고 말해 줘요, 당신의 마음이 슬프다고 말해 줘요, 당신의 마음이 인간의 손길을 갈망한다고 말해 줘요. 당신 자신의 마음을 살펴보고, 당신의 영혼을 탐구하고, 그러고 나서 당신의 마음과 영혼에 대해 뭔가를 말해 줘요.

단지 '행동하는 인간(human doing)'이 아니라 지금도 '존재하는 인간(human being)'임을 기억한다고 말해 줘요. 할 일 목록에서 항목을 확인하는 단순한 기계 이상이라는 것을 말해 줘요. 그런 대화, 그런 눈길, 그런 손길을 가져 봐요. 은혜와 현존으로 가득한 그런 치유의 대화가 되어 봐요.

당신의 손을 내 팔에 얹고, 내 눈을 바라보고, 잠깐 나와 연결해 줘요. 당신의 마음에 대해 말하고, 내 마음을 깨워 줘요. 나 역시 충만하고 온전한 인간 존재, 인간의 손길을 갈망하는 '존재하는 인간'이라는 것을 기억하게 도와 줘요.[170]

어느 날 프랑스 남부에서 나는 틱낫한이 가꾸고 있는 정원에 잠시 들렀다. 그는 아주 아주 천천히 정원을 가꾸고 있었다. 내가 다가가자 그는 잡초를 뽑다가 고개를 들고 미소 지으며 말했다. "저는 채소를 가꾸지 않고는 시를 쓸 수도 가르침을 전할 수도 없었어요." 그는 땅과 연결되어 있었고, 그것은 글쓰기와 가르침뿐만 아니라 삶과 이 순간에 연결되는 그만의 방식이었다. 그리고 그 순간, 그는 나와도 연결되어 있었다. 그는 내게 자신의 '할'을 보여 주고 있었다. 그는 책을 100권 이상 저술했지만 결코 바빠 보인 적이 없다는 사실이 마음에 떠올랐다.

분주함은 우리를 벼랑 끝 가까이 몰아갈 수 있다. 그러나 삶이 활동으로 가득할 때도, 벼랑 끝에서 소진으로 추락하지 않고 참여하며 서 있을 수 있다. 마음챙김에 머물러 있어야만 자신을 너무 심하게 몰아붙이지 않을 수 있고, 필요하다면 균형을 되찾기 위해 물러설 수도 있다. 이것은 환자를 보는 틈틈이, 또는 회의에 참석하는 틈틈이 들숨 한 번과 날숨 한 번을 길게 쉬는 것만큼 간단할 수 있다. 상태를 전환하는 것이다. 이것은 채소를 가꾸거나 흙벽돌 벽에 회반죽을 바르는 등의 단순한 일로도 가능하다.

　소진이 활력 고갈과 붕괴를 유발할 수 있다는 것이 어쩌면 전적으로 나쁜 것만은 아닐 수도 있다. 만성적 분주함과 일중독은 하루를 보내는 건강한 방법이 아니기 때문이다. 그 모든 활동은 우리를 현실에서 벗어나게 하고, 심지어 우리의 가치관과 일치하는 생활을 선택하는 것을 피하게 만드는 길이 될 수도 있다. 그리고 일과 봉사에 대한 우리의 집착은 종종 사랑하는 사람들과의 진실한 친밀함을 피하게 만들고, 이 순간과 더 넓은 세계에 참으로 필요한 것과의 진정한 친밀감을 피하게 만드는 길이 된다. 소진과 활력 고갈은 비상 브레이크로 작동한다. 그때 우리는 어쩔 수 없이 기어를 변속하고, 속도를 늦추고, 심지어 정지하게 된다. 이것은 우리의 가장 깊은 영적 염원을 새롭게 한다. 또한 이것은 우리가 무엇을 옹호하는지, 무엇을 아끼는지, 우리의 가치관이 무엇인지, 우리의 진정한 소명이 무엇인지 깊게 들여다볼 것을 요구한다. 헌신의 길에서 기쁨과 아름다움을 찾는 것, 나는 그것이야말로 "삶을 살린다."라는 도겐의 말이 의미하는 바라고 믿는다.

# 벼랑 끝에서의 연민

허공이 남아 있는 한
그리고 살아 있는 존재가 남아 있는 한
저 역시 여기 남아서
세상의 고통을 해소하게 하소서[171]

–

산티데바, 『입보리행론』 3장 21~22절

벼랑 끝에 서서 고통으로 추락할 위험에 처했을 때, 연민은 내가 아는 한 우리가 땅을 단단히 딛고 서서 마음을 활짝 열어 두도록 하는 가장 강력한 수단이다. 어린 네팔 소녀가 화상 치료를 받으며 울부짖는 소리를 들었을 때, 연민은 내가 공감에 바탕을 두면서 공감 스트레스에서 벗어나도록 도와주었다. 전쟁, 인종 차별, 성차별, 환경 악화라는 제도적 폭력에 직면했을 때, 연민은 나의 가치관을 일깨워 주었다. 또한 만성적인 도덕적 분노에 빠져들기보다는 진정성을 바탕으로 행동할 수 있도록 도와주었다. 수년간 죽어 가는 사람들과 함께 앉아 있는 동안, 최고 보안 교도소에서 자원봉사를 하는 동안, 연민은 내가 소진되는 것을 막아 주었다. 연민은 가장 힘든 시기에 나의 가장 큰 지원군이었다. 내 삶은 연민에 의해 고양되었을 뿐만 아니라, 내가 봉사해 온 사람들도 그 혜택을 받았을 것이다.

    나는 또한 연민의 수혜자다. 다른 사람들이 내게 큰 친절을 베풀어 준 시간은 내 삶에 심오한 영향을 주었다. 수년 전, 나는 병원 침대에 누워 수술을 기다리며 두려움에 떨고 있었다. 한 불교도 친구가 내 곁에 앉았다. 수술 팀이 나를 수술실로 데려가려고 도착했을 때, 내 친구는 나를 흔들림 없는 시선으로 응시하며 내 손을 꼭 쥐고는 말했다. "네가 진정 누구인지 잊지 마." 그의 손길과 말은 내게 안도감의 물결을 일으켰고, 나는 수술에 대한 두려움보다 더 크고, 죽음에 대한 공포보다 더 광대한 곳으로 내려갔다. 내 침대가 복도를 따라 옮겨지는 동안 작고 한 하쿠운 야스타니 선사의 말이 불현듯 떠올랐다. "아무런 이유도 없고 차별도 없는 연민이 불타오른다."

내 친구가 그랬듯, 우리가 연민의 마음을 줄 때 그것은 혜성처럼 우리의 마음속에서 타오른다. 이것은 세상의 고통스러운 소리를 듣고 무한한 가슴으로 응답하는 연민의 보살, 관세음보살의 정신이다. 고통의 물속에서 무거운 돌처럼 가라앉지 않고 오히려 내면의 희귀한 공간을 향해 깨지고 열리는 정동(晶洞)처럼, 어둠 속에서 몸무림치는 사람들을 위해 빛나는 그런 가슴으로 말이다.

수십 년간 나는 연민의 땅을 여행했고, 그 땅의 구조와 그 감동적인 풍경에서 작용하는 더 깊은 차원의 과정들을 탐구했다. 나는 연민을 다룬 과학 연구를 다수 조사했고, 불교 스승들에게 연민에 대한 가르침을 받았으며, 돌봄 제공자들과 이야기를 나누었다. 죄수 및 죽어가는 사람들과 함께 앉았으며, 교육자와 사업가들에게 연민에 접근하는 방법을 가르쳤고, 탐구의 도구로서 나의 명상 수행을 사용했다. 그리고 삶이 내게 준 문제들이 있다. 가능성과 함께 무르익은 위기가 그것이다.

연민은 타인의 고통에 대한 진정한 관심과 그들을 더 행복하게 하고자 하는 욕구로 정의될 수 있다. 연민은 또한 우리 자신의 고통과 타인의 고통에 적절하게 대응하도록 돕는다. 그리고 놀랍게도 연민은 병적 이타심, 공감 스트레스, 도덕적 고통, 무시, 소진과 같은 벼랑 끝 상태들의 해로운 측면에서 벗어나는 길이다. 왜냐하면 연민은 인간이 가진 가장 뛰어난 능력, 즉 주의의 균형과 돌봄, 이기심을 벗어난 의도와 통찰, 윤리적 행위를 이끌어 내기 때문이다. 연민이 아닌 그 어떤 다른 반응도 이러한 능력을 이끌어 내지 않는다.

## 친절한 자의 생존

# 1

내가 참석했던 인도 다람살라에서 열린 한 회의에서 달라이 라마는 말했다. "연민은 종교 사업이 아니라 인간 사업입니다. 사치가 아닙니다. …… 인간 생존에 필수적인 것입니다."**172** 나는 연민이 인간의 생존에 필수라는 말에 진심으로 동의한다. 그리고 거기서 한 걸음 더 나아가 연민은 이 지구상의 '모든' 종의 생존을 지원한다고 확신한다.

그 후 달라이 라마는 다음과 같이 썼다. "한 개인이 아무리 뛰어난 능력과 기술을 가졌다 하더라도, 혼자 남겨진다면 생존하지 못할 것이다. 혈기 왕성한 시기에 한 개인이 아무리 활기차고 독립적이라 해도, 병이 나거나, 아주 어리거나, 아주 늙었을 때는 타인의 도움에 의존해야 한다. …… 가족, 부족, 국내, 국제 사회를 포함하여 모든 수준의 사회에서 더 행복하고 더 성공적인 세상이 되는 열쇠는 연민의 성장이라고 나는 믿는다."**173**

영국의 박물학자 찰스 다윈은 동의할 것이다.**174** 다윈은 저서 『인간의 유래(*The Descent of Man*)』에서 오늘날 우리가 '연민'이라고 부를 '교감(sympathy)'의 중요성에 대해 언급하면서, 고통받는 대상을 도우려는 인간과 동물의 기질을 탐구했다. 그는 공격적인 개코원숭이에게 습격받은 사육사의 이야기를 소개했다. "몇 년 전 동물원의 한 사육사가 목덜미에 난 거의 낫지 않은 깊은 상처를 내게 보여 주었다. 그가 바닥에 무릎을 꿇고 있는 동안 사나운 개코원숭이에게 공격을 받아서 생긴 것이었다. 이 개코원숭이와 같은 칸에 살던 작은 아메리카 원숭이는, 사육사의 따뜻한 친구였지만, 이 거대한 개코원숭이를 극히 두려워했다. 그럼에도 불구하고 이 원숭이는 친구가 위험에 처하는 순간 그를 구하기 위해 달려왔고, 소리를 지르고 물어서 개코원숭이를 방해했다. 그 덕에 사육사는 무사히 위기에서 탈출할 수 있었다."[175]

다윈은 구조자와 피구조자가 같은 내집단(內集團)에 속할 때 이러한 영웅적 행위가 일어나기 쉽다는 것을 인지했다. 그 작은 원숭이는 사육사의 좋은 친구였고, 그래서 사육사를 구하기 위해 아마도 자신의 목숨을 걸었을 것이다. 다윈은 썼다. "우선 분명한 것은 인류가 갖고 있는 본능적 충동은 그 강도가 다양하다는 점이다. 야만인은 같은 부족원의 목숨을 구하기 위해서는 목숨을 던지겠지만, 이방인에게는 완전히 무관심할 것이다. 모성 본능에 이끌린 어리고 소심한 엄마는 자신의 아기를 위해서는 한 치의 망설임도 없이 커다란 위험을 무릅쓸 것이다. 하지만 다른 사람을 위해서는 그렇게 하지 않을 것이다."[176]

그러나 다윈은 특별한 상황에서는 사람들(그리고 생명체들)이 낯선 이에게 큰 연민을 발휘할 수도 있다는 점을 인지했다. "타인을 위해 목숨을 걸어본 적이 없는 많은 문명인들이 용기와 연민에 충만하여, 자기 보존의 본능을 무시하고, 물에 빠진 낯선 이를 구하기 위해 급류 속으로 즉시 몸을 던졌다. 이런 경우 사람들은 앞서 크고 무서운 개코원숭이의 공격으로부터 사육사를 구한 작지만 영웅적인 아메리카 원숭이가 가졌던 것과 같은 본능적 동기로 움직인다."[177]

다윈은 진화가 이러한 특성들을 선택하여 후손들에게 영속시킨다는 가설을 세웠다. "연민이 유래한 방식이 얼마나 복잡하든, 그것은 서로 돕고 지켜 주는 모든 동물에게 매우 중요한 것이기 때문에 자연 선택을 통해 증대되었을 것이다. 그래서 연민의 마음을 가진 구성원을 가장 많이 포함하고 있는 공동체가 최고로 번영하고 가장 많은 수의 후손을 남겼을 것이다."

다윈은 이러한 현상을 '가장 친절한 자의 생존'이라고 불렀을 것이다. 이것은 흔히 그의 이론으로 알려진 치열한 '적자생존'의 패러다임(실제로는 허버트 스펜서가 '자연 선택'을 과도하게 단순화한 용어)과 상반되는 이론이다. 다윈은 연민이 우리의 생존에 필수적일 뿐 아니라, 개인적 도덕 감각과 사회적 웰빙에 영향을 미치는 윤리 체계의 기반을 형성한다고 결론지었다.

가장 최근에는 네덜란드의 생태학자이자 영장류학자인 프란스 드 발이 연민의 뿌리가 우리의 진화 역사 깊은 곳에서 발견될 수 있음을 시사했다. 드 발은 유인원, 개, 새, 심지어 쥐를 포함한 인간이 아닌 생물들 사이에서 관찰되는 다양한 친절 행위와 도덕적 행동을 기록했다. 우리는 물을 수 있다. 쥐가 그렇게 할 수 있다면 우리라고 안 될 이유가 있겠는가?[178]

## 과학과 연민

연민은 우리의 생물학 깊은 곳에 뿌리를 두고 있는 것일 수도 있고, 양심에서 솟아난 것일 수도 있다. 또한 그것은 본능적인 것일 수도 있고, 의도적인 것일 수도 있으며, 어쩌면 사회적으로 규정된 것일 수도 있다. 어떤 경우든 우리는 과학 연구를 통해 연민이 그것을 받는 사람들을 더 행복하게 만들고, 또한 그것을 주는 사람들에게도 혜택을 준다는 것을 알 수 있다. 심지어 연민은 연민 행위를 단순히 관찰한 사람들에게도 도움을 준다. 주든 받든 관찰하든 연민은 인간의 마음에 깊은 영향을 주는 경험이다.

연민은 또한 신체 건강을 증진시키는 것으로 나타났다. 줄리안 홀트 룬스타드와 동료들이 여러 자료에 대해 메타 분석을 실시한 연구에 따르면, 연민과 관련된 강한 사회적 연결은 염증을 감소시키고, 면역 기능을 지원하며, 질병 회복 속도를 높이고, 수명을 연장하는 것으로 보인다.[179] 새라 콘래스 박사가 수행한 연구에서 따르면, 자기 이익이 아니라 이타심을 동기로 하여 자원봉사에 지원한 이들은 비지원자에 비해 더 오래 사는 것으로 나타났다.[180]

또 다른 연구는 연민이라는 비언어적 의사소통이 환자의 자율 신경계를 진정시키고, 호흡과 심장 박동 수의 변화폭을 조절한다는 것을 보여 주었다.[181] 연구는 연민을 받게 되면 수술 후 고통이 감소되고, 수술 회복 시간이 단축되며,[182] 정신적 외상이 개선되고,[183] 말기 환자의 생존이 연장되며,[184] 포도당 조절이 향상되고,[185] 금연보다 더 나은 비율로 사망률이 감소하며,[186] 면역 기능이 활성화된다는 것을 시사한다.[187] 환자들과의 연민적 상호 작용은 이러한 모든 건강상의 혜택을 창출함으로써 제도적 건강 관리 비용과 의사들의 스트레스 비용도 더 줄일 수 있다.[188]

장기 명상 수행자가 통증과 고통에 노출되면 어떤 일이 벌어질까? 위스콘신대학의 신경 과학자 리처드 데이비슨, 앙트완 뤼츠와 동료들은 열린 알아차림 명상이 통증에 대한 부정적 기대를 줄여 준다는 점을 발견했다. 동일한 연구에서 이들 장기 수행자는 통증을 덜 부정적으로 경험하고,

불쾌한 자극으로부터 더 빨리 회복되었다.[189] 또 다른 연구에서 데이비슨 박사와 그의 동료들은, 연민을 느끼는 상태에 있는 전문 수행자들이 감정이 실린 인간의 음성에 대해 초보 수행자보다 더 강하게 반응한다는 사실을 알게 되었다. 그들은 또한 전문 수행자의 인지적·정서적 공감 능력이 초보 수행자보다 더 크다는 것을 발견했다.[190] 이러한 사실은 마음 수행이 어떻게 불쾌한 자극을 받을 때 회복력을 향상시키고, 타인의 고통에 더 잘 조율할 수 있게 하는지 알려 주는 중요한 발견이다.

신경 과학자 헬렌 웡 박사가 이끄는 연구에서, 그리고 데이비슨 박사의 실험실에서 보다 큰 연민을 느끼도록 훈련된 젊은 성인들은 실험에서 경제 게임을 하는 동안 더 이타적으로 행동했다. 그들이 고통받는 사람들의 이미지를 보면서 연민을 일으킬 때, 정서 조절 및 긍정적 감정에 관련된 뇌 영역과 공감 및 타인에 대한 이해와 관련된 뇌 영역에서 활동이 증가하는 것이 관찰되었다.[191]

죽어 가는 사람들과 함께 앉아 있던 수년 동안, 나는 연민 어린 현존이 죽어 가는 사람들이 겪는 두려움을 감소시키고 그들을 지원함을 알게 되었다. 연민은 또한 죽어 가는 사람들을 돌보는 사람, 특히 명상 수행을 하는 돌봄 제공자에게 심오한 긍정적 효과를 가져왔다.

몇 년 전 캘리포니아주 샌마테오에 위치한 미션 호스피스의 의학부장이며 오랜 명상가인 개리 파스테르나크 박사는 내게 잊을 수 없는 이메일을 보내왔다. 그는 다음과 같이 썼다.

> 환자를 호스피스 병동에 입원시키느라 늦게까지 깨어 있습니다. 이렇게 늦은 밤까지 잠을 자지 않고 있기에는 제 나이가 너무 많다고 생각

하는 바로 이 순간에, 예기치 못한 일에 약해지고 고통에 빠져 있는 한 사람이 제 앞에 누워 있습니다. 제 손이 그녀의 가슴에 난 깊은 상처를 검진하고, 제 귀가 그녀의 말을 들을 때, 제 마음은 다시 한번 깨지며 열렸습니다. …… 그리고 오늘 밤, 매우 절망적인 유방암을 앓는 사랑스러운 36세 여성이 자신의 상황을 받아들였다는 것과 아이들에 대한 희망을 이야기합니다. 그녀의 말에는 진실성과 무게가 있습니다. 그녀의 받아들임은 한 개인이 경험할 수 있는 가장 깊은 겸손으로 제게 다가왔고, 그리고 다시, 다시 한 번 제가 왜 이렇게 늦은 밤까지 깨어서 죽어 가는 사람과 함께 있는지를 기억하게 합니다.

개리의 말은 겸손과 용기뿐만 아니라 존중과 마음의 고요함을 반영한다. 그는 어수선하고, 시간에 쫓기며, 수면 부족에 시달리기 마련인 의료 환경에서도 속도를 늦추고, 삶과 죽음과 경청과 사랑에 마음을 열 수 있었다. 그리고 환자의 고통과 자신의 고통 속에서도 자신이 정말 누구인지를 기억했다. 이것이 연민이다. 연민은 고통을 덜어 주고자 하는 소망을 가지고 고통이라는 진실로 향하는 능력이다. 그리고 타인을 사심 없이 섬기는 값진 선물에 겸손한 마음을 가지고 깨어 있는 일이다.

연민을 경험하는 것은 또한 우울과 불안을 줄여 주는 것으로 보인다. 연민은 작은 자아의 편협함을 넘어 우리의 지평을 열어 주기 때문이다. 연구자인 엠마 세팔라 박사는 썼다. "우울과 불안은 자아에 초점을 맞춘 상태, 즉 '나', '나의', '나를', '내 것'에 몰두한 상태와 연결되어 있다는 것을 연구에서 확인할 수 있다. 하지만 타인을 위해 무언가를 할 때 자아에 초점을 맞춘 상태는 타인에 초점을 맞춘 상태로 전환된다."[192]

영화 제작자 조지 루카스는 과학자가 아님에도 연민에 대해 비슷한 견해를 가지고 있다. 그의 영화 「스타워즈」가 정말로 무엇에 관한 것이냐는 질문에 그는 대답했다. "세상에는 연민적 인간과 이기적 인간이라는 두 종류의 사람들이 있다. 이기적 인간은 어둠이 있는 곳에 살고, 연민적 인간은 빛이 있는 곳에 산다. 빛 쪽으로 가는 사람은 행복할 것이다. 왜냐하면 연민, 즉 자신을 생각하지 않은 채 타인을 먼저 생각하는 것은 다른 방식으로는 얻을 수 없는 기쁨을 주기 때문이다."[193]

노숙자들에게 음식을 대접하는 우파야 식구들의 얼굴을 보면서 나는 그들의 눈에서 존중과 배려심을 본다. 그들의 눈에는 동정, 자만심, 두려움이 없다. 우파야 노마드 클리닉의 의사들이 일하는 곳에서도 나는 동일한 것을 본다. 나의 성직자 제자 중 한 명이며, 성소수자 공동체에서 호스피스 환자들을 돌보는 간호사인 캐시가 이 공동체를 돕기 시작하면서 그녀 자신이 경험한 엄청난 혜택에 대해서 말하는 것을 최근에 들었다.

연민의 또 다른 강력한 측면은 도덕적 특성과 관련되어 있다. 알베르트 슈바이처는 다음 구절을 쓸 때 이를 이해했다. "나는 생명이라고 불리는 모든 것 앞에서 경건한 존중 외에 할 수 있는 것이 없다. 나는 생명이라고 여겨지는 모든 것에 대해 연민하는 것 외에 할 수 있는 것이 없다. 이것이 모든 윤리의 시작이자 바탕이다."[194] 슈바이처는 '연민은 도덕성의 기초'라는 쇼펜하우어의 관점에 동의했다. 연구에 따르면 연민을 갖는 것은 우리의 도덕적 원칙을 유지시키고, 우리의 삶에 의미를 부여한다. 심리학 연구자 대릴 캐머론과 키스 페인에 따르면, 우리는 연민을 억누를 때 우리의 도덕적 정체성이 손상되었다고 느낀다.[195]

심리학자이자 윤리적 리더십 전문가인 조너던 하이트는 도덕성과 문화와 감정을 주제로 한 연구에서 누군가가 다른 사람을 돕는 것을 보면 우리도 동일하게 행동하도록 영감을 받는 '도덕적 고양' 상태가 형성된다고 밝혔다.[196] 전염 기전을 연구하는 캘리포니아대학 샌디에이고 캠퍼스의 제임스 파울러 교수는 돕기가 전염성이 있다는 것을 확인했다. 네팔의 돌포에 있는 우파야 노마드 클리닉을 취재한 기사가 『뉴요커』에 실렸다. 레베카 솔닛이 쓴 이 기사는 전 세계 의료인들에게 네팔의 우리 진료소에서 봉사하도록 영감을 주었다. 그리고 타인을 위한 봉사에 감동한 네팔 의사와 간호사들이 점점 더 많이 우리 진료소에 합류하여 봉사하게 되었다. 젊은 변호사인 한 미국인은 네팔 환자의 발을 씻었다. 팀의 다른 사람들도 감동하여 발씻기에 합류하겠다고 요청했다. 사랑과 존중은 순식간에 전염된다. 우리를 고양시키며 영감을 불러일으키는 선(善)은 다행히도 전염성이 있다.

오랫동안 나는 연민이 온전한 인간이 되는 핵심이라고 느껴 왔다. 연민은 제도적 억압을 줄이고, 존중과 정중과 소속감의 문화를 가꾸는 열쇠다. 연민은 또한 문화와 조직, 인간을 성공하게 만드는 요소다. 연민의 필요성을 이해하도록 돕기 위해, 과학은 연민의 혜택에 대한 강력한 연구 결과를 제시하고 있으며, 또한 우리의 생존과 근본적 건강에 있어서 연민의 중요성을 입증하고 있다. 이런 통찰은 예수, 부처, 모하메드가 수천 년 전에 했고, 우리 할머니도 100년 전에 했다. 어쩌면 우리 중 일부에게 과학은 우리가 진정 누구인지를 되짚어 줄 수도 있다.

# 연민의 세 가지 얼굴

## 2

여러 해 동안 나는 우리 대부분에게 익숙한 관점이 아닌 다른 관점에서 연민을 볼 수 있을지가 궁금했다. 즉, 타인의 고통, 특히 내집단(內集團)에 있는 사람들의 고통에 초점을 둔 연민 말이다. 나는 14세기 선사인 무소 소세키의 저서 『몽중문답(夢中問答)』을 읽으며 내 탐구의 돌파구를 찾았다. 소세키는 우리에게 가장 친숙한 종류의 연민, 타인을 향한 연민을 논한다. 사회 심리학자는 이것을 '관계적 연민'이라고 부른다. 그는 또한 연민의 다른 두 얼굴에 주목한다. 그것은 통찰에 기반한 연민과 대상이 없는, 즉 비관계적이고 보편적인 연민이다.[197]

### 관계적 연민

우리 대부분은 부모, 자녀, 배우자, 형제자매, 반려동물처럼 우리와 친밀한 대상에 대한 연민을 경험한다. 또한 친구, 동료, 이웃 그리고 우리 문화나 민족 구성원들에 대해 더 쉽게 연민을 느끼는 경향이 있다. 우리는 여러 가지 면에서 자신과 유사한 고통을 겪는 사람들에게 더 강한 유대감을 느낄 수 있다. 어렸을 때 눈이 안 보였던 경험 때문에 나는 시각 장애인들에게 생생한 동일시와 연민을 함께 느낀다는 점을 오래전에 알아차렸다.

관계적 연민은 우리의 가족원을 넘어 확장될 수도 있다. 즉, 성희롱이나 경찰 폭력의 피해자를 포함하고, 또는 보호받지 못하는 사람들이나 난민도 포함할 수 있다. 또한 관계적 연민은 생물이나 장소로도 확장될 수 있다.

이런 종류의 연민은 멕시코의 베라크루즈에서 멀지 않은 라 파트로나 마을에 살던 여성들의 이야기에 들어 있다. 20여 년 전 어느 날, 베르나르다와 로사 자매는 아침 식사용 우유와 빵을 사서 집으로 돌아오고 있었다. 기찻길 건널목에 서서 화물 열차가 지나가기를 기다리던 자매는 화차의 지붕과 옆에 매달린 무임승차자들과 화차 아래에 덧댄 강철판에 올라타 있는 젊은이들을 보고 놀랐다.

첫 번째 화차에 매달린 한 남자가 그들에게 외쳤다. "어머니, 배고파요!" 화차가 연이어 지나가면서 더 많은 아우성이 그들의 귀를 가득 채웠다. "어머니, 배고파요!" 마지막 화차가 지나가기 전에 베르나르다와 로사는 방금 산 음식을 모두 던져 주었다.

그날 아침 집으로 돌아왔을 때, 베르나르다와 로사는 가족의 아침 식사를 남에게 줘 버렸다고 벌을 받을까봐 걱정했다. 어쨌든 그들은 일어난 일을 어머니에게 이야기했다. 가족들은 자매를 벌하는 대신, 함께 모여 무엇을 할 수 있을지를 의논했고, 이윽고 계획이 나왔다.

자매가 지나가는 이주자에게 처음 음식을 던져 준 1995년부터, 거의 매일 이 자매와 라 파트로나 마을의 다른 사람들은 자유를 희구하며 열차를 탄 사람들을 위해 음식을 가지고 기차 선로 옆에 서 있다.

'야수'를 의미하는 '라 베스티아' 호는 수천 명을 미국 국경까지 북쪽으로 실어 나른 기차의 별명이다. 이 기차가 베라크루즈를 통과하는 경로를 지나 라 파트로나에 접근할 때, '라 파트로나 주민들'이란 뜻의 '라스 파트로나스'로 불리는 마을 여성들은 방금 요리한 콩과 밥과 또띠야가 담긴 불룩한 비닐 봉지를 가지고 기차 선로로 재빨리 접근한다. 기차가 지나쳐 갈 때 그들은 무임승차한 배고픈 이주자들에게 선물을 던진다.

가끔 그 기차는 밤에 속도를 늦춰, 라스 파트로나스가 그들에게 음식 봉지를 더 쉽게 던져 줄 수 있게 한다고 나는 들었다. 낮에는 기차가 마을을 빠르게 지나가지만, 모든 연령의 여성들이 열차가 만들어 내는 난폭한 바람 속에서도 굳건히 서서 절망적이고 배고픈 이들에게 손을 내민다. 이것은 순수한 연민의 행위다.

여러 해 동안 수만 개의 식사가 제공되었다. 북쪽으로 가는 이주민의 물결은 폭력, 국경 장벽, 구금 센터 및 마약 카르텔 보스에도 불구하고 지금까지 계속되고 있다. '라 베스티아' 호는 인간 화물을 북쪽으로 매일 운반했고, 라스 파트로나스는 손에 음식을 들고 그들을 맞이했다.

라스 파트로나스는 열차에 무임승차한 지친 이주자들을 위해 진료소와 작은 휴게소도 지었다. 주방을 확장했고, 음식을 만들어 봉지에 담아 전달하는 사람들도 마을의 남자들을 포함하여 더 늘어났다. 그들은 또한 멕시코 전역의 단체들과 협력하여 이주민을 보호하기 위해 정부에 로비 활동을 하고 있다. 파트로나 로메로는 말했다. "신이 내게 생명을 주시고, 이주민들이 탈출을 계속하는 한, 나는 내가 여기에서 도울 것이라고 믿는다."[198]

그리고 과달루페 곤잘레스는 BBC 방송에서 말했다. "일이 이렇게 커질지 아무도 예상하지 못했어요. 제 생각에 이 일은 예상치 못하게 일어났고, 그저 조금이라도 줄 수 있는 것에서 시작했기 때문인 것 같아요."[199] 그녀의 말은 깊은 울림을 준다.

라스 파트로나스에 관한 BBC의 같은 보도는 마음에 사무치는 관찰을 했다. "라스 파트로나스는 마을 이름에서 유래한 이름이다. 그러나 이것은 더 넓은 종교적 의미를 가진다. '파트로나'는 스페인어로 '수호성인'을 의미한다. 다시는 볼 수 없는 한 여성으로부터 어쩌면 생명을 구할 수도 있는 구호품을 받는 이주자들에게, 이 이름은 이보다 더 적절할 수 없을 것이다."[200]

산타페에 있는 멕시코 친구로부터 라스 파트로나스의 이야기를 듣고, 또 그들의 기적적이고 겸손한 노력을 추적한 언론 보도를 본 후 나는 감동했다. 날마다 나타나 직접 요리한 콩과 밥과 또띠야를 북쪽으로 가는 여행자들에게 전달하는 이 여성들의 대담한 결단과 위대한 연민에 감탄했다. 그들은 내게 인간의 가장 고귀한 마음을 표상한다. 그것은 연민, 이타심, 끈기, 헌신, 참여이고, 모든 역경에도 불구하고 고통을 변화시키는 힘이다.

### 통찰에 기반한 연민

관계적 연민은 우리 사회에서 소중하게 여겨지는 좋은 것이다. 그러나 우리 대부분에게 익숙하지 않은 연민의 형태도 있다. 소세키는 통찰에 기반한 연민에 대해 글을 썼다. 이것은 티베트 불교에도 존재하는 개념이다.

이런 유형의 연민은 좀 더 개념적이다. 소세키의 논의는 무상(無常)과 연기(緣起)에 초점을 두고 있다. 명상가와 돌봄 제공자인 나의 관점에서 볼 때 통찰에 기반한 연민은 연민이 도덕적 의무임을 이해하는 것을 포함한다. 우리는 고통을 외면하는 것이 자신과 타인과 사회에 심각한 폐해를 가져올 수 있다는 점을 추론할 수 있다.

도움이 필요한 사람을 볼 때 우리는 이상적으로는 행동해야 한다는 도덕적 강박감을 느낀다. 그냥 지나치지는 않는다. 그리고 냉담함이나 도덕적인 무관심도 느끼지 않는다. 연민으로 고통에 반응하는 것은 '올바른' 일이며, 존중과 인간 존엄성에 대한 긍정이다. 이러한 관점으로 타인의 고통을 경험할 때, 그리고 이런 이해가 타고난 친절과 고통을 완화시키려는 염원으로 뒷받침될 때, 우리 마음은 지혜로운 연민으로 가득 차게 된다.

얼마 전 나는 간암으로 죽어 가는 한 여성의 곁에 앉아 있었다. 그녀의 다리는 부종으로 너무나 부어올라 정강이 위의 피부가 갈라지고 있었다. 그때는 몰랐지만, 이날이 그녀가 마지막 숨을 거두기 바로 전날이었다. 가까운 친구였던 그녀는 여러 해 동안 암과 싸웠다. 그녀가 혼돈과 고통에 휩싸여 있을 때 나는 그녀에게 커다란 연민, 관계적 연민을 경험했다. 그녀의 손을 잡고 부드러운 목소리로 말하면서 그녀의 고통을 없애 주고 싶은 압도적 소망을 느꼈다. 같은 이유로 통찰에 기반한 연민의 렌즈를 통해서 나는 그녀의 상황을 무상(無常)이라는 진리의 차원에서 볼 수 있었다. 그녀의 고통은 시간상 분리된 한순간이고, 고통이 아닌 요소들로 이루어졌다는 것을 볼 수 있었다. 나는 또한 마음 깊은 곳에서 그녀의 고통에 반응하는 것이 도덕적 당위라고 느꼈다. 이 관점은 나를 공감의 고통에 굴복하지 않도록 막아 주었고, 덜 반응적인 방식으로 그녀를 위한 공간을 지킬 수 있게 했다. 그리고 마침내 그녀와 더 큰 사랑으로 함께할 수 있도록 해주었다.

## 비관계적 연민

소세키는 또한 편견이 없는 세 번째 형태의 연민을 소개한다. 이러한 연민을 '비관계적 연민', 즉 대상이 없는 연민이라고 부를 수 있다. 이 세 번째 형태가 진실한 연민이라고 소세키는 말했다.

나는 이런 유형을 직접 경험한 적이 한 번 있다. 토론토에서 불교 수행을 가르치며 가정집에 머물 때였다. 샤워하고 나오던 나는 젖은 바닥에 미끄러지면서 넘어져, 대퇴골과 대퇴골 상부의 돌기가 조각나 버렸다. 내 다리의 각도를 보았을 때 정말 심각한 일이 벌어졌다는 것을 알 수 있었다. 심장 박동이 계속 뛰고, 나는 견딜 수 없는 고통에 빠졌다. 바른 남부인답게 나는 예의 바르게 외쳤다. "도와주세요! 누가 좀 도와줄 수 있나요?" 내 목소리는 갈대처럼 가늘었고, 거의 숨도 쉴 수가 없었다. 몇 분이 지나지 않아 집주인 앤드루가 왔다. 그는 내가 앉아 있던 바닥에서 내 등을 부드럽게 감싸 안고 아내에게 응급차를 부르라고 소리쳤다. 나는 움직일 수 없었고 거의 말도 할 수 없었지만 앤드루는 무엇을 해야 할지 알았다. 그는 나무처럼 나의 척추를 받치고 완벽한 정지 상태에 있었다. 덕분에 나는 밀려오는 쓰라린 고통의 리듬 사이에 존재하는 공간으로 들어갈 수 있었.

응급 구조원이 도착했고 젊은 의료원이 욕실로 들어와서 나를 들것에 옮길 것이라고 안내했다. 내 몸과 마음은 그의 말에 멈칫했다. 나는 이미 기절하기 직전이었고 강한 고통으로 인해 내 혈압이 떨어지고 있음을 느꼈다. 나는 그 젊은 의료원의 눈을 똑바로 보고 말했다. "날 옮기기 전에 먼저 통증을 다스려야 해요." 그 의료원은 단조로운 목소리로 자기는 모르핀을 투여할 면허가 없다고 말했다. 나는 말했다. "면허를 가진 사람을 데려와요." 나는 진지했다. 그는 자격자를 부르기 위해 전화를 했다.

길고 긴 10분이 지난 후, 나이가 더 많은 의료원이 도착했다. 그는 내 옆에 무릎을 꿇고 앉아 혈압을 쟀다. 내 혈압은 바다 밑바닥만큼이나 낮았다. 그는 고개를 끄덕이고는 작은 병에서 투명한 용액을 주사기로 뽑았다. 그는 내 팔을 펼쳤지만 내 정맥은 쇼크로 주저앉아 버려서 바늘을 찔러도 아무런 소용이 없었다.

그는 다른 팔에, 다음에는 양 손목에 시도했다. 그러고 나서는 어디인지 기억이 없다. 그가 나를 돕기 위해 애쓰는 동안 그의 얼굴에서 떨어지던 땀방울과, 벌어진 입과, 눈 주위의 긴장된 피부를 보았던 것만 기억난다.

젊은 의료원은 창백한 얼굴로 욕실 벽 쪽에 서 있었다. 그의 눈은 마치 기절할 것처럼 뒤집혀 있었다. 주삿바늘에 여섯 번이나 찔리고 있는 나를 보는 것이 괴로운 것 같았다. 내 마음이 그런 그에게 열렸다, 그리고 그 순간 내 정맥도 열렸고 내 몸에 피가 돌았다. 바늘이 들어갔고, 나는 이송될 수 있을 정도로 충분한 안도감을 느꼈다.

응급 구조원이 들것을 들고 긴 계단을 내려갈 때 내 몸은 위험할 정도로 가파르게 기울어졌다. 나는 몇 센티 아래로 미끄러졌고, 이후 다시 몸이 굳어져 버렸다. 마침내 나는 구급차를 탔다. 우리는 사이렌을 울리며 병원을 향해 토론토 거리를 질주했다. 때는 13일의 금요일이었고, 하늘에는 6월의 보름달이 떠 있었다.

차 안에서 나이 든 응급 구조원이 내 쪽으로 몸을 기울였다. 나는 뭔가가 그의 마음을 짓누르고 있다는 것을 감지했다. 아무 생각 없이 나는 그의 무릎을 만지며 괜찮은지 물었다. 그런 상황에서 내가 묻기에는 이상한 질문일 수 있었지만, 그러나 그 말은 어딘지 모를 곳으로부터 튀어나왔다. 그 '어딘지 모를 곳'은 깊은 명상 중에 존재하는 어떤 곳이거나, 고통이 자아를 완전히 가렸을 때 나타나는 어떤 곳일 수 있다.

그의 눈은 젖어 있었고, 거의 들리지 않는 목소리로 말했다. "아내가 유방암으로 죽어 가고 있어요." 그 순간 내 곁에 있는 이 고통받는 인간 외에는 아무것도 존재하지 않았다. 내 몸과 내 마음과 우리 사이의 공간에는 설명할 수 없는 따스함만이 존재했다. 그 순간 나의 통증은 완전히 사라졌다. 내가 들여다본 그의 두 눈은 눈물에 젖어 경계가 풀어져 있었다.

이 글을 쓰면서 작곡가 루신다 윌리엄스의 말을 회상한다. "당신이 만나는 모든 사람에게 연민을 가져라. 영혼이 뼈를 만나는 그곳에서 어떤 전쟁이 벌어지고 있는지 알지 못하므로." 구급차에 있을 때 나는 알지 못했다. 그리고 그것이 요점이다.

응급실에서 나는 모르핀 투여기를 정맥관에 삽입하여 달았다. 나는 머리에 시원한 천을 받치고, 외부 홀에 남겨졌다. 나의 새로운 친구는 내가 엑스레이를 찍으러 갈 때까지 몇 시간 동안 들것 옆에 조용히 앉아 있었다. 나는 수술 후에 그를 한 번 더 보았다. 나는 그의 이름도 몰랐고, 물어보지도, 물어볼 생각도 하지 않았다. 그러나 우리는 거기에 있었다. 그는 내가 탄 배의 곁으로 왔고, 나 역시 그의 배 곁에 있었다.

돌이켜보면 나는 나 자신의 위태로운 상태 속에서 보편적 연민의 경험을 향해 내 마음을 열었음을 깨달았다. 그 경험은 그에 관한 것도, 나에 관한 것도 아니었다. 타인에 대한 무한한 관심과 사랑의 분출은 나의 자아감을 용해시켰고, 그와 함께 내 통증도 녹아 사라졌다. "아무런 이유도 없고 차별도 없는 연민이 불타오른다."²⁰¹

지난 여러 해 동안, 토론토 욕실에서 발생한 낙상 사고의 일화를 말했을 때, 비슷한 경험을 했던 많은 사람들이 타인에 대한 뜻밖의 연민을 느낀 순간 자신의 고통이 저절로 사라진 일화들을 들려 주었다. 이것은 어떤 종류의 연민일까? 이것은 사전에 계획되지도 심지어 의도되지도 않았다. 그것은 부러진 내 뼈에서 일어났지만, 내게 뜻밖의 안도감을 주었다. 나는 그것이 그 구조원에게도 닿았다고 믿는다.

최근 내 오랜 친구 람 다스와 함께 시간을 보내는 동안, 우리는 연민에 대해 이야기했다. 그는 인도의 대서사시 『라마야나(Ramayana)』에 나오는 다음과 같은 말을 상기시켰다. 람 신이 이기심 없는 봉사를 상징하는 원숭이 신인 하누만에게 물었다. "원숭이야, 너는 누구냐?" 하누만은 대답했다. "제가 누구인지 모를 때, 저는 당신을 섬깁니다. 제가 누구인지 알 때, 저는 당신입니다." 내 오랜 친구와 나는 서로 미소를 지었다. 이것이 연민에 관한 가장 깊은 표현이 아닐까?

### 아상가와 붉은 개

몇 달 후 무엇이 이러한 경험을 가능하게 만들었는지 나 자신에게 물었다. 티베트 불교에서 나온 이야기는 우리가 어떻게 보편적 연민을 키울 수 있는지 힌트를 주었다. 4세기경의 수행자인 아상가는 여러 해를 석굴에서 명상을 하며 보냈다. 그는 자애의 부처인 미륵불을 명상하며 미륵불에게 비전과 가르침을 받기를 바랐다. 아상가는 한 해, 또 한 해 수행했지만, 미륵불은 모습을 보이지 않았다.

석굴에서 수행하며 미륵불이 나타나기를 기다리다가 12년이 지난 어느 날, 아상가는 석굴 수행 시간은 이것으로 충분하다고 생각하게 되었다. 그는 지팡이를 짚고 은둔하던 곳을 떠나 산길을 내려가기 시작했다. 좁은 길을 따라 이동하던 그는 산길을 가로질러 누워 있는 것처럼 보이는 뭔가를 어렴풋이 보았다. 가까이 다가가자 흙먼지 속에 가만히 누워 있는 붉은 개가 보였다. 개의 뒷다리와 엉덩이는 속살이 드러나 보이는 흉한 욕창으로 덮여 있었다. 자세히 살펴보니 욕창에는 꿈틀거리는 구더기가 가득했다.

아상가는 즉시 그 개를 돕고 싶었지만 구더기를 해치고 싶지는 않았다. 너무나도 큰 연민을 가졌던 아상가는 무릎을 꿇고 혀를 내밀어 구더기를 해치지 않고 조심스럽게 제거하려 했다. 그의 혀가 꿈틀거리는 유충 덩어리에 채 닿기 전에, 그 붉은 개는 연민 어린 미륵불로 변신했다.

미륵불은 왜 아상가를 위해 동굴에 나타나지 않았을까?

내 생각에 미륵불은 아상가가 타인을 돕기 위해 행동을 취할 때만 나타났을 것이다. 비록 미륵불은 적어도 아상가가 알아볼 수 있는 형상으로는 동굴에 나타나지 않았다. 하지만 나는 그의 12년 동굴 수행이 헛되지 않았다고 확신한다. 아상가의 열린 마음과 연민은 여러 해 동안의 전념과 헌신적 수행을 통해 점점 더 깊어지고 경이로워졌기 때문이다. 그곳에서의 수행은 완전하고도 대상이 없는 연민이라는 황금 열매를 낳았다. 그렇지만 그의 연민은 활성화될 원인이 필요했고, 붉은 개는 아상가에게 대상 있는 연민과 대상 없는 연민 모두를 실천할 기회를 주었다.

이것은 우리 관계의 심오한 가치를 말하고, 또 우리 자신의 해탈이 타인의 해탈과 깊이 결부되어 있음을 말해 준다. 이 일화는 또한 도움이 필요한 사람이 멀리 떨어져 있다 해도 타인을 이롭게 하려는 우리의 염원을 수행에 통합하는 가치를 보여 준다. 그리고 고통과 함께한다는 것은 이런 깊은 열망에서 힘을 얻는 수행의 길임을 상기시켜 준다.

아상가의 깨달음처럼 망상에서 깨어나는 일은 우리가 평소의 작은 자아보다 더 커질 때, 어떤 식으로든 고통의 응어리를 통해 더 넓은 주변 세계로 이끌려 갈 때 일어난다. 따라서 상처 입은 개와 꿈틀거리는 구더기는 타인을 이롭게 하려는 그의 소망을 단지 생각만 하는 것이 아니라, 실제로 체현할 값진 기회로 주어졌던 것이다. 비관계적 연민이란 모든 존재의 고통에 열려 있고, 즉시 헌신할 준비가 되어 있는 마음과 생각을 뜻한다. 이것은 보편적이고, 무한하며, 어디에나 있고, 편향되지 않는다. 작은 자아의 미혹이 사라지면서 자신이 진정 누구인지를 기억하게 된다.

이러한 종류의 연민은 우리 인격의 본질적 특성이다. 이것은 우리의 존재 전체에 스며들어 있다. 우리는 누구에게나, 그리고 모든 이에게, 즉 극심한 슬픔으로 고통받는 사람, 시리아 알레포의 피투성이의 아이, 곰팡이 핀 동물원의 코끼리, 정신 흥분제인 메스암페타민에 찌든 여인뿐 아니라 심지어 마약상, 아동학대 부모, 전쟁에 미친 정치인에게도 비관계적 연민을 즉시 느낄 수 있다. 분리된 자아가 없다는 것을 깨달을 때, 모든 존재와 모든 사물이 서로 연결되어 있음을 깨달을 때, 우리의 보편적 연민은 무르익는다. 이것은 깊은 수행을 했거나 커다란 친절과 타인의 웰빙을 염려하는 기질을 타고난 사람들의 경험이다.

연민 어린 관세음보살처럼 비관계적 연민을 경험할 때, 우리는 어떠한 필요에도 응답한다. 이것은 대양의 소금과 같고, 우리가 숨 쉬는 공기와 같고, 몸속의 피와도 같다. 이것은 우리의 생명과 정신을 이어 주는 바로 그것이다. "온몸이 그대로 손과 눈이지."

# 육바라밀

# 3

불교에서 육바라밀(六波羅蜜)은 관세음보살과 같은 보살이 구현하는 자비로운 자질이다. 보시(布施)·지계(持戒)·인욕(忍辱)·정진(精進)·선정(禪定)·반야(般若)로 구성되는 육바라밀은 우리가 벼랑에 서 있을 때 힘과 균형을 가져다준다. '바라밀(波羅蜜, paramita)'이라는 용어는 '완전성' 또는 고통에서 벗어난 땅으로 간다는 뜻의 '저 언덕으로 건너감', 즉 '도피안(到彼岸)'으로 해석할 수 있다. 바라밀은 보살이 되는 길, 즉 보살도(菩薩道)를 말하는 동시에 그 길의 성취를 말하기도 한다. 길로서의 바라밀은 우리 인격의 깨달은 덕목을 수행하는 것이다. 성취로서의 바라밀은 수행의 선물이다. 개개의 바라밀은 무한한 마음의 표현이고, 모든 종류의 번뇌를 치유하는 특별한 종류의 약이다. 어떤 의미에서 각 바라밀은 연민의 서로 다른 측면이다.

첫 번째 바라밀인 보시(布施)는 필요한 사람에게 연민적 지원, 보호, 가르침, 관심을 주는 것이다. 철학자 시몬 베이유는 말했다. "관심은 가장 고귀하고 순수한 형태의 너그러움이다." 이러한 것으로는 보호소에서 노숙자에게 음식을 제공하는 것, 가족에게 버림받고 죽어 가는 사람들과 함께 앉는 것, 배우자에게 학대받는 피해자를 보호하는 것, 정착지를 찾는 난민을 집으로 초대하는 것 등이 있다. 보시는 환자와 제자에게 관심을 주고, 스스로 의사를 결정할 공간을 주는 것이다. 스탠딩락에 우뚝 서서 강과 사람을 보호하는 것이고, 여성과 아동, 우리 미래의 권리를 지키기 위해 권력에 진실을 말하는 것이다.

보시는 영적 가르침의 보물을 타인과 나누는 것으로도 표현된다. 나의 스승 버니 글래스맨 선사는 중풍으로 몸의 절반이 마비되었음에도 불구하고 2016년 아우슈비츠 지켜보기 안거를 위해 폴란드로 날아갔다. 버니 선사는 우리의 소외와 증오를 변화시켜 또 다른 대학살이 지구를 불태우지 않게 하려는 헌신적 연민의 일환으로, 사람들을 아우슈비츠로 데려가서 지켜보기 수행을 이끌었다. 아우슈비츠와 이루 말할 수 없는 다른 공포의 장소에서 지켜보기를 함으로써, 우리가 진정 누구인지를 기억하고, 사랑의 힘을 기억할 수 있다고 그는 믿는다.

전통적인 경전에는 없지만, 보시바라밀에 대한 표현으로는 사랑 이외에 다른 것도 있다. 이것은 몇 년 전 내가 처음으로 네팔에서 봉사 활동을 하고 있을 때 내게 일어났던 일이다. 히말라야 야생의 고지대에 있는 동안 나는 매우 약해짐을 느꼈다. 우리가 봉사하는 외진 마을의 환자와 함께 앉아 있을 때, 나는 좀 더 굳건해져야 한다는 것을 깨달았다. '두려움을 주지 않기', 즉 '무외(無畏)'라는 개념이 떠올랐다. 이것이 고산지대에서 환자에게 봉사할 때 내게 필요한 수행이었다.

두려움을 주지 않기. 이것은 이 세계의 아픔과 고통을 지켜보면서 자신이나 타인 또는 결과에 집착하지 않고 다른 존재와 연결할 수 있는 자리다. 이것은 우리가 진정 누구인지 지각하는 방식이고, 우리가 사랑과 용기와 커다란 연민으로 이루어졌음을 아는 방식이다. 이것은 과거의 두려움을 인간 마음이라는 광대한 풍경으로 보는 것이다.

두 번째 바라밀은 지계(持戒), 또는 서원에 따라 사는 삶을 말한다. 지계바라밀은 모든 존재, 심지어 타인을 해치는 존재에게도 원칙에 입각한 연민을 보내는 것이다. 연민이 없으면 고통이 따라온다. 타인이나 우리 자신을 해치지 않기 위해, 즉 용기 있고, 배려하며, 신뢰하기 위해 우리는 서원에 따라 살아간다. 이것이 연민이고 보살 정신을 실현하는 것이다.

수년간 나는 연민과 서원이 상호 연결되어 있다는 것을 제자들로부터 많이 배웠다. 연민과 서원은 서로의 내면에서 살아간다. 불교에서 우리가 받은 계율은 선을 행하고, 해를 입히지 않으며, 타인을 보살피는 것이다. 우리 대부분은 매일 도덕적 도전에 직면한다. 그러나 우리는 자신의 진정성을 훼손하지 않는 것이 얼마나 중요한지를 배웠다. 기관의 기대보다 환자의 웰빙을 최우선시하며 생사의 결정을 매일 내리는 의료인이 있다. 유해한 회사 정책으로부터 직원을 보호하기 위해 최선을 다하는 전무 이사가 있다. 자신의 위험을 감수하면서도 우리의 사생활 권리를 보호하려는 내부 고발자가 있다. 이 사람들 모두는 자신의 진정성에 의해 인도되었다. 이것이 서원에 따른 삶의 완성 또는 바라밀이다.

세 번째 바라밀은 인욕(忍辱), 즉 타인과 우리 자신에 대한 혁명적 인내다. 인욕은 현재 순간에 온전히 존재하면서 결과를 통제할 수 없다는 것을 알았을 때 경험하는 공격성을 내려놓는 것이다. 항공편이 취소되면 우리는 예약 담당자를 비난한다. 가까운 친구가 죽어 가고 있는데 간호사는 생체 징후 검사를 더디게 한다. 우리는 너무 많은 환자를 돌보느라 어찌할 바를 모르는 그 의료인에게 화를 낸다. 우리는 상황이 우리 뜻대로 되기를 원한다. 우리는 시기적절한 결과를 원한다. 우리는 종결을 원한다. 우리는 도저히 기다릴 수 없고, 잠시 멈출 수 없고, 믿을 수 없고 …… 그저 내려놓을 수가 없다.

인욕에 대해 생각할 때면 스리랑카에서 사르보다야(Sarvodaya) 운동을 이끈 아리야라트네가 생각난다. 몇 년 전 일본에서 전 세계 불교인 모임이 있었을 때 나는 아리(그의 친구들이 부르는 이름)와 함께 시간을 보냈다. 스리랑카에서 가장 큰 NGO인 사르보다야는 붓다의 가르침을 연민적 사회 변화를 위한 강력한 수단으로 사용한다. 사르보다야는 사람들이 본성적인 연민을 표현하는 방법이다. 이러한 연민의 표현은 전쟁으로부터의 경제적·사회적 치유가 일어날 수 있도록 그들이 살아가는 지역 공동체의 환경을 개선하기 위해 함께 일하는 것으로써 실현된다.

아리는 자신의 나라가 오백 년 동안 힌두교도, 이슬람교도, 불교도 사이에서 갈등을 겪어 왔다고 말했다. 이 중 사백 년은 식민지 탄압하에 보냈다. 나는 이 숫자에 충격을 받았다. 그때 아리는 반짝이는 눈으로 나를 쳐다보며 말했다. "이 상황을 변화시키려면 오백 년이 걸릴 거예요. 그러나 나는 계획이 있습니다." 오백 년의 계획을 가진 것을 보면 아리는 정말 참을성 있는 사람이다.

아리는 그의 '오백 년 평화 계획'에는 전국적 평화 활동이 포함되어 있고, 그 다음에는 스리랑카의 가장 가난한 지역에서의 경제 개발 계획이 뒤따를 것이라고 설명했다. 100년마다 상황이 어떻게 진행되고 있는지를 원로 회의가 평가할 필요가 있을 것이라고 그는 덧붙였다.

아리는 젊지 않다. 그는 80대다. 그는 건강하지만, 현실을 거스를 수 없다. 그러나 모든 바라밀이 그의 협력자이고, 특히 인욕과 함께 네 번째 바라밀인 정진(精進)이 그러하다. 아리는 연민이 깃든 무한한 책임으로서 삶을 산다는 것이 무엇인지 알고 있다.

내 삶에서 가끔씩 일어나는 미묘한 좌절감에 대한 해독제로서 나는 정진을 수행하려고 노력한다. 병원, 교실, 이사회, 난민 수용소 또는 전쟁 지역에서 계속 버티기 위해서는 힘과 결단이 필요하다. 또한 도피도 은신도 부인도 없는 지혜의 삶을 살아 내려면 열의와 의지, 집중이 필요하다.

다섯 번째 바라밀은 선정(禪定), 또는 주의 집중이다. 이것은 인내와 함께 현재 순간에서의 도피를 막아 주는 방법이다. 붓다는 주의 산만에 대해 놀라운 비유를 사용했다. 마치 "나무 사이를 오가는 원숭이가 가지 하나를 붙잡고는 다시 다른 가지를 잡으려고 하는 것처럼, 생각·마음·의식이라 불리는 것도 그와 같이 밤낮으로 계속 일어나고 사라진다."[202]

붓다는 선정의 예로 다른 동물의 비유를 사용했다. 숲속의 사슴처럼 되어라. 무슨 일이 일어나더라도 깨어 있고, 온화하며, 현존하는 사람이 되어라.[203] 숲속의 사슴은 또한 비공격성과 평온함을 상징한다. 사슴을 닮아 감으로써 우리의 원숭이 마음을 보살의 마음으로 변화시킬 수 있고, 연민과 지혜에 가까이 다가갈 수 있다.

여섯 번째 바라밀은 반야(般若), 즉 지혜(智慧)다. 이것은 현실의 본질을 직접 경험하는 것이다. 이것은 선정바라밀이 정말 중요한 또 다른 이유다. 우리는 온전히 열려 있고, 편향되지 않으며, 주의를 기울일 때에만 지혜에 접근할 수 있기 때문이다.

그렇다면 지혜란 무엇인가?

똑똑하다는 것이 반드시 지혜로운 것은 아니다. 우리는 똑똑한 사람과 지혜로운 사람이 어떻게 다른지를 탐구함으로써 이러한 차이를 감지할 수 있다. 똑똑한 사람은 일반적으로 지식을 가지고 있고, 사실에 얽매인다. 반면 지혜로운 사람은 통찰력과 연민을 가지고 지금 여기에 현존한다.

불교적 관점에서 지혜는 상대적 지혜와 궁극적 지혜라는 두 개의 렌즈를 통해 볼 수 있다. 상대적 지혜는 모든 존재와 사물의 상호 연결성, 무상(無常)의 진리, 고통의 원인, 고통으로부터 놓여나는 길, 타인을 고통에서 해방시킬 책임으로 사는 삶을 알고 이해하는 것이다.

물리학자 알베르트 아인슈타인은 불교인은 아니었지만 '상대적 지혜'를 깊이 이해했다. 그는 다음과 같이 썼다.

> 인간은 우리가 '우주'라고 부르는 전체의 일부분으로, 시간과 공간으로 제한된 한 개체다. 인간은 자신을 나머지와는 분리된 것으로, 자신의 생각과 느낌을 별개의 것으로 의식하는 일종의 광학적 망상을 경험한다. 이러한 망상은 우리를 사적 욕망과 우리와 가까운 몇 사람에 대한 애정으로 제한하는 일종의 감옥이다. 우리의 사명은 모든 생명체와 자연 전체를 아름다움으로 포용할 수 있도록 연민의 범위를 넓힘으로써 이 감옥에서 우리 자신을 해방시키는 것이어야 한다.[204]

불교적 관점에서, '궁극의 지혜'는 소위 현실이라는 것에 대한 관점을 내려놓는 직접적인 경험을 바탕으로 한다. 현실에 대해 우리가 고안한 모든 설명은 '있는 그대로의 것'에 대한 직접적인 경험으로부터 우리를 분리시킨다. 현실은 어떤 상태가 아니다. 현실은 일어나고, 순간순간 모습을 드러낸다. 여기에서 나는 항상 개념화의 함정에 대해 황벽 선사가 말한 것을 좋아했다. "바로 지금 여기에 있다. 생각하기 시작하는 순간, 그대는 그

것을 놓친다."²⁰⁵

지혜와 연민은 서로의 다른 측면이다. 조동종 선승이며 샌프란시스코 선원 설립자인 친애하는 스즈키 순류 선사는 생의 마지막 순간에 그의 위대한 지혜와 연민을 나누어 주었다. 1971년 샌프란시스코 선원에서 임종하기 직전에 가까운 제자가 그의 방으로 갔다. 늙은 선사의 피부는 병으로 인해 어두운 반점으로 얼룩져 있었다. 좁은 침대에 누운 그의 몸은 마르고 작았으며, 손은 이불 위에 놓여 있었다. 제자가 그를 보고 "선사님, 우리는 어디서 만날까요?"라고 질문하며 마치 죽음 후에 둘이 서로 만날 특정한 목적지가 있는 것처럼 물었다. 잠시 멈춤이 있었고, 죽어 가던 스승은 한 손을 들어 원을 그리며, 바로 그 순간에 그를 만나도록 제자를 초대했다.²⁰⁶ 이것이 반야바라밀이다. 그리고 또한 커다란 연민이다.

바라밀은 사랑이 충만하고, 용기 있으며, 지혜로운 마음을 개발하는 강력한 지침이다. 이러한 마음을 개발하는 것은 연민 어린 사회를 만들기 위해서다. 바라밀은 자유로 가는 길이다.

나는 자주 바라밀을 반영하는 구절을 사용하여 그것을 불러일으킨다. 개개의 바라밀은 다른 모든 바라밀을 담고 있다. 그래서 나는 대체로 하나의 구절을 수행하여 그것이 내 골수에 스며들도록 한다.

우리는 들숨에 주의를 모으고 날숨에 몸으로 떨어지는 것으로써 시작한다. 다음으로 우리는 타인의 고통을 끝내려는 우리의 의도를 떠올린다. 그리고 나서는 마음을 한 구절 위에 머물게 할 수도 있고, 또는 원한다면 모든 구절을 천천히 진행할 수도 있다.

내가 너그럽기를.

내가 진정성과 존중을 키워 나갈 수 있기를.
내가 인내하며, 타인의 고통을 바르게 볼 수 있기를.
내가 활동적이고, 꿋꿋하며, 온 마음이기를.
내가 고요하고 포용하는 마음을 길러, 연민 어린 마음으로 모든 존재를 돕기를.
내가 지혜를 키우고, 주어진 통찰의 이익을 다른 이들에게 나누어 줄 수 있기를.

그리고 우리는 이렇게 질문할 수 있다. "두려움 없고, 지혜로우며, 연민 어린 마음을 깨달은 보살의 정신을 구현해 보지 않겠는가? 벼랑 끝에 서서 전체를 바라보지 않겠는가? 지금 바로 하지 않겠는가?"

## 연민의 적

## 4

연민의 분명한 가치와 혜택에도 불구하고 오늘날 우리 세계는 연민이 결 핍된 것으로 보인다. 이런 결핍은 여러 요인으로 인해 일어난다. 그중에는 돌보는 것이 무엇을 의미하는지에 대한 우리의 생각과 증가하는 기술 의존성으로 인한 단절도 포함된다. 연결성은 연결을 희생하면서 강조되고, 빠른 사고가 느린 사고보다 더 가치 있게 평가되며, 성장은 깊이를 희생하면서 이루어진다. 포트폴리오 구축이 윤리적 문화 구축보다 더 소중하게 받아들여지며, 시간이 부족하다는 인식이 현재 순간으로부터 우리의 주의를 다른 데로 돌리고 있다. 이러한 일들이 오늘날 너무 자주 일어나고 있다. 이 모든 병폐의 해결책은 연민을 일대일 상호 작용이 일어나는 미시적 공동체와 지구라는 거시적 공동체 안에서 되살려야 할 일차적 가치로 만드는 것이라고 나는 생각한다.

불교에서 마음이 지닌 유익한 자질은 먼 적과 가까운 적을 모두 갖고 있다. '먼 적'은 반대되는 자질이다. 연민의 먼 적은 잔인성이다. '가까운 적'은 발견하기가 더 어렵다, 이것은 도움이 되는 자질로 가장하지만 실제로는 도움이 안 되는 것이다. 예를 들어, 동정은 연민의 가까운 적이다. 왜냐하면 동정은 후회감과 함께 고통받는 사람에 대한 거짓된 걱정을 포함하기 때문이다. 예를 들어 윌리엄 블레이크는 동정을 '주의 산만'이라고 불렀고, 이것이 영혼을 분열시킨다고 썼다.[207]

연민의 다른 가까운 적으로는 두려움과 심지어 분노도 포함된다. 가까운 적은 자신을 연민의 협력자 또는 비슷한 것으로 쉽게 위장한다. 그러나 이러한 감정들은 우리를 너무 소모시키는 나머지 타인의 고통에 건강한 방식으로 대응할 수 없게 만들고, 실제로는 해악을 끼칠 수도 있다.

연민에 다른 장애물과 도전이 있다. 우리는 연민을 지나치게 단순화하는 경향이 있다. 연민이 어떻게 우리의 삶과 사회에서 기능하는지를 이해하지 못하면, 우리는 연민에 대해 혐오감을 느끼거나 두려워할 수도 있다.

우리는 연민이 심신을 지치게 하고, 우리를 병들게 할 수 있다고 생각하는 것인지도 모른다. 또 우리의 경계를 잃어버리면, 나약하다거나 전문가답지 않다는 평가를 받게 될 수 있다고 생각하는 것인지도 모른다. 우리는 연민이 정의보다 공감을 우선시한다고 믿을 수도 있다. 그래서 연민이 무비판적이고 때로는 비합리적으로 적용될 수도 있다고 믿는다. 일부 의사들에게는 연민을 함양할지 말지가 그 자체로 딜레마일 수도 있다. 의과대학 학생들은 객관성을 유지하고 느낌보다 사실에 근거하여 의사 결정을 하기 위해 감정에 좌우되지 말라고 학교에서 배운다. 많은 의사들 또한 고통은 감정적으로 전염성이 있다고 믿는다. 그리고 만약 그들이 고통을 허용한다면, 그것이 그들을 압도할 수 있다고 믿는다. 그들은 또한 연민을 종교적이고, 비과학적이며, 나약함의 징후로 보도록 사회화되었다.

이와 대조적으로 간호사, 호스피스 요원, 가족 돌봄 제공자는 연민으로 행동하도록 요구된다. 그러나 그들 또한 자신의 경계를 잃고, 공감 스트레스나 소진을 경험할 위험 때문에 정서적으로 관여하는 것을 두려워할 수 있다.

연민적인 사람으로 인식되기를 원하는 것도 또 다른 함정이다. 자신의 가치가 얼마나 연민이 많은지, 또는 연민적으로 보여지는지에 따라 측정된다고 느낄 수 있다. 그래서 인정, 확인, 존경, 심지어 인가를 필요로 하면서, 현재의 자기 자신을 '연민적인 사람'으로 세상에 제시할 수도 있다. 따라서 우리는 자신을 연민적이라고 알리는 사람들을 조심해야 한다. 누구나 다 자신의 말대로 실천하는 것은 아니다.

연민의 다른 장애물은 주의가 산만해지는 것이다. 이에 대해 디지털 기기와 그런 기기에 대한 우리의 중독성 행동을 탓할 수도 있다. "묵상에 잠겨 생각할 시간을 찾는 것은 늘 힘들다. 우리의 주의는 쉽게 산만해지기 때문이다."라고 『생각하지 않는 사람들(The Shallows)』의 저자 니콜라스 카는 『뉴욕타임스』에서 말했다. "하지만 이제는 이렇게 강력한 미디어 기기를 종일 가지고 다니기 때문에 그런 기회가 더욱 흔치 않다. 우리는 지속적으로 우리의 주의를 분산시킬 능력을 갖고 있기 때문이다."[208]

18~33세 참가자들의 휴대 전화 사용을 측정한 연구에서 참가자들은 하루 평균 85회나 휴대 전화를 사용했다.[209] 이 편리한 기분 전환은 우리에게 주어진 순간들을 가득 채워 버린다. 휴대 전화가 없다면, 우리는 타인의 고통을 인식하는 것을 포함하여 우리 주변 환경에 대해 더 많은 것을 알아차리는 데에 그 순간을 활용할 수 있을 것이다. 카에 따르면 디지털 기기의 잦은 사용은 인지, 주의 집중, 그리고 건강한 자기 성찰을 할 수 있는 능력에 해로운 영향을 미친다.

연민과 관련된 또 다른 중요한 문제는 시간 스트레스다. 참여와 소진의 장에서 보았듯이, 헤르만 헤세가 "기쁨의 적"[210]이라고 부른 분주함과 "공격적 서두름"에 사로잡히는 것은 정상적인 것처럼 보인다.

    우리의 분주함과 시간에 쫓김은 타인과 연민적 관계를 이루려는 시도를 왜곡하고, 결국에는 도덕적 괴로움을 유발할 수 있다. 심지어 40년 전 프린스턴대학의 연구원 존 달리와 대니얼 벳슨의 유명한 실험인 '선한 사마리아인 연구'에서도 시간의 압박은 연민을 억제하는 것으로 나타났다. 이 연구에서 연구자들은 한 건물에서 신학 대학 학생들을 만났고, 그들에게 교정을 건너 다른 건물로 걸어가도록 지시했다. 몇몇 학생들은 이미 늦었으므로 서둘러야 한다는 이야기를 들었고, 반면에 다른 학생들은 갈 수 있는 시간이 많이 남았다는 이야기를 들었다. 가는 도중에 두 집단 모두 골목에 쓰러져 신음하고 기침하는 사람을 지나갔다. 그 사람은 술에 취해 다친 것처럼 보였다. 이 사람은 연구자가 거기에 배치한 배우였다. 시간을 가진 집단에서는 63퍼센트가 멈추어 도왔다. 이미 늦었다고 여긴 집단에서는 단지 10퍼센트만 멈추었다. 윤리적 행동은 아마도 개인의 삶의 속도와 반비례하는 것처럼 보인다. 강의장에 도착했을 때, 쓰러진 사람을 보고도 멈추지 않았던 집단의 학생들은 불안해 보였다. 그들은 멈췄던 학생들보다 더 불안한 것으로 나타났다.[211] 불쌍한 사람을 돕기보다 연구자가 지시한 기대에 부응하려고 했던 선택에 대해 그들은 도덕적 괴로움을 느끼는 것으로 보였다. 이 연구가 보여 주는 것 이상으로, 주의 산만과 시간의 압박은 도덕적 딜레마 상황에서 과연 타인을 도울 것인가와 같은 우리의 결정에 영향을 미친다.

## 연민의 산술

연민을 어렵게 하는 또 다른 요인은 압도되는 것이다. 국제적 난민 위기, 멸종 위기, 기후 변화와 같은 거창한 문제들에 대해 듣게 되면 뇌는 일종의 심적 마비로 멈춰 버릴 수 있다. 이것은 신경 쓰지 않는 것이 아니라, 문제가 하도 커서 정말 생각할 수조차 없고 그래서 한쪽에 제쳐 두고 행동을 취하지 않는 것이다.

고통받는 집단의 크기가 한두 명 정도라도 더 커지면 돕고자 하는 욕구가 기하급수적으로 감소한다는 것은 충분히 입증된 현상이다. 폴란드 시인 즈비그니에프 헤르베르트는 이러한 현상을 "연민의 산술"[212]이라고 불렀다. 자선 기부에 관한 실험에서 심리학자 폴 슬로빅 박사와 동료들은 연민의 산술을 연구했다. 슬로빅은 썼다. "우리는 사람들이 도움을 필요로 하는 어떤 한 사람에게는 돈을 보내고 싶어하는 경향이 있음을 발견했다. 하지만 사람들이 두 번째 사람도 도움을 필요로 하지만 그것을 받지 못하고 있다는 것을 알게 되면 상황이 바뀌었다. 첫 번째 사람에 대해 사람들이 갖고 있던 기부하겠다는 생각까지 약해졌던 것이다. 요구를 만족시키는 것이 이전처럼 만족스럽게 느껴지지 않았기 때문이다. 마찬가지로 대규모 구호 활동에 지원이 필요하다는 설명을 들으면 잠재적 기부자는 자신들이 제공할 수 있는 도움이 단지 '새 발의 피'에 불과하다고 생각하게 된다. 그들은 자신의 무능력을 인지하게 되며, 돕고자 하는 생각을 접게 된다."[213]

이러한 현상은 "유사 무능력"이라고 알려져 있다. '유사'라 하는 이유는 무능력에 대한 감각이 실재가 아니기 때문이다. 이것은 우리가 도울 수 없는 어떤 것이 있다는 것을 알 때 의욕을 꺾는 강력한 인자로 작용한다.

이러한 정신적 폐쇄는 비유적이기도 하지만 문자 그대로이기도 하다. 신경 과학자들은 정서적 각성 자극에 대한 주의를 통제한다고 생각되는 전방 대상 피질(ACC)이 불편한 자극에 빠르게 적응하며 반응을 멈춘다는 것을 발견했다.214 이것은 일종의 방어 기제로서, 부정적인 정보가 입력될 때 지나치게 압도되지 않도록 해 준다. 사회적 미디어, 온라인 뉴스를 통해 오늘의 나쁜 뉴스에 지속적으로 접속하는 것이 심적인 무감각, 도덕적 무관심, 연민의 결핍을 낳는다는 것은 의심의 여지가 없다고 나는 믿는다.

2015년 네팔의 고르카에서 지진이 발생했을 때, 나는 재앙의 거대한 규모를 가늠하기 어려웠다. 사망자 수가 증가함에 따라 나는 그 숫자에 망연자실했다. 관심이 없어서가 아니라 관심이 있었다. 하지만 이 인간적 현실을 도대체 납득하기가 힘들었다. 지진 다음 날 내 전화기가 울리기 시작했다. 네팔에 있는 가까운 친구들은 타격이 큰 지역으로 방수포와 식료품을 보내려 했고, 도움이 필요했다. 나는 여전히 비극의 규모를 받아들일 수 없었지만 즉시 그들의 노력을 지원했다.

그러나 나를 일깨운 것은 몇 달 전 고르카 지역의 한 마을에 있는 사원에서 만난 어느 동자승의 페이스북에 있던 조그만 사진이었다. 사진 속의 아이는 겁에 질렸고 진이 빠져 보였다. 이 지역으로 가는 산길은 파괴되었고, 그래서 이 사원의 아이들은 음식도, 피난처도 없었다. 이 사실을 알고 나는 이 아이를 도와야 한다고 느꼈다. 그것은 한 사람이 다른 사람을 돕는 개인적인 일이었다. 우리는 즉시 나의 좋은 친구 파상이 지진으로 파괴된 산으로 날아갈 수 있는 헬리콥터를 임대하여, 13명의 어린 소년들을 산에서 대피시키고, 그들을 카트만두에 재정착시키는 것을 지원할 수 있었다.

『뉴욕타임스』에서 그들의 구조에 관한 이야기[215]를 읽었을 때, 나는 엄청난 안도감을 느꼈다. 한 아이의 얼굴이 있었고, 나는 모두가 고통받는 현실을 외면할 수가 없었다. 나를 움직인 것은 이 한 얼굴이었다. 그리고 그 지역에서 내가 만났던 남성, 여성, 아이들의 얼굴들이 나의 소셜 미디어에 나타나기 시작했고, 용감한 일을 하고 있는 젊은 네팔인 구조원들의 얼굴도 나타났다. 그중 일부는 가까운 친구들이었다. 처음에 우파야 선원에서는 지진 구호를 하고 있는 대규모 NGO를 지원했다. 그러나 우리는 현장에서 직접 작업하는 개인들을 지원하는 전략으로 전환했다. 우리에게는 그것이 더 현실적이고, 더 효율적이며, 더 마음에 와닿는 것으로 느껴졌다.

우리의 연민이 무감각에 의해, 또는 두려움과 판단에 의해, 또는 산만함에 의해, 또는 숫자의 비현실성에 의해 차단될 때, 우리는 도덕적 무관심을 포함하여 벼랑 끝 상태의 건강하지 못한 현현에 사로잡힐 수 있다. 출구를 찾으려면 우리는 연민에 대한 장애물을 인정할 필요가 있다. 그러고 나서 무엇이든 지금 벌어지고 있는 상황에 어떻게 적절히 대응할 수 있을지 식별한다. 우리는 자기 판단을 내려놓고, 고통에 대한 자신의 반응을 깊게 살펴보아야 한다.

### 연민에 빠지기, 연민에서 빠져나오기

일본에서 쓰나미가 발생한 지 8개월 후, 작가 피코 아이어는 달라이 라마와 함께 끔찍한 자연재해로 완전히 파괴된 일본의 작은 어촌을 방문했다.

성하는 생존자들에게 사랑과 지지를 전했다. 하지만 돌아선 그의 눈은 눈물로 젖어 있었다. 아이어는 그 순간을 놓치지 않았다. 그는 나중에 이렇게 썼다. "고통을 이겨 내리라고 가정하는 것보다 더 안 좋은 것이 단 하나 있다면(나는 불교 신자는 아니지만), 그것은 고통에 대해 아무것도 할 수 없다고 생각하는 것이다. 내가 목격한 그 눈물은 당신이 고통을 직면할 정도로 강인하지만, 고통의 숙달자인 척하지 않을 정도로 충분히 인간적임을 생각하게 만들었다."[216]

"고통의 숙달자인 척하지 않을 정도로 충분히 인간적임 ……." 우리들 대부분이 그러하듯 나는 자신의 고통과 타인의 고통에 압도되었고, 그 결과 연민에 빠져본 적도 있고 연민에서 빠져나온 적도 있다. 그러면서 나는 무엇이 연민이고, 무엇이 연민이 아닌지에 대해 배웠다. 내가 타인의 고통에 대한 반응으로 공감 스트레스나 도덕적 괴로움에 사로잡혔을 때, 내가 하는 행동은 타인의 고통을 돌보기보다는 많은 경우 나 자신의 불편감을 덜어내기 위한 것임을 보았다. 가끔 나의 '과도한 보살핌'은 이타심이라는 벼랑 끝을 넘어 병적 이타심으로 빠져들었기 때문에 그 사람의 온전한 경험을 사실상 방해했다. 또는 내가 그곳에서 돌봐야 할 사람보다는 나 자신을 돌봐야 했기에, 나는 보살핌을 보여 주는 방식으로 대응했다.

이외에도 나의 주의 산만, 무감각 또는 부인(모든 형태의 무관심)으로 인해 제자들이나 동료가 고통받고 있다는 사실을 놓친 때도 있었다. 보통 이런 경우에 나는 일이나 여행으로 인해 피곤한 상태이거나, 어찌할 바를 모르거나, 안정을 잃거나, 스트레스를 받은 상태여서 상황을 평가하고 연민으로 대응할 감정적 자원에 접근할 수 없었다.

혹은 나는 내가 줄 것이 없다거나 또 한 사람의 고통을 더 직면할 수 있는 수단이 없다고 느꼈기 때문에 허탈감에 빠졌다. 아마도 나는 단순히 약자를 피했을 것이고, 또는 피하는 것과 아울러 그들의 고통을 못 본 척 했을 것이다. 가장 좋은 상황에서는 나의 도덕적 책임감이 되살아났고, 그것은 나로 하여금 다시 사람들에게 도움이 되는 일을 하게 만들었다.

혹은 나는 환자나 수감자의 처우에 대한 도덕적 분노에 사로잡힌 나 자신을 발견했다. 이상적으로, 이런 분노의 순간은 부당한 상황에 대한 경종을 내게 울려줄 것이다. 평소에 나는 도덕적 분노에 사로잡히는 것이 건강하지 않다는 것을 안다. 나는 고통받는 사람들에게 무엇을 기여할 수 있을지에 대해 고민하고, 그 사람이나 상황을 구호하기 위해 일하곤 했다.

내가 하나의 친절한 행동과 다른 친절한 행동 사이에 놓인 공백에 갇혔을 때, 가끔 나는 내가 무엇을 놓쳤는지에 눈을 돌릴 수 있었다. 이상하게도 연민은 연민이 부재할 때 더욱 눈에 띄었다. 이 순간들은 내게 연민이 하나의 단일한 어떤 것이 아니라, 몸과 마음의 관계로부터 일어나는 일련의 가닥들이 엮인 과정의 모음임을 보여 주었다. 연민은 또한 우리가 소속된 환경적·사회적·문화적·관계적 맥락에 영향을 받는다. 벼랑 끝에서 내 혼돈의 수렁으로 이어지는 이런 전환들은 연민을 더 친밀하게 알 수 있도록 해 주었다. 그리고 연민을 통하여 병적 이타심, 공감 스트레스, 도덕적 고통, 무시, 소진으로부터 자신을 고양시킬 수 있음을 보여 주었다.

## 연민의 지도 그리기

# 5

연민의 부재에서 비롯되는 고통을 더 많이 볼수록 나는 뭔가를 더 명확하게 깨닫게 되었다. 즉, 연민에 대해 더 깊게 살펴보고, 그 구성 요소를 분석하며, 연민의 지도 그리기에 최선을 다하여 연민에 접근할 수 있는 길을 만들 필요가 있다는 것을 말이다. 2011년 나는 워싱턴 D.C.에 있는 의회 도서관에서 특훈 방문 학자 겸 클루지 특별 연구원으로서 몇 달 동안 지내도록 초청받았다. 이 특별한 기회 덕분에 나는 가르치는 일에 시간을 할애하지 않고, 연민에 대한 신경 과학과 사회 심리학 연구에 집중할 수 있었다. 고통에 직면했을 때 더 효과적으로 연민을 키울 수 있도록, 돌봄 제공자나 다른 사람들을 훈련시키기 위한 연민의 지도를 개발하는 것이 나의 목표였다.

한 사고(思考) 실험에서 나는 자신에게 네 가지 질문을 했다. 첫 번째 질문은 "만약 우리의 주의력이 균형감을 잃고, 안정되어 있지 않으며, 명료하지 않고, 지속적이지 않다면 우리는 연민을 경험할 수 있을까?" 나는 의료인들이 그들의 모바일 기기와 호출기, 할당된 업무량을 채워야 한다는 압박과 환자와 환자 사이를 빠르게 이동해야 할 필요 등에 의해 연민의 경험에서 주의를 빼앗기는 것에 대해 생각해 보았다. 우리의 주의가 이러한 식으로 분산되었을 때 환자의 고통과 함께하는 것은 쉽지 않다. 나는 신경 과학자 아미쉬 지하가 우리의 주의가 가는 곳으로 뇌도 따라간다고 지적한 것을 기억했다. "주의는 뇌의 보스다."[217]라고 그녀는 말했다. 의료계의 복잡한 상황 속에서 일하는 사람들에게 주의의 균형을 유지한다는 것은 어려운 일이다. 그들에게는 연민 또한 어려운 일일 수 있다. 의료인의 주의는 종종 분열되고, 산만해지며, 분산되기 때문이다. 고통이든 그 무엇이든, 어떤 것을 분명하게 인식하려면 주의의 균형이 필요하다.

내가 자신에게 물어본 두 번째 질문은 "우리가 타인에 대해 관심이 없다면 연민적일 수 있을까?" 다시 한 번 답은 '아니오'라는 것을 확신했다. 만일 어떤 사람의 고통에 대해 우리가 무관심하거나 그것을 부인한다면, 또는 우리가 그 사람에 대해 혐오감을 느낀다면 연민이 일어나기가 쉽지 않을 것이다. '친사회적'의 의미는 '반사회적'의 반대다. 친사회적 행동은 긍정적인 사회적 연대감에 대한 것이다. 그것은 친화적인 것, 도움이 되는 것, 타인에게 혜택을 주는 것이다. 만약 우리의 의도가 자기중심적이라면, 우리는 아마도 친사회적이지 않을 것이다. 돌봄, 관심, 친절, 부드러움, 사랑, 관용, 겸손은 모두 연민을 통해 표현될 수 있는 친사회적 감정이다. 내가 관찰한 바에 따르면 친사회적 감정 없이는 연민에 접근할 수 없다.

그리고 나서 세 번째 질문을 자신에게 했다. "만일 우리가 타인의 고통을 덜어 주기 위해 어떤 것이 도움이 될지에 대한 통찰이 부족하다면, 우리 안에 연민이 생길 수 있을까?" 대답은 '아니오'였다. 연민을 느끼기 위해서 우리는 통찰력을 사용하여 타인에게 가장 도움이 되는 것이 무엇인지 식별하게 된다. 연민은 또한 관심을 가지는 것이 왜 중요한지, 또 우리가 진정 누구인지를 더 깊이 이해하는 것을 포함한다.

　마지막으로 자신에게 물었다. "설령 우리가 아무것도 직접 할 수 없을지라도, 타인의 고통을 덜어 주려고 하는 것은 중요할까?" 이번에는 확실히 '예'라고 대답했다. 타인의 고통을 변화시킬 수 있는 체화되고 직접적인 행동을 우리가 항상 취할 수는 없다. 그러나 적어도 그들의 웰빙을 증진시키려는 '욕구'는 연민에 필수적이다.

　나는 마티유 리카르가 바다에서 허우적거리는 한 남자를 본 비행기 승객의 예를 들었던 것을 기억한다. 그 승객은 익사 직전에 있던 한 남자가 짙은 안개에 갇힌 나머지 90미터 이내에 있는 섬을 보지 못하고 있는 것을 발견한다. 비행기 안에 있었기 때문에 아무것도 도울 수 없었지만, 그 승객은 물에 빠진 남자에게 가장 좋은 일이 일어나기를 바란다. 때로 우리는 고통받는 사람을 돕기 위해 행동을 취할 수 있다. 때로 연민은 단지 그 사람을 위해 긍정적 결과를 바라는 것이기도 하다. 비록 아무 행동을 취할 수 없더라도 말이다.

## 연민은 연민이 아닌 요소로 이루어져 있다

사회 심리학자, 신경 과학자, 내분비학자, 불교 수행자들과의 모임을 통해, 그리고 스스로의 경험을 통해, 나는 연민이 일어나기 위해서는 네 가지 조건이 반드시 갖추어져야 한다는 강한 확신을 갖게 되었다. 그것은 타인의 경험에 주의를 기울이는 능력, 타인에게 관심을 갖는 것, 타인에게 무엇이 도움이 될지 감지하는 것, 타인의 웰빙을 증진시키기 위해 행동하는 것(또는 결과에 연연하지 않으면서도 적어도 그 사람에게 가장 좋은 일이 일어나기를 바라는것)이다.

주의, 친사회적 감정, 이타적 의도, 통찰, 체화는 연민의 몸체를 구성하는 비연민적 핵심 요소들이다. 연민은 뇌의 한 부위에만 있는 것이 아니라, 전체에 분포한다는 것을 나는 또한 신경 과학 연구로부터 배웠다. 게다가 이것은 불시에 생겨나는 것으로 보인다. 이는 연민을 구성하는 한 세트의 특성들이 맞물릴 때 연민이 발생한다는 것을 뜻한다.

틱낫한은 이렇게 썼다. "꽃은 꽃이 아닌 요소로 만들어진다. 꽃을 볼 때 우리는 햇빛, 비, 땅과 같이 꽃이 아닌 요소를 본다. 이 모든 요소들이 꽃이 출현하도록 함께 돕는다. 이런 꽃 아닌 요소들 중 어떤 것 하나라도 제거한다면 더 이상 꽃은 없을 것이다."[218] 꽃이 햇빛, 비, 땅으로부터 발생하는 것처럼, 연민은 주의, 관심, 의도, 통찰, 체화에서 발생한다.

이런 상호 의존성의 관점과 나의 명상과 보살핌의 경험에 기반하여, 그리고 신경 과학, 사회 심리학, 윤리학 연구를 참조하여, 나는 연민 그 자체는 아니지만 연민의 발생을 촉발시키는 요소들의 매트릭스를 만들었다.

그 후로 나는 의사, 성직자 제자, 교육가, 법률가, 사업가들에게 그들의 내면과 그 주변에서 연민이 활성화될 수 있는 장(場)을 조성하는 방법을 훈련시키는 데 이 모델을 사용했다. 우리가 연민이 발생할 수 있는 장을 마련하는 방법은 주의력을 훈련시키고, 친사회적 자질과 사심 없는 의도를 기르며, 분별력과 통찰력을 개발하고, 윤리적이고 배려심 있는 참여를 위한 여건을 만드는 것이다. 연민 어린 참여는 체화된 것이고 윤리적으로 동조되어 있다. 또한 연민 어린 참여는 편안함, 평정, 친절이 특징이며, 타인을 도울 때 우리 내면에서 행복감을 불러일으킨다.

나는 이 모델을 '연민의 ABIDE 모델'이라고 불렀다. 나는 암기법을 좋아한다. 왜냐하면 암기법은 형태나 과정을 기억하는 것을 쉽게 해 줄 수 있기 때문이다. ABIDE에서 'A'는 '주의(attention)'와 '정서(affect. 즉, 친사회적 정서)'를 나타낸다. 이 둘의 특징은 주의와 정서의 '균형(balance : ABIDE의 'B')'을 이끌어 낸다. ABIDE의 'I'는 '의도(intention)'와 '통찰(insight)'을 포함한다. 이들 인지적 과정은 ABIDE의 'D'인 '식별(discernment)'을 이끌어 낸다. ABIDE의 'E'는 '체화(embodiment)'와 '참여(engagement)'를 의미하고, '연민행(憐憫行, compassionate action)'을 의미한다.

도서관에서 임기가 끝날 때, 나는 ABIDE 모델에 대해 발표했다. 그러고 나서 이 프로젝트의 두 번째 단계에 해당하는 일을 시작했다. 그것은 ABIDE 모델을 쉽게 가르칠 수 있는 응용 프로그램을 개발하는 것이었다. 그 프로그램의 목적은 의료인과 여러 사람들이 타인과 상호 작용할 때 연민을 기를 수 있도록 지원하는 것이었다. 연민의 지도는 유용하다. 하지만 우리의 일상적 삶이라는 영역은 연민이 현실이 되고 또 우리가 살아온 체험이 되는 곳이다.

# 연민 수행

## 6

수년간 각계 각층의 사람들로부터 타인의 고통을 직면할 때 경험한 스트레스에 대한 이야기를 들으면서 나는 교사, 간호사, 의사, 변호사, 부모, 활동가, 정치인, 환경주의자, 인도주의 구호원, 회사 대표로 살아가는 어려움에 대해 많은 것을 배웠다. 그들은 매일 타인의 어려움과 고통을 직면하는 사람들이다. 어쩌면 이것은 우리 대부분이 경험하고 있을 수도 있다. 고통을 만났을 때 벼랑 끝 상태의 해로운 측면으로 추락하기는 너무도 쉽지만, 그곳을 우리의 영구적 주소로 만들 필요는 없다.

    동인도의 종교적 대가들은 사람이 마음을 변화시킬 수 있다는 것을 오랫동안 알고 있었다. 하지만 우리 서구인들은 우리가 받은 패가 게임에서 반드시 사용해야만 하는 패인 것처럼 생각해 왔고, 그래서 경직된 정신적 틀에 항상 사로잡혀 있다. 그러나 20세기 후반에 들어와 신경 과학 연구는 뇌가 우리의 경험과 관계하며 계속 변화하고 있다는 것을 입증했다. 뇌 회로는 반복이나 결핍을 통해 강화되거나 제거될 수 있다. 뇌가 내적·외적 자극과 관련하여 물리적·기능적으로 스스로를 재조직하는 것을 신경 가소성(神經可塑性, neuroplasticity)이라고 부른다.

우리의 편견과 마음의 습관은 뿌리 깊은 것일 수 있지만, 우리가 세계를 인식하고 삶을 돌보는 방식은 신경 가소성의 중요한 강화제인 정신 수련이나 명상을 통해 급진적으로 변할 수 있다. 뇌의 가소성은 우리가 트라우마에서 회복할 수 있게 해 주고, 새로운 정신적 방식을 배우게 해 주며, 습관적 반응 방식에서 벗어나게 하고, 정신적으로 유연하고 민첩할 수 있는 능력을 향상시킨다.

이런 것을 마음에 두고 나는 GRACE를 개발했다. 이것은 ABIDE 모형을 기반으로 만들어진 적극적 명상 수련으로, 타인과의 상호 작용에서 연민을 구축하는 것에 초점을 두고 있다. GRACE는 '주의를 모으기', '의도를 상기하기', '자신에게 조율한 후 타인에게 조율하기', '무엇이 도움이 될지 숙고하기', '참여한 후 상호 작용 끝내기'라는 다섯 가지 실천들의 앞글자들을 모은 것이다. 이것은 연민에 대한 ABIDE 모델의 모든 특성들을 포함하며, 이러한 특성들이 상호 작용할 때 연민이 일어난다는 통찰에 기반한다.

## GRACE 수행하기

GRACE를 어떻게 수행할 것인가?

주의를 모으기(Gathering Attention) : GRACE에서 'G'는 우리가 멈추고 이 순간으로 돌아올 시간을 허용하라고 상기시키는 것이다. 들숨에서 주의를 모은다. 날숨에서 주의를 몸으로 내려 몸 안에서 안정적인 자리를 찾는다. 주의를 숨으로 가져가거나, 또는 바닥에 닿은 발바닥이나 포개진 손과 같은 몸의 중립적인 영역으로 가져간다. 또는 어떤 글귀나 대상에 주의를 가져갈 수 있다. 주의를 모으는 이 순간을 사용하여 추정이나 기대에 대한 자기 이야기를 중단하고, 지금 이 순간으로 돌아와 진정으로 현존한다.

의도를 상기하기(Recalling our intention) : GRACE의 'R'은 의도를 상기하기다. 진정성으로 행동하겠다는 약속을 상기하고, 우리가 만나는 사람들의 진정성을 존중한다. 타인을 돕고 세상을 향해 마음을 여는 것이 우리의 의도임을 기억한다. 이런 내면과의 접촉은 한순간에 일어날 수 있다. 동기는 우리가 길에서 벗어나지 않게 하고, 도덕에 기반하며, 가장 높은 가치에 계속 연결되도록 해 준다.

자신에게 조율한 후 타인에게 조율하기(Attuning to self and then other) : GRACE의 'A'는 조율 과정을 의미한다. 먼저 우리 자신의 신체적·정서적·인지적 경험에 조율하고, 그 다음에 타인의 경험에 조율하는 것이다. 자기 조율 과정에서 우리는 신체적 감각, 정서, 생각에 주의를 기울인다. 이것들은 타인을 향한 태도와 행동을 형성한다. 만일 상호 작용하는 사람으로 인해 정서적 촉발이 일어난다면, 그런 반응성은 타인을 명확한 눈으로 인식하고 돌보는 능력에 영향을 줄 수 있다. 그러나 만일 그런 반응성을 알아차리고 그 사람이 겪는 고통의 본질과 원천을 숙고한다면, 우리는 판단 없이 통찰력을 가지고 그 상황을 재구성할 수 있을 것이다. 이 조율 및 재평가 과정은 공감과 관련된 신경망을 촉진시키고, 연민 어린 반응을 지원한다.

이러한 자기 조율의 기반에서 우리는 타인의 경험을 판단 없이 지각하면서 타인에게 조율한다. 이것은 적극적 형태의 '지켜보기'다. 이것은 또한 우리가 타인에 대한 신체적 조율(신체적 공감), 정서적 조율(정서적 공감), 인지적 조율(관점 취하기)을 통해 공감 능력을 발휘하는 순간이다. 이런 조율 과정을 통해 우리는 만남이 펼쳐질 수 있는 공간, 무엇이 발생하든 간에 우리가 함께 존재할 수 있는 공간을 연다. 이런 상호 교류를 더 풍부하게 할수록, 만남은 더 깊게 펼쳐질 것이다.

무엇이 도움이 될지 숙고하기(Considering what will serve) : 이것은 GRACE의 'C'다. 이것은 전통적 이해에 기반한 식별 과정이고, 자신의 직관과 통찰이 뒷받침하는 식별 과정이다. 우리는 스스로에게 묻는다. "무엇이 여기에서 현명하고 연민적인 길인가? 무엇이 적절한 반응인가?" 타인에게 도움이 되는 것이 무엇인지 감지함으로써 우리는 상대를 위해 현존한다. 이 순간 상대가 무엇을 제공하고 있는지를 인지하며 통찰이 일어나도록 한다. 우리는 상황에 영향을 미치는 제도적 요인을 고려하는데, 여기에는 제도적 요구 사항과 사회적 기대도 포함된다.

자신의 전문 지식, 견문, 경험을 활용하고, 동시에 새로운 방식으로 대상을 보는 것에 자신을 열어둘 때, 우리의 통찰력이 예측 가능한 범주를 벗어난다는 것을 알 수 있다. 식별 과정은 시간이 걸릴 수 있으므로 결론으로 너무 빨리 뛰어들지 않도록 노력해야 한다. 무엇이 도움이 될지를 고려하는 것은 분명히 주의와 정서의 균형을 필요로 하고, 도덕적 기반에 대한 깊은 감각을 필요로 하며, 자신의 편견에 대한 인식을 필요로 하고, 고통받는 사람의 경험과 필요에 대한 조율을 필요로 한다. 겸손은 또 다른 중요한 안내 요소다.

참여한 후 상호 작용 끝내기(Engaging and then ending the interaction) : GRACE에서 'E'의 첫 단계는 윤리적으로 참여하고, 적절하다면 행동하는 것이다. 연민행은 우리가 개방성, 연대감, 식별력으로 만든 장(場)에서 일어난다. 우리의 행동은 추천, 질문, 제안이 될 수도 있고, 심지어 아무것도 하지 않을 수도 있다. 우리는 상호성과 신뢰의 순간을 타인과 함께 만들기 위해 노력한다. 자신의 전문 지식, 직관, 통찰에 의지하여, 우리의 가치와 일치하고 서로의 진정성을 지원하는 공통 기반을 찾는다. 여기서 일어나는 것은 관련된 모든 사람을 존중하는 연민, 실용적이고 실행 가능한 연민이다.

때가 되면 연민적 상호 작용을 끝내고, 다음 순간이나 다음 사람 또는 다음 일로 깔끔하게 옮겨 간다. 이것이 GRACE에서 'E'의 두 번째 단계다. 결과가 기대치보다 크든, 실망스러울 정도로 작든, 우리는 무엇이 일어났는지를 알아차리고 인정해야 한다. 때로는 자신이나 타인을 용서해야 한다. 또는 이것이 깊은 감사의 순간일 수도 있다. 일어난 일에 대한 인정이 없다면, 이 만남을 놓아 보내고 계속 나아가기가 어려울 수 있다.

## 천장터에서의 연민

# 7

최근 나는 일본에서 시한부 환자를 돌보는 분야에 종사하는 사람들에게 GRACE 수련을 가르쳤다. 나는 참가자들과 함께 삶과 죽음이 정신없는 경험임을 공유했다. 완벽한 결과를 기대해서는 안 되고, 우리 뜻대로 일이 진행되기를 바라서도 안 된다. 수련 중에 한 의사가 일어서서 환자의 욕구를 충족시키려 노력하는 동안 매일 경험해야 했던 불안에 대해 말했다. 그의 암 환자 하나가 그가 담당하던 층을 떠나 통증 완화실로 갔을 때, 그는 마치 환자의 기대를 저버린 것처럼 패배감을 느꼈다. 그의 사기는 추락했고, 자신의 두려움과 슬픔에 대처할 시간이 없음을 깨닫자 공황 상태에 빠졌다. 게다가 그의 도움을 필요로 하면서 줄줄이 기다리는 환자를 도울 시간도 없었다. 그는 허탈감에 빠졌다. 그 허탈감은 그가 가지고 있던 연민과 보살핌의 능력을 고갈시켰고, 그로 하여금 극도의 절망감을 경험하게 했으며, 자살까지도 생각하게 만들었다. 하지만 그는 가족에게 상처를 주고 싶지 않았다.

이 의사는 분명 천장(天葬)터에 있다. 그것은 한편으로는 그 자신이 만든 것이고, 한편으로는 그의 사회가 만든 것이다. 소진, 스트레스, 죄책감, 낮은 사기, 공황, 허탈감, 절망, 자살에 대한 고려……. 이것은 죽음으로 이어질 수 있는 치명적 조합이다. 그는 이런 절망적인 상황에서 벗어날 길을 찾기 위해 GRACE 수련에 왔다고 말했다. 그의 말에 귀 기울이는 동안 내가 방문했던 티베트와 천장터를 상기했다.

티베트 서부의 카일라스산을 여행할 때면 나는 언제나 산의 서쪽 산길 위에 있는 척박하고 바위투성이 고원인 '다끼니 천장터'까지 올라갔다. 이곳은 시체를 내려놓는 곳으로서, '천장(天葬)' 또는 '조장(鳥葬)'으로 알려진 관습, 또는 티베트어로 '새들에게 흩뿌리기'를 뜻하는 'jhator' 관습에 따라 새들에게 시체를 공양하는 곳이다.

거기에서 나는 뼈 무더기와 피, 지방, 배설물의 웅덩이 사이로 걷기 명상을 수행했다. 차가운 바람에도 악취가 심했고, 독수리가 날개를 펄럭이는 소리와 자칼이 울부짖는 소리가 가까이에서 들렸다.

처음 천장터를 방문했을 때, 두개골은 부러지고 피에 젖은 머리카락은 너저분하게 헝클어진 두 얼굴과 마주쳤다. 너무도 충격을 받은 나는 간신히 두 발로 서서 이 핏덩이 '데드 마스크'를 밟지 않으려고 피하면서 지나갔다. 누더기 같은 군복 외투를 입은 한 남성이 내게 다가와서는 갓 죽은 유해들 사이에 누우라고 손짓했다. 주위를 둘러보니, 티베트인들이 유해들 사이 여기저기에 앉아 있는 것이 보였다. 한 여성은 자신의 혀를 찌르고 있었고, 다른 사람들은 손가락을 찔러 피를 내고 있었다. 피는 죽음과 재탄생을 상징하는 공양물이었다.

군복 외투를 입은 남성은 나를 노려보았고, 다시 차갑고 미끄러운 땅을 가리키며 손짓했다. 나는 천천히 내 몸을 낮추고 지저분한 돌투성이 땅에 누웠다. 그리고 나서 그 남성은 코트 안자락의 칼집에서 길고 녹슨 칼을 뽑아서는 내 몸을 자르는 시늉을 시작했다. 두려움과 혐오감의 물결이 나를 스쳐 지나갔다. 하지만 그 순간 나 또한 피와 뼈라는 깨달음 속으로 들어가고 있었다. 눈 덮인 카일라스산을 바라보며 나 또한 곧 죽을 것임을 기억하자 혐오감은 사라졌다. 그리고 이런 생각이 들었다. "왜 지금 온전히 살지 않는가? 왜 타인의 고통을 끝내기 위해 살지 않는가? 그것 말고 내 인생에서 무엇을 하고 싶은가?"

어떻게 보면 이 낯선 경험이 그렇게 이질적이지만은 않다. 응급실에 가면 상기할 수 있듯이 우리는 피, 뼈, 창자로 만들어졌다. 그러나 카일라스는 시각적으로 신성한 곳이고, 상징적 절단 의식이라는 통과 의례는 우리를 덧없음이라는 현실과 자신의 죽음이라는 현실에 접하게 한다. 내게 이 경험은 매우 강렬했지만 상처를 남기지는 않았다. 사실 이것은 해방이었다. 왜냐하면 자신이 명백하게 본 것을 두려워하기는 어렵기 때문이다.

천장터에서 수행하기 위해 티베트나 전쟁터로 갈 필요는 없다. 천장터는 고통이 존재하는 모든 환경에 대한 은유다. 일본의 병원, 학교 교실, 폭력적인 가정, 정신 병원, 노숙자 쉼터, 난민 캠프가 천장터일 수 있다. 심지어 기업 이사회실, 월스트리트 객장, 언론계 거물의 사무실과 같은 특권적인 공간도 천장터가 될 수 있다. 공포, 우울, 분노, 절망, 혐오 또는 거짓으로 오염된 곳이라면 어디든, 심지어 우리 자신의 마음까지도, 다 천장터다.

자신의 직업이나 소명이 무엇이든 천장터 수행은 가능하다. 우리는 미묘한 고통과 명백한 고통 가운데 앉아 있다. 벼랑 끝을 넘어갈 때 추락하는 진흙탕 역시 천장터다. 이곳은 자신의 몸부림을 직면해야 하는 곳이며, 고군분투하는 타인에 대한 연민이 마음 깊은 곳에서 크게 자랄 수 있는 곳이다.

내면의 천장터에서 고통받을 때, 우리는 병적 이타심, 공감 스트레스, 도덕적 고통, 무시, 소진에 취약해진다. 그러나 더 넓고 깊은 시각을 가지면 천장터가 단지 황폐한 곳이 아니라 무한한 가능성의 장소임을 본다. 마약 밀매 혐의로 14년간 수감되었던 나의 동료 플릿 몰은 감옥에서 명상을 수행한 경험을 천장터에서의 수행에 비유한다.

감옥은 탐욕과 증오와 미혹이 일상화된 거친 수행 환경임을 그는 직시했다. 그러나 이 천장터는 그에게 뭔가를 증명했다. 『지옥의 다르마(*Dharma in Hell*)』에서 그는 썼다. "살인자, 강간범, 은행 강도, 아동 성추행범, 탈세범, 마약 거래상 그리고 모든 종류의 상상 가능한 범죄자들과 함께 감옥에서 14년을 보낸 후, 나는 모든 인간의 근본적 본성은 선하다는 것을 철저히 확신하게 되었다. 이에 대해 나는 전혀 의심하지 않는다."[219] 플릿처럼 나는 구원이 가능하다고 믿는다. 그리고 모든 상황에는 우리가 배울 뭔가가, 우리를 본성의 지혜로 이끌어 줄 수 있는 뭔가가 내재되어 있다고 믿는다.

많은 티베트 만다라에서, 가장자리에 놓인 보호원(保護圓)은 시체, 시체를 먹는 동물, 뼈, 피로 가득 찬 여덟 개의 묘지를 묘사한다. 우리 삶의 유한한 본성을 고찰하기에 묘지보다 더 좋은 장소는 없다. 이 원은 두려움으로 가득하고 아직 준비되지 않은 사람들에게 진입 장벽의 역할을 한다. 이곳은 또한 우리의 명상 수행이 번창하는 영역이기도 하다. 만일 우리가 죽음과 부패의 한가운데에서 평정심을 찾는다면, 그때 우리는 만다라의 중앙에 있는 부처가 될 수도 있다.[220]

### 지옥으로 내려가서 중생을 구제하기

이러한 용기, 지혜, 연민의 예는 지장보살에게서 찾을 수 있다. 지장보살은 우리가 타인의 고통과 자신의 고통이라는 지옥의 영역에 들어갈 때 균형감을 유지하는 능력을 나타낸다. 지장보살은 모든 지옥이 텅 빌 때까지 부처의 경지를 이루지 않겠다고 서원했다.[221] 지장보살은 승복을 입고 삭발을 한 소박한 승려의 모습으로 나타나지만, 가끔은 사실상 여성이다. 그녀는 왼손에 어둠을 밝히는 여의주를 쥐고 있다. 오른손에는 석장(錫杖), 즉 곤충이나 작은 동물이 실수로라도 해를 입지 않도록 누군가가 접근하고 있음을 그것들에게 알려 주는 여섯 개의 딸랑거리는 고리가 달린 지팡이를 쥐고 있다.[222] 석장의 여섯 고리는 존재의 여섯 영역을 상징한다. 그것은 천계, 아수라, 아귀, 지옥, 동물, 인간 영역이다.

지장보살은 벼랑 끝을 걷는다. 보살이면서 승려이고, 남성이면서 여성인 지장보살은 지옥의 문을 석장으로 두드린다. 문이 열리면 그녀는 불타는 구덩이로 내려간다. 거기에서 그녀는 고통받고 고문받는 중생의 무리 사이에서 자신을 발견한다. 미친 듯이 뛰어들어 그들을 구하는 대신 그녀는 팔을 넓게 벌리고 서 있다. 구제를 원하는 자들은 그녀가 펼친 법복의 소맷자락으로 뛰어든다.

지장보살과 마찬가지로, 우리는 고통받는 사람들 곁으로 갈 수 있다. 그리고 그들에게 지옥에서 벗어날 수 있는 길, 안전하고 호의적인 곳으로 피신할 수 있는 길을 마련해 줄 수 있다. 설령 우리가 고통받을지라도 우리는 타인이나 자신에게 연민을 제공할 수 있을 것이다. 결국 보살은 쉬운 상황을 찾지 않는다. 그러나 우리는 알아차림과 단호함과 궁극적으로는 호기심과 두려움 없는 마음을 가지고 지옥에 들어갈 힘을 갖추고 있어야 한다. 죽음과 삶의 교차로에 서기 위해서는 지장보살의 마음을 가져야 한다. 그래야 다른 이들이 자유로 가는 길을 발견할 수 있다.

## 마법의 거울

최근 일본을 여행하는 동안 전체가 청동 주물로 제조된 '마법의 거울'을 볼 기회가 있었다. 이런 거울은 희귀하고 신성한 물건으로, 지금도 고대의 신비한 수공예품을 만들고 있는 일본의 한 가문에서만 생산된다. 이 특별한 거울 뒷면에는 힘과 행운의 상징인 용이 부조되어 있었다. 보통의 유리 거울을 사용하는 것처럼, 나는 그 거울의 윤이 나는 앞면에 내 얼굴을 비추어 보았다. 정교한 수공예품이긴 했지만, 이것은 평범한 거울처럼 보였다.

그러나 놀랍게도, 거울의 각도를 잘 맞추어 표면에서 반사된 빛을 어두운 벽으로 투사시키면, 지장보살의 모습이 벽에 나타났다. 이 이미지는 주조된 청동 거울 내부에 숨겨져 있었다. 가슴을 가로지르는 법복을 걸친 삭발한 스님의 어두운 윤곽이 벽에 떠 있는 빛나는 반사광 덩어리로 둘러싸여 있었다. 빛줄기는 보살이 태양의 중앙에 서 있는 것처럼 보살의 머리로부터 발산되었고, 보살의 지팡이는 지옥의 문을 열기 위해 땅을 내려치는 것처럼 보였다. 거울은 단단한 금속처럼 보였지만, 그 안에 비밀을 간직하고 있었다.

만일 우리가 세상을 비추는 거울이라면, 우리 안 깊은 곳에는 고통받는 존재들을 해방시키는 보이지 않는 보살이 내재되어 있다. 지장보살이 가진 위대한 연민의 능력은 빛으로 드러나기 전까지 숨겨진 채로 있다. 그러나 여기에 있어야 하는 다른 요소가 있으니, 바로 어둠이다. 그 이미지는 어두운 표면에 투사될 때만 보인다. 어둠과 빛, 고통과 구원의 이러한 결합은 지장보살이 직면하고 있는 조건을 말하고, 우리 삶의 지옥과 천장터에서 우리가 만나는 조건을 말한다.

끔찍한 역경에서 살아남은 어떤 사람들은 세상에 대한 일종의 복수로서 위해를 끼치는 쪽을 택한다. 그러나 자신이 경험한 것과 같은 고통을 겪는 사람들을 도울 수 있는 직업을 택하는 사람들도 있다. 학대, 중독, 괴롭힘, 제도적 억압에서 살아남은 사람들은 고통의 어둠에서 벗어나, 지장보살처럼 타인들을 함께 데리고 나오도록 부름을 받을 수 있다. 그리고 지장보살처럼 황폐함의 한가운데에서도 선(善)을 지향하는 인간 정신의 위대한 가능성을 발견하고, 연민과 지혜의 능력에 생기를 불어넣을 수도 있다. 이들은 단단한 땅으로, 벼랑 끝으로 되돌아오는 길을 발견한 사람들이다. 그곳에서 그들의 시야는 모든 존재와 사물이 상호 연결된 진리를 보고, 두려움과 용기가 서로 엮여 있음을 보는 드넓은 관점을 얻는다.

벼랑 끝에 서서 무엇을 직면하든, 연민이야말로 우리를 고통에서 구하고 힘과 균형과 궁극의 자유를 주는 큰 수레임을 발견할 때, 고통의 세계를 만나고자 하는 결의는 소명이 된다. 거기서 우리는 모두가 공동의 삶, 공동의 세계, 공동의 운명을 나누고 있음을 발견한다.

행위 예술가 마리나 아브라모비치는 말했다. "벼랑 끝에서 우리는 이 순간에 온전히 존재한다. 추락할 수 있음을 알기 때문이다."[223] 추락의 위험은 이 순간만이 실재이고, 진정 머무를 자리임을 상기시켜 준다. 벼랑 끝에 서 있을 때, 우리는 내적·외적 삶에서 오는 고통에 등을 돌릴 수 없다. 거기서는 삶을 이타심, 공감, 진정성, 존중, 참여로 만나야 한다. 그리고 만일 우리가 해로운 곳으로 기울어지며 발밑에서 땅이 무너지고 있음을 발견한다면, 연민은 인간성의 높은 벼랑 끝에서 우리가 중심을 잡고 서 있도록 해 줄 수 있다. 그리고 만일 정말로 추락한다면 연민은 고통의 지옥에서 우리를 구원하여 집으로 데려올 수 있다.

## 감사의 말

이 책을 쓰는 데는 많은 친지와 불교 지도자 및 스승들의 도움과 가르침이 필요했다. 특히 깊은 감사를 드리고 싶은 분은 이 책의 실질적 편집자인 크리스틴 바렌슨(Kristen Barendsen)이다. 슬기롭고 균형 잡힌 비평가인 그녀는 이 책이 잘 만들어지도록 훌륭한 도움을 주었다.

편집자로서의 전문적 조언을 저술 초기부터 해 준 아놀드 코틀러(Arnold Kotler)에게도 감사드리고, 플래티론 출판사(Flatiron Books)의 휘트니 프릭(Whitney Frick), 밥 밀러(Bob Miller), 재스민 파우스티노(Jasmine Faustino)에게도 감사를 표한다.

나의 에이전트인 스테파니 테이드(Stephanie Tade)는 이 책을 쓰는 내내 많은 영감을 주었고, 초고에 귀중한 피드백을 해 주었다. 수년간의 집필 기간 내내 나를 지원해 준 노아 로세터(Noah Rossetter)에게도 너무 감사드린다. 그가 인용문 작업을 잘 처리해 준 덕분에 나는 내내 웃을 수 있었다.

가까운 친구 레베카 솔닛(Rebecca Solnit)에게는 영원히 감사를 드린다. 그녀는 서문을 써 주었고, 사회 운동가로서 또한 진실의 대변자로서 그녀가 해 온 일은 내가 이 책을 집필하는 동안 나의 이야기가 단단하게 전개되도록 도와주었다. 그리고 작가로서의 통찰로 글쓰기라는 예술에 온 마음을 다해 뛰어들도록 내게 용기를 준 나탈리 골드버그(Natalie Goldberg)에게도 감사를 드린다.

내 삶과 이 책은 많은 용감한 사회 운동가들에게 영향을 받았다. 패니 루 헤이머(Fannie Lou Hamer), 플로린스 케네디(Florynce Kennedy), 존 디어(John Dear) 신부, 이브 엔슬러(Eve Ensler), 존 폴 레더라크(John Paul Lederach), 죠디 에반스(Jodie Evans), 앨런 세나우케(Alan Senauke), 아리야라트네(A. T. Ariyaratne) 등이 해 온 일과 그들이 기울인 열성은 늘 나를 이끌어 주었다.

1960년대 틱광득 스님의 죽음에 대해 절절한 말로 전해 준 데이비드 핼버스텀(David Halberstam) 기자에게도 감사드린다. 1960년대 앨런 로맥스(Alan Lomax)의 아파트에서 그는 틱광득이 스스로 소신공양을 했던 순간에 함께했던 경험을 나누어 주었다. 그가 없었더라면 내가 결코 이해하지 못했을 세상을 그는 내게 전해 주었다.

위대한 인류학자인 앨런 로맥스(Alan Lomax), 매리 캐더린 베잇슨(Mary Catherine Bateson), 그레고리 베잇슨(Gregory Bateson), 마가렛 미드(Margaret Mead)에게도 영원히 감사드린다. 그들은 인간 행동과 문화를 보는 비교 문화적 관점을 내게 알려 주었다. 그리고 '긍정적 해체' 연구로 내게 인식의 문을 열어 준 스타니슬라프 그로프(Stanislav Grof)에게도 감사를 드린다.

또한 시한부 환자를 돌보는 분야의 동료와 협력자에게도 깊이 감사드린다. 특히 우리 교육 프로그램에 많은 기여와 함께 수년간 지성적 협력을 해 준 신다 러쉬턴(Cynda Rushton) 박사와 토니 백(Tony Back) 박사에게 감사드린다. 또한 귀중한 기여를 해 준 프랭크 오스타세스키(Frank Ostaseski), 잔 제이너(Jan Jahner), 레이첼 나오미 레멘(Rachel Naomi Remen), 개리 파스테르나크(Gary Pasternak), 캐시 캠벨(Cathy Campbell)에게도 깊은 감사를 드린다.

신경 과학자 알프레드 카스니아크(Alfred Kaszniak)에게도 이 책의 과학 부문에 자문해 준 것에 감사드린다. 또한 '마음과 생명 연구소(Mind and Life Institute)' 여러분들, 공동 설립자인 프란시스코 바렐라(Francisco Varela), 연구소 회원인 에반 톰슨(Evan Thompson), 리처드 데이비드슨(Richard Davidson), 대니얼 골먼(Daniel Goleman), 앙트완 뤼츠(Antoine Lutz), 폴 에크먼(Paul Ekman), 헬렌 웽(Helen Weng), 낸시 아이젠버그(Nancy Eisenberg), 대니얼 뱃슨(Daniel Batson), 아미쉬 지하(Amishi Jha), 수잔 바우어-우(Susan Bauer-Wu), 존 던(John Dunne)에게도 감사드린다. 이들의 연구는 마음의 상태 및 특성에 대한 신경 과학과 사회 심리학을 내가 잘 이해하도록 도움을 주었다. 또한 크리스티나 마슬락(Christina Maslach)과 로리 라이치(Laurie Leitch)에게도 많은 감사를 드린다. 소진과 트라우마에 관한 이들의 연구는 오늘날 세상에서 만나는 고통을 이해하는 데 많은 도움을 주었다.

또한 지혜의 빛이 이 책 곳곳에 배어나게 해 주신 위대한 불교 스승들에게도 감사드린다. 달라이 라마 성하, 틱낫한, 버니 글래스맨(Bernie Glassman) 선사, 이브 마르코(Eve Marko) 선사, 지슈 안교 홈즈(Jishu Angyo Holmes) 선사, 엔쿄 오하라(Enkyo O'Hara) 선사. 플릿 몰(Fleet Maull) 선사, 노먼 피셔(Norman Fischer) 선사, 마티유 리카르(Matthieu Ricard), 챠그두드 툴쿠(Chagdud Tulku) 린포체, 샤론 샐즈버그(Sharon Salzberg)에게도 감사드린다. 또한 미술가이고 번역가이며 사회 운동가인 카즈아키 타나하시(Kazuaki Tanahashi)에게도 감사드린다.

내게 '살아 있는 시스템(living systems)'에 대해 많은 것을 알게 해 주신 두 환경 운동가, 윌리엄 드바이즈(William DeBuys)와 마티 피일(Marty Peale)에게도 감사드린다. 수년 전 비미니의 '러너 해양 연구소(Lerner Marine

Laboratory)'에서 내게 참문어의 삶을 볼 수 있도록 해 준 브랜다이스대학 해양 생물학자 제롬 워딘스키(Jerome Wodinsky) 박사에게도 감사드린다. 또한 나를 상어의 세계로 안내해 바다에 대한 사랑에 불을 당겨 준 터프츠대학의 생물학자이며 신경 생리학자인 에드워드 호지슨(Edward Hodgson)에게도 감사드린다.

우파야의 노마드 클리닉에서 함께해 준 협력자들은 내게 많은 가르침을 주었다. 텐진 노르부(Tenzin Norbu), 프렘 도르치 라마(Prem Dorchi Lama), 붓디 라마(Buddhi Lama), 체링 라마(Tsering Lama), 파상 라무 셰르파 아키타(Pasang Lhamu Sherpa Akita), 토라 아키타(Tora Akita), 돌포(Dolpo) 린포체, 찰스 맥도날드(Charles MacDonald), 웬디 라우(Wendy Lau)에게 감사드린다. 히말라야의 높은 언덕에 있는 클리닉에서 봉사해 준 의료인이며 친구인 이들의 헌신과 용기는 이 책 곳곳에 스며 있다.

또한 노숙자에 관해 귀중한 통찰을 준 조쉰 브라이언 번스(Joshin Brian Byrnes), 코쇼 듀렐(Kosho Durel), 캐시 무어(Cassie Moore)에게 감사드린다. 그리고 자신들이 하는 봉사에서 다르마를 존중하고 수행하는 겐잔 퀘넬(Genzan Quennell), 아이린 바커(Irene Bakker), 신잔 팔마(Shinzan Palma)에게도 감사드린다. 가까운 친구인 데이비드 스타인들-라스트(David Steindl-Rast) 신부와 람 다스(Ram Dass)는 수년간 나를 이끌어 주고 영감을 주며 곁에 있어 주었다. 그들의 지혜는 이 책에 담겨 있다.

내게 많은 가르침을 준 우파야 성직자 프로그램 학생들에게도 큰 감사를 보낸다. 윌리엄 길드(William Guild), 미셸 루디(Michele Rudy), 앤젤라 카루소-얀(Angela Caruso-Yahne)의 이야기는 이 책에서 찾아볼 수 있다.

뉴멕시코 교도소에서 자원봉사자로 강도 높은 일을 하도록 연결해 준 심리학자 로렐 캐러허(Laurel Carraher)에게도 깊은 감사를 드린다.

예술은 내게 늘 배움과 영감을 주는 중요한 분야다. 마법의 거울을 만드는 아키히사 야마모토(Akihisa Yamamoto)에게 나를 소개해 준 미술가인 죠 데이비드(Joe David)와 마유미 오다(Mayumi Oda), 그리고 사치코 마츠야마(Sachiko Matsuyama)와 미츠에 나가세(Mitsue Nagase)에게도 감사드린다. 또한 작가인 피코 아이어(Pico Iyer), 클라크 스트랜드(Clark Strand), 제인 허쉬필드(Jane Hirschfield), 데이비드 와이트(David Whyte), 웬델 베리(Wendell Berry), 조셉 브루채크(Joseph Bruchac)에게도 그들의 말과 작품에 감사드린다.

나의 생물학적 가족에 대한 사랑은 이 책의 여러 장에서 발견할 수 있을 것이다. 나의 부모 존 할리팩스(John Halifax), 유니스 할리팩스(Eunice Halifax), 여동생 베로나 폰트(Verona Fonte)와 조카 존(John)과 다나(Dana), 그리고 어린 내가 중병을 앓을 때 나를 돌보아 준 라일라 로빈슨(Lila Robinson)에게 감사드린다.

수년간 나의 일을 후원해 준 특별한 집단에게 감사를 표한다. 바로 배리(Barry)와 코니 허쉬(Connie Hershey), 존(John)과 투씨 클루지(Tussi Kluge), 톰(Tom)과 낸시 드리스콜(Nancy Driscoll), 로렌스 록펠러(Laurance Rockefeller), 피에르(Pierre)와 팸 오미드야르(Pam Omidyar), 그리고 앤 다운(Ann Down)이다. 이들의 너그러운 후원으로 나는 많은 프로젝트를 일구며 나의 지평을 넓힐 수 있었다. 또한 벼랑 끝으로 가는 위험을 감수하면서 많은 이들을 도울 수 있는 방법을 알게 되었고 또 도울 수 있었다.

이 책에 기여해 준 모든 분들에게 큰 감사를 표한다. 또한 내가 이해한 바에 있을 수 있는 과오에 미리 사과를 드리며, 동시에 당신이 이 책에서 무엇을 읽든 그것은 다 나의 책임임을 밝혀 둔다. 나는 이 책을 직접 경험에 기반해 썼으며, 내가 그 경험에서 배운 내용이 기존 과학이나 전통 불교와 맞지 않는 부분이 있을 수도 있다.

## 미주

1  역자 주 : glass ceiling. 충분한 능력을 갖춘 구성원, 특히 여성이 조직 내의 일정 서열 이상으로 오르지 못하게 하는 '보이지 않는 장벽'을 은유적으로 표현한 말이다.

2  역자 주 : tragedy of the commons. 영국에서 산업혁명이 시작된 때 실제로 일어났던 사건이다. 주인이 따로 없는 공동 방목장에선 농부들이 경쟁적으로 더 많은 소를 끌고 나오는 것이 이득이므로 그 결과 방목장이 황폐화되었던 것을 말한다.

3  Iris Murdoch, *The Sovereignty of Good* (London, UK: Routledge & Kegan Paul Books, 1970).

4  Wilbur W. Thoburn, *In Terms of Life: Sermons and Talks to College Students* (Stanford, CA: Stanford University Press, 1899).

5  Cara Buckley, "Man Is Rescued by Stranger on Subway Tracks," *New York Times,* January 3, 2007, retrieved January 4, 2007, www.nytimes.com/2007/01/03/nyregion/03life.html.

6  Jared Malsin, "The White Helmets of Syria," *Time,* http://time.com/syria-white-helmets/ retrieved 1 March 2017.

7  Dave Burke, "Hero Tackled Suicide Bomber and Paid the Ultimate Price," *Metro,* November 15, 2015, http://metro.co.uk/2015/11/15/hero-who-stopped-a-terror-attack-fathers-split-second-decision-that-saved-many-lives-5502695/.

8  Hal Bernton, "Mom of Portland Train Hero Taliesin Meche Says Her Son 'Had a Lot of Bravery in his Spirit,'" *Seattle Times,* May 30, 2017, www.seattletimes.com/seattle-news/crime/mom-of-taliesin-meche-says-portland-train-victim-known-for-brave-spirit/.

9   Thích Nhất Hạnh, *Awakening of the Heart: Essential Buddhist Sutras and Commentaries* (Berkeley, CA: Parallax Press, 2011).

10  Joseph Bruchac, *Entering Onondaga* (Austin, TX: Cold Mountain Press, 1978).

11  Lara B. Aknin, J. Kiley Hamlin, and Elizabeth W. Dunn, "Giving Leads to Happiness in Young Children," *PLoS ONE* 7, no. 6 (2012): e39211, http://journals.plos.org/plosone/article?id=10.1371/journal.pone.0039211.

12  Elizabeth W. Dunn, Lara B. Aknin, and Michael I. Norton, "Prosocial Spending and Happiness: Using Money to Benefit Others Pays Off," *Current Directions in Psychological Science* (forthcoming), https://dash.harvard.edu/handle/1/11189976.

13  Olga M. Klimecki, Susanne Leiberg, Matthieu Ricard, and Tania Singer, "Differential Pattern of Functional Brain Plasticity After Compassion and Empathy Training," *Social Cognitive and Affective Neuroscience* 9, no. 6 (2014): 873–79, https://doi.org/10.1093/scan/nst060.

14  Stephanie L. Brown, Dylan M. Smith, Richard Schulz, Mohammed U. Kabeto, Peter A. Ubel, Michael Poulin, Jaehee Yi, Catherine Kim, and Kenneth M. Langa, "Caregiving Behavior Is Associated with Decreased Mortality Risk," *Psychological Science* 20, no. 4 (2009): 488–94, http://journals.sagepub.com/doi/abs/10.1111/j.1467-9280.2009.02323.x; J. Holt-Lunstad, T. B. Smith, and J. B. Layton, "Social Relationships and Mortality Risk: A Meta-Analytic Review," *PLoS Medicine* 7, no. 7 (2010), http://journals.plos.org/plosmedicine/article?id=10.1371/journal.pmed.1000316.

15  Lauren Frayer, " 'Britain's Schindler' Is Remembered by Those He Saved from the Nazis," NPR, May 19, 2016, www.npr.org/sections/parallels/2016/05/19/478371863/britains-schindler-is-remembered-by-those-he-saved-from-the-nazis.

16  Robert D. McFadden, "Nicholas Winton, Rescuer of 669 Children from Holocaust, Dies at 106," *New York Times,* July 1, 2015, www.nytimes.com/2015/07/02/world/europe/nicholas-winton-is-dead-at-106-saved-children-from-the-holocaust.html.

17  Viktor Frankl, *Man's Search for Meaning* (New York: Touchstone, 1984).

18  Barbara Oakley, Ariel Knafo, Guruprasad Madhavan, and David Sloan Wilson, eds., *Pathological Altruism* (Oxford, UK: Oxford University Press, 2012).

19  "The Reductive Seduction of Other People's Problems," Development Set,

20   January 11, 2016, https://medium.com/the-development-set/the-reductive-seduction-of-other-people-s-problems-3c07b307732d#.94ev3l3xj.

20   Héctor Tobar, " 'Strangers Drowning,' by Larissa Mac-Farquhar," *New York Times*, October 5, 2015, www.nytimes.com/2015/10/11/books/review/strangers-drowning-by-larissa-macfarquhar.html?r=1.

21   Jamil Zaki, "The Feel-Good School of Philanthropy," *New York Times*, December 5, 2015, www.nytimes.com/2015/12/06/opinion/sunday/the-feel-good-school-of-philanthropy.html.

22   역자 주 : peacemaker. 분쟁을 조정하고 평화를 조성하는 이를 말한다.

23   David Halberstam, *The Making of a Quagmire* (New York: Random House, 1965).

24   Cassie Moore, "Sharing a Meal with Hungry Hearts," Upaya Zen Center, December 6, 2016, www.upaya.org/2016/12/sharing-a-meal-with-hungry-hearts/

25   Rachel Naomi Remen, "In the Service of Life," John Carroll University, http://sites.jcu.edu/service/poem (page discontinued).

26   Thomas Cleary and J. C. Cleary, trans., *Blue Cliff Record* (Boston: Shambhala, 2005), case 14.

27   Gabor Maté, *In the Realm of Hungry Ghosts: Close Encounters with Addiction* (Berkeley, CA: North Atlantic Books, 2010).

28   Bernie Glassman, *Bearing Witness: A Zen Master's Lessons in Making Peace* (New York: Harmony / Bell Tower, 1998).

29   Hong Zicheng, Robert Aitken, and Danny Wynn Ye Kwok, *Vegetable Roots Discourse: Wisdom from Ming China on Life and Living* (Berkeley, CA: Counterpoint, 2007).

30   "The Holy Shadow," Spiritual Short Stories, www.spiritual-short-stories.com/the-holy-shadow-story-by-osho.

31   Agatha Christie, *The Mysterious Affair at Styles*

32   Jane Hirshfield, trans., *The Ink Dark Moon: Love Poems* (New York: Vintage, 1990).

33   Jane Hirshfield, Santa Sabina Thursday evening talk, 2016년에 선사가 개인 이메일로 받은 녹취록 중에서.

34   Leslie Jamison, *The Empathy Exams* (Minneapolis, MN: Graywolf Press, 2014).

35   "Henry George Liddell, Robert Scott, A Greek-English Lexicon, ε ,

36   ἐμμετάβολος , ἐμπάθ-εια," Perseus Digital Library, www.perseus.tufts.edu/hopper/text?doc=Perseus%3Atext%3A1999.04.0057%3Aalphabetic+letter%3D*e%3Aentry+group%3D87%3Aentry%3De%29mpa%2Fqeia.
36   E. B. Titchener, "Introspection and Empathy," *Dialogues in Philosophy, Mental and Neuro Sciences* 7 (2014): 25–30.
37   Tania Singer and Olga M. Klimecki, "Empathy and Compassion," *Current Biology* 24, no. 18 (2014): R875–78.
38   Walt Whitman, "Song of Myself," *Leaves of Grass* (self-published, 1855).
39   Jamie Ward and Michael J. Banissy, "Explaining Mirror-Touch Synesthesia," *Cognitive Neuroscience* 6, nos. 2–3 (2015): 118–33, doi:10.1080/17588928.2015.1042444.
40   Erika Hayasaki, "This Doctor Knows Exactly How You Feel," *Pacific Standard,* July 13, 2015, https://psmag.com/social-justice/is-mirror-touch-synesthesia-a-superpower-or-a-curse.
41   A. D. Galinsky and G. B. Moskowitz, "Perspective-Taking: Decreasing Stereotype Expression, Stereotype Accessibility, and In-Group Favoritism," *Journal of Personality and Social Psychology* 78, no. 4 (April 2000): 708–24, www.ncbi.nlm.nih.gov/pubmed/10794375.
42   Jeff Bacon, "LtCol Hughes—Take a Knee," *Broadside Blog,* April 11, 2007, http://broadside.navytimes.com/2007/04/11/ltcol-hughes-take-a-knee/.
43   Tricia McDermott, "A Calm Colonel's Strategic Victory," CBS Evening News, March 15, 2006, www.cbsnews.com/news/a-calm-colonels-strategic-victory/.
44   "Heroes of War," CNN, www.cnn.com/SPECIALS/2003/iraq/heroes/chrishughes.html.
45   McDermott, "A Calm Colonel's Strategic Victory."
46   Gerry Shishin Wick, *The Book of Equanimity: Illuminating Classic Zen Koans* (New York: Simon & Schuster, 2005), 169.
47   Y. Danieli, "Therapists' Difficulties in Treating Survivors of the Nazi Holocaust and Their Children," *Dissertation Abstracts International* 42 (1982): 4927.
48   Olga Klimecki, Matthieu Ricard, and Tania Singer, "Compassion: Bridging Practice and Science—page 273," Compassion: Bridging Practice and Science, www.compassion-training.org/en/online/files/assets/basic-html/page273.html.
49   위의 책.

50 위의 책.
51 Olga Klimecki, Matthieu Ricard, and Tania Singer, "Compassion: Bridging Practice and Science—page 279," Compassion: Bridging Practice and Science, www.compassion-training.org/en/online/files/assets/basic-html/page279.html.
52 Singer and Klimecki, "Empathy and Compassion."
53 C. Lamm, C. D. Batson, and J. Decety, "The Neural Substrate of Human Empathy: Effects of Perspective-Taking and Cognitive Appraisal," *Journal of Cognitive Neuroscience* 19, no. 1 (2007): 42–58, doi:10.1162/jocn.2007.19.1.42; C. D. Batson, "Prosocial Motivation: Is It Ever Truly Altruistic?" in *Advances in Experimental Social Psychology,* vol. 20, ed. L. Berkowitz (New York: Academic Press, 1987), 65–122.
54 Jerry Useem, "Power Causes Brain Damage," *Atlantic,* July–August 2017, www.theatlantic.com/magazine/archive/2017/07/power-causes-brain-damage/528711/?utm_source=fbb.
55 Geoffrey Bird, Giorgia Silani, Rachel Brindley, Sarah White, Uta Frith, and Tania Singer, "Empathic Brain Responses in Insula Are Modulated by Levels of Alexithymia but Not Autism," *Brain* 133, no. 5 (2010): 1515–25, https://doi.org/10.1093/brain/awq060; Boris C. Bernhardt, Sofie L. Valk, Giorgia Silani, Geoffrey Bird, Uta Frith, and Tania Singer, "Selective Disruption of Sociocognitive Structural Brain Networks in Autism and Alexithymia," *Cerebral Cortex* 24, no. 12 (2014): 3258–67, https://doi.org/10.1093/cercor/bht182.
56 Grit Hein and Tania Singer, "I Feel How You Feel but Not Always: The Empathic Brain and Its Modulation," *Current Opinion in Neurobiology* 18, no. 2 (2008): 153–58, https://doi.org/10.1016/j.conb.2008.07.012.
57 Jamison, *The Empathy Exams*.
58 Jeffery Gleaves, "The Empathy Exams: Essays," *Harper's,* March 28, 2014, http://harpers.org/blog/2014/03/the-empathy-exams-essays/.
59 Heleo Editors, "I Don't Feel Your Pain: Why We Need More Morality and Less Empathy," *Heleo,* December 16, 2016, https://heleo.com/conversation-i-dont-feel-your-pain-why-we-need-more-morality-and-less-empathy/12083/.
60 Amanda Palmer, "Playing the Hitler Card," *New Statesman,* June 1, 2015, www.newstatesman.com/2015/05/playing-hitler-card.
61 "'I Have No Idea How You Feel,'" *Harvard Magazine,* April 5, 2014, http://

62 harvardmagazine.com/2014/04/paradoxes-of-empathy.

62 Eve Marko, "It Feels Like 8," Feb. 16, 2016, www.evemarko.com/category/blog/page/24/.

63 Lutz A, Slagter HA, Dunne J, Davidson RJ. "Attention regulation and monitoring in meditation." *Trends in Cognitive Sciences*. 2008a; 12:163 – 169. www.ncbi.nlm.nih.gov/pmc/articles/PMC2693206/

64 Lutz A, Brefczynski-Lewis, J. Johnstone, T. Davidson RJ. "Regulation of the neural circuitry of emotion by compassion meditation: effects of meditative expertise." *Plos One*. 3: e1897. PMID 18365029 DOI: 10.1371/journal.pone.0001897.

65 Gaëlle Desbordes, Tim Gard, Elizabeth A. Hoge, Britta K. Hölzel, Catherine Kerr, Sara W. Lazar, Andrew Olendzki, and David R. Vago, "Moving beyond Mindfulness: Defining Equanimity as an Outcome Measure in Meditation and Contemplative Research," *Mindfulness* (NY) 6, no. 2 (April 2015): 356 – 72, www.ncbi.nlm.nih.gov/pmc/articles/PMC4350240/.

66 Dr. Cynda Rushton, "Cultivating Moral Resilience," *American Journal of Nursing,* February 2017, 117: 2, S11 – S15. doi: 10.1097/01.NAJ.0000512205.93596.00.

67 *Oxford English Dictionary,* s.v. "integrity," https://en.oxforddictionaries.com/definition/integrity.

68 Joan Didion, "On Self-Respect: Joan Didion's 1961 Essay from the Pages of Vogue," October 22, 2014, www.vogue.com/article/joan-didion-self-respect-essay-1961.

69 역자 주: Mississippi Freedom Summer. 1964년 미국 미시시피주에서 흑인 선거인 등록 수를 늘리기 위해 진행된 선거인 등록 운동. 700여 명의 백인 자원봉사자가 아프리카계 미국인들과 함께 투표장에서 선거인 위협과 차별을 방지하기 위해 싸웠다.

70 역자 주: Student Nonviolent Coordinating Committee. 1960년대 미국 시민권 운동에서 활동한 학생들의 주된 채널이다.

71 Kay Mills, "Fannie Lou Hamer: Civil Rights Activist," Mississippi History Now, April 2007, http://mshistorynow.mdah.state.ms.us/articles/51/fannie-lou-hamer-civil-rights-activist.

72 "Fannie Lou Hamer," History, 2009, www.history.com/topics/black-history/fannie-lou-hamer.

73 "Fannie Lou Hamer," *Wikipedia,* https://en.wikipedia.org/wiki/

FannieLouHamer#cite_note_-beast-12.

74　Tasha Fierce, "Black Women Are Beaten, Sexually Assaulted and Killed by Police. Why Don't We Talk About It?," Alternet, February 26, 2015, www.alternet.org/activism/black-women-are-beaten-sexually-assaulted-and-killed-police-why-dont-we-talk-about-it.

75　Howard Zinn, *You Can't Be Neutral on a Moving Train: A Personal History of Our Times* (Boston: Beacon Press, 2010), 208.

76　Joanna Bourke, *An Intimate History of Killing: Face-to-Face Killing in Twentieth-Century Warfare* (New York: Basic Books, 1999).

77　William C. Westmoreland, *A Soldier Reports* (Garden City, NY: Doubleday, 1976), 378.

78　"Hugh Thompson Jr.," AmericansWhoTellTheTruth.org, www.americanswhotellthetruth.org/portraits/hugh-thompson-jr.

79　*My Lai*, PBS American Experience (Boston: WGBH, 2010), 프로그램 전체 녹취록 중에서.

80　Ed Pilkington, "Eight Executions in 11 Days: Arkansas Order May Endanger Staff's Mental Health," *Guardian*, March 29, 2017, www.theguardian.com/world/2017/mar/29/arkansas-executioners-mental-health-allen-ault.

81　위의 책.

82　역자 주 : 목적의 완벽한 실현을 주장하고 어떤 타협도 거부함으로써 목적의 부분적 성취마저도 불가능하게 한다는 뜻이다.

83　Rebecca Solnit, "We Could Be Heroes: An Election-Year Letter," *Guardian*, October 15, 2012, www.theguardian.com/commentisfree/2012/oct/15/letter-dismal-allies-us-left.

84　Liana Peter-Hagene, Alexander Jay, and Jessica Salerno, "The Emotional Components of Moral Outrage and their Effect on Mock Juror Verdicts," Jury Expert, May 7, 2014, www.thejuryexpert.com/2014/05/the-emotional-components-of-moral-outrage-and-their-effect-on-mock-juror-verdicts/.

85　Carlos David Navarrete and Daniel M. T. Fessler, "Disease Avoidance and Ethnocentrism: The Effects of Disease Vulnerability and Disgust Sensitivity on Intergroup Attitudes," *Evolution and Human Behavior* 27, no. 4 (2006): 270–82, doi:10.1016/j.evolhumbehav.2005.12.001.

86　역자 주 : bathroom bills. 남녀 성별과 트랜스젠더 여부에 따라 공중화장실 사용을 규정한 법령이다.

87　역자 주 : LGBT. lesbian(여성 동성애자), gay(남성 동성애자), bisexual(양성애자), transgender(트랜스젠더)를 지칭하는 말이다.

88  C. Rushton, "Principled Moral Outrage," *AACN Advanced Critical Care* 24, no. 1 (2013), 82-89.
89  Lauren Cassani Davis, "Do Emotions and Morality Mix?" *Atlantic,* February 5, 2016, www.theatlantic.com/science/archive/2016/02/how-do-emotions-sway-moral-thinking/460014/.
90  Sarah Schulman, *The Gentrification of the Mind* (Berkeley: University of California Press, 2013).
91  *I Am Not Your Negro,* directed by Raoul Peck (New York: Magnolia Pictures, 2016).
92  위의 책.
93  Heather Knight, "What San Franciscans Know About Homeless Isn't Necessarily True," *SFGate,* June 29, 2016, www.sfgate.com/bayarea/article/What-San-Franciscans-know-about-homeless-isn-t-7224018.php.
94  Thanissaro Bhikkhu, trans., "Kataññu Suttas: Gratitude," Access to Insight, 2002, www.accesstoinsight.org/tipitaka/an/an02/an02.031.than.html.
95  Cynda Hylton Rushton, *Cultivating Moral Resilience, American Journal of Nursing* 117, no. 2 (February 2017): S11-S15,doi:10.1097/01.N AJ.0000512205.93596.00.
96  T. L. Beauchamp, J. Childress. *Principles of Biomedical Ethics* (5th ed.). (New York: Oxford University Press, 2001).
97  William Ury, *The Third Side: Why We Fight and How We Can Stop* (New York: Penguin Books, 2000).
98  Tom L. Beauchamp and James F. Childress, *Principles of Biomedical Ethics,* 5th ed. (Oxford, UK: Oxford University Press, 2001).
99  Joan Didion, "On Self-Respect: Joan Didion's 1961 Essay from the Pages of Vogue," October 22, 2014, www.vogue.com/article/joan-didion-self-respect-essay-1961.
100  위의 책.
101  위의 책.
102  "Pope Francis: Gestures of Fraternity Defeat Hatred and Greed," Vatican Radio, March 24, 2016, http://en.radiovaticana.va/news/2016/03/24/pope_francis_gestures_of_fraternity_defeat_hatred_and_greed/1217938.
103  Saul Elbein, "The Youth Group That Launched a Movement at Standing Rock," *New York Times,* January 31, 2017, www.nytimes.com/2017/01/31/magazine/the-youth-group-that-launched-a-movement-at-standing-rock.html?smid=fb-share&_r=1.

104　위의 책.
105　Kazuaki Tanahashi, ed., *Treasury of the True Dharma Eye: Zen Master Dogen's Shobo Genzo* (Boston: Shambhala, 2013), 46.
106　Denise Thompson: *A Discussion of the Problem of Horizontal Hostility,* November 2003, 8. http://users.spin.net.au/~deniset/alesfem/mhhostility.pdf.
107　Gary Namie, *2014 WBI U.S. Workplace Bullying Survey* (Bellingham, WA: Workplace Bullying Institute, 2014), 10, http://workplacebullying.org/multi/pdf/WBI-2014-US-Survey.pdf.
108　Jan Jahner, "Building Bridges: An Inquiry into Horizontal Hostility in Nursing Culture and the use of Contemplative Practices to Facilitate Cultural Change" (Buddhist Chaplaincy Training Program thesis, Upaya Zen Center, Santa Fe, NM: 2011), 46–47, www.upaya.org/uploads/pdfs/Jahnersthesis.pdf.
109　위의 책, 47.
110　Florynce Kennedy, *Color Me Flo: My Hard Life and Good Times* (Englewood Cliffs, NJ: Prentice-Hall, 1976).
111　Gloria Steinem, "The Verbal Karate of Florynce R. Kennedy, Esq.," *Ms.,* August 19, 2011, http://msmagazine.com/blog/2011/08/19/the-verbal-karate-of-florynce-r-kennedy-esq.
112　위의 책.
113　Namie, *2014 WBI U.S. Workplace Bullying Survey.*
114　Jahner, "Building Bridges."
115　위의 책.
116　Namie, *2014 WBI U.S. Workplace Bullying Survey.*
117　Nicholas Kristof, "Donald Trump Is Making America Meaner," *New York Times,* August 13, 2016, www.nytimes.com/2016/08/14/opinion/sunday/donald-trump-is-making-america-meaner.html.
118　"The Trump Effect: The Impact of the Presidential Campaign on Our Nation's Schools," Southern Poverty Law Center, April 13, 2016, www.splcenter.org/20160413/trump-effect-impact-presidential-campaign-our-nations-schools.
119　Karen Stohr, "Our New Age of Contempt," *New York Times,* January 23, 2017, www.nytimes.com/2017/01/23/opinion/our-new-age-of-contempt.html.
120　Michelle Rudy, 저자가 받은 이메일 중에서
121　"Michelle Obama: 'When They Go Low, We Go High,' " MSNBC, July 26, 2016, www.msnbc.com/rachel-maddow-show/michelle-obama-when-they-go-low-we-go-high.

122   Bill Ashcroft, Gareth Griffiths, and Helen Tiffin, *Key Concepts in Post-Colonial Studies* (London: Routledge, 2000), 173.
123   Thanissaro Bhikkhu, trans., "Angulimala Sutta: About Angulimala," Access to Insight, 2003, www.accesstoinsight.org/tipitaka/mn/mn.086.than.html.
124   위의 책.
125   Arieh Riskin, Amir Erez, Trevor A. Foulk, Kinneret S. Riskin-Geuz, Amitai Ziv, Rina Sela, Liat Pessach-Gelblum, and Peter A. Bamberger, "Rudeness and Medical Team Performance," *Pediatrics* (January 2017), http://pediatrics.aappublications.org/content/early/2017/01/06/peds.2016-2305.
126   2016년에 저자와 개인적으로 나눈 이야기 중에서.
127   Thích Nhất Hạnh, *Interbeing: Fourteen Guidelines for Engaged Buddhism*, rev. ed. (Berkeley, CA: Parallax Press, 1993).
128   Thích Nhất Hạnh, *The Heart of the Buddha's Teaching: Transforming Suffering into Peace, Joy, and Liberation* (New York: Broadway Books, 1999).
129   *Collected Wheel Publications*, vol. XXVII, numbers 412–430 (Sri Lanka: Buddhist Publication Society, 2014), 140.
130   Lord Chalmers, *Buddha's Teachings: Being the Sutta Nipata or Discourse Collection* (Cambridge, MA: Harvard University Press, 1932), 104–05.
131   역자 주: Rust Belt. '녹슨 지역'이라는 뜻이다. 미국 제조업이 호황을 구가했던 중심지였으나, 제조업이 사양길에 접어들면서 쇠락해 버린 북동부 5대호 주변의 공장지대를 말한다.
132   C. Maslach and M. P. Leiter, *The Truth About Burnout: How Organizations Cause Personal Stress and What to Do About It* (San Francisco: Jossey-Bass, 1997).
133   David Whyte, *Crossing the Unknown Sea: Work as a Pilgrimage of Identity* (New York: Riverhead Books, 2001).
134   Jennifer Senior, "Can't Get No Satisfaction," *New York*, October 24, 2007, http://nymag.com/news/features/24757/.
135   역자 주: 周産期死亡. 임신 기간 동안 또는 출산 직후에 유산, 사산, 신생아 사망 등으로 인한 아기 사망을 말한다.
136   Cori Salchert, "How One Mom's Extraordinary Love Transforms the Short Lives of Hospice Babies," *Today*, June 20, 2016, www.today.com/parents/how-one-mom-s-extraordinary-love-transforms-short-lives-hospice-t67096.
137   Leah Ulatowski, "Sheboygan Family Opens Home to Hospice Kids," *Sheboygan Press*, January 2, 2016, www.sheboyganpress.com/story/news/local/2016/01/02/sheboygan-family-opens-home-hospice-kids/78147672/.

138  위의 책.
139  Olivia Goldhill, "Neuroscience Confirms That to Be Truly Happy, You Will Always Need Something More," *Quartz,* May 15, 2016, http://qz.com/684940/neuroscience-confirms-that-to-be-truly-happy-you-will-always-need-something-more/.
140  Sara B. Festini, Ian M. McDonough, and Denise C. Park, "The Busier the Better: Greater Busyness Is Associated with Better Cognition," *Frontiers in Aging Neuroscience* (May 17, 2016), doi:10.3389/fnagi.2016.00098.
141  Kristin Sainani, "What, Me Worry?," *Stanford,* May–June 2014, https://alumni.stanford.edu/get/page/magazine/article/?articleid=70134.
142  "Herbert Freudenberger," *Wikipedia,* https://en.wikipedia.org/wiki/HerbertFreudenberger.
143  Douglas Martin, "Herbert Freudenberger, 73, Coiner of 'Burnout,' Is Dead," *New York Times,* December 5, 1999, www.nytimes.com/1999/12/05/nyregion/herbert-freudenberger-73-coiner-of-burnout-is-dead.html.
144  "12 Phase Burnout Screening Development Implementation and Test Theoretical Analysis of a Burnout Screening Based on the 12 Phase Model of Herbert Freudenberger and Gail North," *ASU* International Edition, www.asu-arbeitsmedizin.com/12-phase-burnout-screening-development-implementation-and-test-theoretical-analysis-of-a-burnout-screening-based-on-the-12-phase-model-of-Herbert-Freudenberger-and-Gail-Nor,Q UlEPTYyMzQ1MiZNSUQ9MTEzODIx.html (page discontinued).
145  Jesús Montero-Marín, Javier García-Campayo, Domingo Mosquera Mera, and Yolanda López del Hoyo, "A New Definition of Burnout Syndrome Based on Farber's Proposal," *Journal of Occupational Medicine and Toxicology* 4 (2009): 31, www.ncbi.nlm.nih.gov/pmc/articles/PMC2794272/.
146  Senior, "Can't Get No Satisfaction."
147  위의 책.
148  Judith Graham, "Why Are Doctors Plagued by Depression and Suicide?: A Crisis Comes into Focus," *Stat,* July 21, 2016, www.statnews.com/2016/07/21/depression-suicide-physicians/.
149  Senior, "Can't Get No Satisfaction."
150  Thomas Merton, *Conjectures of a Guilty Bystander* (New York: Image/Doubleday, 1968).
151  Omid Sofi, "The Thief of Intimacy, Busyness," November 13, 2014, *On Being,* https://onbeing.org/blog/the-thief-of-intimacy-busyness/.

152 Hermann Hesse, *My Belief: Essays on Life and Art* (New York: Farrar, Straus & Giroux: 1974).

153 Rasmus Hougaard and Jacqueline Carter, "Are You Addicted to Doing?," *Mindful*, January 12, 2016, www.mindful.org/are-you-addicted-to-doing/

154 Brandon Gaille, "23 Significant Workaholic Statistics," Brandon Gaille's website, May 23, 2017, http://brandongaille.com/21-significant-workaholic-statistics/.

155 Cara Feinberg, "The Science of Scarcity," *Harvard Magazine,* May – June 2016, http://harvardmagazine.com/2015/05/the-science-of-scarcity.

156 Douglas Carroll, "Vital Exhaustion," in *Encyclopedia of Behavioral Medicine,* eds. Marc D. Gellman and J. Rick Turner (New York: Springer, 2013), http://link.springer.com/referenceworkentry/10.1007%2F978-1-4419-1005-9_1631.

157 Sainani, "What, Me Worry?"

158 Senior, "Can't Get No Satisfaction."

159 역자 주: revolving door. 정신 건강 환자들이 병원의 비효율적인 돌봄 또는 비효율적인 자기관리로 인해 정신 병원을 반복적으로 드나드는 현상을 말한다.

160 "Impossible Choices: Thinking about Mental Health Issues from a Buddhist Perspective," Jizo Chronicles, http://jizochronicles.com/writing/impossible-choices-thinking-about-mental-health-issues-from-a-buddhist-perspective/. The original article appeared in the anthology *Not Turning Away,* edited by Susan Moon.

161 Norman Fischer, "On Zen Work," Chapel Hill Zen Center, www.chzc.org/Zoketsu.htm.

162 Clark Strand, *Meditation without Gurus: A Guide to the Heart of Practice* (New York: SkyLight Paths, 2003).

163 Thích Nhất Hạnh, *The Heart of the Buddha's Teaching: Transforming Suffering into Peace, Joy, and Liberation* (New York: Broadway Books, 1999).

164 Henry David Thoreau, *Walden* (London: George Routledge & Sons, 1904).

165 Thomas Cleary, *Book of Serenity: One Hundred Zen Dialogues* (Boston: Shambhala, 2005), case 21.

166 위의 책.

167 Dainin Katagiri, *Each Moment Is the Universe: Zen and the Way of Being Time* (Boston: Shambhala, 2008).

168 위의 책.

169 "iWILLinspire Shonda Rhimes TED Talks the Year of Yes," YouTube video,

170　19:11, posted by "Ronald L Jackson," February 18, 2016, www.youtube.com/watch?v=XPlZUhf8NCQ.
170　Omid Sofi, "The Disease of Being Busy," *On Being,* November 6, 2014, www.onbeing.org/blog/the-disease-of-being-busy/7023.
171　Stephen Batchelor, *A Guide to the Bodhisattva Way of Life* (Boston: Shambhala, 1997), 144:55의 번역을 수정한 것이다.
172　His Holiness the Dalai Lama, "Dalai Lama Quotes on Compassion," Dalai Lama Quotes, www.dalailamaquotes.org/category/dalai-lama-quotes-on-compassion/.
173　His Holiness the Dalai Lama, "Compassion and the Individual," Dalai Lama's website, www.dalailama.com/messages/compassion-and-human-values/compassion.
174　Line Goguen-Hughes, "Survival of the Kindest," *Mindful,* December 23, 2010, www.mindful.org/cooperate/.
175　Charles Darwin, *The Descent of Man* (New York: Penguin Classics, 2004), 126.
176　위의 책, 134.
177　위의 책.
178　"Compassion-Bridging Practice and Science-page 420," Compassion: Bridging Practice and Science, www.compassion-training.org/en/online/files/assets/basic-html/page420.html.
179　Julianne Holt-Lunstad, Timothy B. Smith, and J. Bradley Layton, "Social Relationships and Mortality Risk: A Meta-Analytic Review," *PLoS Medicine* 7, no. 7 (2010), https://doi.org/10.1371/journal.pmed.1000316.
180　Sara Konrath, Andrea Fuhrel-Forbis, Alina Lou, and Stephanie Brown, "Motives for Volunteering Are Associated with Mortality Risk in Older Adults," *Health Psychology* 31, no. 1.
181　K. J. Kemper and H. A. Shaltout, "Non-Verbal Communication of Compassion: Measuring Psychophysiologic Effects," *BMC Complementary and Alternative Medicine* 11, no. 1 (2011): 132.
182　Lawrence D. Egbert and Stephen H. Jackson, "Therapeutic Benefit of the Anesthesiologist-Patient Relationship," *Anesthesiology* 119, no. 6 (2013): 1465-68, doi:0.1097/ALN.0000000000000030.
183　S. Steinhausen, O. Ommen, S. Thum, R. Lefering, T. Koehler, E. Neugebauer, et al., "Physician Empathy and Subjective Evaluation of Medical Treatment Outcome in Trauma Surgery Patients," *Patient Education and Counseling* 95,

no. 1 (2014): 53 – 60.
184 C. M. Dahlin, J. M. Kelley, V. A. Jackson, and J. S. Temel, "Early Palliative Care for Lung Cancer: Improving Quality of Life and Increasing Survival," *International Journal of Palliative Nursing* 16, no. 9 (September 2010): 420 – 23, doi:10.12968/ijpn.2010.16.9.78633.
185 S. Del Canale, D. Z. Louis, V. Maio, X. Wang, G. Rossi, M. Hojat, and J. S. Gonnella, "The Relationship between Physician Empathy and Disease Complications: An Empirical Study of Primary Care Physicians and Their Diabetic Patients in Parma, Italy," *Academic Medicine* 87, no. 9 (September 2012): 1243 – 49, doi:10.1097/ACM.0b013e3182628fbf.
186 J. M. Kelley, G. Kraft-Todd, L. Schapira, J. Kossowsky, and H. Riess, "The Influence of the Patient-Clinician Relationship on Healthcare Outcomes: A Systematic Review and Meta-Analysis of Randomized Controlled Trials," *PLoS ONE* 9, no. 4 (2014): e94207.
187 D. Rakel, B. Barrett, Z. Zhang, T. Hoeft, B. Chewning, L. Marchand L, et al., "Perception of Empathy in the Therapeutic Encounter: Effects on the Common Cold," *Patient Education and Counseling* 85, no. 3 (2011): 390 – 97.
188 "Top Ten Scientific Reasons Why Compassion Is Great Medicine," Hearts in Healthcare, http://heartsinhealthcare.com/infographic/.
189 A. Lutz, D. R. McFarlin, D. M. Perlman, T. V. Salomons, and R. J. Davidson, "Altered Anterior Insula Activation During Anticipation and Experience of Painful Stimuli in Expert Meditators," *NeuroImage* 64 (2013): 538 – 46, http://doi.org/10.1016/j.neuroimage.2012.09.030.
190 Lutz A. Brefczynski-Lewis, J. Johnstone, T. Davidson RJ. "Regulation of the neural circuitry of emotion by compassion meditation: Effects of meditative expertise." *PLoS One*. 2008;3(3):e1897.
191 Helen Y. Weng, Andrew S. Fox, Alexander J. Shackman, Diane E. Stodola, Jessica Z. K. Caldwell, Matthew C. Olson, Gregory M. Rogers, and Richard J. Davidson, "Compassion Training Alters Altruism and Neural Responses to Suffering," PMC, www.ncbi.nlm.nih.gov/pmc/articles/PMC3713090/.
192 Emma Seppälä, "The Science of Compassion," Emma Seppälä's website, May 1, 2017, www.emmaseppala.com/the-science-of-compassion.
193 "Georges Lucas on Meaningful Life Decisions," Goalcast, January 6, 2017, www.goalcast.com/2017/01/06/georges-lucas-choose-your-path.
194 Marvin Meyer, *Reverence for Life: The Ethics of Albert Schweitzer for the Twenty-First Century* (Syracuse, NY: Syracuse University Press, 2002).

195 C. D. Cameron and B. K. Payne, "Escaping Affect: How Motivated Emotion Regulation Creates Insensitivity to Mass Suffering," *Journal of Personality and Social Psychology* 100, no. 1 (2011): 1–15.

196 Zoë A. Englander, Jonathan Haidt, James P. Morris, "Neural Basis of Moral Elevation Demonstrated through Inter-Subject Synchronization of Cortical Activity during Free-Viewing," *PLoS ONE* 7, no. 6 (2012): e3938, http://journals.plos.org/plosone/article?id=10.1371/journal.pone.0039384.

197 Muso Soseki, *Dialogues in a Dream* (Somerville, MA: Wisdom Publications, 2015), 111.

198 C. Daryl Cameron and B. Keith Payne, "The Cost of Callousness: Regulating Compassion Influences the Moral Self-Concept," *Psychological Science* 23, no. 3 (2012): 225–29, http://journals.sagepub.com/doi/abs/10.1177/0956797611430334.

199 Will Grant, "Las Patronas: The Mexican Women Helping Migrants," BBC News, July 31, 2014, www.bbc.com/news/world-latin-america-28193230.

200 위의 책.

201 Attributed to Yasutani Roshi in Robert Aitken, *A Zen Wave* (Washington, D.C.: Shoemaker & Hoard, 2003).

202 Thanissaro Bhikkhu, trans., "Assutavā Sutta (SN 12.61 PTS:S ii 94)," Access to Insight, 2005, www.accesstoinsight.org/tipitaka/sn/sn12/sn12.061.than.html.

203 Thanissaro Bhikkhu, trans. "Kāḷigodha Sutta: Bhaddiya Kāḷigodha (Ud 2.10)," Access to Insight, 2012, www.accesstoinsight.org/tipitaka/kn/ud/ud.2.10.than.html.

204 Letter of 1950, as quoted in *The New York Times* (March 29, 1972) and the *New York Post* (November 28, 1972).

205 Huangbo Xiyuan, *The Zen Teachings of Huang Po: On the Transmission of Mind* (n.p., Pickle Partners Publishing, 2016).

206 Sean Murphy, *One Bird, One Stone: 108 Zen Stories* (Newburyport, MA: Hampton Roads Publishing, 2013), 133.

207 William Blake, *The Book of Urizen,* The Poetical works, 1908, Chapter 5, verse 7 www.bartleby.com/235/259.html.

208 Teddy Wayne, "The End of Reflection," *New York Times,* June 11, 2016, www.nytimes.com/2016/06/12/fashion/internet-technology-phones-introspection.html.

209 위의 책.

210 Hermann Hesse, *My Belief: Essays on Life and Art* (New York: Farrar, Straus

& Giroux, June 1974).

211 J. M. Darley and C. D. Batson, "From Jerusalem to Jericho: A Study of Situational and Dispositional Variables in Helping Behavior," *Journal of Personality and Social Psychology* 27, no. 1 (1973): 100–08, http://faculty.babson.edu/krollag/org_site/soc_psych/darleysamarit.html.

212 Scott Slovic and Paul Slovic, "The Arithmetic of Compassion," *New York Times,* December 4, 2015, www.nytimes.com/2015/12/06/opinion/the-arithmetic-of-compassion.html.

213 위의 책.

214 K. Luan Phan, Israel Liberzon, Robert C. Welsh, Jennifer C. Britton, and Stephan F. Taylor, "Habituation of Rostral Anterior Cingulate Cortex to Repeated Emotionally Salient Pictures," *Neuropsychopharmacology* 28 (2003): 1344–50, www.nature.com/npp/journal/v28/n7/full/1300186a.html.

215 Donatella Lorch, "Red Tape Untangled, Young Nepalese Monks Find Ride to Safety," *New York Times,* June 19, 2015, www.nytimes.com/2015/06/20/world/asia/red-tape-untangled-young-nepalese-monks-find-ride-to-safety.html?ref=oembed.

216 Pico Iyer, "The Value of Suffering," *New York Times,* September 7, 2013, retrieved August 17, 2017, at www.nytimes.com/2013/09/08/opinion/sunday/the-value-of-suffering.html.

217 "Taming Your Wandering Mind | Amishi Jha | TEDxCoconut-Grove," YouTube video, 18:46, posted by "TEDx Talks," April 7, 2017, https://m.youtube.com/watch?feature=youtu.be&v=Df2JBnql8lc.

218 Thích Nhất Hạnh, *Peace of Mind: Being Fully Present* (Berkeley, CA: Parallax Press, 2013).

219 Fleet Maull, *Dharma in Hell: The Prison Writings of Fleet Maull* (South Deerfield, MA: Prison Dharma Network, 2005).

220 위의 책.

221 "Kshitigarbha," *Wikipedia,* https://en.wikipedia.org/wiki/Kshitigarbha.

222 위의 책.

223 Marina Abramović, presentation at the Lensic Performing Arts Center in Santa Fe, August 23, 2016.

# 연민은
# 어떻게 삶을
# 고통에서
# 구하는가

이타심에서 참여까지,
선한 마음의 이면에 대한 연구

2022년 3월 25일 초판 1쇄 발행

지은이 조안 할리팩스(Joan Halifax) • 옮긴이 김정숙, 진우기
발행인 박상근(至弘) • 편집인 류지호 • 편집이사 양동민
책임편집 권순범 • 편집 이상근, 김재호, 양민호, 김소영 • 디자인 쿠담디자인
제작 김명환 • 마케팅 김대현, 정승채, 이선호 • 관리 윤정안
펴낸 곳 불광출판사 (03150) 서울시 종로구 우정국로 45-13, 3층
　　　대표전화 02) 420-3200 편집부 02) 420-3300 팩시밀리 02) 420-3400
　　　출판등록 제300-2009-130호(1979. 10. 10.)

ISBN 978-89-7479-996-0 (03180)
값 23,000원

잘못된 책은 구입하신 서점에서 바꾸어 드립니다.
독자의 의견을 기다립니다. www.bulkwang.co.kr
불광출판사는 (주)불광미디어의 단행본 브랜드입니다.